HISTOIRE

DES

GIRONDINS

AVERTISSEMENT

L'auteur avait en vue d'insérer au bas des pages, dans cette édition, des notes et des commentaires sur cette histoire.

Il a pensé, depuis, qu'il était plus utile de concentrer en un seul écrit les réflexions et les aveux que vingt ans d'expérience des révolutions lui ont suggérés sur les défauts ou sur les qualités de son livre. Ce commentaire des *Girondins*, écrit avec la sincérité d'un écrivain qui se juge lui-même et qui se corrige quand il y a lieu, paraîtra ici en un seul bloc à la fin du livre. Ce travail forme cent pages indispensables désormais au texte des *Girondins*.

Paris, mars 1861.

HISTOIRE
DES
GIRONDINS

LIVRE PREMIER

Préambule. — Mort de Mirabeau. — Son portrait. — Situation de l'Assemblée nationale en 1791. — Avénement de l'idée démocratique. — La Révolution à son point de départ. — Les partis. — Principaux chefs.—Portraits de Louis XVI et de Marie-Antoinette. — Malouet, Clermont-Tonnerre, l'abbé Maury, Cazalès, Barnave, les deux Lameth, Robespierre, Duport, Pétion. — Sociétés populaires. — Portrait de La Fayette. — Appréciations.

I

J'entreprends d'écrire l'histoire d'un petit nombre d'hommes qui, jetés par la Providence au centre du plus grand drame des temps modernes, résument en eux les idées, les passions, les fautes, les vertus d'une époque, et dont la vie et la politique formant, pour ainsi dire, le nœud de la Révolution française, sont tranchées du même coup que les destinées de leur pays.

Cette histoire pleine de sang et de larmes est pleine aussi d'enseignements pour les peuples. Jamais peut-être autant de tragiques événements ne furent pressés dans un espace de temps aussi court ; jamais non plus cette corrélation mystérieuse qui existe entre les actes et leurs conséquences ne se déroula avec plus de rapidité. Jamais les faiblesses n'engendrèrent plus vite les fautes, les fautes les crimes, les crimes le châtiment. Cette justice rémunératoire, que Dieu a placée dans nos actes mêmes comme une conscience plus sainte que la fatalité des anciens, ne se manifesta jamais avec plus d'évidence ; jamais la loi morale ne se rendit à elle-même un plus éclatant témoignage et ne se vengea plus impitoyablement. En sorte que le simple récit de ces deux années est le plus lumineux commentaire de toute une grande révolution, et que le sang répandu à flots n'y crie pas seulement terreur et pitié, mais leçon et exemple aux hommes. C'est dans cet esprit que je veux les raconter.

L'impartialité de l'histoire n'est pas celle du miroir qui reflète seulement les objets, c'est celle du juge qui voit, qui écoute, et qui prononce. Des annales ne sont pas de l'histoire : pour qu'elle mérite ce nom, il lui faut une conscience ; car elle devient plus tard celle du genre humain. Le récit vivifié par l'imagination, réfléchi et jugé par la sagesse, voilà l'histoire telle que les anciens l'entendaient, et telle que je voudrais moi-même, si Dieu daignait guider ma plume, en laisser un fragment à mon pays.

II

Mirabeau venait de mourir. L'instinct du peuple le portait à se presser en foule autour de la maison de son tribun, comme pour demander encore des inspirations à son cercueil; mais Mirabeau vivant lui-même n'en aurait plus eu à donner. Son génie avait pâli devant celui de la Révolution; entraîné à un précipice inévitable par le char même qu'il avait lancé, il se cramponnait en vain à la tribune. Les derniers mémoires qu'il adressait au roi, et que l'armoire de fer nous a livrés avec le secret de sa vénalité, témoignent de l'affaissement et du découragement de son intelligence. Ses conseils sont versatiles, incohérents, presque puérils. Tantôt il arrêtera la Révolution avec un grain de sable. Tantôt il place le salut de la monarchie dans une proclamation de la couronne et dans une cérémonie royale propre à populariser le roi. Tantôt il veut acheter les applaudissements des tribunes et croit que la nation lui sera vendue avec eux. La petitesse des moyens de salut contraste avec l'immensité croissante des périls. Le désordre est dans ses idées. On sent qu'il a eu la main forcée par les passions qu'il a soulevées, et que, ne pouvant plus les diriger, il les trahit, mais sans pouvoir les perdre. Ce grand agitateur n'est plus qu'un courtisan effrayé qui se réfugie sous le trône, et qui, balbutiant encore les mots terribles de nation et de liberté, qui sont dans son rôle, a déjà contracté dans son âme toute la petitesse et toute la vanité des pensées de cour. Le génie fait pitié quand on le voit aux prises avec l'impossible. Mirabeau était le plus fort des hommes de son temps; mais le plus grand des hommes se débattant contre un élément en fureur ne paraît plus qu'un insensé. La chute n'est majestueuse que quand on tombe avec sa vertu.

Les poëtes disent que les nuages prennent la forme des pays qu'ils ont traversés, et se moulant sur les vallées, sur les plaines ou sur les montagnes, en gardent l'empreinte et la promènent dans les cieux. C'est l'image de certains hommes dont le génie pour ainsi dire collectif se modèle sur leur époque et incarne en eux toute l'individualité d'une nation. Mirabeau était un de ces hommes. Il n'inventa pas la révolution, il la manifesta. Sans lui elle serait restée peut-être à l'état d'idée et de tendance. Il naquit, et elle prit en lui la forme, la passion, le langage qui font dire à la foule en voyant une chose : « La voilà. »

Il était né gentilhomme, d'une famille antique, réfugiée et établie en Provence, mais originaire d'Italie. La souche était toscane. Cette famille était de celles que Florence avait rejetées de son sein dans les orages de sa liberté, et dont le Dante reproché en vers si âpres l'exil et la persécution à sa patrie. Le sang de Machiavel et le génie remuant des républiques italiennes se retrouvaient dans tous les individus de cette race. Les proportions de leurs âmes sont au-dessus de leur destinée. Vices, passions, vertus, tout y est hors de ligne. Les femmes y sont angéliques ou perverses, les hommes sublimes ou dépravés, la langue même y est accentuée et grandiose comme les caractères. Il y a dans leurs correspondances les plus familières la coloration et la vibration des langues héroïques de l'Italie. Les ancêtres de Mirabeau parlent de leurs affaires domestiques comme Plutarque des querelles de Marius et de Sylla, de César et de Pompée. On sent de grands hommes dépaysés dans de petites choses. Mirabeau respira cette majesté et cette virilité domestique dès le berceau. J'insiste sur ces détails, qui semblent étrangers au récit et qui l'expliquent. La source du génie est souvent dans la race, et la famille est quelquefois la prophétie de la destinée.

III

L'éducation de Mirabeau fut rude et froide comme la main de son père, qu'on appelait *l'ami des hommes*, mais que son esprit inquiet et sa vanité égoïste rendirent le persécuteur de sa femme et le tyran de ses enfants. Pour toute vertu, on ne lui enseigna que l'honneur. C'est ainsi qu'on appelait cette vertu qui n'était souvent alors que l'extérieur de la probité et l'élégance du vice. Entré de bonne heure au service, il ne prit des mœurs militaires que le goût du libertinage et du jeu. La main de son père l'atteignait partout, non pour le relever, mais pour l'écraser davantage sous les conséquences de ses fautes. Sa jeunesse se passe dans les prisons d'État, ses passions s'y enveniment dans la solitude, son génie s'y aiguise contre les fers de ses cachots, son âme y perd la pudeur qui survit rarement à l'infamie de ces châtiments précoces. Retiré de prison, pour tenter, de l'aveu de son père, un mariage difficile avec mademoiselle de Marignan, riche héritière d'une des grandes maisons de Provence, il s'exerce, comme un lutteur, aux ruses et aux audaces de la politique sur ce petit théâtre d'Aix. Astuce, séduction, bravoure, il déploie toutes les ressources de sa nature pour réussir : il réussit ; mais à peine est-il marié, que de nouvelles persécutions le poursuivent, et que le château fort de Pontarlier se referme sur lui. Un amour, que les *Lettres à Sophie* ont rendu immortel, lui en ouvre les portes. Il enlève madame de Monnier à son vieil époux. Les amants, heureux quelques mois, se réfugient en Hollande. On les atteint, on les sépare, on les enferme, l'une au couvent, l'autre au donjon de Vincennes. L'amour, qui, comme le feu dans les veines de la terre, se découvre toujours dans quelque repli de la destinée des grands hommes, allume en un seul et ardent foyer toutes les passions de Mirabeau. Dans la vengeance, c'est l'amour outragé qu'il satisfait ; dans la liberté, c'est l'amour qu'il rejoint et qu'il délivre ; dans l'étude, c'est encore l'amour qu'il illustre. Entré obscur dans son cachot, il en sort écrivain, orateur, homme d'État, mais perverti, prêt à tout, même à se vendre, pour acheter de la fortune et de la célébrité.

Le drame de la vie est conçu dans sa tête ; il ne lui faut plus qu'une scène, et le temps la lui prépare. Dans l'intervalle du peu d'années qui s'écoule pour lui entre sa sortie du donjon de Vincennes et la tribune de l'Assemblée nationale, il entasse des travaux polémiques qui auraient lassé tout autre homme, et qui le tiennent seulement en haleine. La Banque de Saint-Charles, les Institutions de la Hollande, l'ouvrage sur la Prusse, le pugilat avec Beau-

marchais, son style et son rôle ; ces grands plaidoyers sur
des questions de guerre, de balance européenne, de finances ; ces mordantes invectives, ces duels de paroles avec les
ministres ou les hommes populaires du moment, participent déjà du forum romain aux jours de Clodius et de Cicéron. C'est l'homme antique dans des controverses toutes
modernes. On croit entendre les premiers rugissements de
ces tumultes populaires qui vont éclater bientôt, et que sa
voix est destinée à dominer. Aux premières élections d'Aix,
rejeté avec mépris de la noblesse, il se précipite au peuple,
bien sûr de faire pencher la balance partout où il jettera
le poids de son audace et de son génie. Marseille dispute
à Aix le grand plébéien. Ses deux élections, les discours
qu'il y prononce, les adresses qu'il y rédige, l'énergie qu'il
y déploie, occupent la France entière. Ses mots retentissants deviennent les proverbes de la Révolution. En se
comparant dans ses phrases sonores aux hommes de l'antiquité, il se place lui-même, dans l'imagination du peuple,
à la hauteur des rôles qu'il veut rappeler. On s'accoutume
à le confondre avec les noms qu'il cite. Il fait un grand
bruit pour préparer les esprits aux grandes commotions ;
il s'annonce fièrement à la nation dans cette apostrophe
sublime de son adresse aux Marseillais : « Quand le dernier
des Gracques expira, il jeta de la poussière vers le ciel,
et de cette poussière naquit Marius ! Marius, moins grand
pour avoir exterminé les Cimbres que pour avoir abattu
dans Rome l'aristocratie de la noblesse. »

Dès son entrée dans l'Assemblée nationale, il la remplit ; il y est lui seul le peuple entier. Ses gestes sont des
ordres, ses motions sont des coups d'État. Il se met de
niveau avec le trône. La noblesse se sent vaincue par cette

force sortie de son sein. Le clergé, qui est peuple, et qui veut remettre la démocratie dans l'Église, lui prête sa force pour faire écrouler la double aristocratie de la noblesse et des évêques. Tout tombe en quelques mois de ce qui avait été bâti et cimenté par les siècles. Mirabeau se reconnaît seul au milieu de ces débris. Son rôle de tribun cesse. Celui de l'homme d'État commence. Il y est plus grand encore que dans le premier. Là où tout le monde tâtonne, il touche juste, il marche droit. La Révolution dans sa tête n'est plus une colère, c'est un plan. La philosophie du dix-huitième siècle, modérée par la prudence du politique, découle toute formulée de ses lèvres. Son éloquence, impérative comme la loi, n'est plus que le talent de passionner la raison. Sa parole allume et éclaire tout ; presque seul dès ce moment, il a le courage de rester seul. Il brave l'envie, la haine et les murmures, appuyé sur le sentiment de sa supériorité. Il congédie avec dédain les passions qui l'ont suivi jusque-là. Il ne veut plus d'elles le jour où sa cause n'en a plus besoin ; il ne parle plus aux hommes qu'au nom de son génie. Ce titre lui suffit pour être obéi. L'assentiment que trouve la vérité dans les âmes est sa puissance. Sa force lui revient par le contrecoup. Il s'élève entre tous les partis et au-dessus d'eux. Tous le détestent, parce qu'il les domine ; et tous le convoitent, parce qu'il peut les perdre ou les servir. Il ne se donne à aucun ; il négocie avec tous ; il pose, impassible sur l'élément tumultueux de cette assemblée, les bases de la constitution réformée : législation, finances, diplomatie, guerre, religion, économie politique, balance des pouvoirs, il aborde et il tranche toutes les questions, non en utopiste, mais en politique. La solution qu'il apporte est toujours la moyenne exacte entre l'idéal et la pratique. Il met la raison à la portée des mœurs, et les institutions en rapport avec les habitudes. Il veut un trône pour appuyer la démocratie ; il veut la liberté dans les chambres, et la volonté de la nation, une et irrésistible, dans le gouvernement. Le caractère de son génie, tant défini et tant méconnu, est encore moins l'audace que la justesse. Il a sous la majesté de l'expression l'infaillibilité du bon sens. Ses vices mêmes ne peuvent prévaloir sur la netteté et sur la sincérité de son intelligence. Au pied de la tribune, c'est un homme sans pudeur et sans vertu ; à la tribune, c'est un honnête homme. Livré à ses déportements privés, marchandé par les puissances étrangères, vendu à la cour pour satisfaire ses goûts dispendieux, il garde dans ce trafic honteux de son caractère l'incorruptibilité de son génie. De toutes les forces d'un grand homme sur son siècle, il ne lui manqua que l'honnêteté. Le peuple n'est pas une religion pour lui, c'est un instrument ; son Dieu à lui, c'est la gloire ; sa foi, c'est la postérité ; sa conscience n'est que dans son esprit, le fanatisme de son idée est tout humain, le froid matérialisme de son siècle enlève à son âme le mobile, la force et le but des choses impérissables. Il meurt en disant : « Enveloppez-moi de parfums et couronnez-moi de fleurs pour entrer dans le sommeil éternel. » Il est tout du temps ; il n'imprime à son œuvre rien d'infini. Il ne sacre ni son caractère, ni ses actes, ni ses pensées, d'un signe immortel. S'il eût cru en Dieu, il serait peut-être mort martyr, mais il aurait laissé après lui la religion de la raison et le règne de la démocratie. Mirabeau, en un mot, c'est la raison d'un peuple, ce n'est pas encore la loi de l'humanité.

IV

De magnifiques apparences jetèrent le voile d'un deuil universel sur les sentiments secrets que sa mort inspira aux divers partis. Pendant que les cloches sonnaient les glas funèbres, que le canon retentissait de minute en minute, et que, dans une cérémonie qui avait réuni deux cent mille spectateurs, on faisait à un citoyen les funérailles d'un roi; pendant que le Panthéon, où on le portait, semblait à peine un monument digne d'une telle cendre, que se passait-il dans le fond des cœurs?

Le roi, qui tenait l'éloquence de Mirabeau à sa solde; la reine, avec qui il avait eu des conférences, le regrettaient peut-être comme un dernier instrument de salut : toutefois, il leur inspirait moins de confiance que de terreur; et l'humiliation du secours demandé par la couronne à un sujet devait se sentir soulagée devant cette puissance de destruction qui tombait d'elle-même avant le trône. La cour était vengée par la mort des affronts qu'il lui avait fait subir. L'aristocratie irritée aimait mieux sa chute que ses services. Il n'était pour la noblesse qu'un apostat de son ordre. La dernière honte pour elle était d'être relevée un jour par celui qui l'avait abaissée. L'Assemblée nationale était lasse de sa supériorité. Le duc d'Orléans sentait qu'un mot de cet homme éclairerait et foudroierait des ambitions prématurées. M. de La Fayette, le héros de la bourgeoisie, devait redouter l'orateur du peuple. Entre le dictateur de la cité et le dictateur de la tribune, une secrète jalousie devait exister.

Mirabeau, qui n'avait jamais attaqué M. de La Fayette dans ses discours, avait souvent laissé échapper dans la conversation, sur son rival, de ces mots qui s'impriment d'eux-mêmes en tombant sur un homme. Mirabeau de moins, M. de La Fayette paraissait plus grand : il en était de même de tous les orateurs de l'Assemblée. Il n'y avait plus de rival, mais il y avait des envieux. Son éloquence, toute populaire qu'elle fût, était celle d'un patricien. Sa démocratie tombait de haut : elle n'avait rien de ce sentiment de convoitise et de haine qui soulève les viles passions du cœur humain, et qui ne voit dans le bien fait au peuple qu'une insulte faite à la noblesse. Ses sentiments populaires n'étaient en quelque sorte qu'une libéralité de son génie. Les magnifiques épanchements de sa grande âme ne ressemblaient en rien aux mesquines irritations des démagogues. En conquérant des droits pour le peuple, il avait l'air de les donner. C'était un volontaire de la démocratie. Il rappelait trop par son rôle et par son attitude aux démocrates rangés derrière lui que, depuis les Gracques jusqu'à lui-même, les tribuns les plus puissants pour servir le peuple étaient sortis des patriciens. Son talent, sans égal par la philosophie de la pensée, par l'étendue de la réflexion et par le grandiose de l'expression, était une autre espèce d'aristocratie qu'on ne lui pardonnait pas davantage. La nature l'avait fait premier, la mort faisait jour autour de lui à tous les seconds. Ils allaient se disputer cette place qu'aucun n'était fait pour conquérir. Les larmes qu'ils versaient sur son cercueil étaient feintes. Le peuple seul le pleurait sincèrement, parce que le peuple est trop fort pour être jaloux, et que, bien loin de reprocher à Mirabeau sa naissance, il aimait en lui cette noblesse comme une dépouille qu'il avait conquise sur l'aristocratie. De plus, la nation inquiète, qui voyait tomber une à une ses institutions et qui craignait un bouleversement total, sentait par instinct que le génie d'un grand homme était la dernière force qui lui restait. Ce génie éteint, elle ne voyait plus que les ténèbres et les précipices sous les pas de la monarchie. Les Jacobins seuls se réjouissaient tout haut, car cet homme seul pouvait les contrebalancer.

Ce fut le 6 avril 1791 que l'Assemblée nationale reprit ses séances. La place de Mirabeau restée vide attestait à tous les regards l'impuissance de le remplacer. La consternation était peinte sur le front des spectateurs dans les tribunes. Dans la salle, le silence régnait. M. de Talleyrand annonça à l'Assemblée un discours posthume de Mirabeau. On voulut l'entendre encore après sa mort. L'écho affaibli de cette voix semblait revenir à sa patrie du fond des caveaux du Panthéon. La lecture fut morne. L'impatience et l'anxiété pressaient les esprits. Les partis brûlaient de se mesurer sans contre-poids. Ils ne pouvaient tarder de se combattre. L'arbitre qui les modérait avait disparu.

V

Avant de peindre l'état de ces partis, jetons un regard rapide sur le point de départ de la Révolution, sur le chemin qu'elle avait fait, et sur les principaux chefs qui allaient tenter de la diriger dans le chemin qui lui restait à faire.

Il n'y avait pas encore deux ans que l'opinion avait ouvert la brèche contre la monarchie, et déjà elle avait obtenu des résultats immenses. L'esprit de faiblesse et de vertige dans le gouvernement avait convoqué l'Assemblée des notables. L'esprit public avait forcé la main au pouvoir et convoqué les états généraux. Les états généraux assemblés, la nation avait senti son omnipotence ; de ce sentiment à l'insurrection légale, il n'y avait qu'un mot. Mirabeau l'avait prononcé. L'Assemblée nationale s'était constituée en face du trône et plus haut que lui. La popularité prodigue de M. Necker s'était épuisée de concessions et évanouie aussitôt qu'il n'avait plus eu de dépouilles de la monarchie à jeter au peuple. Ministre d'une monarchie en retraite, sa retraite à lui avait été une déroute. Son dernier pas l'avait conduit hors du royaume. Le roi désarmé était resté l'otage de l'ancien régime entre les mains de la nation. La déclaration des droits de l'homme et du citoyen, seul acte métaphysique de la Révolution jusque-là, lui avait donné une signification sociale et universelle. On avait beaucoup raillé cette déclaration; elle contenait quelques erreurs, et confondait dans les termes l'état de nature et l'état de société, mais elle était au fond le dogme nouveau.

VI

Il y a des objets dans la nature dont on ne distingue bien la forme qu'en s'en éloignant. La proximité empêche de voir comme la distance. Il en est ainsi des grands événements. La main de Dieu est visible sur les choses humaines, mais cette main même a une ombre qui nous cache ce qu'elle accomplit. Ce qu'on pouvait entrevoir alors de la Révolution française annonçait ce qu'il y a de plus grand au monde : l'avénement d'une idée nouvelle dans le genre humain, l'idée démocratique, et plus tard le gouvernement démocratique.

Cette idée était un écoulement du christianisme. Le christianisme, trouvant les hommes asservis et dégradés sur toute la terre, s'était levé à la chute de l'empire romain comme une vengeance, mais sous la forme d'une résignation. Il avait proclamé les trois mots que répétait à deux mille ans de distance la philosophie française : liberté, égalité, fraternité des hommes. Mais il avait enfoui pour un temps ce dogme au fond de l'âme des chrétiens. Trop faible d'abord pour s'attaquer aux lois civiles, il avait dit aux puissances : « Je vous laisse encore un peu de temps le monde politique, je me confine dans le monde moral. Continuez, si vous pouvez, d'enchaîner, de classer, d'asservir, de profaner les peuples. Je vais émanciper les âmes. Je mettrai deux mille ans peut-être à renouveler les esprits avant d'éclore dans les institutions. Mais un jour viendra où ma doctrine s'échappera du temple et entrera dans le conseil des peuples. Ce jour-là le monde social sera renouvelé. »

Ce jour était arrivé. Il avait été préparé par un siècle de philosophie sceptique en apparence, croyante en réalité. Le scepticisme du dix-huitième siècle s'attachait aux formes et aux dogmes du christianisme; il en adoptait avec passion la morale et le sens social. Ce que le christianisme appelait révélation, la philosophie l'appelait raison. Les mots étaient différents sous certains rapports, le sens était le même. L'émancipation des individus, des castes, des peuples, en dérivait également. Seulement, le monde antique s'était affranchi au nom du Christ; le monde moderne voulait s'affranchir au nom des droits que toute créature a reçus de Dieu. Mais tous les deux faisaient découler cet affranchissement de Dieu ou de la nature. La philosophie politique de la Révolution n'avait pas même pu inventer un mot plus vrai, plus complet et plus divin que le christianisme, pour se révéler à l'Europe, et elle avait adopté le dogme et le mot de *fraternité*. Seulement, la Révolution française attaquait la forme extérieure de la religion régnante, parce que cette religion s'était incrustée dans les gouvernements monarchiques, théocratiques ou aristocratiques qu'on voulait détruire. C'est l'explication de cette contradiction apparente de l'esprit du dix-huitième siècle, qui empruntait tout du christianisme en politique et qui le reniait en le dépouillant. Il y avait à la fois une violente répulsion et une violente attraction entre les deux doctrines. Elles se reconnaissaient en se combattant, et aspiraient à se reconnaître plus complétement quand la lutte aurait cessé par le triomphe de la liberté.

Trois choses étaient donc évidentes pour les esprits réfléchis dès le mois d'avril 1791 : l'une, que le mouvement révolutionnaire commencé marcherait de conséquence en conséquence à la restauration complète de tous les droits en souffrance dans l'humanité, depuis ceux des peuples devant leurs gouvernements, jusqu'à ceux du citoyen devant les castes, et du prolétaire devant les citoyens; poursuivrait la tyrannie, le privilége, l'inégalité, l'égoïsme, non-seulement sur le trône, mais dans la loi civile, dans l'administration, dans la distribution légale de la propriété, dans les conditions de l'industrie, du travail, de la famille, et dans tous les rapports de l'homme avec l'homme et de l'homme avec la femme; la seconde, que ce mouvement philosophique et social de démocratie chercherait sa forme naturelle dans une forme de gouvernement analogue à son principe et à sa nature, c'est-à-dire expressive de la souveraineté du peuple : république à une ou à plusieurs têtes; la troisième, enfin, que l'émancipation sociale et politique entraînerait avec elle une émancipation intellectuelle et religieuse de l'esprit humain; que la liberté de penser, de parler et d'agir ne s'arrêterait pas devant la liberté de croire; que l'idée de Dieu, confinée dans les sanctuaires, en sortirait pour rayonner, dans chaque conscience libre, de la lumière de la liberté même; que cette lumière, révélation pour les uns, raison pour les autres, ferait éclater de plus en plus la vérité et la justice, qui découlent de Dieu sur la terre.

VII

La pensée humaine, comme Dieu, fait le monde à son image.

La pensée s'était renouvelée par un siècle de philosophie.

Elle avait à transformer le monde social.

La Révolution française était donc au fond un spiritualisme sublime et passionné. Elle avait un idéal divin et universel. Voilà pourquoi elle passionnait au delà des frontières de la France. Ceux qui la bornent la mutilent. Elle était l'avénement de trois souverainetés morales :

La souveraineté du droit sur la force ;

La souveraineté de l'intelligence sur les préjugés ;

La souveraineté des peuples sur les gouvernements.

Révolution dans les droits : l'égalité.

Révolution dans les idées : le raisonnement substitué à l'autorité absolue.

Révolution dans les faits : le règne du peuple.

Un évangile des droits sociaux. Un évangile des devoirs. Une charte de l'humanité.

La France s'en déclarait l'apôtre. Dans ce combat d'idées, la France avait des alliés partout, et jusque sur les trônes.

VIII

Il y a des époques dans l'histoire du genre humain où les branches desséchées tombent de l'arbre de l'humanité, et où les institutions vieillies et épuisées s'affaissent sur elles-mêmes pour laisser place à une séve et à des institutions qui renouvellent les peuples en rajeunissant les idées. L'antiquité est pleine de ces transformations dont on entrevoit seulement les traces dans les monuments et dans l'histoire. Chacune de ces catastrophes d'idées entraîne avec elle un vieux monde dans sa chute, et donne son nom à une nouvelle civilisation. L'Orient, la Chine, l'Égypte, la Grèce, Rome, ont vu ces ruines et ces renaissances. L'Occident les a éprouvées quand la théocratie druidique fit place aux dieux et au gouvernement des Romains. Byzance, Rome et l'Empire les opérèrent rapidement et comme instinctivement eux-mêmes, quand, lassés et rougissant du polythéisme, ils se levèrent à la voix de Constantin contre leurs dieux, et balayèrent, comme un vent de colère, ces cultes, ces idées et ces temples que la populace habitait encore, mais d'où la partie supérieure de la pensée humaine s'était déjà retirée. La civilisation de Constantin et de Charlemagne vieillissait à son tour, et les croyances qui portaient depuis dix-huit siècles les autels et les trônes, s'affaiblissant dans les esprits, menaçaient le monde religieux et le monde politique d'un écroulement qui laisse rarement le pouvoir debout quand la foi chancelle. L'Europe monarchique était l'œuvre du catholicisme. La politique s'était faite à l'image de l'Église. L'autorité y était fondée sur un mystère. Le droit y venait d'en haut. Le pouvoir, comme la foi, était réputé divin. L'obéissance des peuples y était sacrée, et, par là même, l'examen était un blasphème et la servitude y devenait une vertu. L'esprit philosophique, qui s'était révolté tout bas, depuis trois siècles, contre une doctrine que les scandales, les tyrannies et les crimes des deux pouvoirs démentaient tous les jours, ne voulait plus reconnaître un titre divin dans des puissances qui niaient la raison, qui asservissaient les peuples. Tant que le catholicisme avait été la seule doctrine légale en Europe, ces révoltes sourdes de l'esprit n'avaient point ébranlé les États. Elles avaient été punies par la main du pouvoir. Les cachots, les supplices, les inquisitions, les bûchers, avaient intimidé le raisonnement et maintenu debout le double dogme sur lequel reposaient les deux gouvernements.

Mais l'imprimerie, cette explosion continue de la pensée humaine, avait été pour les peuples comme une seconde révélation. Employée d'abord exclusivement par l'Église à la vulgarisation des idées régnantes, elle avait commencé bientôt à les saper. Les dogmes du pouvoir temporel et du pouvoir spirituel, sans cesse battus par ces flots de lumière, ne devaient pas tarder à s'ébranler dans l'esprit d'abord, et bientôt dans les choses. Guttenberg, sans le savoir, avait été le mécanicien d'un nouveau monde. En créant la communication des idées, il avait assuré l'indépendance de la raison. Chaque lettre de cet alphabet qui sortait de ses doigts contenait en elle plus de force que les armées des rois et que les foudres des pontifes. C'était l'intelligence qu'il armait de la parole. Ces deux forces sont maîtresses de l'homme : elles devaient l'être plus tard de l'humanité. Le monde intellectuel était né d'une invention matérielle ; il avait promptement grandi. La liberté religieuse en était sortie.

L'empire du christianisme catholique avait subi d'immenses démembrements. La Suisse, une partie de l'Allemagne, la Hollande, l'Angleterre, des provinces entières de la France avaient été soustraites au centre d'autorité religieuse, et avaient passé à la doctrine du libre examen. L'autorité divine attaquée et contestée dans le catholicisme, l'autorité du trône restait à la merci des peuples. La philosophie, plus puissante que la sédition, s'en était approchée de plus en plus avec moins de respect et moins de crainte. L'histoire avait pu écrire les faiblesses ou les crimes des rois. Les publicistes avaient osé la commenter ; les peuples avaient osé conclure. Les institutions sociales avaient été pesées au poids de leur utilité réelle pour l'humanité. Les esprits les plus pieux envers le pouvoir avaient parlé aux souverains de devoirs, aux peuples de droits. Les hardiesses saintes du christianisme avaient retenti jusque dans la chaire sacrée, en face de Louis XIV. Bossuet, ce génie théocratique, avait entremêlé ses adulations orgueilleuses à Louis XIV de quelques-uns de ces avertissements austères qui consolent les peuples de leur abaissement. Fénelon, ce génie évangélique et tendre de la loi nouvelle, avait écrit ses instructions aux princes et son *Télémaque* dans le palais d'un roi et dans le cabinet de l'héritier du trône. La philosophie politique du christianisme, cette insurrection de la justice en faveur des faibles, s'était glissée, par ses lèvres, entre Louis XIV et l'oreille de son petit-fils. Fénelon élevait toute une révolution dans le duc de Bourgogne. Le roi s'en était aperçu trop tard, et avait chassé la séduction divine de son palais. Mais la politique révolutionnaire y était née. Les peuples la lisaient dans les pages du saint archevêque. Versailles devait être à la fois, grâce à Louis XIV et à Fénelon, le palais du despotisme et le berceau de la Révolution. Montesquieu avait sondé les institutions et analysé les lois de tous les peuples. En classant les gouvernements il les avait comparés ; en les comparant il les avait jugés. Ce jugement faisait ressortir et contraster, à toutes les pages, le droit et la force, le privilége et l'égalité, la tyrannie et la liberté.

Jean-Jacques Rousseau, moins ingénieux, mais plus éloquent, avait étudié la politique, non dans les lois, mais dans la nature. Ame libre, mais opprimée et souffrante, le soulèvement généreux de son cœur avait soulevé tous les cœurs ulcérés par l'inégalité odieuse des conditions sociales. C'était la révolte de l'idéal contre la réalité. Il avait été le tribun de la nature, le Gracchus des philosophes ; il n'avait pas fait l'histoire des institutions, il en avait fait le rêve ; mais ce rêve venait du ciel et y remontait. On y sentait le dessein de Dieu et la chaleur de son amour ; on n'y sentait pas assez l'infirmité des hommes. C'était l'utopie des gouvernements ; mais par là même Rousseau séduisait davantage. Pour passionner les peuples il faut qu'un peu d'illusion se mêle à la vérité ; la réalité seule est trop froide pour fanatiser l'esprit humain : il ne se passionne que pour des choses un peu plus grandes que nature ; c'est ce qu'on appelle l'idéal, c'est l'attrait et la force des religions qui aspirent toujours plus haut qu'elles ne montent ; c'est ce qui produit le fanatisme, ce délire de la vertu. Rousseau était l'idéal de la politique, comme Fénelon avait été l'idéal du christianisme.

Voltaire avait eu le génie de la critique, la négation railleuse qui flétrit tout ce qu'elle renverse. Il avait fait rire le genre humain de lui-même, il l'avait abattu pour le relever, il avait étalé devant lui tous les préjugés, toutes les erreurs, toutes les iniquités, tous les crimes de l'ignorance ; il l'avait poussé à l'insurrection contre les idées consacrées, non par l'enthousiasme pour l'avenir, mais par le mépris du passé. La destinée lui avait donné quatre-vingts ans de vie pour décomposer lentement le vieux siècle ; il avait eu le temps de combattre contre le temps, et il n'était tombé que vainqueur. Ses disciples remplissaient les cours, les académies et les salons ; ceux de Rousseau s'aigrissaient et rêvaient plus bas dans les rangs inférieurs de la société. L'un avait été l'avocat heureux et élégant de l'aristocratie ; l'autre était le consolateur secret et le vengeur aimé de la démocratie. Le livre de Rousseau était le livre des opprimés et des âmes tendres. Malheureux et religieux lui-même, il avait mis Dieu du côté du peuple ; ses doctrines sanctifiaient l'esprit en insurgeant le cœur. Il y avait de la vengeance dans son accent ; mais il y avait aussi de la piété : le peuple de Voltaire pouvait renverser des autels ; le peuple de Rousseau pouvait les relever. L'un pouvait se passer de vertu et s'accommoder des trônes ; l'autre avait besoin d'un Dieu et ne pouvait fonder que des républiques.

Leurs nombreux disciples continuaient leur mission, et possédaient tous les organes de la pensée publique ; depuis la géométrie jusqu'à la chaire sacrée, la philosophie du dix-huitième siècle envahissait ou altérait tout. D'Alembert, Diderot, Raynal, Buffon, Condorcet, Bernardin de Saint-Pierre, Helvétius, Saint-Lambert, La Harpe, étaient l'Église du siècle nouveau. Une seule pensée animait ces esprits si divers, la rénovation des idées humaines. Le chiffre, la science, l'histoire, l'économie, la politique, le théâtre, la morale, la poésie, tout servait de véhicule à la philosophie moderne; elle coulait dans toutes les veines du temps; elle avait enrôlé tous les génies; elle parlait par toutes les langues. Le hasard ou la Providence avait voulu que ce siècle, presque stérile ailleurs, fût le siècle de la France. Depuis la fin du règne de Louis XIV jusqu'au commencement du règne de Louis XVI, la nature nous avait été prodigue d'hommes. L'éclat continué par tant de génies du premier ordre, de Corneille à Voltaire, de Bossuet à Rousseau, de Fénelon à Bernardin de Saint-Pierre, avait accoutumé les peuples à regarder du côté de la France. Le foyer des idées du monde répandait de là son éblouissement. L'autorité morale de l'esprit humain n'était plus à Rome. Le bruit, la lumière, la direction, partaient de Paris; l'Europe intellectuelle était française. Il y avait de plus, et il y aura toujours dans le génie français quelque chose de plus puissant que sa puissance, de plus lumineux que son éclat : c'est sa chaleur, c'est sa communicabilité pénétrante, c'est l'attrait qu'il ressent et qu'il inspire en Europe. Le génie de l'Espagne de Charles-Quint est fier et aventureux; le génie de l'Allemagne est profond et austère; le génie de l'Angleterre est habile et superbe; celui de la France est aimant, et c'est là sa force. Séductible lui-même, il séduit facilement les peuples. Les autres grandes individualités du monde des nations n'ont que leur génie. La France, pour second génie, a son cœur; elle le prodigue dans ses pensées, dans ses écrits comme dans ses actes nationaux. Quand la Providence veut qu'une idée embrase le monde, elle l'allume dans l'âme d'un Français.

Cette qualité communicative du caractère de cette race, cette attraction française, non encore altérée par l'ambition de la conquête, était alors le signe précurseur du siècle. Il semble qu'un instinct providentiel tournait toute l'attention de l'Europe vers cette seule partie de l'horizon, comme si le mouvement et la lumière n'avaient pu sortir que de là. Le seul point véritablement sonore du continent, c'était Paris. Les plus petites choses y faisaient un grand bruit. La littérature était le véhicule de l'influence française; la monarchie intellectuelle avait ses livres, son théâtre, ses écrits, avant d'avoir ses héros. Conquérante par l'intelligence, son imprimerie était son armée.

IX

Les partis qui divisaient le pays après la mort de Mirabeau se décomposaient ainsi : hors de l'Assemblée, la cour et les Jacobins; dans l'Assemblée, le côté droit, le côté gauche, et entre ces deux partis extrêmes, l'un fanatique d'innovations, l'autre fanatique de résistance, un parti intermédiaire. Il se composait de ce que les deux autres avaient d'hommes de bien et de paix; leur foi molle et indécise entre la Révolution et la conservation aurait voulu que l'une conquît sans violences et que l'autre concédât sans ressentiment. C'étaient les philosophes de la Révolution. Mais ce n'était pas l'heure de la philosophie, c'était l'heure de la victoire. Les deux idées en présence voulaient des combattants et non des juges : elles écrasaient ces hommes en s'entre-choquant. Dénombrons les principaux chefs de ces divers partis, et faisons-les connaître avant de les voir agir.

Le roi Louis XVI n'avait alors que trente-sept ans ; ses traits étaient ceux de sa race, un peu alourdis par le sang allemand de sa mère, princesse de la maison de Saxe. De beaux yeux bleus largement ouverts, plus limpides qu'éblouissants, un front arrondi fuyant en arrière, un nez romain, mais dont les narines molles et lourdes altéraient un peu l'énergie de la forme aquiline, une bouche souriante et gracieuse dans l'expression, des lèvres épaisses mais bien découpées, une peau fine, une carnation riche et colorée quoique un peu flasque, la taille courte, le corps gras, l'attitude timide, la marche incertaine ; au repos, un balancement inquiet du corps portant alternativement sur une hanche et sur l'autre sans avancer, soit que ce mouvement fût contracté en lui par cette habitude d'impatience qui saisit les princes forcés à donner de longues audiences, soit que ce fût le signe physique du perpétuel balancement d'un esprit indécis ; dans la personne une expression de bonhomie peu royale qui prêtait autant au premier coup d'œil à la moquerie qu'à la vénération, et que ses ennemis travestirent avec une perversité impie, pour symboliser dans les traits du prince les vices qu'ils voulaient immoler dans la royauté ; en tout quelque ressemblance avec la physionomie impériale des derniers césars, à l'époque de la décadence des choses et des races : la douceur d'Antonin dans l'obésité de Vespasien ; voilà l'homme.

X

Ce jeune prince avait été élevé dans une séquestration complète de la cour de son aïeul. Cette atmosphère qui avait infecté tout le siècle de Louis XV n'avait pas atteint son héritier. Pendant que Louis XV changeait sa cour en lieu suspect, son petit-fils, élevé dans un coin du palais de Meudon par des maîtres pieux et éclairés, grandissait dans le respect de son rang, dans la terreur du trône et dans un amour religieux du peuple qu'il était appelé à gouverner. L'âme de Fénelon semblait avoir traversé deux générations de rois, dans ce palais où il avait élevé le duc de Bourgogne, pour inspirer encore l'éducation de son descendant. Ce qui était le plus près du vice couronné sur le trône était peut-être ce qu'il y avait de plus pur en France. Si le siècle n'eût pas été aussi dissolu que le roi, il aurait tourné là son amour. Il en était venu jusqu'à ce point de corruption où la pureté paraît un ridicule, et où on réserve le mépris pour la pudeur.

Marié à seize ans à une fille de Marie-Thérèse d'Autriche, le jeune prince avait continué jusqu'à son avénement au trône cette vie de recueillement domestique, d'étude et d'isolement. Une paix honteuse assoupissait l'Europe. La guerre, cet exercice des princes, n'avait pas pu le former au contact des hommes et à l'habitude du commandement. Les champs de bataille, qui sont le théâtre de ces grands acteurs, ne l'avaient jamais exposé aux regards de son peuple. Aucun prestige, excepté celui de sa naissance, ne jaillissait de lui. L'horreur qu'on avait pour son aïeul fit seule sa popularité. Il eut l'estime de son peuple, jamais sa faveur. Probe et instruit, il appela à lui la probité et les lumières dans la personne de Turgot. Mais, avec le sentiment philosophique de la nécessité des réformes, le prince n'avait que l'âme du réformateur : il n'en avait ni le génie ni l'audace. Ses hommes d'État pas plus que lui. Ils soulevaient toutes les questions sans les déplacer; ils accumulaient les tempêtes sans leur donner une impulsion. Les tempêtes devaient finir par se tourner contre eux. De M. de Maurepas à M. Turgot, de M. Turgot à M. de Calonne, de M. de Calonne à M. Necker, de M. Necker à M. de Malesherbes, il flottait d'un intrigant à un honnête homme et d'un banquier à un philosophe; l'esprit de système et de charlatanisme suppléait mal à l'esprit de gouvernement. Dieu, qui avait donné beaucoup d'hommes de bruit à ce règne, lui avait refusé un homme d'État; tout était promesses et déception. La cour criait, l'impatience saisissait la nation, les oscillations devenaient convulsives : Assemblée des notables, états généraux, Assemblée nationale, tout avait éclaté entre les mains du roi; une révolution était sortie de ses bonnes intentions, plus ardente et plus irritée qui si elle était sortie de ses vices. Aujourd'hui le roi avait cette révolution en face dans l'Assemblée nationale; dans ses conseils aucun homme capable, non pas seulement de lui résister, mais de la comprendre. Les hommes vraiment forts aimaient mieux être les ministres populaires de la nation que les boucliers du roi au moment où nous sommes.

XI

M. de Montmorin était dévoué au roi, mais sans crédit sur la nation. Le ministère n'avait ni initiative ni résistance : l'initiative était aux Jacobins, et le pouvoir exécutif dans les émeutes. Le roi, sans organe, sans attributions et sans force, n'avait que l'odieuse responsabilité de l'anarchie. Il était le but contre lequel tous les partis dirigeaient la haine ou la fureur du peuple. Il avait le privilége de toutes les accusations. Pendant que, du haut de la tribune, Mirabeau, Barnave, Pétion, Lameth, Robespierre, menaçaient éloquemment le trône, des pamphlets infâmes, des journaux factieux peignaient le roi sous les traits d'un tyran mal enchaîné qui s'abrutissait dans le vin, qui s'asservissait aux caprices d'une femme qui conspirait au fond de son palais avec les ennemis de la nation. Dans le sentiment sinistre de sa chute accélérée, la vertu stoïque de ce prince suffisait au calme de sa conscience, mais ne suffisait pas à ses résolutions. Au sortir de son conseil des ministres, où il accomplissait loyalement les conditions constitutionnelles de son rôle, il cherchait, tantôt dans l'amitié de serviteurs dévoués, tantôt dans la personne de ses ennemis mêmes admis furtivement à ses confidences, des inspirations plus intimes. Les conseils succédaient aux conseils, et se contredisaient dans son oreille, comme leurs résultats se contredisaient dans ses actes. Ses ennemis lui suggéraient des concessions et lui promettaient une popularité qui s'enfuyait de leurs mains dès qu'ils voulaient la lui livrer. La cour lui prêchait la force qu'elle n'avait que dans ses rêves; la reine, le courage qu'elle se sentait dans l'âme; les intrigants, la corruption; les timides, la fuite : il essayait tour à tour et tout à la fois tous ces partis. Aucun n'était efficace : le temps des résolutions utiles était passé. La crise était sans remède. Entre la vie et le trône il fallait choisir. En voulant tenter de conserver tous les deux, il était écrit qu'il perdrait l'un et l'autre.

Quand on se place par la pensée dans la situation de Louis XVI, et qu'on se demande quel est le conseil qui aurait pu le sauver, on cherche et on ne trouve pas. Il y a des circonstances qui enlacent tous les mouvements d'un homme dans un tel piége, que, quelque direction qu'il prenne, il tombe dans la fatalité de ses fautes ou dans celle de ses vertus. Louis XVI en était là. Toute la dépopularisation de la royauté en France, toutes les fautes des administrations précédentes, tous les vices des rois, toutes les hontes des cours, tous les griefs du peuple, avaient pour ainsi dire abouti sur sa tête et marqué son front innocent pour l'expiation de plusieurs siècles. Les époques ont leurs sacrifices, comme les religions. Quand elles veulent renouveler une institution qui ne leur va plus, elles entassent sur l'homme en qui cette institution se personnifie tout l'odieux et toute la condamnation de l'institution elle-même; elles font de cet homme une victime qu'elles immolent au temps : Louis XVI était cette victime innocente, mais chargée de toutes les iniquités des trônes, et qui devait être immolée en châtiment de la royauté. Voilà le roi.

XII

La reine semblait avoir été créée par la nature pour contraster avec le roi, et pour attirer à jamais l'intérêt et la pitié des siècles sur un de ces drames d'État qui ne sont pas complets quand les infortunes d'une femme ne les achèvent pas. Fille de Marie-Thérèse, elle avait commencé sa vie dans les orages de la monarchie autrichienne. Elle était sœur de ces enfants que l'impératrice tenait par la main quand elle se présenta en suppliante devant les fidèles Hongrois, et que ces troupes s'écrièrent : « Mourons pour notre roi Marie-Thérèse! » Sa fille aussi avait le cœur d'un roi. A son arrivée en France, sa beauté avait ébloui le royaume ; cette beauté était dans tout son éclat. Elle était grande, élancée, souple : une véritable fille du Tyrol. Les deux enfants qu'elle avait donnés au trône, loin de la flétrir, ajoutaient à l'impression de sa personne ce caractère de majesté maternelle qui sied si bien à la mère d'une nation. Le pressentiment de ses malheurs, le souvenir des scènes tragiques de Versailles, les inquiétudes de chaque jour, pâlissaient seulement un peu sa première fraîcheur. La dignité naturelle de son port n'enlevait rien à la grâce de ses mouvements ; son cou, bien détaché des épaules, avait ces magnifiques inflexions qui donnent tant d'expression aux attitudes. On sentait la femme sous la reine, la tendresse du cœur sous la majesté du sort. Ses cheveux blond cendré étaient longs et soyeux; son front, haut et un peu bombé, venait se joindre aux tempes par ces courbes qui donnent tant de délicatesse et tant de sensibilité à ce siége de la pensée ou de l'âme chez les femmes; les yeux de ce bleu clair qui rappelle le ciel du Nord ou l'eau du Danube; le nez aquilin, les narines bien ouvertes et légèrement renflées, où les émotions palpitaient, signe du courage; une bouche grande, des dents éclatantes, des lèvres autrichiennes, c'est-à-dire saillantes et découpées; le tour du visage ovale, la physionomie mobile, expressive, passionnée; sur l'ensemble de ces traits, cet éclat qui ne se peut décrire, qui jaillit du regard, de l'ombre, des reflets du visage, qui l'enveloppe d'un rayonnement semblable à la vapeur chaude et colorée où nagent les objets frappés du soleil : dernière expression de la beauté qui lui donne l'idéal, qui la rend vivante et qui la change en attrait. Avec tous ces charmes, une âme altérée d'attachement, un cœur facile à émouvoir, mais ne demandant qu'à se fixer, un sourire pensif et intelligent qui n'avait rien de banal, des intimités, des préférences, parce qu'elle se sentait digne d'amitiés. Voilà Marie-Antoinette comme femme.

XIII

C'était assez pour faire la félicité d'un homme et l'ornement d'une cour. Pour inspirer un roi indécis et pour faire le salut d'un État dans des circonstances difficiles il fallait plus : il fallait le génie du gouvernement; la reine ne l'avait pas. Rien n'avait pu la préparer au maniement des forces désordonnées qui s'agitaient autour d'elle; le malheur ne lui avait pas donné le temps de la réflexion. Accueillie avec enivrement par une cour perverse et une nation ardente, elle avait dû croire à l'éternité de ces sentiments. Elle s'était endormie dans les dissipations de Trianon. Elle avait entendu les premiers bouillonnements de la tempête sans croire au danger; elle s'était fiée à l'amour qu'elle inspirait et qu'elle se sentait dans le cœur. La cour était devenue exigeante, la nation hostile. Instrument des intrigues de la cour sur le cœur du roi, elle avait d'abord favorisé, puis combattu toutes les réformes qui pouvaient prévenir ou ajourner les crises. Sa politique n'était que de l'engouement, son système n'était que son abandon alternatif à tous ceux qui lui promettaient le salut du roi. Le comte d'Artois, prince jeune, chevaleresque dans les formes, avait pris de l'empire sur son esprit. Il se fiait à la noblesse; il parlait de son épée. Il riait de la crise. Il dédaignait ce bruit de paroles, il cabalait contre les ministres, il flétrissait les transactions. La reine, enivrée d'adulations par cet entourage, poussait le roi à reprendre le lendemain ce qu'il avait concédé la veille. Sa pensée se retrouvait dans toutes les oscillations du gouvernement. Ses appartements étaient le foyer d'une conspiration perpétuelle contre l'esprit nouveau; la nation finit par s'en apercevoir et par la haïr. Son nom devint pour le peuple le fantôme de la contre-révolution. On est prompt à calomnier ce qu'on craint. On la peignait dans d'odieux pamphlets sous les traits d'une Messaline. Les bruits les plus infâmes circulaient, les anecdotes les plus controuvées furent répandues. Le cœur d'une femme, fût-elle reine, a droit à l'inviolabilité. Les sentiments ne deviennent de l'histoire que quand ils éclatent en publicité.

XIV

Aux journées des 5 et 6 octobre, la reine s'aperçut trop tard de l'inimitié du peuple; la rancune dut envahir son cœur. L'émigration commença, elle la vit avec faveur. Tous ses amis étaient à Coblentz; on lui supposait des complicités avec eux : ces complicités étaient réelles. Les fables d'un comité autrichien furent semées dans le peuple. On accusa Marie-Antoinette de conjurer la perte de la nation, qui demandait à chaque instant sa tête. Le peuple soulevé a besoin de haïr quelqu'un, on lui livra la reine. Son nom fut chanté dans ses colères. Une femme fut choisie pour l'ennemie de toute une nation. Sa fierté dédaigna de la détromper. Elle s'enferma dans son ressentiment et dans sa terreur. Emprisonnée dans le palais des Tuileries, elle ne pouvait mettre la tête à la fenêtre sans provoquer l'outrage et entendre l'insulte. Chaque bruit de la ville lui faisait craindre une insurrection. Ses journées étaient mornes, ses nuits agitées; son supplice fut de toutes les heures pendant deux ans; il se multipliait dans son cœur par son amour pour ses deux enfants et par ses inquiétudes sur le roi. Sa cour était vide, elle ne voyait plus que des autorités ombrageuses, des ministres imposés et M. de La Fayette, devant qui elle était obligée de composer même son visage. Ses appartements recélaient la délation. Ses serviteurs étaient ses espions. Il fallait les tromper pour se concerter avec le peu d'amis qui lui restaient. Des escaliers dérobés, des corridors sombres conduisaient la nuit dans les combles du château les conseillers secrets qu'elle appelait autour d'elle. Ces conseils ressemblaient à des conjurations; elle en sortait sans cesse avec des pensées différentes; elle en assiégeait l'âme du roi, dont la conduite contractait ainsi l'incohérence d'une femme aux abois.

Mesures de force, tentatives de corruption sur l'Assemblée, abandon sincère à la constitution, essais de résistance, attitude de dignité royale, repentir, faiblesse, terreur et fuite, tout était conçu, tenté, préparé, arrêté, abandonné le même jour. Les femmes, si sublimes dans le dévouement, sont rarement capables de l'esprit de suite et d'imperturbabilité nécessaire à un plan politique. Leur politique est dans le cœur; leur passion est trop près de leur raison. De toutes les vertus du trône, elles n'ont que le courage; elles sont souvent des héros, rarement des hommes d'État. La reine en fut un exemple de plus. Douée de plus d'esprit, de plus d'âme, de plus de caractère que le roi, sa supériorité ne servit qu'à lui inspirer confiance dans de funestes conseils. Elle fut à la fois le charme de ses malheurs et l'un des conseillers involontaires de sa perte; ses inspirations le dirigèrent peut-être vers l'échafaud, mais elle y monta avec lui.

XV

Le côté droit, dans l'Assemblée nationale, se composait des ennemis naturels du mouvement : la noblesse et le haut clergé. Tous cependant ne l'étaient pas au même degré ni au même titre. Les séditions naissent en bas, les révolutions naissent en haut ; les séditions ne sont que les colères du peuple, les révolutions sont les idées d'une époque. Les idées commencent dans la tête de la nation. La Révolution française était une pensée généreuse de l'aristocratie. Cette pensée était tombée entre les mains du peuple, qui s'en était fait une arme contre la noblesse, contre le trône et contre la religion. Philosophie dans les salons, elle était devenue révolte dans les rues. Cependant toutes les grandes maisons du royaume avaient donné des apôtres aux premiers dogmes de la Révolution ; les états généraux, ancien théâtre de l'importance et des triomphes de la haute noblesse, avaient tenté l'ambition de ses héritiers ; ils avaient marché à la tête des réformateurs. L'esprit de corps n'avait pas pu les retenir, quand il avait été question de se réunir au tiers état. Les Montmorency, les Noailles, les La Rochefoucauld, les Clermont-Tonnerre, les Lally-Tollendal, les Virieu, les d'Aiguillon, les Lauzun, les Montesquiou, les Lameth, les Mirabeau, le duc d'Orléans, le premier prince du sang, le comte de Provence, frère du roi, roi lui-même depuis sous le nom de

Louis XVIII, avaient donné l'impulsion aux innovations les plus hardies. Ils avaient emprunté chacun leur crédit de quelques heures à des principes qu'il était plus facile de poser que de modérer; la plupart de ces crédits avaient disparu. Aussitôt que ces théoriciens de la révolution spéculative s'étaient aperçus que le torrent les emportait, ils avaient essayé de remonter le courant, ou ils étaient sortis de son lit : les uns s'étaient rangés de nouveau autour du trône, les autres avaient émigré après les journées des 5 et 6 octobre. Quelques-uns, les plus fermes, restaient à leur place dans l'Assemblée nationale; ils combattaient sans espoir, mais glorieusement, pour une cause perdue; ils s'efforçaient de maintenir au moins un pouvoir monarchique, et abandonnaient au peuple, sans les lui disputer, les dépouilles de la noblesse et de l'Église. De ce nombre étaient Cazalès, l'abbé Maury, Malouet et Clermont-Tonnerre. C'étaient les hommes remarquables de ce parti mourant.

Clermont-Tonnerre et Malouet étaient plutôt des hommes d'État que des orateurs; leur parole sûre et réfléchie n'impressionnait que la raison. Ils cherchaient l'équilibre entre la liberté et la monarchie, et croyaient l'avoir trouvé dans le système anglais des deux chambres. Les modérés des deux partis écoutaient avec respect leur voix; comme tous les demi-partis et les demi-talents, ils n'excitaient ni haine ni colère; mais les événements ne les écoutaient pas, et marchaient, en les écartant, vers des résultats plus absolus. Maury et Cazalès, moins philosophes, étaient les deux athlètes du côté droit; leur nature était différente, leur puissance oratoire presque égale. Maury représentait le clergé, dont il était membre, Cazalès la noblesse, dont il faisait partie. L'un, c'était Maury, façonné de bonne heure aux luttes de la polémique sacrée, avait aiguisé et poli dans la chaire l'éloquence qu'il devait porter à la tribune. Sorti des derniers rangs du peuple, il ne tenait à l'ancien régime que par son habit; il défendait la religion et la monarchie, comme deux textes qu'on avait imposés à ses discours. Sa conviction n'était qu'un rôle : tout autre rôle eût aussi bien convenu à sa nature. Mais il soutenait avec un admirable courage et un beau caractère celui que sa situation lui faisait. Nourri d'études sérieuses, doué d'une élocution abondante, vive et colorée, ses harangues étaient des traités complets sur les matières qu'il discutait. Seul rival de Mirabeau, il ne lui manquait pour l'égaler qu'une cause plus nationale et plus vraie; mais le sophisme des abus de l'ancien régime ne pouvait pas revêtir des couleurs plus spécieuses que celles dont Maury colorait l'ancien régime. L'érudition historique et l'érudition sacrée lui fournissaient ses arguments. La hardiesse de son caractère et de son langage lui inspirait de ces mots qui vengent même d'une défaite. Sa belle figure, sa voix sonore, son geste impérieux, l'insouciance et la gaieté avec lesquelles il bravait les tribunes, arrachaient souvent des applaudissements même à ses ennemis. Le peuple, qui sentait sa force invincible, s'amusait d'une résistance impuissante. Maury était pour lui comme ces gladiateurs qu'on aime à voir combattre, bien qu'on sache qu'ils doivent mourir. Une seule chose manquait à l'abbé Maury : l'autorité morale de la parole. Ni sa naissance, ni sa foi, ni ses mœurs n'inspiraient le respect à ceux qui l'écoutaient. On sentait l'acteur dans l'homme, l'avocat dans la cause; l'orateur et la parole n'étaient pas un. Otez à l'abbé

Maury l'habit de son ordre, il eût changé de côté sans effort et siégé parmi les novateurs. De semblables orateurs ornent un parti, mais ils ne le sauvent pas.

XVI

Cazalès était un de ces hommes qui s'ignorent eux-mêmes, jusqu'à l'heure où les circonstances leur révèlent un génie, en leur assignant un devoir. Officier obscur dans les rangs de l'armée, le hasard qui le jeta à la tribune lui découvrit qu'il était orateur. Il ne chercha pas quelle cause il défendrait : noble, la noblesse; royaliste, le roi; sujet, le trône. Sa situation fit sa doctrine. Il porta dans l'Assemblée le caractère et les vertus de son uniforme. La parole ne fut pour lui qu'une épée de plus; il la voua avec un dévouement chevaleresque à la cause de la monarchie. Paresseux, peu instruit, son rapide bon sens suppléa l'étude. Sa foi monarchique ne fut point le fanatisme du passé : elle admettait les modifications admises par le roi lui-même, et compatibles avec l'inviolabilité du trône et l'action du pouvoir exécutif. De Mirabeau à lui il n'y avait pas loin dans le dogme; mais l'un voulait la liberté en aristocrate, l'autre la voulait en démocrate. L'un s'était jeté au milieu du peuple, l'autre s'attachait aux marches du trône. Le caractère de l'éloquence de Cazalès était celui d'une cause désespérée. Il protestait plus qu'il ne discutait, il opposait aux triomphes violents du côté gauche ses défis ironiques, ses indignations amères qui subjuguaient un moment l'admiration, mais qui ne ramenaient pas la victoire. La noblesse lui dut de tomber avec gloire et le trône avec majesté, et par lui l'éloquence eut quelque chose de l'héroïsme.

Derrière ces deux hommes il n'y avait rien qu'un parti aigri par l'infortune, découragé par son isolement dans la nation, odieux au peuple par ses priviléges, inutile au trône par son impopularité, se repaissant des plus vaines illusions et ne conservant de la puissance abattue que le ressentiment de l'injure et la hauteur qui provoquent de nouvelles humiliations. Les espérances de ce parti se portaient déjà tout entières sur l'intervention armée des puissances étrangères. Louis XVI n'était plus à ses yeux qu'un roi prisonnier que l'Europe viendrait délivrer. Le patriotisme et l'honneur étaient pour eux à Coblentz. Vaincu par le nombre, dépourvu de chefs habiles qui savent immortaliser les retraites, sans force contre l'esprit du temps, et se refusant à transiger, le côté droit ne pouvait plus en appeler qu'à la vengeance; sa politique n'était plus qu'une imprécation.

Le côté gauche venait de perdre à la fois son chef et son modérateur dans Mirabeau; l'homme national n'était plus. Restaient les hommes de parti : c'étaient Barnave et les deux Lameth. Ces hommes, humiliés de l'ascendant de Mirabeau, avaient essayé, longtemps avant sa mort, de balancer la souveraineté de son génie par l'exagération de leurs doctrines et de leurs discours. Mirabeau n'était que l'apôtre; ils avaient voulu être les factieux du temps. Jaloux de sa personne, ils avaient cru effacer ses talents par la supériorité de leur popularisme. Les médiocrités croient égaler le génie en dépassant la raison. Une scission de trente à quarante voix s'était opérée dans le côté gauche. Barnave et les Lameth les inspiraient. Le club des Amis de la Constitution, devenu le club des Jacobins, leur répondait au dehors. L'agitation populaire était soulevée par eux, contenue par Mirabeau, qui ralliait contre eux la gauche, le centre et les membres raisonnables du côté droit. Ils conspiraient, ils cabalaient, ils fomentaient les divisions dans l'opinion bien plus qu'ils ne gouvernaient l'Assemblée. Mirabeau mort leur laissait la place vide.

Les Lameth, hommes de cour, élevés par les bontés de la famille royale, comblés des faveurs et des pensions du roi, avaient ces éclatantes défections de Mirabeau sans avoir l'excuse de ses griefs contre la monarchie; cette défection était un de leurs titres à la faveur populaire. Hommes habiles, ils portaient dans la cause nationale le manége des cours où ils avaient été nourris. Leur amour de la Révolution était pourtant désintéressé et sincère; mais leurs talents distingués n'égalaient pas leur ambition. Écrasés par Mirabeau, ils ameutaient contre lui tous ceux que l'ombre de ce grand homme éclipsait avec eux. Ils cherchaient un rival à lui opposer, ils ne trouvaient que des envieux. Barnave se présenta, ils l'entourèrent, ils l'applaudirent, ils l'enivrèrent de sa propre importance. Ils lui persuadèrent un moment que des phrases étaient de la politique, et qu'un rhéteur était un homme d'État.

Mirabeau fut assez grand pour ne pas le craindre et assez juste pour ne pas le mépriser. Barnave, jeune avocat du Dauphiné, avait débuté avec éclat dans ces conflits entre le parlement et le trône, qui avaient agité sa province et exercé sur de petits théâtres l'éloquence des hommes de barreau. Envoyé à trente ans aux états généraux avec Mounier, son patron et son maître, il avait promptement abandonné Mounier et le parti monarchique pour se signaler dans le parti démocratique. Un mot sinistre échappé, non de son cœur, mais de ses lèvres, pesait comme un remords sur sa conscience. « Le sang qui coule est-il donc si pur? » s'était-il écrié au premier meurtre de la Révolution. Ce mot l'avait marqué au front du signe des factieux. Barnave n'était pas factieux, ou il ne l'était qu'autant qu'il le fallait pour le succès de ses discours. Il n'y avait d'extrême en lui que l'orateur, l'homme ne l'était pas; il était encore moins cruel. Studieux, mais sans idée; disert, mais sans chaleur, c'était une intelligence moyenne, une âme honnête, une volonté flottante, un cœur droit. Son talent, qu'on affectait de comparer à celui de Mirabeau, n'était que l'art d'enchaîner avec habileté des considérations vulgaires. L'habitude du tribunal lui donnait, dans l'improvisation, une supériorité apparente, qui s'évanouissait à la réflexion. Les ennemis de Mirabeau lui avaient fait un piédestal de leur haine et l'avaient grandi pour le comparer. Quand il fut réduit à sa véritable taille, on reconnut toute la distance qu'il y avait entre l'homme de la nation et l'homme du barreau. Barnave eut le malheur d'être le grand homme d'un parti médiocre, et le héros d'un parti envieux; il méritait un meilleur sort, et plus tard il le conquit.

XVII

Dans l'ombre encore, et derrière les chefs de l'Assemblée nationale, un homme, presque inconnu, commençait à se mouvoir, agité d'une pensée inquiète qui semblait lui interdire le silence et le repos; il tentait en toute occasion la parole, et s'attaquait indifféremment à tous les orateurs, même à Mirabeau. Précipité de la tribune, il y remontait le lendemain; humilié par les sarcasmes, étouffé par les murmures, désavoué par tous les partis, disparaissant entre les grands athlètes qui fixaient l'attention publique, il était sans cesse vaincu, jamais lassé. On eût dit qu'un génie intime et prophétique lui révélait d'avance la vanité de tous ces talents, la toute-puissance de la volonté et de la patience, et qu'une voix entendue de lui seul lui disait : « Ces hommes qui te méprisent t'appartiennent; tous les détours de cette Révolution qui ne veut pas te voir viendront aboutir à toi, car tu t'es placé sur sa route comme l'inévitable excès auquel aboutit toute impulsion! » Cet homme, c'était Robespierre.

Il y a des abîmes qu'on n'ose pas sonder et des caractères qu'on ne veut pas approfondir, de peur d'y trouver trop de ténèbres et trop d'horreur; mais l'histoire, qui a l'œil impassible du temps, ne doit pas s'arrêter à ces terreurs, elle doit comprendre ce qu'elle se charge de raconter.

Maximilien Robespierre était né à Arras d'une famille pauvre, honnête et respectée; son père, mort en Allemagne, était d'origine anglaise. Cela explique ce qu'il y avait de rigide dans cette nature. L'évêque d'Arras avait fait les frais de son éducation. Le jeune Robespierre s'était distingué, au collège Louis-le-Grand, par une vie studieuse et par des mœurs austères.

Les lettres et le barreau partageaient son temps. La philosophie de Jean-Jacques Rousseau avait pénétré profondément son intelligence; cette philosophie, en tombant dans une volonté active, n'était pas restée une lettre morte : elle était devenue en lui un dogme, une foi, un fanatisme. Dans l'âme d'un sectaire toute conviction devient secte. Robespierre était le Calvin de la politique; il couvait dans l'obscurité la pensée confuse de la rénovation du monde social et du monde religieux, comme un rêve qui obsédait inutilement sa jeunesse, quand la Révolution vint lui offrir ce que la destinée offre toujours à ceux qui épient sa marche, l'occasion. Il la saisit. Il fut nommé député du tiers aux états généraux. Seul peut-être de tous ces hommes qui ouvraient à Versailles la première scène de ce drame immense, il entrevoyait le dénoûment. Comme l'âme humaine, dont les philosophes ignorent le siége dans le corps humain, la pensée de tout un peuple repose quelquefois dans l'individu le plus ignoré d'une vaste foule. Il ne faut mépriser personne, car le doigt de la destinée marque dans l'âme, et non sur le front. Robespierre n'avait rien, ni dans la naissance, ni dans le génie, ni dans l'extérieur, qui le désignât à l'attention des hommes. Aucun éclat n'était sorti de lui, son pâle talent n'avait rayonné que dans le barreau ou dans les académies de province; quelques discours verbeux, remplis d'une philosophie sans muscles et presque pastorale, quelques poésies froides et affectées avaient inutilement affiché son nom dans l'insignifiance des recueils littéraires du temps ; il était plus qu'inconnu, il était médiocre et dédaigné. Ses traits n'avaient rien de ce qui fait arrêter le regard, quand il flotte sur une grande assemblée; rien n'était écrit en caractères physiques sur cette puissance tout intérieure : il était le dernier mot de la Révolution, mais personne ne pouvait le lire.

Robespierre était petit de taille; ses membres étaient grêles et anguleux, sa marche saccadée, ses attitudes affectées, ses gestes sans harmonie et sans grâce; sa voix, un peu aigre, cherchait les inflexions oratoires et ne trouvait que la fatigue et la monotonie; son front était assez beau, mais petit, bombé au-dessus des tempes, comme si la masse et le mouvement embarrassé de ses pensées l'avaient élargi à force d'efforts; ses yeux, très-voilés par les paupières et très-aigus aux extrémités, s'enfonçaient profondément dans les cavités de leurs orbites; ils lançaient un éclair bleuâtre, vague et flottant comme un reflet de l'acier frappé par la lumière; son nez, droit et petit, était fortement tiré par des narines relevées et trop ouvertes; sa bouche était grande, ses lèvres minces et contractées désagréablement aux deux coins, son menton court et pointu, son teint d'un jaune livide, comme celui d'un malade ou d'un homme consumé de veilles et de méditations. L'expression habituelle de ce visage était une sérénité superficielle sur un fond grave, et un sourire indécis entre le sarcasme et la grâce. Il y avait de la douceur, mais une douceur sinistre. Ce qui dominait dans l'ensemble de sa physionomie, c'était la prodigieuse et continuelle tension du front, des yeux, de la bouche, de tous les muscles de la face. On voyait en l'observant que tous les traits de son visage, comme tout le travail de son âme, convergeaient sans distraction sur un seul point, avec une telle puissance qu'il n'y avait aucune déperdition de volonté dans ce caractère, et qu'il semblait voir d'avance ce qu'il voulait accomplir, comme s'il l'eût eu déjà en réalité sous les yeux.

Tel était alors l'homme qui devait absorber en lui tous ces hommes, et en faire ses victimes après en avoir fait ses instruments. Il n'était d'aucun parti, mais de tous les partis qui servaient tour à tour son idéal de la Révolution. C'était là sa force, car les partis s'arrêtaient, lui ne s'arrêtait pas. Il plaçait cet idéal comme un but en avant de chaque mouvement révolutionnaire; il marchait avec ceux qui voulaient l'atteindre; puis quand le but était dépassé, il se plaçait plus loin et y marchait encore avec d'autres hommes, en continuant ainsi, sans jamais s'arrêter, sans jamais reculer. La Révolution, décimée dans sa route, devait inévitablement se résumer un jour dans une dernière expression. Il voulait que ce fût lui. Il se l'était incorporée tout entière, principes, pensées, passions, colères, et la forçait ainsi de s'incorporer un jour en lui. Ce jour était loin.

XVIII

Robespierre, qui avait souvent combattu Mirabeau avec Duport, les Lameth et Barnave, commençait à se séparer de ceux-ci, depuis qu'ils dominaient l'Assemblée. Il formait, avec Pétion et quelques hommes obscurs, un petit groupe d'opposition radicalement démocratique, qui encourageait les Jacobins au dehors, et qui menaçait Barnave et les Lameth toutes les fois qu'ils étaient tentés de s'arrêter. Pétion et Robespierre, dans l'Assemblée, Brissot et Danton, au club des Jacobins, formaient le germe du parti nouveau qui allait accélérer le mouvement et le convertir bientôt en convulsions et en catastrophes.

La popularité était le but de Pétion : il l'atteignit plus vite que Robespierre. Avocat sans talent, mais probe, n'ayant pris de la philosophie que les sophismes du *Contrat social*, jeune, beau, patriote, il était destiné à devenir une de ces idoles complaisantes dont le peuple fait ce qu'il veut, excepté un homme ; son crédit dans la rue et chez les Jacobins lui donnait une certaine autorité dans l'Assemblée ; on l'écoutait comme un écho significatif des volontés du dehors. Robespierre affectait de le respecter.

XIX

On achevait la constitution : le pouvoir royal n'y subsistait plus que de nom; le roi n'était que l'exécuteur des ordres de la représentation nationale; ses ministres n'étaient que des otages responsables entre les mains de l'Assemblée. On sentait les vices de cette constitution avant de l'avoir achevée. Votée dans la colère des partis, elle n'était pas une constitution, elle était une vengeance du peuple contre la monarchie, le trône ne subsistant que pour tenir la place d'un pouvoir unique que l'on instituait partout et qu'on n'osait pas encore nommer. Le peuple, les partis tremblaient, en enlevant le trône, de découvrir un abîme où la nation serait engloutie; il était tacitement convenu de le respecter pour la forme, en dépouillant et en outrageant tous les jours l'infortuné monarque qu'on y tenait enchaîné. Les choses en étaient à ce point où elles n'ont plus d'autre dénoûment qu'une chute. L'armée, sans discipline, n'ajoutait qu'un élément de plus à la fermentation populaire; abandonnée de ses officiers, qui émigraient en masse, les sous-officiers s'en emparaient et transportaient la démocratie dans ses rangs; affiliés, dans toutes les garnisons, au club des Jacobins, ils y prenaient le mot d'ordre et faisaient de leur troupe les soldats de l'anarchie et les complices des factieux. Le peuple, à qui on avait jeté en proie les droits féodaux de la noblesse et les dîmes du clergé, craignait de se voir arracher ce qu'il possédait avec inquiétude, et voyait partout des complots; il les prévenait par des crimes. Le régime soudain de liberté, auquel il n'était pas préparé, l'agitait sans le fortifier; il montrait tous les vices des affranchis sans avoir encore les vertus de l'homme libre. La France entière n'était qu'une sédition, l'anarchie gouvernait; et, pour qu'elle fût pour ainsi dire gouvernée elle-même, elle avait créé son gouvernement dans autant de clubs qu'il y avait de grandes municipalités dans le royaume.

Le club dominant était celui des Jacobins; ce club était la centralisation de l'anarchie. Aussitôt qu'une volonté puissante et passionnée remue une nation, cette volonté commune rapproche les hommes ; l'individualisme cesse, et l'association légale ou illégale organise la passion publique. Les sociétés populaires étaient nées ainsi : aux premières menaces de la cour contre les états généraux, quelques députés bretons s'étaient réunis à Versailles et avaient formé une société pour éclairer les complots de la cour et assurer les triomphes de la liberté ; ses fondateurs étaient Sieyès, Chapelier, Barnave, Lameth. Après les journées des 5 et 6 octobre, le club Breton, transporté à Paris à la suite de l'Assemblée nationale, y avait pris le nom plus énergique de Société des Amis de la Constitution ; il siégeait dans l'ancien couvent des Jacobins-Saint-Honoré, non loin du Manége, où siégeait l'Assemblée nationale. Les députés, qui l'avaient fondé, dans le principe, pour eux seuls, en ouvrirent les portes aux journalistes, aux écrivains révolutionnaires, et enfin à tous les citoyens. La présentation par deux des membres de la société et un scrutin ouvert sur la moralité du récipiendaire, étaient les seules conditions de réception ; le public était admis aux séances par des censeurs qui inspectaient la carte d'entrée ; un règlement, un bureau, un président, une correspondance, des secrétaires, un ordre du jour, une tribune, des orateurs, transportaient dans ces réunions toutes les formes des assemblées délibérantes ; c'étaient les assemblées du peuple, moins l'élection et la responsabilité ; la passion donnait seule le mandat ; au lieu de faire les lois, elles faisaient l'opinion.

Les séances avaient lieu le soir, afin que le peuple ne fût pas empêché d'y assister par les travaux du jour ; les actes de l'Assemblée nationale, les événements du moment, l'examen de questions sociales, plus souvent les accusations contre le roi, les ministres, le côté droit, étaient les textes de ses discussions. De toutes les passions du peuple, celle qu'on y flattait le plus, c'était la haine; on le rendait ombrageux pour l'asservir. Convaincu que tout conspirait contre lui, roi, reine, cour, ministres, autorité, puissances étrangères, il se jetait avec désespoir dans les bras de ses défenseurs. Le plus éloquent à ses yeux était celui qui le pénétrait de plus de crainte; il avait soif de dénonciations, on les lui prodiguait. C'est ainsi que Barnave, les Lameth, puis Danton, Marat, Brissot, Camille Desmoulins, Pétion, Robespierre, avaient conquis leur autorité sur le peuple. Ces noms avaient monté avec sa colère; ils l'entretenaient, cette colère, pour rester grands. Les séances nocturnes des Jacobins et des Cordeliers étouffaient souvent l'écho des séances de l'Assemblée nationale; la minorité, vaincue au Manége, venait protester, accuser et menacer aux Jacobins.

Mirabeau lui-même, accusé par Lameth à propos de la loi sur l'émigration, était venu, peu de jours avant sa mort, écouter en face les invectives de son dénonciateur; il n'avait pas dédaigné de se justifier. Les clubs étaient la force extérieure où les meneurs de l'Assemblée appuyaient leurs noms pour intimider la représentation nationale. La représentation nationale n'avait que les lois; le club avait le peuple, la sédition et même l'armée.

XX

Cette opinion publique, ainsi organisée en association permanente sur tous les points de l'empire, donnait un coup électrique auquel rien ne pouvait résister. Une motion faite à Paris était répercutée, de club en club, jusqu'aux extrémités des provinces. Une même étincelle allumait, à la même heure, la même passion dans des millions d'âmes. Toutes les sociétés correspondaient entre elles et avec la société mère. L'impulsion était communiquée, et le contre-coup ressenti tous les jours. C'était le gouvernement des factions enlaçant de ses réseaux le gouvernement de la loi; mais la loi était muette et invisible, la faction éloquente et debout.

Qu'on se figure une de ces séances où les citoyens, agités déjà par l'air orageux de l'époque, venaient prendre place, à la nuit tombante, dans une de ces nefs récemment arrachées au culte. Quelques chandelles apportées par les affiliés éclairaient imparfaitement la sombre enceinte; des murs nus, des bancs de bois, une tribune à la place de l'autel. Autour de cette tribune, quelques orateurs chéris du peuple se pressaient pour obtenir la parole. Une foule de citoyens de toutes les classes, de tous les costumes, riches, pauvres, soldats, ouvriers; des femmes qui apportent la passion, l'enthousiasme, l'attendrissement, les larmes partout où elles entrent; des enfants qu'elles élèvent dans leurs bras, comme pour leur faire aspirer de bonne heure l'âme d'un peuple irrité; un morne silence, entrecoupé d'éclats de voix, d'applaudissements ou de huées, selon que l'orateur qui demande à parler est aimé ou haï; puis des discours incendiaires remuant jusqu'au fond, avec des mots magiques, les passions de cette foule neuve aux impressions de la parole; l'enthousiasme réel chez les uns, simulé chez les autres; les motions ardentes, les dons patriotiques, les couronnements civiques, les bustes des grands républicains promenés; les symboles du christianisme et de l'aristocratie brûlés, les chants démagogiques vociférés, en chœur, au commencement et à la fin de chaque séance : quel peuple, même dans un temps de calme, eût résisté aux pulsations de cette fièvre, dont les accès se renouvelaient périodiquement tous les jours, depuis la fin de 1790, dans toutes les villes du royaume? C'était le régime du fanatisme précédant le régime de la terreur. Telle était l'organisation du club des Jacobins.

XXI

Le club des Cordeliers, qui se confondait quelquefois avec celui des Jacobins, le dépassait encore en turbulence et en démagogie. Marat et Danton y dominaient.

Le parti constitutionnel modéré avait tenté aussi ses réunions. Mais la passion manque aux réunions défensives; l'offensive seule groupe les factions : elles s'éteignirent d'elles-mêmes jusqu'à la fondation du club des Feuillants. Le peuple dissipa à coups de pierres les premiers rassemblements de députés chez M. de Clermont-Tonnerre. Barnave injuria à la tribune ses collègues, et les voua à l'exécration publique, de la même voix qui avait suscité et rallié les *Amis de la Constitution*. La liberté n'était encore qu'une arme partiale qu'on brisait, sans pudeur, dans les mains de ses ennemis.

Que restait-il au roi, pressé ainsi entre une assemblée qui avait usurpé toutes les fonctions exécutives, et ces réunions factieuses qui usurpaient tous les droits de représentation? Placé sans forces propres entre ces deux puissances rivales, il n'était là que pour recevoir le contre-coup de leur lutte, et pour être jeté, tous les jours, en sacrifice par l'Assemblée nationale à la popularité; une seule force maintenait encore l'ombre du trône et l'ordre extérieur debout : c'était la garde nationale de Paris. Mais la garde nationale était une force neutre, qui ne recevait de loi que de l'opinion, et qui, flottant elle-même entre les factions et la monarchie, pouvait bien maintenir la sécurité dans la place publique, mais ne pouvait servir d'appui ferme et indépendant à un pouvoir politique. Elle était peuple elle-même; toute intervention sérieuse contre la volonté du peuple lui eût paru un sacrilége. C'était un corps de police municipale, ce ne pouvait être encore l'armée du trône ou de la constitution. Elle était née d'elle-même, le lendemain du 14 juillet, sur les marches de l'hôtel de ville; elle ne recevait d'ordre que de la municipalité. La municipalité lui avait donné pour chef le marquis de La Fayette : elle ne pouvait pas mieux choisir; le peuple honnête, dirigé par son instinct, ne pouvait mettre la main sur un homme qui le représentât plus fidèlement.

XXII

Le marquis de La Fayette était patricien, possesseur d'une immense fortune, et allié par sa femme, fille du duc d'Ayen, aux plus grandes familles de la cour. Né à Chavagnac en Auvergne, le 6 septembre 1757, marié à seize ans, un précoce instinct de renommée l'avait poussé, en 1777, hors de sa patrie. C'était l'époque de la guerre de l'indépendance d'Amérique; le nom de Washington retentissait sur les deux continents. Un adolescent rêva la même destinée pour lui dans les délices de la cour amollie de Louis XV; cet adolescent, c'était La Fayette. Il arma secrètement deux navires, les chargea d'armes et de munitions pour les insurgents, et arriva à Charlestown. Washington l'accueillit comme il eût accueilli un secours avoué de la France. C'était la France moins son drapeau. La Fayette et les jeunes officiers qui le suivirent constataient les vœux secrets d'un grand peuple pour l'indépendance d'un nouveau monde. Le général américain employa M. de La Fayette dans cette longue guerre dont les moindres combats prenaient, en traversant les mers, l'importance de grandes batailles. La guerre d'Amérique, plus remarquable par les résultats que par les campagnes, était plus propre à former des républicains que des guerriers.

M. de La Layette la fit avec héroïsme et dévouement. Il conquit l'amitié de Washington. Un nom français fut écrit par lui sur l'acte de naissance d'une nation transatlantique. Ce nom revint en France comme un écho de liberté et de gloire. La popularité, qui s'attache à tout ce qui brille, s'en empara au retour de La Fayette dans sa patrie; elle enivra le jeune héros. L'opinion l'adopta, l'Opéra l'applaudit, les actrices le couronnèrent. La reine lui sourit, le roi le fit général, Franklin le fit citoyen, l'enthousiasme national en fit son idole. Cet enivrement de la faveur publique décida de sa vie; La Fayette trouva cette popularité si douce qu'il ne voulut plus consentir à la perdre. Les applaudissements ne sont pas de la gloire. Plus tard il mérita celle dont il était digne. Il donnait à la démocratie son caractère, l'honnêteté.

Le 14 juillet, M. de La Fayette se trouva tout prêt pour être élevé sur le pavois de la bourgeoisie de Paris. Frondeur de la cour, révolutionnaire de bonne maison, aristocrate par la naissance, démocrate par principes, rayonnant d'une renommée militaire acquise au loin, il réunissait beaucoup de conditions pour rallier à lui une milice civique et devenir, dans les revues du Champ de Mars, le chef naturel d'une armée de citoyens. Sa gloire d'Amérique rejaillissait à Paris. La distance grandit tout prestige. Le sien était immense. Ce nom résumait et éclipsait tout. Necker, Mirabeau, le duc d'Orléans, ces trois popularités vigoureuses, pâlirent. La Fayette fut le nom de la nation pendant trois ans. Arbitre suprême, il portait à l'Assemblée son autorité de commandant de la garde nationale; il rapportait à la garde nationale son autorité de membre influent de l'Assemblée. De ces deux titres réunis il se faisait une véritable dictature de l'opinion. Comme orateur il comptait peu ; sa parole molle, quoique spirituelle et fine, n'avait rien de ce coup ferme et électrique qui frappe l'esprit, vibre au cœur et communique son contre-coup aux hommes rassemblés. Élégante comme une parole de salon, et embarrassée dans les circonlocutions d'une intelligence diplomatique, il parlait de liberté dans une langue de cour. Le seul acte parlementaire de M. de La Fayette fut la proclamation des *droits de l'homme*, qu'il fit adopter par l'Assemblée nationale. Ce décalogue de l'homme libre, retrouvé dans les forêts d'Amérique, contenait plus de phrases métaphysiques que de vraie politique. Il s'appliquait aussi mal à une vieille société, que la nudité du sauvage aux besoins compliqués de l'homme civilisé. Mais il avait le mérite de mettre un moment l'homme à nu, et, en lui montrant ce qui était lui et ce qui n'était pas lui, de rechercher, dans le préjugé, l'idéal vrai de ses devoirs et de ses droits. C'était le cri de révolte de la nature contre toutes les tyrannies. Ce cri devait faire écrouler un vieux monde usé de servitude et en faire palpiter un nouveau. L'honneur de La Fayette fut de l'avoir proféré.

La fédération de 1790 fut l'apogée de M. de La Fayette; il effaça, ce jour-là, le roi et l'Assemblée. La nation armée et pensante était là en personne, et il la commandait : il pouvait tout, il ne tenta rien. Son malheur était celui de sa situation. Homme de transition, sa vie passa entre deux idées ; s'il en eût eu une seule, il eût été maître des destinées de son pays. La monarchie absolue ou la république étaient également dans sa main ; il n'avait qu'à l'ouvrir tout entière ; il ne l'ouvrit qu'à moitié, et il n'en sortit qu'une demi-liberté. En passionnant son pays pour la république, il défendait une constitution monarchique et un trône. Ses principes et ses actes étaient en apparente contradiction; il était droit et il paraissait trahir. Pendant qu'il combattait à regret par devoir pour la monarchie, il avait son cœur dans la république. Protecteur du trône, il en était en même temps l'effroi. Il ne faut qu'une cause à une vie. La monarchie et la république gardent à sa mémoire la même estime et les mêmes ressentiments; il les a servies et desservies toutes les deux. Il est mort sans avoir vu triompher une des deux causes; mais il est mort vertueux et populaire. Il eut, outre ses vertus privées, une vertu publique qui lui vaudra le pardon de ses fautes et l'immortalité de son nom : il eut avant tous, plus que tous, et après tous, le sentiment, la constance et la modération de la Révolution.

Tel était l'homme et telle était l'armée sur lesquels reposaient le pouvoir exécutif, la sécurité de Paris, le trône constitutionnel et la vie du roi.

XXIII

Ainsi se dessinaient, le 1ᵉʳ juin 1791, les partis, les hommes et les choses au milieu desquels s'avançait, par une impulsion occulte et continue, l'esprit irrésistible d'une grande rénovation sociale. Que pouvait-il sortir alors de tels éléments, si ce n'est la lutte, l'anarchie, le crime et la mort? Aucun parti n'avait la raison, aucun esprit n'avait le génie, aucune âme n'avait la vertu, aucun bras n'avait l'énergie de dominer ce chaos et d'en faire sortir la justice, la vérité et la force. Les choses ne produisent que ce qui est en elles. Louis XVI était probe et dévoué au bien ; mais il n'avait pas compris, dès les premières impulsions de la Révolution, qu'il n'y a qu'un rôle pour le chef d'un peuple, c'est de se mettre à la tête de l'idée nouvelle, de livrer le combat au passé, et de cumuler ainsi dans sa personne la double puissance de chef de la nation et de chef de parti. Le rôle de la modération n'est possible qu'à la condition d'avoir la confiance entière du parti qu'on veut modérer. Henri IV avait pris ce rôle, mais c'était après la victoire ; s'il l'eût tenté avant Ivry, il aurait perdu non-seulement le royaume de France, mais celui de Navarre.

La cour était égoïste et corrompue ; elle ne défendait dans le roi que la source des vanités et des exactions à son profit. Le clergé, avec des vertus chrétiennes, n'avait aucune vertu publique. État dans l'État, sa vie était à part de la vie de la nation ; son établissement ecclésiastique lui semblait indépendant de l'établissement monarchique. Il ne s'était rallié à la monarchie menacée que du jour où il avait vu sa fortune compromise ; alors il avait fait appel à la foi des peuples pour préserver ses richesses : mais le peuple ne voyait plus dans les moines que des mendiants, dans les évêques que des exacteurs. La noblesse, amollie par une longue paix, émigrait en masse, abandonnant le roi à ses périls, et croyant à une intervention prompte et décisive des puissances étrangères. Le tiers état, jaloux et envieux, demandait violemment sa place et ses droits aux castes privilégiées ; sa justice ressemblait à la haine. L'Assemblée résumait en elle toutes ces faiblesses, tous ces égoïsmes, tous ces vices : Mirabeau était vénal, Barnave était jaloux, Robespierre fanatique, le club des Jacobins cruel, la garde nationale égoïste, La Fayette flottant, le gouvernement nul. Personne ne voulait la Révolution que pour soi et à sa mesure; elle aurait dû échouer cent fois sur tous ces écueils, s'il n'y avait dans les crises humaines quelque chose de plus fort que les hommes qui paraissent les diriger : la volonté de l'événement lui-même.

La Révolution tout entière n'était comprise alors par personne, excepté, peut-être, par Robespierre et par les démocrates purs. Le roi n'y voyait qu'une grande réforme, le duc d'Orléans qu'une grande faction, Mirabeau que le côté politique, La Fayette que le côté constitutionnel, les Jacobins qu'une vengeance, le peuple que l'abaissement des grands, la nation que son patriotisme. Nul n'osait voir encore le but final.

Tout était donc aveugle alors, excepté la Révolution elle-même. La vertu de la Révolution était dans l'idée qui forçait ces hommes à l'accomplir, et non dans ceux qui l'accomplissaient; tous ses instruments étaient viciés, corrompus ou personnels; mais l'idée était pure, incorruptible et divine. Les vices, les colères, les égoïsmes des hommes, devaient produire inévitablement dans la crise ces chocs, ces violences, ces perversités et ces crimes, qui sont aux passions humaines ce que les conséquences sont aux principes.

Si chacun des partis ou des hommes mêlés dès le premier jour à ces grands événements eût pris leur vertu au lieu de leur passion pour règle de leurs actes, tous ces désastres, qui les écrasèrent, eussent été sauvés à eux et à leur patrie. Si le roi eût été ferme et intelligent, si le clergé eût été désintéressé des choses temporelles, si l'aristocratie eût été juste, si le peuple eût été modéré, si Mirabeau eût été intègre, si La Fayette eût été décidé, si Robespierre eût été humain, la Révolution se serait déroulée, majestueuse et calme comme une pensée divine, sur la France et de là sur l'Europe; elle se serait installée comme une philosophie dans les faits, dans les lois, dans les cultes.

Il devait en être autrement. La pensée la plus sainte, la plus juste et la plus pieuse, quand elle passe par l'imparfaite humanité, n'en sort qu'en lambeaux et en sang. Ceux mêmes qui l'ont conçue ne la reconnaissent plus et la désavouent. Mais il n'est pas donné au crime lui-même de dégrader la vérité; elle survit à tout, même à ses victimes. Le sang qui souille les hommes ne tache pas l'idée, et, malgré les égoïsmes qui l'avilissent, les lâchetés qui l'entravent, les forfaits qui la déshonorent, la Révolution souillée se purifie, se reconnaît, triomphe et triomphera.

LIVRE DEUXIÈME

L'Assemblée nationale pense à se dissoudre. — Les journaux se multiplient. — Négociations des frères du roi au dehors. — Projets d'évasion du roi et de sa famille. — Départ du roi. — Il est reconnu à Châlons et à Sainte-Menehould. — Il est arrêté à Varennes. — Il est ramené à Paris. — Il est prisonnier aux Tuileries.

I

L'Assemblée nationale, fatiguée de deux années d'existence, ralentissait son mouvement législatif : depuis qu'elle n'avait plus à détruire, elle ne savait plus que faire. Les Jacobins lui portaient ombrage, la popularité lui échappait, la presse la débordait, les clubs l'insultaient; instrument usé des conquêtes du peuple, elle sentait que le peuple allait la briser si elle ne se dissolvait elle-même. Ses séances étaient froides; elle achevait la constitution comme une tâche qui lui était imposée, mais dont elle était découragée avant de l'avoir accomplie. Elle ne croyait pas à la durée de ce qu'elle proclamait impérissable. Ses grandes voix qui avaient remué la France si longtemps étaient éteintes par la mort ou se taisaient par l'indifférence. Maury, Cazalès, Clermont-Tonnerre, semblaient se désintéresser d'un combat où l'honneur était sauvé, où la victoire était désormais impossible. De temps en temps seulement, quelques grands éclats de colère entre les partis interrompaient la monotonie habituelle des discussions théoriques. Telle fut la lutte du 10 juin, entre Cazalès et Robespierre, sur le licenciement des officiers de l'armée : « Que nous proposent les comités, s'écria Robespierre, de nous fier aux serments, à l'honneur des officiers, pour défendre la constitution qu'ils détestent? De quel honneur veut-on nous parler? Quel est cet honneur au-dessus de la vertu et de l'amour de son pays? Je me fais gloire de ne pas croire à un pareil honneur. » Cazalès, officier lui-même, se leva indigné : « Je n'entendrai pas impunément ces lâches calomnies, » dit-il. A ces mots, de violents murmures s'élèvent à gauche; des cris (A l'ordre! à l'Abbaye! à l'Abbaye!) éclataient dans les rangs des amis de la Révolution. « Eh quoi, répond l'orateur royaliste, n'est-ce point assez d'avoir contenu mon indignation en entendant accuser deux mille citoyens, qui, dans toutes les crises actuelles, ont donné l'exemple de la patience la plus héroïque? J'ai entendu le préopinant, parce que je suis, je le déclare, partisan de la liberté la plus illimitée des opinions; mais il est au-dessus du pouvoir humain de m'empêcher de traiter ces diatribes avec le mépris qu'elles méritent. Si vous adoptez le licenciement qu'on vous propose, vous n'avez plus d'armée, nos frontières sont livrées à l'invasion de l'ennemi, et l'intérieur aux excès et au pillage d'une soldatesque effrénée! » Ces paroles énergiques furent l'oraison funèbre de l'ancienne armée, et le projet du comité fut adopté.

La discussion sur l'abolition de la peine de mort offrit à Adrien Duport l'occasion de prononcer, en faveur de l'abolition, un de ces discours qui survivent au temps, et qui protestent au nom de la raison et de la philosophie contre l'aveuglement et l'atrocité des législations criminelles. Il démontra, avec la plus profonde logique, que la société, en se réservant l'homicide, le justifiait jusqu'à un certain point dans le meurtrier, et que le moyen le plus efficace de déshonorer le meurtre et de le prévenir était d'en montrer elle-même une sainte horreur. Robespierre, qui devait tout laisser immoler plus tard, demandait qu'on désarmât la société de la peine de mort. Si les préjugés des juristes n'eussent pas prévalu sur les saines doctrines de la philosophie morale, qui peut dire combien de sang eût été épargné à la France?

Mais ces discussions, renfermées dans l'enceinte du Manége, occupaient bien moins l'attention publique que les controverses passionnées de la presse périodique. Le journalisme, ce *Forum* universel et quotidien des passions du peuple, s'était ouvert avec la liberté. Tous les esprits ardents s'y étaient précipités; Mirabeau lui-même avait donné l'exemple en descendant de la tribune. Il écrivait les lettres à ses commettants ou le *Courrier de Provence*. Camille Desmoulins, jeune homme d'un grand talent, mais d'une raison faible, jetait dans ses feuilles l'agitation fiévreuse de ses pensées. Brissot, Gorsas, Cara, Prudhomme, Fréron, Danton, Fauchet, Condorcet, rédigeaient des journaux démocratiques; on commençait à y demander l'abolition de la royauté, « le plus grand fléau, disaient les

Révolutions de Paris, qui ait jamais déshonoré l'espèce humaine. » Marat semblait avoir absorbé en lui toutes les haines qui fermentent dans une société en décomposition; il s'était fait l'expression permanente de la colère du peuple. En la feignant, il l'entretenait; il écrivait avec de la bile et du sang. Il s'était fait cynique pour pénétrer plus bas dans les masses. Il avait inventé le langage des forcenés. Comme le premier Brutus, il contrefaisait le fou, mais ce n'était pas pour sauver la patrie, c'était pour la pousser à tous les vertiges et pour la tyranniser par sa propre démence. Tous ces pamphlets, échos des Jacobins ou des Cordeliers, soufflaient chaque jour les inquiétudes, les soupçons, les terreurs au peuple.

« Citoyens, disait-il, veillez autour de ce palais, asile inviolable de tous les complots contre la nation; une reine perverse y fanatise un roi imbécile, elle y élève les louveteaux de la tyrannie. Des prêtres insermentés y bénissent les armes de l'insurrection contre le peuple. Ils y préparent la Saint-Barthélemy des patriotes. Le génie de l'Autriche s'y cache dans des comités présidés par Antoinette; on y fait signe aux étrangers, on leur fait passer par des convois secrets l'or et les armes de la France, pour que les tyrans, qui rassemblent leurs armées sur vos frontières, vous trouvent affamés et désarmés. Les émigrés, d'Artois, Condé, y reçoivent le mot d'ordre des vengeances prochaines du despotisme. Une garde étrangère de stipendiés suisses ne suffit pas aux projets liberticides de Capet. Chaque nuit, les bons citoyens qui rôdent autour de ce repaire y voient entrer furtivement d'anciens nobles qui cachent des armes sous leurs habits. Ces chevaliers du poignard, que sont-ils, sinon les assassins enrôlés du peuple? Que fait donc La

Fayette? est-il dupe ou complice? comment laisse-t-il libres les avenues de ce palais qui ne s'ouvriront que pour la vengeance ou pour la fuite? Qu'attendons-nous pour achever la révolution dont nous laissons l'ennemi couronné attendre, au milieu de nous, l'heure de la surprendre et de l'anéantir? Ne voyez-vous pas que le numéraire disparaît, qu'on discrédite les assignats? Que signifient sur vos frontières ces rassemblements d'émigrés et ces armées qui s'avancent pour vous étouffer dans un cercle de fer? Que font donc vos ministres? Comment les biens des émigrés ne sont-ils pas confisqués? leurs maisons brûlées? leurs têtes mises à prix? Dans quelles mains sont les armes? Dans les mains des traîtres! Qui commande vos troupes? Des traîtres! Qui tient les clefs de vos places fortes? Des traîtres, des traîtres, partout des traîtres! et, dans ce palais de la trahison, le roi des traîtres! le traître inviolable et couronné, le roi! Il affecte l'amour de la constitution, vous dit-on? piége! Il vient à l'Assemblée? piége! c'est pour mieux voiler sa fuite! Veillez! veillez! Un grand coup se prépare, il va éclater; si vous ne le prévenez pas par un coup plus soudain et plus terrible, c'en est fait du peuple et de la liberté. »

II

Ces déclamations n'étaient pas toutes sans fondement. Le roi, honnête et bon, ne conspirait pas contre son peuple; la reine ne songeait pas à vendre à la maison d'Autriche la couronne de son mari et de son fils. Si la constitution qui s'achevait eût pu donner l'ordre au pays et la sécurité au trône, aucun sacrifice de pouvoir n'eût coûté à Louis XVI. Jamais prince ne trouva mieux, dans son caractère, les conditions de sa modération; la résignation passive, qui est le rôle des souverains constitutionnels, était sa vertu. Il n'aspirait ni à reconquérir ni à se venger. Tout ce qu'il désirait, c'était que sa sincérité fût appréciée enfin par son peuple, que l'ordre se rétablît au dedans, que la paix se maintînt au dehors, et que l'Assemblée, revenant sur les empiétements qu'elle avait accomplis contre le pouvoir exécutif, revisât la constitution, en reconnût les vices, et restituât à la royauté le pouvoir indispensable pour faire le bien du royaume.

La reine elle-même, bien que d'une âme plus forte et plus absolue, était vaincue par la nécessité, et s'associait aux intentions du roi; mais le roi, qui n'avait pas deux volontés, avait cependant deux ministères et deux politiques : une en France avec ses ministres constitutionnels, une au dehors avec ses frères et avec ses agents auprès des puissances. Le baron de Breteuil et M. de Calonne, rivaux d'intrigue, parlaient et traitaient en son nom. Le roi les désavouait, quelquefois sincèrement, quelquefois sans sincérité, dans ses lettres officielles aux ambassadeurs : ce n'était pas hypocrisie, c'était faiblesse; un roi captif n'est-il pas excusable de parler tout haut à ses geôliers et tou bas à ses amis? Ces deux langages, ne concordant pas toujours, donnaient à Louis XVI l'apparence de la déloyauté et de la trahison. Il ne trahissait pas, il hésitait.

Ses frères, et principalement le comte d'Artois, faisaient

du dehors violence à ses volontés et interprétaient arbitrairement son silence. Ce jeune prince allait, de cour en cour, solliciter au nom de son frère la coalition des puissances monarchiques contre une doctrine qui menaçait déjà tous les trônes. Accueilli à Florence par l'empereur d'Autriche, Léopold, frère de la reine, il en avait obtenu quelques jours après, à Mantoue, la promesse d'un contingent de trente-cinq mille hommes. Le roi de Prusse, l'Espagne, le roi de Sardaigne, Naples et la Suisse, garantissaient des forces proportionnées. Louis XVI tantôt saisissait cette espérance d'une intervention européenne comme un moyen d'intimider l'Assemblée et de la ramener à une conciliation avec lui, tantôt il la repoussait comme un crime. L'état de son esprit, à cet égard, dépendait de l'état du royaume; son âme suivait le flux et le reflux des événements intérieurs. Un bon décret, une réconciliation cordiale avec l'Assemblée, un applaudissement du peuple, venaient-ils consoler sa tristesse, il se reprenait à l'espérance et écrivait à ses agents de dissoudre les rassemblements hostiles de Coblentz. Une émeute nouvelle assiégeait-elle le palais, l'Assemblée avilissait-elle l'autorité royale par quelque abaissement ou par quelque outrage, il recommençait à désespérer de la constitution et à se prémunir contre elle. L'incohérence de ses pensées était plutôt le crime de sa situation que le sien; mais elle compromettait à la fois sa cause dedans et dehors. Toute pensée qui n'est pas une se détruit elle-même. La pensée du roi, quoique droite au fond, était trop vacillante pour ne pas varier avec les événements; or les événements n'avaient qu'une direction : la destruction de la monarchie.

III

Cependant, au milieu de ces tergiversations de la volonté royale, il est impossible à l'histoire de méconnaître que, dès le mois de novembre 1790, le roi méditait vaguement le plan d'une évasion de Paris combiné avec l'empereur. Louis XVI avait obtenu de ce prince la promesse de faire marcher un corps de troupes sur la frontière de France, au moment qu'il lui indiquerait; mais le roi avait-il l'intention de sortir du royaume et d'y rentrer à la tête de forces étrangères, ou simplement de rassembler autour de sa personne une partie de sa propre armée dans une place frontière, et de traiter de là avec l'Assemblée? La dernière hypothèse est la plus vraisemblable.

Louis XVI avait beaucoup lu l'histoire, et surtout l'histoire d'Angleterre. Comme tous les malheureux, il cherchait dans les infortunes des princes détrônés des analogies avec sa propre infortune. Il avait été frappé de ces deux circonstances : que Jacques II avait perdu sa couronne pour avoir quitté son royaume, et que Charles Ier avait été décapité pour avoir fait la guerre à son parlement et à son peuple. Ces réflexions lui avaient inspiré une répugnance instinctive contre l'idée de sortir de France ou de se jeter dans les bras de l'armée. Il fallait, pour qu'il se décidât à l'un ou à l'autre de ces deux partis extrêmes, que sa liberté d'esprit fût complétement opprimée par l'imminence des périls présents, et que la terreur qui assiégeait jour et nuit le château des Tuileries fût entrée jusque dans l'âme du roi et de la reine.

Les menaces atroces qui les assaillaient dès qu'ils se montraient aux fenêtres de leur demeure, les outrages des journalistes, les vociférations des Jacobins, les émeutes et les assassinats qui se multipliaient dans la capitale et dans les provinces, les obstacles violents qu'on avait mis à leur départ pour Saint-Cloud, le souvenir enfin des poignards qui avaient percé le lit même de la reine aux 5 et 6 octobre, tout faisait de leur vie une transe continuelle. Ils commençaient à croire que la Révolution insatiable s'irritait par les concessions mêmes qu'ils lui avaient faites ; que l'aveugle fureur des factions, qui ne s'était pas arrêtée devant la majesté royale entourée de ses gardes, ne s'arrêterait pas devant l'inviolabilité illusoire décrétée par une constitution ; et que leur vie, celle de leurs enfants et de ce qui restait de la famille royale, n'avaient plus de sûreté à trouver que dans la fuite.

La fuite fut résolue ; souvent elle avait été débattue avant l'époque où le roi s'y décida. Mirabeau lui-même, acheté par la cour, l'avait proposée dans ses mystérieuses entrevues avec la reine. Un de ses plans présentés au roi consistait à s'évader de Paris, à se réfugier au milieu d'un camp ou dans une ville frontière, et à traiter de là avec l'Assemblée intimidée. Mirabeau, resté à Paris et ressaisissant l'esprit public, aurait amené, disait-il, les choses à un accommodement et à une restauration volontaire de l'autorité royale. Mirabeau avait emporté ses espérances dans la tombe. Le roi même, dans sa correspondance secrète, témoigne de sa répugnance à remettre son sort entre les mains du premier et du plus puissant des factieux. Une autre inquiétude agitait l'esprit du roi et troublait plus profondément le cœur de la reine : ils n'ignoraient pas qu'il était question au dehors, soit à Coblentz, soit dans les conseils de Léopold et du roi de Prusse, de déclarer le trône de France vacant de fait par le défaut de liberté du roi, et de nommer régent du royaume un des princes émigrés, afin d'appeler à lui avec une apparence de légalité tous ses sujets fidèles, et de donner aux troupes étrangères un droit d'intervention incontesté. Un trône, même en débris, ne veut pas être partagé.

Une jalousie inquiète veillait encore au milieu de tant d'autres terreurs, dans ce palais où la sédition avait déjà ouvert tant de brèches. « M. le comte d'Artois sera donc un héros! » disait ironiquement la reine, qui haïssait aujourd'hui ce jeune prince. Le roi, de son côté, craignait cette déchéance morale dont on le menaçait, sous prétexte de délivrer la monarchie. De ses amis ou de ses ennemis, il ne savait lesquels il devait redouter davantage. La fuite seule, au milieu d'une armée fidèle, pouvait le soustraire aux uns et aux autres; mais la fuite elle-même était un péril. Si elle réussissait, la guerre civile pouvait en sortir, et le roi avait horreur du sang versé pour sa cause; si elle ne réussissait pas, elle lui serait imputée à crime; et qui pourrait dire où s'arrêterait la fureur de la nation? La déchéance, la captivité et la mort pouvaient être la conséquence du moindre accident ou de la moindre indiscrétion. Il allait suspendre à un fil fragile son trône, sa liberté, sa vie, et les vies mille fois plus chères, pour lui, de sa femme et de ses deux enfants et de sa sœur.

Ses angoisses furent longues et terribles, elles durèrent

huit mois; elles n'eurent pour confidents que la reine, Madame Élisabeth, quelques serviteurs fidèles dans l'enceinte du palais, et au dehors le marquis de Bouillé.

IV

Le marquis de Bouillé, cousin de M. de La Fayette, était le caractère le plus opposé à celui du héros de Paris. Guerrier mâle et sévère, attaché à la monarchie par principe, au roi par dévouement religieux, le respect pour les ordres de ce prince l'avait empêché d'émigrer; il était du petit nombre des officiers généraux aimés des troupes qui étaient restés à leur poste, au milieu des orages de ces deux années, et qui, sans prendre parti pour ou contre les innovations, avaient tenté de conserver à leur pays la dernière force qui survive à toutes les autres et qui quelquefois les supplée seule : la discipline de l'armée. Il avait servi avec beaucoup d'éclat en Amérique, dans nos colonies, dans les Indes; l'autorité de son caractère et de son nom sur les soldats n'était pas brisée. La répression héroïque de la fameuse insurrection des troupes à Nancy, au mois d'août précédent, avait retrempé cette autorité dans ses mains; seul de tous les généraux français, il avait reconquis le commandement et fait reculer l'insubordination. L'Assemblée, que la sédition militaire inquiétait au milieu de ses triomphes, lui avait voté des remercîments, comme au sauveur du royaume. La Fayette, qui ne commandait qu'à des citoyens, redoutait ce rival qui commandait à des bataillons; il observait et caressait M. de Bouillé. Il lui proposait sans cesse une coalition de baïonnettes dont ils seraient les deux chefs, et dont le concert assurerait à la fois la révolution et la monarchie.

M. de Bouillé, qui suspectait le royalisme de La Fayette, lui répondait avec une politesse froide et ironique qui déguisait mal ses soupçons. Ces deux caractères étaient incompatibles : l'un représentait le jeune patriotisme, l'autre l'antique honneur. Ils ne pouvaient pas s'unir.

Le marquis de Bouillé avait sous son commandement les troupes de la Lorraine, de l'Alsace, de la Franche-Comté et de la Champagne; ce commandement s'étendait de la Suisse à la Sambre. Il ne comptait pas moins de quatre-vingt-dix bataillons et de cent quatre escadrons sous ses ordres. Sur ce nombre, le général ne pouvait avoir confiance que dans vingt bataillons de troupes allemandes et dans quelques régiments de cavalerie : le reste était révolutionné, et l'esprit des clubs y avait soufflé l'insubordination et le mépris des ordres du roi; les régiments obéissaient plus aux municipalités qu'aux généraux.

V

Dès le mois de février 1791, le roi, qui se fiait entièrement à M. de Bouillé, avait écrit à ce général qu'il lui ferait faire incessamment des ouvertures, de concert avec

M. de Mirabeau et par l'intermédiaire du comte de Lamarck, seigneur étranger, ami et confident de Mirabeau : « Quoique ces gens-là ne soient guère estimables, disait le roi dans sa lettre, et que j'aie payé Mirabeau très-cher, je crois qu'il peut me rendre service. Écoutez sans trop vous livrer. » Le comte de Lamarck arriva en effet à Metz bientôt après. Il parla à M. de Bouillé de l'objet de sa mission. Il lui avoua que le roi avait donné récemment 600,000 francs à Mirabeau, et qu'il lui payait en outre 50,000 francs par mois. Il lui déroula le plan de sa conspiration contre-révolutionnaire, dont le premier acte devait être une adresse de Paris et des départements pour demander la liberté du roi. Tout reposait, dans ce plan, sur la puissance de la parole de Mirabeau. Enivré d'éloquence, cet orateur acheté ignorait que les paroles, qui ont tant de force d'agitation, n'en ont aucune d'apaisement. Elles lancent les nations, les baïonnettes seules les arrêtent. M. de Bouillé, homme de guerre, sourit de ces chimères d'homme de tribune. Cependant il ne le découragea pas de ses projets et promit d'y concourir. Il écrivit au roi de couvrir d'or la défection de Mirabeau, « scélérat habile, qui pourrait peut-être réparer par cupidité le mal qu'il avait fait par vengeance; » et de se défier de La Fayette, « enthousiaste chimérique, ivre de faveur populaire, capable peut-être d'être un chef de parti, incapable d'être le soutien d'une monarchie.

VI

Mirabeau mort, le roi suivit la pensée de cette fuite en la modifiant; il écrivit en chiffres, à la fin d'avril, au marquis de Bouillé, pour lui annoncer qu'il partirait incessamment avec toute sa famille, dans une seule voiture qu'il faisait faire secrètement pour cet usage; il lui ordonnait d'établir une chaîne de postes de Châlons à Montmédy, ville frontière où il voulait se rendre. La route la plus directe de Paris à Montmédy passait par Reims; mais le roi, qui avait été sacré à Reims, craignait d'y être reconnu. Il préféra, malgré les observations de M. de Bouillé, passer par Varennes. La route de Varennes avait l'inconvénient de n'avoir pas de relais de poste partout. Il fallait y envoyer des relais sous différents prétextes; la présence de ces relais pouvait faire naître des soupçons dans le peuple de ces petites villes. La présence de détachements sur une route que les troupes ne fréquentaient pas habituellement avait le même danger. M. de Bouillé voulut détourner le roi de cette direction. Il lui représenta, dans sa réponse, que, si les détachements étaient forts, ils inquiéteraient les municipalités et les provoqueraient à la vigilance; que, s'ils étaient faibles, ils ne pourraient le protéger. Il l'engagea aussi à ne pas employer une berline exprès et remarquable par sa forme, mais à se servir de deux diligences anglaises, voitures usitées alors et plus légères; il insista surtout sur la nécessité de prendre avec lui un homme sûr, ferme, décidé, pour le conseiller et le seconder dans toutes les circonstances imprévues d'un pareil voyage, et lui désigna le marquis d'Agoult, major des gardes françaises ; enfin il pria le roi d'engager l'empereur à faire opérer un mouvement de troupes autrichiennes, menaçant en apparence pour nos frontières du côté de Montmédy, afin que l'inquiétude des populations servît de prétexte et de justification aux mouvements des détachements et aux rassemblements de corps de cavalerie française autour de cette ville. Le roi consentit à cette démarche et promit de prendre avec lui le marquis d'Agoult ; il refusa tout le reste. Peu de jours avant le départ, il envoya un million en assignats à M. de Bouillé, pour servir aux achats secrets de rations et de fourrage et à la solde des troupes dévouées qui devaient seconder le projet. Ces dispositions faites, le marquis de Bouillé fit partir un officier affidé de son état-major, M. de Goguelat, pour faire une reconnaissance complète de la route et du pays entre Châlons et Montmédy, et en donner au roi un rapport exact et minutieux. Cet officier vit le roi et rapporta ses ordres à M. de Bouillé.

En attendant, M. de Bouillé se tenait prêt à exécuter tout ce qui avait été convenu : il avait éloigné les troupes patriotiques et concentré les douze bataillons étrangers dont il était sûr. Un train d'artillerie de seize pièces de canon filait sur Montmédy. Le régiment Royal-Allemand entrait à Stenay, un escadron de hussards était à Dun, un autre escadron à Varennes, deux escadrons de dragons devaient se trouver à Clermont le jour où le roi y passerait ; ils étaient commandés par le comte Charles de Damas, officier habile et entreprenant. M. de Damas avait ordre de porter de là un détachement à Sainte-Menehould; et de plus quarante hussards détachés de Varennes devaient se rendre à Pont-Sommevesle, entre Châlons et Sainte-Menehould, sous prétexte d'assurer le passage d'un trésor qui apportait de Paris la solde des troupes. Ainsi, une fois Châlons traversé, la voiture du roi devait trouver, de relais en relais, des escortes de troupes fidèles. Le commandant de ces détachements s'approcherait de la portière, au moment où l'on changerait de chevaux, pour recevoir les ordres que le roi jugerait à propos de donner. Si le roi voulait poursuivre sa route sans être reconnu, ces officiers se contenteraient d'assurer contre tout obstacle son passage aux relais, et ils se replieraient lentement derrière lui par la même route; si le roi voulait être escorté, ils feraient monter leurs dragons à cheval et l'escorteraient. Rien ne pouvait être plus sagement combiné, et le secret le plus étroit couvrait ces combinaisons.

Le 27 mai, le roi écrivit qu'il partirait le 19 du mois suivant, entre minuit et une heure du matin; qu'il sortirait de Paris dans une voiture bourgeoise; qu'à Bondy, première poste après Paris, il prendrait sa berline; qu'un de ses gardes du corps, destiné à lui servir de courrier, l'attendrait à Bondy; que, dans le cas où le roi n'y serait pas arrivé à deux heures, ce serait le signe qu'il aurait été arrêté; qu'alors ce courrier partirait seul et irait jusqu'à Pont-Sommevesle annoncer à M. de Bouillé que le coup était manqué, et prévenir ce général de pourvoir à sa propre sûreté et à celle des officiers compromis.

VII

Ces dernières instructions reçues, M. de Bouillé fit partir le duc de Choiseul avec mission de se rendre à Paris, d'y attendre les ordres du roi et de précéder son départ de douze heures. M. de Choiseul devait ordonner à ses gens de se trouver à Varennes, le 18, avec ses propres chevaux, qui conduiraient la voiture du roi. L'endroit où ce relais serait placé dans la ville de Varennes devait être désigné au roi d'une manière précise, pour que le changement de chevaux s'y fît sans hésitation et sans perte de temps. A son retour, M. de Choiseul avait ordre de prendre le commandement des hussards postés à Pont-Sommevesle, d'y attendre le roi, de l'escorter avec son détachement jusqu'à Sainte-Menehould, et de poster là ses cavaliers avec la consigne de ne laisser passer personne sur la route de Paris à Varennes et de Paris à Verdun, pendant les vingt-quatre heures qui suivraient l'heure du passage du roi. M. de Choiseul reçut de la main de M. de Bouillé des ordres signés du roi lui-même, qui lui prescrivaient, ainsi qu'aux autres commandants des détachements, d'employer la force, au besoin, pour la sûreté et la conservation de Sa Majesté et de la famille royale, et pour l'arracher des mains du peuple, si le peuple venait à s'emparer du roi. Dans le cas où la voiture aurait été arrêtée à Châlons, M. de Choiseul avertirait le général, rassemblerait tous les détachements et marcherait pour délivrer le roi ; il reçut six cents louis en or, pour les distribuer aux soldats des détachements et exalter leur dévouement à l'instant où le roi paraîtrait et se ferait reconnaître.

M. de Goguelat partit en même temps pour Paris afin de reconnaître une seconde fois les lieux, en passant par Stenay, Dun, Varennes et Sainte-Menehould, et de bien inculquer la topographie dans la mémoire du roi ; il devait rapporter les dernières instructions à M. de Bouillé, en revenant à Montmédy par une autre route. Le marquis de Bouillé partit lui-même de Metz, sous prétexte de faire une tournée d'inspection des places de son gouvernement. Il se rapprocha de Montmédy. Il était le 15 à Longwy ; il y reçut un mot du roi, qui lui annonçait que le départ était reculé de vingt-quatre heures, par la nécessité d'en cacher les préparatifs à une femme de chambre du Dauphin, démocrate fanatique, capable de les dénoncer, et dont le service ne finissait que le 19. Sa Majesté ajoutait qu'elle n'emmènerait pas avec elle le marquis d'Agoult, parce que madame de Tourzel, gouvernante des enfants de France, avait revendiqué les droits de sa charge et voulait les accompagner.

Ce retard nécessitait des contre-ordres funestes ; toute la précision des temps et des lieux se trouvait compromise ; les passages des détachements devenaient des séjours ; les relais préparés pouvaient se retirer ; cependant le marquis de Bouillé para, autant qu'il était en lui, à ces inconvénients, envoya des ordres modifiés aux commandants de ces détachements, et s'avança de sa personne le 20 à Stenay, où il trouva le régiment de Royal-Allemand, sur lequel il pouvait compter. Le 21, il réunit les généraux sous ses ordres; il leur annonça que le roi passerait dans la nuit aux portes de Stenay et serait le lendemain matin à Montmédy; il chargea le général Klinglin de préparer, sous le canon de cette place, un camp de douze bataillons et de vingt-quatre escadrons. Le roi devait habiter un château derrière le camp; ce château servirait de quartier général. L'attitude du roi semblait plus convenable et plus sûre au milieu de son armée que dans une place forte. Les généraux ne témoignèrent aucune hésitation. M. de Bouillé laissa à Stenay le général d'Hoffelizze avec le régiment de Royal-Allemand; ce général avait ordre de faire seller, à l'entrée de la nuit, les chevaux de ce régiment, de le faire monter à cheval à la pointe du jour, et d'envoyer à dix heures du soir un détachement de cinquante cavaliers entre Stenay et Dun, pour attendre le roi et l'escorter jusqu'à Stenay.

A la nuit, M. de Bouillé partit lui-même à cheval de Stenay avec quelques officiers; il s'avança jusqu'aux portes de Dun, où il ne voulut pas entrer, de peur que sa présence n'agitât le peuple. Il attendit là, en silence et dans l'ombre, l'arrivée du courrier qui devait précéder d'une heure les voitures. Les destinées d'une monarchie, le trône d'une dynastie, les vies de toute une famille royale, roi, reine, princesse, enfants, pesaient sur son âme. Cette nuit durait un siècle pour lui; elle s'écoulait cependant sans que le galop d'un cheval sur la route vînt annoncer à ce groupe caché sous des arbres que le roi de France était sauvé ou perdu!

VIII

Que se passait-il aux Tuileries pendant ces heures décisives ? Le secret du départ projeté avait été religieusement renfermé entre le roi, la reine, Madame Élisabeth, quelques serviteurs dévoués et le comte de Fersen, gentilhomme suédois chargé des préparatifs extérieurs. Des rumeurs vagues, semblables aux pressentiments des choses qui courent avant les événements parmi le peuple, étaient, il est vrai, répandues depuis quelques jours; mais ces rumeurs étaient plutôt l'effet de la disposition inquiète des esprits que d'aucune révélation positive des confidents de la fuite. Ces bruits cependant, qui venaient assiéger sans cesse M. de La Fayette et son état-major, faisaient redoubler la surveillance autour du château et jusque dans l'intérieur des appartements du roi. Depuis les 5 et 6 octobre, la maison militaire avait été licenciée; les compagnies de gardes du corps, dont chaque soldat était un gentilhomme, et dont l'honneur, la race, le sang, la tradition, l'esprit de corps, assuraient l'inébranlable fidélité, n'existaient plus. Cette vigilance respectueuse, qui faisait pour eux un culte de leur service autour des personnes royales, avait fait place à l'ombrageuse surveillance de la garde nationale, qui épiait le roi bien plus qu'elle ne gardait le monarque. Les gardes suisses, il est vrai, entouraient encore les Tuileries; mais les Suisses n'occupaient que les postes extérieurs. L'intérieur du château, les escaliers, les communications entre les appartements, étaient surveillés par la garde nationale. M. de La Fayette y venait à toute heure; ses officiers rôdaient la nuit à toutes les issues, et des ordres non écrits, mais tacites, les autorisaient à empêcher le roi lui-même de sortir de son palais après minuit.

A cette surveillance officielle venait s'adjoindre l'espionnage secret et plus intime de cette nombreuse domesticité du palais, où l'esprit de la Révolution était venu encourager l'infidélité et sanctifier l'ingratitude. Là, comme plus haut, la délation s'appelait vertu, et la trahison patriotisme. Dans les murs de ce palais de ses pères, le roi n'avait de sûr que le cœur de la reine, de sa sœur, et de quelques courtisans de son infortune, dont les gestes mêmes étaient rapportés à M. de La Fayette. Ce général avait expulsé violemment et injurieusement du château des gentilshommes fidèles, qui étaient venus fortifier la garde des appartements le jour de l'émeute de Vincennes. Le roi avait dû voir, les larmes aux yeux, ses amis les plus dévoués chassés honteusement de sa demeure, et livrés par son protecteur officiel aux risées et aux outrages de la populace. La famille royale ne pouvait donc trouver aucune complicité au dedans pour favoriser son évasion.

IX

Le comte de Fersen fut le principal confident et presque le seul agent de cette hasardeuse entreprise. Jeune, beau, dévoué, il avait été admis, dans les jours heureux de Marie-Antoinette, aux intimités de Trianon. On dit qu'un culte chevaleresque, auquel le respect seul l'empêchait de donner le nom d'amour, l'avait dès ce temps-là attaché à la reine; ce culte de la beauté était devenu dans l'âme du Suédois un dévouement passionné au malheur. L'instinct de la reine n'égara point cette princesse quand elle chercha dans sa pensée à quel zèle elle pourrait confier le salut du roi et celui de ses enfants; elle pensa à M. de Fersen : il partit de Stockholm au premier signe, il vit la reine et le roi, il se chargea de faire préparer la voiture qui devait attendre à Bondy l'auguste famille. Son titre d'étranger couvrait toutes ses démarches; il les combina avec un bonheur égal à son dévouement. Trois anciens gardes du corps, MM. de Valory, de Moustier et de Maldan, furent mis par lui dans la confidence, et préparés au rôle pour lequel la confiance du roi les avait choisis; ils devaient se déguiser en domestiques, monter sur le siége des voitures, et protéger la famille royale contre tous les hasards de la route. Ces trois noms obscurs de gentilshommes de province ont effacé ce jour-là les noms de cour. En cas d'arrestation du roi ils prévoyaient leur sort; mais pour être les sauveurs de leur souverain, ils s'offrirent courageusement à être les victimes du peuple.

X

La reine s'occupait depuis longtemps de l'idée de cette fuite. Dès le mois de mars elle avait chargé une de ses femmes de faire parvenir à Bruxelles un trousseau complet pour Madame Royale et des habits pour le Dauphin : elle avait fait passer de même son nécessaire de voyage à l'archiduchesse Christine, sa sœur, gouvernante des Pays-Bas, sous prétexte de lui faire un présent; ses diamants et ses bijoux avaient été confiés à Léonard, son coiffeur, qui partit avant elle avec le duc de Choiseul. Ces légers indices d'une fuite méditée n'avaient pas échappé complétement à la vigilance perfide d'une femme de son service intérieur ; cette femme avait noté des chuchotements et des gestes; elle avait remarqué des portefeuilles ouverts sur des tables, des parures manquant dans leurs écrins ; elle dénonça ces symptômes à M. de Gouvion, aide de camp de M. de La Fayette, avec lequel elle avait des relations intimes. M. de Gouvion en fit part au maire de Paris et à son général. Mais ces dénonciations se renouvelaient si souvent et de tant de côtés, elles avaient été si souvent démenties par le fait, qu'on avait fini par y attacher peu d'importance. Ce jour-là cependant, les avertissements de cette femme infidèle firent redoubler les mesures de surveillance nocturne autour du château. M. de Gouvion retint chez lui, au palais, sous différents prétextes, plusieurs officiers de la garde nationale ; il les plaça à toutes les issues ; lui-même, avec cinq chefs de bataillon, passa la première partie de la nuit à la porte de l'ancien appartement du duc de Villequier, qui avait été plus spécialement désigné à sa vigilance. On lui avait dit, ce qui était vrai, que la reine communiquait de ses cabinets, par un corridor secret, avec cet appartement, occupé autrefois par le premier gentilhomme de la chambre, et que le roi, habile, comme on le sait, dans les travaux de serrurerie, s'était procuré de fausses clefs qui en ouvraient les portes.

Enfin ces bruits, qui transpiraient de la garde nationale jusque dans les clubs, avaient transformé, cette nuit-là, chaque patriote en geôlier du roi. On lit avec étonnement, dans le journal de Camille Desmoulins, à cette date du 20 juin 1791, ces mots : « La soirée fut très-calme à Paris. Je revenais, à onze heures, du club des Jacobins, avec Danton et d'autres patriotes ; nous n'avons vu dans tout le chemin qu'une seule patrouille. Paris me parut cette nuit si abandonné, que je ne pus m'empêcher d'en faire la remarque. L'un de nous, Fréron, qui avait dans sa poche une lettre dans laquelle on le prévenait que le roi partirait cette nuit, voulut observer le château. Il vit M. de La Fayette y entrer à onze heures. » Le même Camille Desmoulins raconte plus loin les inquiétudes instinctives du peuple dans cette nuit fatale. « La nuit, dit-il, où la famille des Capets prit la fuite, le sieur Busebi, perruquier, rue de Bourbon, s'est transporté chez le sieur Hucher, boulanger et sapeur du bataillon des Théatins, pour lui communiquer ses craintes sur ce qu'il venait d'apprendre des dispositions que le roi faisait pour s'enfuir. Ils courent à l'instant réveiller leurs voisins, et bientôt assemblés, au nombre d'une trentaine, ils se rendent chez M. de La Fayette, et lui annoncent que le roi va partir; ils le somment de prendre immédiatement des mesures pour s'y opposer. M. de La Fayette se mit à rire, et leur recommanda de retourner tranquillement chez eux. Pour n'être pas arrêtés en se retirant, ils lui demandent le mot d'ordre; il le leur donne. Lorsqu'ils ont le mot d'ordre, ils se portent aux Tuileries, où ils n'aperçoivent aucun mouvement, si ce n'est un grand nombre de cochers de fiacre qui boivent autour de ces petites boutiques ambulantes qui se trouvent près du guichet du Carrousel. Ils font le tour des cours jusqu'à la porte du Manége, où se tenait l'Assemblée, et ils n'aperçoivent rien de suspect; mais, à leur retour, ils sont surpris de ne plus trouver un seul fiacre sur la place. » Ils avaient tous disparu, ce qui leur fit conjecturer que quelques-unes de ces voitures avaient servi aux personnes qui devaient accompagner la fuite de la famille royale.

On voit, par cette agitation sourde de l'esprit public et par la sévérité de l'emprisonnement du roi, combien l'évasion de tant de personnes à la fois était difficile. Cependant, soit par la complicité de quelques gardes nationaux affidés, qui avaient demandé pour ce jour-là les postes intérieurs, et qui fermèrent les yeux aux infractions des consignes, soit par l'habileté des mesures prises de loin par le comte de Fersen, soit enfin que la Providence voulût donner une dernière lueur d'espoir et de salut à ceux qu'elle allait si vite accabler de tant d'infortunes, toute la prudence des gardiens fut trompée, et la Révolution laissa un moment échapper sa proie.

XI

Le roi et la reine, comme à l'ordinaire, admirent à leur coucher les personnes qui avaient l'habitude de leur faire leur cour à cette heure. Ils ne congédièrent pas leur domesticité plus tôt que les autres jours. Mais aussitôt qu'ils furent laissés seuls, ils s'habillèrent de nouveau. Ils revêtirent des costumes de voyage très-simples et conformes au rôle que chacun des fugitifs devait affecter. Ils se réunirent avec Madame Élisabeth et leurs enfants dans la chambre de la reine; ils gagnèrent de là, par une communication secrète, l'appartement du duc de Villequier, et sortirent du palais par groupes séparés, à un certain intervalle de temps les uns des autres, pour ne pas attirer l'attention des sentinelles des cours par un rassemblement de tant de personnes à la fois. A la faveur du mouvement de gens à pied ou en voiture qui sortaient à cette heure du château, après le coucher du roi, et que M. de Fersen avait eu soin sans doute de multiplier et d'encombrer ce soir-là, ils parvinrent sans avoir été reconnus jusqu'au Carrousel. La reine donnait le bras à un des gardes du corps, et menait Madame Royale par la main. En traversant le Carrousel, elle rencontra M. de La Fayette, suivi d'un ou deux officiers de son état-major, qui entrait aux

Tuileries pour s'assurer par lui-même que les mesures provoquées par les révélations de la journée étaient bien prises. Elle frissonna en reconnaissant l'homme qui représentait à ses yeux l'insurrection et la captivité; mais, en échappant à son regard, elle crut avoir échappé à la nation même, et elle sourit en faisant tout haut un retour sur la déception de ce surveillant trompé qui, le lendemain, ne pourrait plus rendre au peuple ses captifs. Madame Élisabeth, appuyée aussi sur le bras d'un des gardes, suivait à quelque distance. Le roi avait voulu sortir le dernier avec le Dauphin, âgé de sept ans. Le comte de Fersen, déguisé en cocher, marchait un peu plus loin devant le roi et lui servait de guide. Le rendez-vous de la famille royale était au coin de la rue de l'Échelle, entre la rue Saint-Honoré et les Tuileries, où une voiture bourgeoise attendait les voyageurs. La marquise de Tourzel les y avait devancés.

Dans le trouble d'une fuite si hasardeuse et si compliquée, la reine et son guide traversèrent le Pont-Royal et s'enfoncèrent un instant dans la rue du Bac. S'apercevant de son erreur, l'inquiétude la saisit, elle revint précipitamment sur ses pas. Le roi et son fils, obligés de venir au même endroit par des rues détournées et par un autre pont, tardèrent une demi-heure. Ce fut un siècle pour sa femme et pour sa sœur. Enfin ils arrivèrent, ils se précipitèrent dans la voiture; le comte de Fersen monta sur le siége, saisit les rênes et conduisit lui-même la famille royale jusqu'au delà de la barrière Saint-Martin. Là, on trouva, par les soins du comte, la berline construite pour le roi attelée de quatre chevaux appartenant à M. de Fersen, et conduite par son cocher monté en postillon. Le roi, la reine, le Dauphin, Madame Royale, Madame Élisabeth, la marquise de Tourzel, montèrent dans la berline. Deux gardes du corps déguisés s'assirent l'un devant, l'autre derrière. Le comte de Fersen, placé sur le siége à côté des gardes du corps, accompagna la voiture jusqu'à Bondy, où les chevaux de poste avaient été commandés ; là, il baisa les mains du roi et de la reine, les confia à la Providence, et regagna Paris, d'où il partit la même nuit, par une autre route, pour Bruxelles, afin de rejoindre la famille royale plus tard. A la même heure, Monsieur, frère du roi, comte de Provence, partait aussi du palais du Luxembourg pour Bruxelles, où il arriva sans être reconnu.

XII

Les voitures du roi roulaient sur la route de Châlons : les relais de huit chevaux étaient commandés à toutes les postes un moment d'avance. Cette quantité de chevaux, la grandeur et la forme remarquable de la berline, le nombre des voyageurs qui en occupaient l'intérieur, les gardes du corps, dont la livrée s'accordait mal avec leur noble physionomie et leur attitude militaire, cette figure bourbonienne de Louis XVI assis au fond, dans le coin de la voiture, et qui contrastait avec le rôle de valet de chambre qu'avait emprunté le roi, toutes ces circonstances étaient de nature à éveiller les soupçons sur la route et à compromettre le salut de la famille royale. Mais le passe-port du ministre des affaires étrangères répondait à tout. Ce passeport était ainsi conçu : « De par le roi, mandons de laisser passer madame la baronne de Korf, se rendant à Francfort avec ses deux enfants, une femme, un valet de chambre et trois domestiques; » et plus bas : « Le ministre des affaires étrangères, *Montmorin.* » Ce nom étranger, ce titre de baronne allemande, l'opulence proverbiale des banquiers de Francfort, à laquelle le peuple était accoutumé de prêter les plus splendides et les plus bizarres équipages, tout avait été bien calculé par le comte de Fersen pour pallier ce que le cortége royal avait de trop suspect et de trop inusité. En effet, rien n'excita l'émotion publique et rien ne ralentit la course jusqu'à Montmirail, petite ville entre Meaux et Châlons. Là, une réparation à faire à la berline suspendit d'une heure le départ du roi. Ce retard d'une heure, pendant lequel la fuite du monarque pouvait être découverte aux Tuileries et des courriers lancés sur sa trace, consterna les fugitifs. Cependant la voiture fut promptement réparée, et les voyageurs repartirent, sans se douter que cette heure perdue coûtait peut-être la liberté et la vie à quatre personnes sur cinq qui composaient la famille royale.

Ils étaient pleins de sécurité et de confiance. L'heureux succès de leur évasion du château, leur sortie de Paris, la ponctualité des relais jusque-là, la solitude des routes, l'inattention des villes et des villages qu'ils étaient obligés de traverser, tant de dangers déjà derrière eux, le salut si près devant eux, chaque tour de roue les rapprochant de M. de Bouillé et des troupes fidèles postées par lui pour les recevoir, la beauté même de la saison et du jour si doux à des yeux qui ne se reposaient depuis deux ans que sur les foules séditieuses des Tuileries ou sur les forêts de baïonnettes du peuple armé sous leurs fenêtres, tout leur soulageait le cœur, tout leur faisait croire que la Providence se déclarait enfin pour eux, et que les prières si ferventes et si pures de ces enfants pressés sur leurs genoux, et de cet ange visible qui les accompagnait sous les traits de Madame Élisabeth, avaient vaincu le malheur obstiné de leur sort.

Ils entrèrent à Châlons sous ces heureux auspices. C'était la seule grande ville qu'ils eussent à traverser. Il était trois heures et demie de l'après-midi. Quelques oisifs se groupaient autour des voitures pendant qu'on changeait les chevaux. Le roi se montra un peu imprudemment à la portière; il fut reconnu du maître de poste. Mais ce brave homme sentit qu'il avait la vie de son souverain dans un regard ou dans un geste d'étonnement; il refoula son émotion dans son âme; il détourna l'attention de la foule, aida lui-même à atteler les chevaux à la voiture, et pressa les postillons de partir. Le sang de son roi ne tacha pas cet homme, parmi tout ce peuple.

La voiture roula hors des portes de Châlons. Le roi, la reine, Madame Élisabeth, dirent à la fois : « Nous sommes sauvés! » En effet, après Châlons, le salut du roi n'appartenait plus au hasard, mais à la prudence et à la force. Le premier relais était à Pont-Sommevesle. On a vu plus haut qu'en vertu des dispositions de M. de Bouillé, M. de Choiseul et M. de Goguelat, à la tête d'un détachement de quarante hussards, devaient s'y trouver pour protéger le roi, au besoin, et se replier derrière lui; ils devaient, en outre, aussitôt qu'ils apercevraient les voitures, envoyer un hussard avertir le poste de Sainte-Menehould, et de là celui de Clermont, du prochain passage de la famille royale. Le roi se croyait sûr de trouver là des amis dévoués et armés; il ne trouva personne. M. de Choiseul, M. de Goguelat et les quarante hussards étaient partis depuis une demi-heure. Le peuple semblait inquiet et agité, il rôdait en murmurant autour des voitures; il examinait d'un regard soupçonneux les voyageurs. Néanmoins, personne n'osa s'opposer au départ, et le roi arriva à sept heures et demie du soir à Sainte-Menehould. Dans cette saison de l'année il fait encore grand jour. Inquiet d'avoir passé deux des relais assignés sans y trouver les escortes convenues, le roi, par un mouvement naturel, mit la tête à la portière pour chercher dans la foule un regard d'intelligence ou un officier affidé qui lui révélât le motif de cette absence des détachements. Ce mouvement le perdit. Le fils du maître de poste, Drouet, reconnut le roi, qu'il n'avait jamais vu, à sa ressemblance avec l'effigie de Louis XVI sur les pièces de monnaie.

Néanmoins, comme les voitures étaient déjà attelées, les postillons à cheval, et la ville occupée par un détachement de dragons qui pouvait forcer le passage, ce jeune homme n'osa pas entreprendre d'arrêter seul les voitures dans cet endroit.

XIII

Le commandant du détachement de dragons, qui épiait en se promenant sur la place, avait reconnu également les voitures royales au signalement qu'on lui en avait remis. Il voulut faire monter sa troupe à cheval pour suivre le roi ; mais les gardes nationales de Sainte-Menehould, rapidement instruites par une rumeur sourde de la ressemblance des voyageurs avec les portraits de la famille royale, enveloppèrent la caserne, fermèrent la porte des écuries et s'opposèrent au départ des dragons. Pendant ce mouvement rapide et instinctif du peuple, le fils du maître de poste sellait son meilleur cheval et partait à toute bride pour devancer à Varennes l'arrivée des voitures, dénoncer ses soupçons à la municipalité de cette ville, et provoquer les patriotes à l'arrestation du monarque. Pendant que cet homme galopait sur la route de Varennes, le roi, dont il portait la destinée, poursuivait, sans défiance, sa course vers cette même ville. Drouet était sûr de devancer le roi, car la grande route de Sainte-Menehould à Varennes décrit un angle considérable et va passer par Clermont, où se trouve un relais intermédiaire, tandis que le chemin direct, tracé seulement pour les piétons et les cavaliers, évite Clermont, aboutit directement à Varennes et accourcit ainsi de quatre lieues la distance entre cette ville et Sainte-Menehould. Drouet avait donc des heures devant lui, et la perte courait plus vite que le salut. Cependant, par un étrange enchevêtrement du sort, la mort courait aussi derrière Drouet et menaçait à son insu les jours de cet homme, pendant que lui-même menaçait, à l'insu du roi, les jours de son souverain.

Un maréchal des logis des dragons enfermés dans la caserne de Sainte-Menehould avait seul trouvé moyen de monter à cheval et d'échapper à la surveillance du peuple. Instruit par son commandant du départ précipité de Drouet, et en soupçonnant le motif, il s'était élancé à sa poursuite sur la route de Varennes, sûr de l'atteindre et résolu de le tuer. Il le suivait en effet à vue, mais toujours à distance, pour ne pas exciter ses soupçons et pour l'approcher insensiblement et le joindre enfin dans un moment favorable et dans un endroit isolé de la route. Drouet, qui s'était retourné plusieurs fois pour voir s'il n'était pas poursuivi, avait aperçu ce cavalier et compris ce manége; né dans le pays et en connaissant tous les sentiers, il se jette tout à coup hors de la route à travers champs, et, à la faveur d'un bois où il s'enfonce avec son cheval, il échappe à la vue du maréchal des logis et poursuit à toute bride sa course sur Varennes.

Arrivé à Clermont, le roi est reconnu par le comte Charles de Damas, qui l'attendait à la tête de deux escadrons de dragons. Sans mettre obstacle au départ des voitures, la municipalité de Clermont, en proie à de vagues soupçons par le séjour prolongé de ces troupes, ordonne aux dragons de ne pas marcher. Ils obéissent au peuple. Le comte de Damas, abandonné de ses soldats, trouve moyen de s'évader avec un sous-officier et deux dragons seulement, et galope vers Varennes à quelque distance du roi : trop faible ou trop tardif secours.

La famille royale, enfermée dans la berline et voyant que rien ne mettait obstacle à sa marche, ignorait ces sinistres incidents. Il était onze heures et demie du soir quand les voitures arrivèrent aux premières maisons de la petite ville de Varennes. Tout dormait ou semblait dormir, tout était désert et silencieux. On se rappelle que Varennes n'étant pas sur la ligne de poste de Châlons à Montmédy, le roi ne devait pas y trouver de chevaux. Il avait été convenu entre lui et M. de Bouillé que les chevaux de M. de Choiseul se trouveraient placés d'avance en un lieu désigné dans Varennes, et relayeraient les voitures pour les conduire à Dun et à Stenay, où M. de Bouillé attendait le roi. On a vu aussi que M. de Choiseul et M. de Goguelat, qui, d'après les instructions de M. de Bouillé, devaient attendre le roi à Pont-Sommevesle avec le détachement de quarante hussards et se replier ensuite derrière lui, ne l'avaient pas attendu et ne l'avaient pas suivi. Au lieu de se trouver en même temps que ce prince à Varennes, ces officiers, en quittant Pont-Sommevesle, avaient pris avec leur détachement un chemin qui évite Sainte-Menehould et qui allonge de plusieurs lieues la distance entre Pont-Sommevesle et Varennes. Ce changement de route avait pour objet d'éviter Sainte-Menehould, où le passage des hussards avait excité l'avant-veille quelque agitation. Il en résultait que ni M. de Goguelat, ni M. de Choiseul, ces deux confidents et ces deux guides de la fuite, n'étaient à Varennes au moment de l'arrivée du roi. Ils n'y parvinrent qu'une heure après lui. Les voitures s'étaient arrêtées à l'entrée de Varennes.

Le roi, étonné de n'apercevoir ni M. de Choiseul, ni M. de Goguelat, ni escorte, ni relais, attendait avec anxiété que le bruit des fouets des postillons fît approcher enfin les chevaux qui lui étaient nécessaires pour continuer sa route. Les gardes du corps descendent et vont de porte en porte s'informer du lieu où les chevaux auraient été placés. Personne ne peut leur répondre.

XIV

La petite ville de Varennes est formée de deux quartiers distincts, ville haute et ville basse, séparés par une rivière et un pont : M. de Goguelat avait placé le relais dans la ville basse, de l'autre côté du pont. La mesure en elle-même était prudente, puisqu'elle faisait traverser aux voitures le défilé du pont avec les chevaux lancés de Clermont, et qu'en cas d'émotion populaire le changement des chevaux et le départ étaient plus faciles une fois le pont franchi. Mais il fallait que le roi en fût averti : il ne l'était pas. Le roi et la reine, vivement agités, descendent eux-mêmes de voiture et errent une demi-heure dans les rues désertes de la ville haute, cherchant à découvrir le relais. Ils frappent aux portes des maisons où ils voient des lumières, ils interrogent : on ne les comprend pas. Ils reviennent enfin découragés rejoindre les voitures, que les postillons impatientés menacent de dételer et d'abandonner. A force d'instances, d'or et de promesses, ils décident ces hommes à remonter à cheval et à passer outre. Les voitures repartent. Les voyageurs se rassurent : ils attribuent cet accident à un malentendu et se voient en espoir dans quelques minutes au milieu du camp de M. de Bouillé. La ville haute est traversée sans obstacle. Les maisons fermées reposent dans le calme le plus trompeur. Quelques hommes seulement veillent, et ces hommes sont cachés et silencieux.

Entre la ville haute et la ville basse s'élève une tour à l'entrée du pont qui les sépare. Cette tour pose sur une voûte massive, sombre et étroite, que les voitures sont obligées de franchir au pas et où le moindre obstacle peut entraver le passage. Reste de la féodalité, piége sinistre où la noblesse prenait jadis les peuples, et où, par un retour étrange, le peuple devait prendre un jour toute une monarchie. Les voitures sont à peine engagées dans l'obscurité de cette voûte que les chevaux, effrayés par une charrette renversée et par des obstacles jetés devant leurs pas, s'arrêtent, et que cinq ou six hommes sortant de l'ombre, les armes à la main, s'élancent à la tête des chevaux, aux siéges et aux portières des voitures, et ordonnent aux voyageurs de descendre et de venir, à la municipalité, faire vérifier leurs passe-ports. L'homme qui commandait ainsi à son roi, c'était Drouet. A peine arrivé de Sainte-Menehould, il était allé arracher à leur premier sommeil quelques jeunes patriotes de ses amis, leur faire part de ses conjectures et leur souffler l'inquiétude dont il était dévoré. Peu sûrs encore de la réalité de leurs soupçons ou voulant réserver pour eux seuls la *gloire* d'arrêter le roi de France, ils n'avaient pas averti la municipalité, éveillé la ville, ni ameuté le peuple. L'apparence d'un complot flattait plus leur orgueil; ils se croyaient à eux seuls toute la nation.

A cette apparition soudaine, à ces cris, à la lueur de ces sabres et de ces baïonnettes, les gardes du corps se lèvent de leurs siéges, portent la main sur leurs armes cachées et demandent d'un coup d'œil les ordres du roi. Le roi leur défend d'employer la force pour lui ouvrir un passage. On retourne les chevaux et on ramène les voitures, escortées par Drouet et ses amis, devant la maison d'un épicier nommé Sausse, qui était en même temps procureur-syndic de la commune de Varennes. Là on fait descendre le roi et la famille pour examiner leurs passe-ports et constater la réalité des soupçons du peuple. Au même moment les affidés de Drouet se répandent en poussant des cris par toute la ville, frappent aux portes, montent au clocher, sonnent le tocsin. Les habitants, effrayés, s'éveillent; les gardes nationaux de la ville et des campagnes voisines arrivent, un à un, à la porte de M. Sausse; d'autres se portent au quartier du détachement pour séduire les troupes ou pour les désarmer. En vain le roi commence par nier sa qualité : ses traits, ceux de la reine le trahissent; il se nomme alors au maire et aux officiers municipaux; il prend les mains de M. Sausse : « Oui, je suis votre roi, dit-il, et je confie mon sort et celui de ma femme, de ma sœur, de mes enfants, à votre fidélité! Nos vies, le sort de l'empire, la paix du royaume, le salut même de la constitution, sont entre vos mains! Laissez-moi partir; je ne fuis pas vers l'étranger, je ne sors pas du royaume, je vais au milieu d'une partie de mon armée et dans une ville française recouvrer ma liberté réelle, que les factieux ne me laissent pas à Paris, et traiter de là avec l'Assemblée, dominée comme moi par la terreur de la populace. Je ne vais pas détruire, je vais abriter et garantir la constitution; si vous me retenez, c'en est fait d'elle, de moi, de la France peut-être! Je vous conjure comme homme, comme mari, comme père, comme citoyen! Ouvrez-nous la route! dans une heure nous sommes sauvés! la France est sauvée avec nous! Et si vous gardez dans le cœur cette fidélité que vous professez dans vos paroles pour celui qui fut votre maître, je vous ordonne comme roi! »

XV

Ces hommes attendris, respectueux dans leur violence, hésitent et semblent vaincus; on voit, à leur physionomie, à leurs larmes, qu'ils sont combattus entre leur pitié naturelle pour un si soudain renversement du sort et leur conscience de patriotes. Le spectacle de leur roi suppliant qui presse leurs mains dans les siennes, de cette reine tour à tour majestueuse et agenouillée, qui s'efforce, ou par le désespoir ou par la prière, d'arracher de leur bouche le consentement du départ, les bouleverse. Ils céderaient s'ils n'écoutaient que leur âme : mais ils commencent à craindre pour eux-mêmes la responsabilité de leur indulgence. Le peuple leur demandera compte de son roi, la nation de son chef. L'égoïsme les endurcit. La femme de M. Sausse, que son mari consulte souvent du regard, et dans le cœur de laquelle la reine espère trouver plus d'accès, reste elle-même la plus insensible. Pendant que le roi harangue les officiers municipaux, la princesse éplorée, ses enfants sur ses genoux, assise dans la boutique entre deux ballots de marchandises, montre ses enfants à madame Sausse : « Vous êtes mère, madame, lui dit la reine; vous êtes femme! le sort d'une femme et d'une mère est entre vos mains! Songez à ce que je dois éprouver pour mes enfants, pour mon mari! D'un mot je vous les devrai! La reine de France vous devra plus que son royaume, plus que la vie! — Madame, répond sèchement la femme de l'épicier avec ce bon sens trivial des cœurs où le calcul éteint la générosité, je voudrais vous être utile. Vous pensez au roi, moi je pense à M. Sausse. Une femme doit penser pour son mari. »

Tout espoir est détruit, puisqu'il n'y a plus de pitié dans le cœur même des femmes. La reine, indignée, se retire, avec Madame Élisabeth et les enfants, dans deux petites chambres hautes de la maison de madame Sausse ; elle fond en larmes. Le roi, entouré en bas d'officiers municipaux et de gardes nationaux, a renoncé aussi à les fléchir ; il monte et redescend sans cesse l'escalier de bois de la misérable échoppe ; il va de la reine à sa sœur, de sa sœur à ses enfants. Ce qu'il n'a pu obtenir de la commisération, il l'espère du temps et de la force. Il ne croit pas que ces hommes, qui lui témoignent encore de la sensibilité et une sorte de culte, persistent réellement à le retenir et à attendre les ordres de l'Assemblée. Dans tous les cas, il est convaincu qu'il sera délivré, avant le retour des courriers envoyés à Paris, par les forces de M. de Bouillé, dont il se sait entouré à l'insu du peuple ; il s'étonne seulement que le secours soit si lent à paraître. Les heures cependant sonnaient, la nuit s'écoulait, et le secours n'arrivait pas.

XVI

L'officier qui commandait le détachement de hussards posté à Varennes par M. de Bouillé n'était pas dans la confidence entière du complot. On lui avait dit seulement qu'un trésor devait passer et qu'il aurait à l'escorter. Aucun courrier ne précédait la voiture du roi, aucun cavalier n'était venu de Sainte-Menehould le prévenir de rassembler sa troupe; M. de Goguelat, qui devait se trouver à Varennes avant l'arrivée du roi et communiquer à cet officier les derniers ordres secrets de sa mission, n'y était pas. L'officier était livré à lui-même et à ses propres incertitudes. Deux autres officiers, sans troupes, mis par M. de Bouillé dans la confidence complète du voyage, avaient été envoyés par ce général à Varennes, mais ils étaient restés dans la ville basse et dans la même auberge où les chevaux de M. de Choiseul, destinés aux voitures du roi, étaient logés; ils ignoraient ce qui se passait dans l'autre partie de la ville; ils attendaient, conformément à leurs ordres, l'apparition de M. de Goguelat; ils ne sont réveillés que par le bruit du tocsin.

Cependant M. de Choiseul et M. de Goguelat, suivis de leurs hussards, galopaient vers Varennes; le comte Charles de Damas et ses trois dragons fidèles, échappés avec peine à l'insurrection des escadrons de Clermont, les y rejoignaient; arrivés aux portes de la ville trois quarts d'heure après l'arrestation du roi, la garde nationale les reconnaît, les arrête, fait mettre pied à terre à leur faible détachement avant de leur laisser l'entrée libre. Ils demandent à parler au roi. On le permet. Le roi leur défend de tenter la violence. Il attend, de minute en minute, les forces supérieures de M. de Bouillé. M. de Goguelat néanmoins sort de la maison, il voit les hussards mêlés à la foule qui couvre la place, il veut faire l'épreuve de leur fidélité : « Hussards! leur crie-t-il imprudemment, êtes-vous pour la nation ou pour le roi? — Vive la nation ! répondent les soldats ; nous tenons et nous tiendrons toujours pour elle. » Le peuple applaudit. Un sergent de la garde nationale prend le commandement des hussards. Leur commandant s'échappe. Il va se réunir, dans la ville basse, aux deux officiers placés près des chevaux de M. de Choiseul, et tous les trois sortent de la ville et vont prévenir à Dun leur général.

On avait tiré sur ces deux officiers quand, informés de l'arrestation des voitures, ils avaient tenté de se rendre auprès du roi. La nuit entière s'était accomplie dans ces différentes vicissitudes. Déjà les gardes nationales des villages voisins arrivaient en armes à Varennes ; on y élevait des barrières entre la ville haute et la ville basse, et des courriers expédiés par la municipalité allaient avertir les municipalités de Metz et de Verdun d'envoyer en toute hâte à Varennes des troupes et du canon, pour prévenir l'enlèvement du roi par les forces de M. de Bouillé qui s'approchait.

Le roi cependant, la reine, Madame Élisabeth et les enfants reposaient, quelques moments, tout habillés, dans les chambres de la maison de M. Sausse, au murmure menaçant des pas et des voix du peuple inquiet, qui chaque minute grossissait sous leurs fenêtres. Tel était l'état des choses à Varennes à sept heures du matin. La reine ne dormait pas. Toutes ses passions de femme, de mère, de reine, l'indignation, la terreur, le désespoir, se livrèrent un tel assaut dans son âme, que ses cheveux, blonds la veille, furent blancs le lendemain.

XVII

A Paris, un mystère profond avait couvert le départ du roi. M. de La Fayette, qui était venu deux fois aux Tuileries s'assurer, par ses propres yeux, de l'exécution sévère de ses consignes, en était sorti la dernière fois, à minuit, bien convaincu que ces murs gardaient fidèlement le gage du peuple. Ce n'est qu'à sept heures du matin du 21 juin, que les personnes de la domesticité du château, entrant chez le roi et chez la reine, trouvèrent les lits intacts, les appartements vides, et semèrent l'étonnement et la terreur parmi la garde du palais. La famille fugitive avait ainsi huit ou dix heures d'avance sur ceux qui tenteraient de la poursuivre ; supposé qu'on devinât la route et qu'on l'atteignît, on ne l'atteindrait que par des courriers. Les gardes du corps qui accompagnaient le roi arrêteraient aisément ces courriers eux-mêmes. Enfin, on ne tenterait de s'opposer de vive lutte à la fuite que dans les villes où elle serait protégée déjà par les détachements apostés de M. de Bouillé.

Cependant Paris s'éveillait. La rumeur, sortie du château, se répandait dans les quartiers adjacents, et, de proche en proche, jusque dans les faubourgs. On s'abordait avec ces mots sinistres : « Le roi est parti. » On se refusait à le croire. On se portait en foule au château pour s'en assurer, on interrogeait les gardes, on invectivait les traîtres, on croyait marcher sur un complot prêt à éclater. Le nom de

M. de La Fayette courait avec des imprécations sur les lèvres : « Est-il stupide? Est-il complice? Comment l'évasion de tant de personnes royales, à travers tant de détours, de guichets, de sentinelles, a-t-elle pu s'accomplir sans connivence? » On forçait les portes pour visiter les appartements. Le peuple en parcourait tous les secrets. Partagé entre la stupeur et l'insulte, il se vengeait sur les objets inanimés du long respect qu'il avait porté à ces demeures. Il passait de la terreur à la risée. On décrochait un portrait du roi de la chambre à coucher, et on le suspendait, comme un meuble à vendre, à la porte du château. Une fruitière prenait possession du lit de la reine pour y vendre des cerises, en disant : « C'est aujourd'hui le tour de la nation de se mettre à son aise. » On voulut coiffer une jeune fille d'un bonnet de la reine; elle se récria que son front en serait souillé, et le foula aux pieds avec indignation. On entra dans le cabinet d'études du jeune Dauphin : là, le peuple fut attendri et respecta les livres, les cartes, les instruments de travail de l'enfant-roi. Les rues, les places publiques, étaient encombrées de foule. Les gardes nationales se rassemblaient, le tambour battait le rappel, le canon d'alarme tonnait de minute en minute. Les hommes à piques et à bonnets de laine, origine du bonnet rouge, reparaissaient et éclipsaient les uniformes. Le brasseur Santerre, agitateur des faubourgs, enrôlait à lui seul deux mille piques. La colère du peuple commençait à dominer sur sa terreur : elle éclatait en paroles cyniques et en actes injurieux contre la royauté. A la Grève on mutilait le buste de Louis XVI, placé sous la sinistre lanterne qui avait servi d'instrument aux premiers crimes de la Révolution. « Quand donc, s'écriaient les démagogues, le peuple se fera-t-il justice de tous ces rois de bronze et de marbre, monuments honteux de sa servitude et de son idolâtrie? » On arrachait aux marchands les images du roi : les uns les brisaient, les autres leur plaçaient seulement un bandeau sur les yeux, en signe de l'aveuglement imputé au prince. On effaçait de toutes les enseignes les mots de roi, reine, Bourbon. Le Palais-Royal perdait son nom et s'appelait le Palais d'Orléans. Les clubs, convoqués à la hâte, retentissaient de motions frénétiques. Celui des Cordeliers décrétait que l'Assemblée nationale avait voué la France à l'esclavage en proclamant l'hérédité de la couronne. Il demandait que le nom de roi fût à jamais supprimé et que le royaume fût constitué en république; Danton lui soufflait son audace et Marat sa démence. Les bruits les plus étranges s'accréditaient et se détruisaient les uns les autres. Selon les uns, le roi avait pris la route de Metz; selon d'autres, la famille royale s'était sauvée par un égout. Camille Desmoulins excitait la gaieté du peuple, comme la forme la plus insultante de son mépris. On affichait sur les murs des Tuileries des promesses d'une récompense modique pour ceux qui ramèneraient les animaux malfaisants ou immondes qui s'en étaient échappés. On faisait en plein vent, dans le jardin, des motions extravagantes. « Peuple, disaient des orateurs montés sur des chaises, il serait malheureux que ce roi perfide nous fût ramené; qu'en ferions-nous? Il viendrait comme Thersite nous verser ces larmes grasses dont nous parle Homère, et nous serions attendris. S'il revient, je fais la motion qu'il soit exposé pendant trois jours à la risée publique, le mouchoir rouge sur la tête; qu'on le conduise ensuite, d'étape en étape, jusqu'à la frontière; et qu'arrivé là, on le chasse à coups de pieds hors du royaume. » Fréron faisait vendre ses feuilles du jour dans les groupes. « Il est parti, y lisait-on, ce roi imbécile, ce roi parjure! Elle est partie, cette reine scélérate, qui réunit la lubricité de Messaline à la soif de sang qui consumait Médicis! Femme exécrable! furie de la France! c'est toi qui étais l'âme du complot! » Le peuple, répétant ces paroles, colportait de rue en rue ces imprécations odieuses, qui nourrissaient sa haine et envenimaient sa terreur.

XVIII

Ce ne fut qu'à dix heures que le gouvernement et la municipalité proclamèrent par trois coups de canon l'événement de la nuit à la nation. L'Assemblée nationale était déjà réunie; le président lui annonce que M. Bailly, maire de Paris, est venu lui apprendre que le roi et sa famille ont été enlevés des Tuileries, pendant la nuit, par les ennemis de la chose publique. L'Assemblée, déjà instruite individuellement, écoute cette communication dans un imposant silence. Il semble qu'à ce moment solennel la gravité des périls publics lui donne un majestueux sang-froid, et que la sagesse d'une grande nation se retrouve tout entière dans ses représentants. Une seule pensée domine les paroles, les résolutions, les actes. Conserver et défendre la constitution, même le roi absent et la royauté évanouie; s'emparer de la régence momentanée du royaume, mander les ministres, expédier des courriers sur toutes les routes, arrêter tout individu sortant du royaume, visiter les arsenaux, fabriquer des armes, envoyer les généraux à leur poste, garnir les frontières : toutes ces propositions sont décrétées à l'instant. Il n'y a plus ni côté droit, ni centre; le côté gauche réunit tout. On annonce qu'un des aides de camp, M. de Romeuf, envoyé par M. de La Fayette sur sa propre responsabilité, et avant les ordres de l'Assemblée, pour arrêter le roi, est entre les mains du peuple, qui accuse M. de La Fayette et son état-major de trahison : on envoie des commissaires le protéger. M. de Romeuf délivré entre dans la salle, il annonce l'objet de sa mission; l'Assemblée lui donne un second ordre qui sanctionne celui de M. de La Fayette, il repart. Barnave, qui voit dans l'irritation du peuple contre La Fayette un danger de plus, s'élance à la tribune; ennemi jusque-là du général populaire, il le défend généreusement ou habilement contre les soupçons de ce peuple prêt à l'abandonner. On dit que depuis quelques jours les Lameth et Barnave, en succédant à Mirabeau dans l'Assemblée, ont senti, comme lui, le besoin d'intelligences secrètes avec ce reste de monarchie. On parle de rapports secrets entre Barnave et le roi, de départ concerté, de mesures masquées; mais ces rumeurs, adoptées par La Fayette lui-même dans ses Mémoires, n'avaient pas éclaté alors : elles sont encore douteuses aujourd'hui. « L'objet qui doit nous occuper, dit Barnave, est de rattacher la confiance du peuple à qui elle appartient. Il est un homme sur qui les mouvements populaires voudraient appeler des défiances que je crois fermement non méritées. Plaçons-nous entre elles et le peuple. Il nous faut une force centrale, un bras pour agir, quand nous n'avons qu'une tête pour penser. M. de La Fayette, depuis le commencement de la Révolution, a montré les vues et la conduite d'un bon citoyen ; il importe qu'il conserve son crédit sur la nation. Il faut de la force à Paris, mais il y faut de la tranquillité; cette force, c'est vous qui devez la diriger. »

Ces paroles de Barnave sont votées comme texte de la proclamation. A ce moment on annonce que l'orateur du côté droit, M. de Cazalès, est entre les mains du peuple, exposé aux plus grands dangers aux Tuileries. Six commissaires sont nommés pour aller le protéger ; ils le ramènent avec eux. Il monte à la tribune, irrité à la fois contre le peuple, auquel il vient d'échapper, contre le roi, qui a abandonné ses partisans sans les prévenir. « J'ai failli être déchiré et mis en pièces par le peuple, s'écrie-t-il, et sans le secours de la garde nationale de Paris, qui m'a témoigné tant d'affection... » A ces mots, qui indiquent dans la pensée de l'orateur royaliste la prétention d'une popularité personnelle, l'Assemblée se soulève et la gauche éclate en murmures. « Ce n'est pas pour moi que je parle, reprend Cazalès, c'est pour l'intérêt public. Je ferais volontiers le sacrifice de ma faible existence, et ce sacrifice est fait depuis longtemps ; mais il importe à tout l'empire qu'aucun mouvement tumultueux ne trouble vos séances, au moment de crise où nous sommes, et j'appuie, en conséquence, toutes les mesures d'ordre et de force qui viennent d'être décrétées. » Enfin, sur la proposition de plusieurs membres, l'Assemblée décide qu'en l'absence du roi elle retire à elle tous les pouvoirs, que ses décrets seront mis immédiatement à exécution par les ministres, sans qu'il soit besoin de sanction ni d'acceptation. La dictature est saisie d'une main ferme et prompte par l'Assemblée ; elle se déclare en permanence.

XIX

Pendant qu'elle s'emparait ainsi de tous les pouvoirs, du droit de la prudence et de la nécessité, M. de La Fayette se jetait avec une audace calme au milieu du peuple, pour y ressaisir, au péril de sa vie, la confiance qui lui échappait. Le premier instinct du peuple devait être de massacrer le général perfide qui lui avait répondu du roi sur sa tête et qui l'avait laissé fuir. La Fayette sentit son péril, il le conjura en le bravant. Instruit un des premiers de l'évasion par ses officiers, il court aux Tuileries ; il y rencontre le maire de Paris, Bailly, et le président de l'Assemblée, Beauharnais. Bailly et Beauharnais gémissent des heures qui vont être perdues pour la poursuite, avant que l'Assemblée ait pu être convoquée et que ses décrets soient exécutoires. « Pensez-vous, leur dit La Fayette, que l'arrestation du roi et de sa famille soit nécessaire au salut public et puisse seule garantir de la guerre civile? — Oui, sans doute, répondent le maire et le président. — Eh bien, je prends sur moi la responsabilité de cette arrestation, » reprend La Fayette ; et il écrit à l'instant les ordres à tous les gardes nationaux et citoyens d'arrêter le roi. C'était aussi une dictature, et la plus personnelle des dictatures, qu'un seul homme, se substituant à l'Assemblée et à la nation, prenait ainsi sur lui. Il attentait, de son autorité privée et du droit de sa prévoyance civique, à la liberté et peut-être à la vie du chef légal de la nation. Cet ordre conduisit Louis XVI à l'échafaud, car il ramena au peuple sa victime échappée. « Heureusement pour lui, écrit-il dans ses Mémoires, après les atrocités éprouvées par ces augustes victimes, heureusement pour lui, ce ne fut pas à ses ordres, mais à l'accident d'être reconnu par un maître de poste et à de mauvais arrangements, que fut due leur arrestation. » Ainsi, le citoyen ordonnait ce que l'homme tremblait de voir accomplir, et plus tard la sensibilité protestait contre le patriotisme.

En sortant des Tuileries, La Fayette se rendit à cheval à l'hôtel de ville. La foule inondait les quais; sa colère éclatait en invectives contre lui. Il l'affronta avec sérénité. Arrivé sur la place de Grève presque seul, il y trouva le duc d'Aumont, un de ses chefs de division, entre les mains du peuple prêt à le massacrer. Il fendit la foule étonnée de son audace; il délivra le duc d'Aumont. Il reprit de force l'empire que l'hésitation lui faisait perdre avec la vie. « De quoi gémissez-vous? dit-il à la foule. Chaque citoyen ne gagne-t-il pas 20 sous de rente à la suppression de la liste civile? Et si vous appelez la fuite du roi un malheur, de quel nom appelleriez-vous donc une contre-révolution qui vous priverait de la liberté? » Il ressortit de l'hôtel de ville sous escorte, et se rendit avec plus de confiance à l'Assemblée. A son entrée dans la salle, Camus, auprès de qui il alla s'asseoir, se leva avec indignation : « Point d'uniforme ici! s'écrie-t-il; nous ne devons point voir d'uniforme ni d'armes dans cette enceinte! » Quelques membres du côté gauche se lèvent avec Camus, crient à La Fayette : « Hors de la salle! » et renvoient du geste le général intimidé. D'autres membres, amis de La Fayette, se précipitent autour de lui et imposent silence aux vociférations menaçantes de Camus. M. de La Fayette obtient la parole à la barre. Il prononce quelques mots habituels sur la liberté et le peuple, et propose à l'Assemblée d'entendre M. de Gouvion, son second, à qui la garde des Tuileries était confiée. « Je réponds de cet officier, dit-il, et je prends sur moi la responsabilité. » M. de Gouvion est entendu. Il affirme que les issues du palais ont été strictement surveillées, et que le roi n'a pu s'évader par aucune porte. M. Bailly, maire de Paris, confirme ces paroles. L'intendant de la liste civile, M. de Laporte, vient à la barre présenter le manifeste laissé par le roi à son peuple. « Comment l'avez-vous reçu? lui dit-on. — Le roi, répond M. de Laporte, l'avait laissé cacheté avec un billet pour moi. — Lisez le billet, lui dit un membre. — Non, non, s'écrie l'Assemblée d'un mouvement unanime; c'est un billet confidentiel, nous n'avons pas le droit de le lire. » On refuse également de décacheter une lettre à la reine trouvée sur la table de cette princesse. Le caractère généreux de la nation domine encore l'irritation du moment.

On lit le manifeste du roi au milieu des rires et des murmures.

« Français, dit le roi dans cette adresse à son peuple, tant que j'ai espéré voir renaître l'ordre et le bonheur public par les mesures concertées entre moi et l'Assemblée, rien ne m'a coûté. Calomnies, insultes, outrages, privation même de ma liberté, j'ai tout souffert sans me plaindre. Mais aujourd'hui que je vois la royauté détruite, les propriétés violées, la sûreté des personnes compromise, l'anarchie complète dans toutes les parties de l'empire, je crois devoir compte à mes sujets des motifs de ma conduite. Au mois de juillet 1789, je n'ai pas craint de me confier aux Parisiens. Aux 5 et 6 octobre, bien qu'outragé dans mon palais et témoin de l'impunité de tous les crimes, je n'ai pas voulu quitter la France, dans la crainte d'exciter la guerre civile. Je suis venu m'établir aux Tuileries, privé des plus simples commodités de la vie. On m'a arraché mes gardes du corps. Plusieurs même de ces gentilshommes fidèles ont été massacrés sous mes yeux. On a souillé d'infâmes calomnies l'épouse fidèle et dévouée qui partage mon amour pour le peuple et qui a pris généreusement sa part de tous les sacrifices que je lui ai faits : convocation des états généraux, double représentation accordée au tiers état, réunion des ordres, sacrifice du 20 juin, j'ai tout fait pour la nation ; tous ces sacrifices ont été perdus, méconnus, tournés contre moi. On m'a retenu prisonnier dans mon propre palais, on m'a imposé des geôliers au lieu de gardes, on m'a rendu responsable d'un gouvernement qu'on a arraché de mes mains. Chargé de maintenir la dignité de la France vis-à-vis des puissances étrangères, on m'a ôté le droit de faire la paix ou la guerre. Votre constitution est une contradiction perpétuelle entre les titres qu'elle me confère et les fonctions qu'elle me refuse. Je ne suis que chef responsable de l'anarchie, et la puissance séditieuse des clubs vous arrache à vous-mêmes le pouvoir que vous m'avez arraché. Français, est-ce là ce que vous attendiez de votre régénération ? Votre amour pour votre roi était compté autrefois au nombre de vos vertus. Cet amour s'est changé en haine, et ces hommmages en insultes. Depuis M. Necker jusqu'au dernier des factieux, tout le monde a été roi, excepté le roi lui-même. On a menacé d'enlever au roi jusqu'à ce vain titre et d'enfermer la reine dans un couvent. Dans les nuits d'octobre, quand on a proposé à l'Assemblée d'aller couvrir le roi de sa présence, elle a déclaré qu'il n'était pas de sa dignité de s'y transporter. On a arrêté les tantes du roi quand, pour cause de religion, elles ont voulu se transporter à Rome. On a violenté jusqu'à ma conscience. On a commandé jusqu'à ma foi religieuse quand j'ai voulu aller à Saint-Cloud, après ma maladie, pour achever ma convalescence; on a craint que je n'allasse dans cette résidence pour pratiquer mes actes religieux avec des prêtres non assermentés. On a dételé mes chevaux, on m'a forcé de rentrer aux Tuileries. M. de La Fayette lui-même n'a pu assurer ni l'obéissance à la loi ni le respect dû à la liberté du roi. On m'a forcé d'éloigner jusqu'aux prêtres de ma chapelle et au confident de ma conscience. Dans une telle situation, il ne me reste qu'à en appeler à la justice et à l'amour de mon peuple, à me réfugier, hors de l'atteinte des factieux et de l'oppression de l'Assemblée et des clubs, dans une ville de mon royaume, et d'aviser de là, en pleine liberté, aux modifications que la constitution demande, à la restauration de notre sainte religion, à l'affermissement du pouvoir royal et à la consolidation d'une vraie liberté. »

L'Assemblée, qui avait plusieurs fois interrompu la lecture de ce manifeste par des éclats de rire et par des soulèvements d'indignation, passa avec dédain à l'ordre du jour, et reçut le serment des généraux employés à Paris. De nombreuses députations de Paris et des départements voisins vinrent successivement à la barre lui donner l'assurance que l'Assemblée nationale serait considérée comme le centre de ralliement de tous les bons citoyens.

Le soir, les clubs des Cordeliers et des Jacobins firent afficher des motions de déchéance du roi. Le club des Cordeliers déclare, dans une de ses affiches, que chacun des citoyens qu'il renferme a juré individuellement de poignarder les tyrans. Marat, un de ses membres, publie un manifeste incendiaire et le répand dans Paris. « Peuple, dit-il, voilà la loyauté, l'honneur, la religion des rois. Souvenez-vous de Henri III et du duc de Guise. Henri communie à la même table que son ennemi, et lui jure sur l'autel une éternelle amitié. A peine hors du temple, il distribue à ses mignons des poignards, fait appeler le duc dans son cabinet et le fait percer de mille coups. Fiez-vous aux serments des princes. Dans la matinée du 19, Louis XVI riait des siens et jouissait d'avance de la terreur que vous inspirerait sa fuite. L'Autrichienne a séduit La Fayette la nuit dernière ; Louis XVI en soutane s'est esquivé avec le Dauphin, sa femme, son frère et toute la famille. Il rit maintenant de la sottise des Parisiens, et bientôt il nagera dans leur sang. Citoyens, cette fuite est préparée de longue main par les traîtres de l'Assemblée nationale. Vous touchez à votre perte. Hâtez-vous de songer à votre salut. Nommez à l'instant un dictateur, faites tomber votre choix sur le citoyen qui vous a montré jusqu'à ce jour le plus de lumière, de zèle et de fidélité. Faites tout ce qu'il vous dira de faire pour frapper vos ennemis. Voici le moment de faire tomber la tête de Bailly, de La Fayette, de tous les scélérats de l'état-major, de tous les traîtres de l'Assemblée. Un tribun, un tribun militaire, ou vous êtes perdus sans ressource. Jusqu'à présent j'ai fait pour vous sauver tout ce qui était au pouvoir d'un homme. Si vous négligez ce dernier conseil, je n'ai plus rien à vous dire, je prends congé de vous pour toujours. Louis XVI, à la tête de ses satellites, revient vous bloquer dans Paris ; l'ami du peuple aura un four ardent pour tombeau, mais son dernier soupir sera pour la patrie, pour la liberté et pour vous. »

XX

Les hommes du parti constitutionnel crurent devoir se rendre, le 22, à la séance des Jacobins, pour en contenir l'exaltation. Barnave, Sieyès, La Fayette, y reparurent et y prêtèrent serment de fidélité à la nation. Camille Desmoulins raconte ainsi cette séance :

« Pendant que l'Assemblée nationale décrète, décrète et décrète encore, le peuple agit. Je vais aux Jacobins. Je rencontre La Fayette sur le quai Voltaire. La voix de Barnave a déjà ramené les esprits. On commence à crier : « Vive La Fayette ! » Il passe en revue les bataillons postés sur le quai. Convaincu du besoin de se réunir autour d'un chef, je cède au mouvement qui m'entraîne vers le cheval blanc. « Monsieur de La Fayette, lui dis-je au milieu de la
» foule, j'ai dit bien du mal de vous depuis un an, voici le
» moment de me convaincre de mensonge. Prouvez que je
» suis un calomniateur, rendez-moi exécrable, couvrez-moi
» d'infamie, et sauvez la chose publique. » Je parlais avec une chaleur extrême. Il me serre la main. « Je vous ai tou-
» jours reconnu pour un bon citoyen, me dit-il ; vous verrez
» qu'on vous a trompé. Notre serment à tous est de vivre
» libres ou de mourir. Tout va bien ; il n'y a plus qu'un seul
» esprit dans l'Assemblée nationale, où le danger commun

» a réuni tous les partis. — Mais pourquoi, repris-je, votre
» Assemblée affecte-t-elle de parler, dans tous ses décrets,
» de l'*enlèvement du roi*, tandis que le roi écrit lui-même
» qu'il s'échappe volontairement? Quelle bassesse à une as-
» semblée, ou quelle trahison, de parler ainsi quand elle a
» autour d'elle trois millions de baïonnettes! — Le mot *en-
» lèvement* est un vice de rédaction que l'Assemblée corri-
» gera, » répondit La Fayette. Puis il ajouta : « C'est une
» chose bien infâme que cette conduite du roi! » La Fayette
répéta ce mot plusieurs fois en me serrant la main très-
affectueusement. Je quittai cet homme en me disant que,
peut-être, l'horizon immense que la fuite du roi ouvrait à
son ambition le ramènerait au parti populaire. J'arrivai aux
Jacobins en m'efforçant de croire à ses démonstrations de
patriotisme et d'amitié, et de me remplir de persuasion qui,
malgré mes efforts, s'écoulait de mon esprit par mille res-
souvenirs comme par mille issues. »

Lorsque Camille Desmoulins entra aux Jacobins, Robespierre était à la tribune. L'immense crédit que sa persévérance et son incorruptibilité avaient conquis à ce jeune orateur sur le peuple pressait son auditoire nocturne autour de
lui. « Ce n'est pas moi, disait-il, qui appellerai cet événement un désastre. Ce jour est le plus beau de la Révolution,
si vous savez le saisir et en profiter. Le roi a choisi pour dé-
serter son poste le moment de tous nos périls au dedans et
au dehors : l'Assemblée est décréditée; les élections prochaines agitent les esprits; les émigrés sont à Coblentz;
l'empereur et le roi de Suède sont à Bruxelles; nos mois-
sons sont mûres pour nourrir leurs armées; mais trois millions d'hommes sont debout en France, et cette ligue de
l'Europe serait aisément vaincue. Je n'ai pas peur de Léo-

pold ni du roi de Suède; ce qui m'épouvante seulement, c'est ce qui paraît rassurer tous les autres : c'est que depuis ce matin tous nos ennemis affectent de parler le même langage que nous. Tout le monde est réuni, tous ont le même visage en apparence. Or, tous ne peuvent pas éprouver la même joie de la fuite d'un roi qui avait quarante millions de rente, qui disposait de toutes les places et qui les livrait à ses affidés et à nos ennemis. Il y a donc des traîtres parmi nous; il y a donc des intelligences entre ce roi fugitif et ces traîtres restés à Paris. Lisez le manifeste royal, et le complot vous y sera dévoilé tout entier. Le roi, l'empereur, le roi de Suède, d'Artois, Condé, tous les fugitifs, tous les brigands vont s'avancer sur nous. Il paraîtra un manifeste paternel; le roi nous y parlera de son amour, de la paix, même de la liberté; en même temps les traîtres de la capitale et des départements vous peindront, de leur côté, comme les hommes de la guerre civile : on transigera; et la Révolution sera étouffée dans ces embrassements perfides d'un despotisme hypocrite et d'un modérantisme intimidé. Voyez déjà l'Assemblée! elle appelle aujourd'hui dans vingt décrets la fuite du roi un *enlèvement*. A qui confie-t-elle le salut du peuple? A un ministre des affaires étrangères, sous la surveillance d'un comité diplomatique. Or, quel est ce ministre? Un traître que je n'ai cessé de vous dénoncer, le persécuteur des soldats patriotes, le soutien des officiers aristocrates. Qu'est-ce que le comité? Un comité de traîtres, composé de tous nos ennemis masqués en patriotes. Et le ministre des affaires étrangères, qui est-il? Un traître, un Montmorin, qui, il n'y a qu'un mois, vous déclarait une *adoration* perfide de la constitution. Et ce Delessart, qui est-il? Un traître à qui Necker a laissé son manteau d'hypocrisie pour couvrir ses complots! Ne voyez-vous pas la coalition de tous ces hommes avec le roi et du roi avec la ligue européenne? Elle va nous étouffer! Dans un instant vous allez voir entrer dans cette salle tous ces hommes de 1789, maire, général, ministres, orateurs! Comment pourriez-vous échapper? Antoine, poursuivit-il en faisant allusion à La Fayette, Antoine commande des légions qui vont venger César, et Octave, le neveu de César, commande les légions de la république. Comment la république ne périrait-elle pas? On nous parle de la nécessité de nous réunir! Mais quand Antoine fut venu camper à côté de Lépide, et que tous les traîtres à la liberté furent réunis à ceux qui se disaient ses défenseurs, il ne resta plus à Brutus et à Cassius qu'à se donner la mort! C'est là que nous mène cette feinte unanimité, cette réconciliation perfide des patriotes! Oui, voilà ce qu'on vous prépare! Je sais qu'en osant dévoiler ces complots j'aiguise contre moi mille poignards! je sais le sort qu'on me garde! Mais si, lorsque j'étais à peine aperçu dans l'Assemblée nationale, parmi les premiers apôtres de la liberté, j'ai fait le sacrifice de ma vie à la vérité, à l'humanité, à la patrie, aujourd'hui qu'une bienveillance universelle, que tant de preuves de considération, d'attachement, m'ont tant payé de ce sacrifice, je recevrai comme un bienfait une mort qui m'empêchera d'être témoin de tant de maux. J'ai fait le procès de l'Assemblée, qu'elle fasse le mien! »

XXI

Ces paroles, astucieusement combinées pour jeter le levain du soupçon dans les cœurs, furent accueillies comme le testament de mort d'un martyr de la liberté. Les larmes mouillaient tous les yeux. « Nous mourrons tous avec toi! » cria Camille Desmoulins en tendant à Robespierre ses bras ouverts comme pour l'embrasser. Cette âme légère et mobile se laissait emporter à tous les souffles de l'enthousiasme. Il passait des bras de La Fayette aux bras de Robespierre, comme une courtisane de toutes les émotions. Huit cents personnes se levèrent et offrirent, par leur attitude, leurs gestes, leur inspiration spontanée et unanime, un de ces tableaux les plus imposants de la puissance de la parole, de la passion et des circonstances sur un peuple assemblé. Après que la société eut juré individuellement de défendre la vie de Robespierre, on annonça l'arrivée des ministres et des membres de l'Assemblée qui avaient fait partie du club de 89, et qui venaient fraterniser dans le danger de la patrie avec les Jacobins.

« Monsieur le président, s'écria Danton, si les traîtres osent se présenter devant nous, je prends l'engagement solennel de porter ma tête sur un échafaud, ou de prouver que leur tête à eux doit rouler aux pieds de la nation qu'ils ont trahie. »

Les députés entrent : Danton, reconnaissant La Fayette

parmi eux, s'élance à la tribune, et interpellant le général :
« Je dois parler et je parlerai comme si je burinais l'histoire
pour les siècles à venir. Pourquoi, vous, monsieur de La
Fayette, osez-vous venir vous joindre aux amis de la constitution, vous partisan et signataire de ce système de deux
chambres inventé par le prêtre Sieyès, système destructeur
de la constitution et de la liberté? N'est-ce pas vous qui
m'avez dit à moi-même que le projet de M. Mounier était
trop exécré pour qu'on osât le reproduire, mais qu'on pouvait faire accepter à l'Assemblée son équivalent? Je vous
défie de nier ce fait qui vous écrase. Comment se fait-il que
le roi, dans sa proclamation, tient le même langage que
vous? Comment avez-vous osé attenter, dans un ordre du
jour, à la circulation des écrits publiés par les défenseurs
du peuple, tandis que vous accordez la protection de vos
baïonnettes aux lâches écrivains, destructeurs de la constitution? Pourquoi avez-vous ramené captifs et comme en
triomphe les habitants du faubourg Saint-Antoine, qui voulaient détruire le dernier repaire de la tyrannie à Vincennes? Pourquoi, le même soir de cette expédition de
Vincennes, avez-vous accordé protection, dans les Tuileries, aux assassins armés de poignards, pour favoriser la
fuite du roi? Expliquez-moi le hasard qui a placé, le
21 juin, de garde aux Tuileries, cette même compagnie de
grenadiers de l'Oratoire, que vous aviez punie le 18 avril
pour s'être opposée au départ du roi? Ne nous faisons pas
illusion. La fuite du roi n'est que le résultat d'un complot;
il y a eu des intelligences, et vous, monsieur de La Fayette,
vous qui répondiez encore dernièrement de la personne du
roi sur votre tête, paraître dans cette assemblée, n'est-ce
pas y chercher votre condamnation? Il faut au peuple des

vengeances. Il est las d'être tour à tour bravé ou trahi ; si ma voix est étouffée ici, si nos ménagements toujours faibles pour les ennemis de la patrie la mettent perpétuellement en danger, j'en appelle au jugement de la postérité ; c'est à elle à juger entre vous et moi. »

M. de La Fayette, sommé de s'expliquer, ne répondit pas à ces interpellations pressantes : il dit seulement qu'il venait se réunir à la société des Jacobins, parce que c'était là que les bons citoyens devaient accourir dans des temps d'alarmes, et il sortit de l'Assemblée. L'Assemblée ayant pris le lendemain un arrêté pour enjoindre au général de venir se justifier, il écrivit qu'il irait plus tard. Il ne vint jamais. Mais les motions de Robespierre et de Danton ne portèrent point atteinte à son crédit sur la garde nationale. Danton, ce jour-là, paya d'audace. M. de La Fayette avait sur les lèvres les preuves de la vénalité de cet orateur. Il avait reçu de M. de Montmorin cent mille francs. Danton savait que M. de La Fayette n'ignorait pas ce marché ; mais il savait aussi que M. de La Fayette ne pouvait l'accuser sans perdre M. de Montmorin, et sans risquer d'être accusé lui-même de participation à ce commerce des caractères qu'alimentaient les fonds de la liste civile. Ces deux secrets s'intimidèrent l'un l'autre, et forcèrent le tribun et le général à des réticences qui amortirent le combat. Lameth répondit à Danton, et parla dans le sens de la concorde. Les résolutions violentes proposées par Robespierre et par Danton ne prévalurent pas ce jour-là aux Jacobins. Le péril servit de sagesse au peuple. Son instinct lui défendit de diviser les forces devant l'inconnu.

XXII

Le soir, l'Assemblée nationale discuta et adopta un projet d'adresse aux Français, ainsi conçu : « Un grand crime vient d'être commis, le roi et sa famille ont été enlevés. » (A cette fiction prolongée du prétendu *enlèvement* du roi, les murmures éclatent; la sagesse de l'Assemblée les étouffe.) « Mais vos représentants triompheront de tous les obstacles. La France veut être libre, elle le sera : la Révolution ne rétrogradera pas. Nous avons d'abord sauvé la loi en décrétant que nos décrets seraient la loi elle-même. Nous sauvons la nation en envoyant à l'armée un renfort de trois cent mille hommes. Nous sauvons l'ordre en le mettant sous la garantie du zèle et du patriotisme des citoyens armés. Dans cette attitude, nous attendons nos ennemis... Dans un écrit dicté au roi par ceux qui ont fait violence à son amour, on vous accuse, on accuse la constitution, on accuse la loi de l'impunité du 6 octobre! La nation est plus juste : elle n'accuse pas le roi du crime de ses aïeux. (On applaudit.) Mais ce roi a prêté serment, le 14 juillet, à cette constitution, il aurait donc consenti à un parjure? On rejette sur de soi-disant factieux les changements faits à la constitution du royaume. Quelques factieux? ce n'est pas assez : nous sommes vingt-six millions de factieux! (On applaudit encore.) Nous avons reconstitué tous les pouvoirs; nous avons conservé la monarchie, parce que nous la croyons utile à la France. Nous l'avons réformée sans doute, mais c'est pour la sauver de ses abus et de ses excès. Nous avons laissé cinquante millions par an au légitime éclat du trône. Nous nous sommes réservé le droit de déclarer la guerre, nous n'avons pas voulu que le sang du peuple appartînt aux ministres. Français! tous les pouvoirs sont organisés. Tout le monde est à son poste. L'Assemblée veille. Ne craignez rien que vous-mêmes, si votre juste émotion vous portait au désordre. Le peuple qui veut être libre doit être impassible dans ces grandes crises. Voyez Paris! imitez la capitale! Tout y suit la marche ordinaire. Les tyrans seront trompés. Pour mettre la France sous le joug, il faudrait anéantir la nation entière. Si le despotisme ose le tenter, il sera vaincu; ou s'il triomphe, il ne triomphera que sur des ruines. » Des applaudissements unanimes et répétés suivent cette lecture.

La séance, suspendue pendant une heure, est rouverte à neuf heures et demie. Une grande agitation se manifeste dans toutes les parties de la salle. *Il est arrêté! il est arrêté!* Ces mots se répandent sur tous les bancs, et de la salle dans les tribunes. Le président annonce qu'il vient de recevoir un paquet contenant plusieurs pièces dont il va donner lecture. Il recommande de s'abstenir de tout signe d'approbation ou d'improbation. Il ouvre le paquet et lit au milieu d'un profond silence les lettres de la municipalité de Varennes et de Sainte-Menehould apportées par M. Mangin, chirurgien à Varennes. L'Assemblée nomme trois commissaires, pris dans son sein, pour aller assurer le retour du roi à Paris. Ces trois commissaires sont : Barnave, Pétion et Latour-Maubourg. Ils partent à l'instant pour accomplir leur mission. Laissons un moment Paris aux émotions de surprise, de joie et de colère, que la fuite et l'arrestation du roi y ont excitées.

XXIII

La nuit s'était écoulée à Varennes, pour le roi et pour le peuple, dans les palpitations de l'espérance et de la terreur. Pendant que les enfants dormaient, accablés de la fatigue d'une longue route, d'une journée brûlante, et insouciants de leur sort, le roi et la reine, gardés à vue par les municipaux de Varennes, s'entretenaient à voix basse de leur affreuse situation. Leur pieuse sœur, Madame Élisabeth, priait à côté d'eux. Son royaume, à elle, était au ciel. Elle n'était restée à la cour, où elle était étrangère par sa piété et par son renoncement à tous les plaisirs, que pour se dévouer à son frère. Elle n'y prenait sa part que des larmes et des tribulations du trône.

Les captifs étaient loin de désespérer encore. Ils ne doutaient pas que M. de Bouillé, averti sans doute par quelques-uns des officiers qu'il avait postés sur la route du roi, n'eût marché toute la nuit à leur secours. Ils attribuaient son retard à la nécessité de réunir des forces suffisantes pour dissiper les nombreuses gardes nationales appelées à Varennes par le bruit du tocsin ; mais à chaque instant ils s'attendaient à le voir paraître, et le moindre mouvement du peuple, le moindre cliquetis d'armes dans la rue de Varennes, leur semblaient l'annonce de son arrivée. Le courrier envoyé à Paris par la municipalité de Varennes pour prendre les ordres de l'Assemblée n'était parti qu'à trois heures du matin. Il lui fallait vingt heures pour se rendre à Paris, autant pour le retour. Le temps de convoquer l'Assemblée et de délibérer ne pouvait prendre moins de trois ou quatre heures encore. C'était donc près de quarante-huit heures que M. de Bouillé avait d'avance sur les ordres de Paris.

D'ailleurs, dans quel état serait Paris? que s'y serait-il passé à l'annonce inattendue de l'évasion du roi? La terreur ou le repentir n'avait-il pas saisi les esprits? L'anarchie n'aurait-elle pas renversé les faibles digues qu'une assemblée anarchique elle-même aurait cherché à lui opposer? Le cri : « A la trahison ! » n'aurait-il pas été le premier tocsin du peuple? M. de La Fayette n'était-il pas massacré comme un traître? la garde nationale n'était-elle pas désorganisée? Les bons citoyens n'avaient-ils pas repris le dessus à la faveur de cette consternation subite des factieux? Qui donnerait les ordres? qui les exécuterait? La nation, désarmée et tremblante, ne tomberait-elle peut-être pas aux pieds de son roi? Telles étaient les chimères, dernières flatteries des infortunes royales, dont on se repaissait, pendant cette nuit fatale, dans la chambre étroite et brûlante où toute la famille royale était entassée.

Le roi avait pu communiquer librement avec plusieurs officiers des détachements. M. de Goguelat, M. de Damas, M. de Choiseul, avaient pénétré jusqu'à lui. Le procureur-syndic et les officiers municipaux de Varennes montraient des égards et de la pitié au roi, même dans l'exécution de ce qu'ils croyaient leur devoir. Le peuple ne passe pas soudainement du respect à l'outrage. Il y a un moment d'indécision dans tous les sacriléges, où l'on semble vénérer encore ce que l'on est prêt à profaner. La municipalité de Varennes et M. Sausse, croyant sauver la nation, étaient bien loin de vouloir offenser le roi prisonnier. Ils le gardaient autant comme leur souverain que comme leur captif. Ces nuances n'échappaient pas au roi ; il se flattait qu'aux premières sommations de M. de Bouillé le respect prévaudrait sur le patriotisme, et qu'on le mettrait en liberté. Il avait parlé dans ce sens à ses officiers.

L'un d'eux, M. Deslons, qui commandait l'escadron de hussards posté à Dun, entre Varennes et Stenay, avait été informé de l'arrestation du roi, à trois heures du matin, par le commandant du détachement de Varennes, échappé de cette ville. M. Deslons, sans attendre les ordres de son général, et les préjugeant avec bon sens et énergie, avait fait monter ses hussards à cheval et s'était porté au galop sur Varennes, pour y enlever le roi de vive force. Arrivé aux portes de cette ville, il avait trouvé ces portes barricadées et défendues par des masses nombreuses de gardes nationales. On avait refusé l'accès de Varennes à ses hussards. M. Deslons, laissant son escadron dehors et descendant de cheval, avait demandé à être introduit de sa personne auprès du roi. On y avait consenti. Son but était d'abord d'informer ce prince que M. de Bouillé était prévenu et allait marcher à la tête du régiment Royal-Allemand. Il en avait un autre : c'était de s'assurer par ses propres yeux s'il était impossible à son escadron de forcer les obstacles, de parvenir jusqu'à la ville haute et d'enlever le roi. Les barricades lui parurent infranchissables à la cavalerie. Il entra chez le roi. Il lui demanda ses ordres : « Dites à M. de Bouillé, lui répondit le roi, que je suis prisonnier et ne puis donner aucun ordre; que je crains bien qu'il ne puisse plus rien pour moi, mais que je lui demande de faire ce qu'il pourra. » M. Deslons, qui était Alsacien, et qui parlait allemand, voulut dire quelques mots dans cette langue à la reine, et prendre ses ordres sans qu'ils pussent être compris des personnes présentes à l'entrevue. « Parlez français, monsieur, lui dit la reine, on nous entend. » M. Deslons se tut, s'éloigna désespéré, mais resta avec les hussards aux portes de Varennes, attendant les forces supérieures de M. de Bouillé.

XXIV

L'aide de camp de M. de La Fayette, M. de Romeuf, expédié par ce général et porteur de l'ordre de l'Assemblée, arriva à Varennes à sept heures et demie. La reine, qui le connaissait, lui fit les reproches les plus pathétiques sur l'odieuse mission dont son général l'avait chargé. M. de Romeuf chercha en vain à calmer son irritation par toutes les marques de respect et de dévouement compatibles avec la rigueur de ses ordres. La reine, indignée, passant des reproches aux larmes, donna un libre cours à son désespoir. Le roi avait reçu des mains de M. de Romeuf l'ordre écrit de l'Assemblée et l'avait déposé sur le lit où était couché le Dauphin. La reine, dans un mouvement de colère, prit cet ordre, le jeta à terre et le foula aux pieds en disant qu'un pareil écrit souillerait le lit de son fils. « Au nom de votre salut et de votre gloire, madame, lui dit le jeune officier, dominez votre douleur. Voudriez-vous qu'un autre que moi fût témoin de pareils accès de désespoir?»

On pressait les préparatifs du départ, dans la crainte que les troupes de M. de Bouillé ne vinssent forcer la ville ou couper la route. Le roi retardait autant qu'il le pouvait. Chaque minute gagnée sur le retour lui donnait une chance de délivrance : il les disputait une à une à ses gardiens. Au moment de monter en voiture, une des femmes de la reine feignit une indisposition grave et subite. La reine refusa de partir sans elle. Elle ne céda qu'aux menaces de la violence et aux cris du peuple impatient. Elle ne voulut pas qu'on portât les mains sur son fils. Elle le prit dans ses bras, monta en voiture, et le cortége royal, escorté de trois ou quatre mille gardes nationaux, se dirigea lentement vers Paris.

XXV

Que faisait pourtant, pendant cette longue agonie du roi, le marquis de Bouillé? Il avait, comme on l'a vu, passé la nuit aux portes de Dun, à six lieues de Varennes, attendant les courriers qui devaient lui annoncer l'approche des voitures. A trois heures du matin, craignant d'être découvert et n'ayant vu arriver personne, il regagna Stenay, afin d'être à portée de donner des ordres à ses troupes, s'il était arrivé quelque accident au roi. Il était à quatre heures et demie aux portes de Stenay, quand les deux officiers qu'il avait placés la veille à Varennes, et le commandant de l'escadron abandonné par ses troupes, le rejoignirent et lui apprirent que le roi était arrêté depuis onze heures du soir. Frappé de stupeur, étonné d'être averti si tard, il donne l'ordre à l'instant au régiment Royal-Allemand, qui était dans Stenay, de monter à cheval et de le suivre. Le colonel du régiment avait reçu la veille l'ordre de tenir les chevaux sellés. Cet ordre n'avait pas été exécuté. Le régiment perdit trois quarts d'heure à se préparer, malgré les messages réitérés de M. de Bouillé, qui envoya son propre fils aux casernes. Le général ne pouvait rien sans ce régiment. Dès qu'il fut en bataille hors de la ville, M. de Bouillé l'aborda avec franchise et voulut sonder lui-même ses dispositions. « Votre roi, qui venait se jeter dans vos bras, est à quelques lieues de vous, leur dit-il; le peuple de Varennes l'a arrêté. Le laisserez-vous insulté et captif entre les mains des municipaux? Voici ses ordres, il vous attend, il compte les minutes. Marchons à Varennes! Courons le délivrer et le rendre à la nation et à la liberté! Je marche avec vous, suivez-moi! » Les plus vives acclamations accueillirent ces paroles. M. de Bouillé distribua cinq cents ou six cents louis aux cavaliers, et le régiment se mit en mouvement.

De Stenay à Varennes il y a neuf lieues par un chemin montagneux et difficile. M. de Bouillé fit toute la diligence possible. A peu de distance de Varennes il rencontra un premier détachement de Royal-Allemand arrêté à l'entrée d'un bois par des gardes nationaux qui tiraient sur les soldats. Il fit charger ces tirailleurs; et, prenant lui-même le commandement de cette avant-garde, il arriva à neuf heures un quart devant Varennes. Le régiment suivait de près. M. de Bouillé reconnaissait la ville pour attaquer, quand il aperçut en dehors une troupe de hussards qui semblait observer aussi la place. C'était l'escadron de Dun, commandé par M. Deslons, et qui avait passé la nuit à attendre les renforts. M. Deslons accourut et apprit à son général que le roi était parti depuis une heure. Il ajouta que le pont de la ville était rompu et les rues barricadées, que les dragons de Clermont et les hussards de Varennes avaient fraternisé avec le peuple, et que les commandants des divers détachements, MM. de Choiseul, de Damas et de Goguelat, étaient prisonniers. M. de Bouillé, désespéré mais non découragé, résolut de suivre le roi en tournant Varennes et de l'arracher des mains des gardes nationales. Il envoya sonder les gués pour faire traverser la rivière à Royal-Allemand. On n'en trouva pas, bien qu'il y en eût un. Sur ces entrefaites, il apprit que les garnisons de Verdun et de Metz s'avançaient avec des canons pour prêter main-forte au peuple. La campagne se couvrait de gardes nationales et de troupes; les cavaliers montraient de l'hésitation; les chevaux, fatigués de neuf lieues de route, ne pouvaient suffire à une course rapide nécessaire pour devancer le roi à Sainte-Menehould. Toute énergie tomba avec tout espoir. Le régiment Royal-Allemand tourna bride. M. de Bouillé le ramena silencieusement jusqu'aux portes de Stenay. Suivi seulement de quelques-uns de ses officiers les plus compromis, il se jeta sur le Luxembourg et passa la frontière au milieu des coups de fusil, et désirant la mort plus qu'il n'évitait le supplice.

XXVI

Cependant les voitures du roi rétrogradaient vers Châlons au pas de course des gardes nationales qui se relayaient pour l'escorter. La population entière se pressait sur les bords des routes pour voir ce roi captif, ramené en triomphe par le peuple qui s'était cru trahi. Les baïonnettes et les piques des gardes nationaux pouvaient à peine leur frayer passage à travers cette foule qui grossissait et se renouvelait sans cesse. Les cris et les gestes de fureur, les risées et les outrages, ne se lassaient pas. Les voitures avançaient à travers une haie d'opprobres. La clameur du peuple finissait et recommençait à chaque tour de roue. C'était un calvaire de soixante lieues dont chaque pas était un supplice. Un seul homme, M. de Dampierre, vieux gentilhomme accoutumé au culte de ses rois, ayant voulu s'approcher pour donner un signe de respectueuse compassion à ses maîtres, fut massacré sous les roues de la voiture. La famille royale faillit passer sur ce corps sanglant. La fidélité était le seul crime irrémissible au milieu d'une tourbe de forcenés. Le roi et la reine, qui avaient fait le sacrifice de leur vie, avaient rappelé à eux pour mourir toute leur dignité et tout leur courage. Le courage passif était la vertu de Louis XVI, comme si le ciel, qui le destinait au martyre, lui eût donné d'avance cette héroïque acceptation qui ne sait pas combattre, mais qui sait mourir. La reine trou-

vait dans son sang et dans son orgueil assez de ressentiment
contre ce peuple, pour lui rendre en mépris intérieur les
insultes dont il la profanait. Madame Élisabeth implorait
tout bas le secours d'en haut. Les deux enfants s'étonnaient
de la haine de ce peuple qu'on leur avait dit d'aimer et
qu'ils n'apercevaient que dans des accès de rage. Jamais
l'auguste famille ne serait arrivée vivante dans Paris, si les
commissaires de l'Assemblée, dont la présence imposait au
peuple, ne fussent arrivés à temps pour intimider et pour
gouverner cette sédition renaissante.

Les commissaires rencontrèrent les voitures du roi entre
Dormans et Épernay. Ils lurent au roi et au peuple les
ordres de l'Assemblée qui leur donnaient le commandement absolu des troupes et de la garde nationale sur toute la
ligne, et qui leur enjoignaient de veiller non-seulement à
la sécurité du roi, mais encore au maintien du respect dû à
la royauté dans sa personne. Barnave et Pétion se hâtèrent
de monter dans la berline du roi, pour partager ses périls
et le couvrir de leur corps. Ils parvinrent à le préserver de
la mort, mais non des outrages. La rage, éloignée des voitures, s'exerçait plus loin sur la route. Toutes les personnes
suspectes d'attendrissement étaient lâchement outragées.
Un ecclésiastique s'étant approché et montrant sur sa
physionomie quelques signes de respect et de douleur, fut
saisi par le peuple, renversé aux pieds des chevaux, et
allait être immolé sous les yeux de la reine. Barnave, par
un mouvement sublime, s'élança le corps tout entier hors
de la portière : « Français, s'écria-t-il, nation de braves,
voulez-vous donc devenir un peuple d'assassins ? » Madame
Élisabeth, frappée d'admiration pour l'acte courageux de
Barnave et craignant qu'il ne se précipitât sur la foule et

n'y fût massacré lui-même, le retint par les basques de son habit pendant qu'il haranguait ces furieux. De ce moment-là la pieuse princesse, la reine, le roi lui-même, conçurent pour Barnave une secrète estime. Un cœur généreux au milieu de tant de cœurs cruels ouvrit leur âme à une sorte de confidence avec ce jeune député. Ils ne connaissaient de lui que sa renommée de factieux et le bruit de sa voix dans leurs malheurs; ils furent étonnés de trouver un protecteur respectueux dans l'homme qu'ils considéraient comme un insolent ennemi.

La physionomie de Barnave était forte, mais gracieuse et ouverte, ses manières polies, son langage décent, son attitude attristée devant tant de beauté, de grandeurs et de chute! Le roi, dans les moments de calme et de silence, lui adressait souvent la parole et s'entretenait avec lui des événements. Barnave répondait en homme dévoué à la liberté, mais fidèle au trône, et qui ne séparait jamais dans ses plans de régénération la nation de la royauté. Plein d'égards pour la reine, pour Madame Élisabeth, pour les augustes enfants, il s'efforçait de dérober à leurs yeux les périls et les humiliations de la route. Gêné sans doute par la présence de son collègue Pétion, s'il n'avoua pas tout haut la séduction de pitié, d'admiration et de respect qui l'avait vaincu pendant ce voyage, cette séduction se comprenait dans ses actes, et un traité fut conclu par les regards. La famille royale sentit qu'elle avait conquis Barnave dans cette déroute de tant d'espérances. Toute la conduite de Barnave, depuis ce jour, justifia cette confiance de la reine. Audacieux contre la puissance, il fut sans force contre la faiblesse, la grâce et l'infortune. Ce fut ce qui perdit sa vie, mais ce qui grandit sa mémoire. Il n'avait été jusque-là qu'éloquent, il montra qu'il était sensible. Pétion, au contraire, resta froid comme un sectaire et rude comme un parvenu; il affecta avec la famille royale une brusque familiarité; il mangea devant la reine et jeta les écorces de fruits par la portière, au risque d'en souiller le visage même du roi; quand Madame Élisabeth lui versait du vin, il relevait son verre, sans la remercier, pour lui montrer qu'il en avait assez. Louis XVI lui ayant demandé s'il était pour le système des deux chambres ou pour la république : « Je serais pour la république, répondit Pétion, si je croyais mon pays assez mûr pour cette forme de gouvernement. » Le roi, offensé, ne répondit pas, et ne proféra plus une seule parole jusqu'à Paris.

Les commissaires avaient écrit de Dormans à l'Assemblée pour lui faire connaître l'itinéraire du roi et la prévenir du jour et du moment de leur arrivée. Les approches de Paris offraient les plus grands dangers par la masse et la fureur du peuple que le cortége avait à traverser. L'Assemblée redoubla d'énergie et de prudence pour assurer l'inviolabilité de la personne du roi. Le peuple lui-même recouvra le sentiment de sa dignité; devant cette grande satisfaction que la fortune lui livrait, il ne voulut pas déshonorer son propre triomphe. Des milliers de placards étaient affichés partout : *Celui qui applaudira le roi sera bâtonné, celui qui l'insultera sera pendu.* Le roi avait couché à Meaux. Les commissaires demandaient à l'Assemblée de se tenir en permanence, pour parer aux événements imprévus de l'entrée du cortége dans Paris. L'Assemblée ne désempara pas. Le héros du jour, le véritable auteur de l'arrestation, Drouet, fils du maître de poste de Sainte-Menehould, parut devant elle et fut entendu : « Je suis, dit-il, un ancien dragon au régiment de Condé ; mon camarade Guillaume est un ancien dragon de la reine. Le 21, à sept heures et demie du soir, deux voitures et onze chevaux relayèrent à Sainte-Menehould. Je reconnus la reine et le roi. Je craignis de me tromper. Je résolus de m'assurer de la vérité en devançant les voitures à Varennes par un chemin de traverse. J'arrivai à Varennes à onze heures. Il faisait noir, tout dormait. Les voitures arrivèrent et furent retardées par une dispute entre les courriers et les postillons, qui refusaient d'aller plus loin. Je dis à mon camarade : « Guillaume, es-tu bon patriote? — N'en doute » pas, répondit Guillaume. — Eh bien! le roi est ici : arrê- » tons-le. » Nous renversâmes une voiture chargée de meubles sous la voûte du pont ; nous rassemblâmes huit hommes de bonne volonté, et, quand la voiture parut, nous demandâmes les passe-ports. « Nous sommes pressés, messieurs! » nous dit la reine. Nous insistâmes. Nous fîmes descendre les voyageurs dans la maison du procureur de la commune. Alors, de lui-même, Louis XVI nous dit : « Voilà votre roi! » voilà votre reine! voilà mes enfants! Traitez-nous avec » les égards que les Français ont toujours eus pour leurs » souverains. » Mais nous le constituâmes prisonnier. Les gardes nationaux accoururent. Les hussards passèrent à nous; et, après avoir fait notre devoir, nous retournâmes chez nous au milieu des félicitations de nos concitoyens. Nous venons aujourd'hui déposer dans l'Assemblée nationale l'hommage de nos services. »

Drouet et Guillaume furent couverts d'applaudissements.

L'Assemblée décréta qu'aussitôt après l'arrivée de Louis XVI aux Tuileries il lui serait donné une garde, qui, sous les ordres de M. de La Fayette, répondrait de sa personne. Malouet fut le seul orateur qui osa protester contre cet emprisonnement. « Il détruisait à la fois l'inviolabilité et la constitution. Le pouvoir législatif et le pouvoir exécutif ne sont plus qu'un. » Alexandre Lameth combattit la proposition de Malouet, et déclara que l'Assemblée avait dû prendre et devait conserver, jusqu'à l'achèvement de la constitution, une dictature donnée par la force des choses; mais que, la monarchie étant la forme nécessaire à la centralisation des forces d'un aussi grand peuple, l'Assemblée rentrerait immédiatement après dans la division des pouvoirs et dans les conditions de la monarchie.

XXVII

En ce moment, le roi captif rentrait dans Paris.

C'était le 25 juin, à sept heures du soir. Depuis Meaux jusqu'aux faubourgs, la foule s'épaississait sans cesse sur la route du roi. Les passions de la ville, de l'Assemblée, de la presse et des clubs, bouillonnaient de plus près et avec plus d'intensité dans cette population des environs de Paris. Ces passions écrites sur tous les visages étaient contenues par leur violence même. L'injure n'y éclatait qu'à voix étouffée. Le peuple était sinistre, et non furieux. Des milliers de regards lançaient la mort dans les voitures, aucune voix ne la proférait.

Ce sang-froid de la haine n'échappait pas au roi. La journée était brûlante. Un soleil ardent, réverbéré par les pavés et par les baïonnettes, dévorait cette berline où huit personnes étaient entassées. Des flots de poussière, soulevés par les pieds de deux ou trois cent mille spectateurs, étaient le seul voile qui dérobât de temps en temps l'humiliation du roi et de la reine à la joie du peuple. La sueur des chevaux, l'haleine fiévreuse de cette multitude pressée et passionnée, raréfiaient et corrompaient l'atmosphère. L'air manquait à la respiration des voyageurs. Le front des deux enfants ruisselait de sueur. La reine, tremblant pour eux, baissa précipitamment un store de la voiture, et s'adressant à la foule pour l'attendrir : « Voyez, messieurs, dit-elle, dans quel état sont mes pauvres enfants ! nous étouffons ! — Nous t'étoufferons bien autrement, » lui répondirent à demi-voix ces hommes féroces.

De temps en temps, des irruptions violentes de la foule forçaient la haie, écartaient les chevaux, s'avançaient jusqu'aux portières, montaient sur les marchepieds. Des hommes implacables, regardant en silence le roi, la reine, le Dauphin, semblaient prendre la mesure des derniers crimes et se repaître de l'abaissement de la royauté. Des charges de gendarmerie rétablissaient momentanément l'ordre. Le cortége reprenait sa course au milieu du cliquetis des sabres et des clameurs des hommes renversés sous les pieds des chevaux. La Fayette, qui craignait des attentats et des embûches dans les rues de Paris, fit prévenir le général Dumas, commandant de l'escorte, de ne point traverser la ville. Il plaça des troupes, à rangs épais, sur le boulevard, depuis la barrière de l'Étoile jusqu'aux Tuileries. La garde nationale bordait la haie. Les gardes suisses étaient aussi en bataille, mais leur drapeau ne s'abaissait plus devant leur maître. Aucun honneur militaire n'était rendu au chef suprême de l'armée. Les gardes nationaux, appuyés sur leurs armes, ne saluaient pas; ils regardaient passer le cortége dans l'attitude de la force, de l'indifférence et du dédain.

XXVIII

Les voitures entrèrent dans le jardin des Tuileries par le Pont-Tournant. La Fayette, à cheval à la tête de son état-major, était allé au-devant du cortége et le précédait. Pendant son absence, une foule immense avait inondé le jardin, les terrasses, et obstrué la porte du château. L'escorte fendait avec peine ces flots tumultueux. On forçait tout le monde à garder son chapeau. M. de Guillermy, membre de l'Assemblée, resta seul découvert, malgré les menaces et les insultes que cette marque de respect attirait sur lui. Voyant qu'on allait employer la force pour le contraindre à imiter l'insulte universelle, il lança son chapeau dans la foule assez loin pour qu'on ne pût le lui rapporter. Ce fut là que la reine, apercevant M. de La Fayette, et craignant pour les jours des fidèles gardes du corps, ramenés sur le siége de la voiture et menacés par les gestes du peuple, lui cria : « Monsieur de La Fayette, sauvez les gardes du corps. »

La famille royale descendit de voiture au bas de la terrasse. La Fayette la reçut des mains de Barnave et de Pétion. On emporta les enfants sur les bras des gardes nationaux. Un des membres du côté gauche de l'Assemblée, le vicomte de Noailles, s'approcha avec empressement de la reine et lui offrit son bras. La reine indignée rejeta, avec un regard de ressentiment, la protection d'un grand seigneur libéral; elle aperçut un député de la droite et lui demanda son bras. Tant d'abaissement avait pu l'abattre, mais non la vaincre. La dignité de l'empire se retrouvait tout entière dans le geste et dans le cœur d'une femme.

Les clameurs prolongées de la foule à l'entrée du roi aux Tuileries annoncent à l'Assemblée son triomphe. L'agitation interrompit la séance pendant une demi-heure. Un député, se précipitant dans la salle, rapporte que les trois gardes du corps étaient entre les mains du peuple, qui voulait les mettre en pièces. Vingt commissaires partirent à l'instant pour les sauver. Ils rentrèrent quelques minutes après. La sédition s'était apaisée devant eux. Ils avaient vu, dirent-ils, Pétion couvrant de son corps la portière de la voiture du roi. Barnave entra, monta à la tribune tout couvert de la poussière de la route. « Nous avons rempli notre mission, dit-il, à l'honneur de la France et de l'Assemblée. Nous avons préservé la tranquillité publique et la sûreté du roi. Le roi nous a dit qu'il n'avait jamais eu l'intention de passer les limites du royaume. (On murmure.) Nous avons marché rapidement jusqu'à Meaux, pour éviter la poursuite des troupes de M. de Bouillé. Les gardes nationales et les troupes ont fait leur devoir. Le roi est aux Tuileries. » Pétion ajouta, pour flatter l'opinion, qu'à la descente de voiture, on avait voulu, il est vrai, s'emparer des gardes du corps, que lui-même avait été pris au collet et arraché de son poste auprès de la portière, mais que ce mouvement du peuple était légal dans son intention, et n'avait d'autre objet que d'assurer l'exécution de la loi qui ordonnait l'arrestation des complices de la cour. On décréta que des informations seraient faites par le tribunal de l'arrondissement des Tuileries sur la fuite du roi, et que trois commissaires désignés par l'Assemblée recevraient les déclarations du roi et de la reine. « Qu'est-ce que cette exception obséquieuse? s'écria Robespierre. Vous craignez de dégrader la royauté en livrant le roi et la reine aux tribunaux ordinaires? Un citoyen, une citoyenne, un homme quelconque, à quelque dignité qu'il soit élevé, ne peut jamais être dégradé par la loi. » Buzot appuya cette opinion. Duport la combattit. Le respect l'emporta sur l'outrage. Les commissaires nommés furent Tronchet, d'André et Duport.

XXIX

Rentré dans ses appartements, Louis XVI mesura, d'un regard, la profondeur de sa déchéance. La Fayette se présenta avec les formes de l'attendrissement et du respect, mais avec la réalité du commandement. « Votre Majesté, dit-il au roi, connaît mon attachement pour elle; mais je ne lui ai pas laissé ignorer que, si elle séparait sa cause de celle du peuple, je resterais du côté du peuple. — C'est vrai, répondit le roi. Vous suivez vos principes. C'est une affaire de parti... Je vous dirai franchement que, jusqu'à ces derniers temps, j'avais cru être enveloppé par vous dans un tourbillon factice de gens de votre opinion, pour me faire illusion, mais que ce n'était pas l'opinion réelle de la France. J'ai bien reconnu dans ce voyage que je m'étais trompé, et que c'était la volonté générale. — Votre Majesté a-t-elle des ordres à me donner? reprit La Fayette. — Il me semble, reprit le roi en souriant, que je suis plus à vos ordres que vous n'êtes aux miens. »

La reine laissa percer l'amertume de ses ressentiments contenus. Elle voulut forcer M. de La Fayette à recevoir les clefs des cassettes qui étaient dans les voitures : il s'y refusa. Elle insista; et, comme il ne voulait point prendre ces clefs, elle les mit elle-même sur son chapeau. « Votre Majesté aura la peine de les reprendre, dit M. de La Fayette, car je ne les toucherai pas. — Eh bien, reprit la reine avec humeur en les reprenant, je trouverai des gens moins délicats que vous! » Le roi entra dans son cabinet, écrivit quelques lettres et les remit à un valet de pied, qui vint les présenter à l'inspection de La Fayette. Le général parut s'indigner de ce qu'on lui attribuât une si honteuse inquisition sur les actes du roi. Il voulut que cette captivité conservât tous les dehors de la liberté.

Le service du château se faisait comme à l'ordinaire; mais La Fayette donnait le mot d'ordre sans le recevoir du roi. Les grilles des cours et des jardins étaient fermées. La famille royale soumettait à La Fayette la liste des personnes qu'elle désirait recevoir. Des sentinelles étaient placées dans toutes les salles, à toutes les issues, dans les couloirs intermédiaires entre la chambre du roi et la chambre de la reine. Les portes de ces chambres devaient rester ouvertes. Le lit même de la reine était surveillé du regard. Tout lieu, même le plus secret, était suspect. Aucune pudeur de femme n'était respectée. Gestes, regards, paroles entre le roi et la reine, tout était vu, épié, noté. Ils ne devaient qu'à la connivence quelques entretiens furtifs. Un officier de garde passait vingt-quatre heures de suite au fond d'un corridor obscur qui régnait derrière l'appartement de la reine. Une lampe l'éclairait seule, comme la voûte d'un cachot. Ce poste, redouté des officiers de service, était brigué par le dévouement de quelques-uns d'entre eux. Ils affectaient le zèle pour couvrir le respect. Saint-Prix, acteur fameux du Théâtre-Français, occupait souvent ce poste. Il favorisait des entrevues rapides entre le roi, sa femme et sa sœur.

Le soir, une femme de la reine roulait son lit entre celui de sa maîtresse et la porte ouverte de l'appartement; elle la couvrait ainsi du regard des sentinelles. Une nuit, le commandant de bataillon qui veillait entre les deux portes, voyant que cette femme dormait et que la reine ne dormait pas, osa s'approcher du lit de sa souveraine, pour lui donner à voix basse des avertissements et des conseils sur sa situation. La conversation réveilla la femme endormie. Frappée de stupeur en voyant un homme en uniforme près du lit royal, elle allait crier, quand la reine lui imposant silence : « Rassurez-vous, lui dit-elle ; cet homme est un bon Français trompé sur les intentions du roi et sur les miennes, mais dont les discours annoncent un sincère attachement à ses maîtres. » La Providence se servait ainsi des persécuteurs pour porter quelque adoucissement aux victimes. Le roi, si résigné et si impassible, fléchit un moment sous le poids de tant de douleurs et de tant d'humiliations. Concentré dans ses pensées, il resta dix jours entiers sans dire une parole même à sa famille. Sa dernière lutte avec le malheur semblait avoir épuisé ses forces. Il se sentait vaincu, et voulait, pour ainsi dire, mourir d'avance. La reine, en se jetant à ses pieds et en lui présentant ses enfants, finit par l'arracher à ce silence : « Gardons, lui dit elle, toutes nos forces pour livrer ce long combat avec la fortune. La perte fût-elle inévitable, il y a encore le choix de l'attitude dans laquelle on périt. Périssons en rois, et n'attendons pas sans résistance et sans vengeance qu'on vienne nous étouffer sur le parquet de nos appartements. » La reine avait le cœur d'un héros, Louis XVI avait l'âme d'un sage ; mais le génie qui combine la sagesse avec le courage manquait à tous les deux : l'un savait combattre, l'autre savait se soumettre ; aucun ne savait régner.

XXX

Telle fut cette fuite, qui, si elle eût réussi, changeait toutes les phases de la Révolution. Au lieu d'avoir dans le roi captif à Paris un instrument et une victime, la Révolution aurait eu dans le roi libre un ennemi ou un modérateur ; au lieu d'être une anarchie, elle aurait été une guerre civile ; au lieu d'avoir des massacres, elle aurait eu des victoires ; elle aurait triomphé par les armes et non par l'échafaud.

Jamais le sort de plus d'hommes et de plus d'idées ne dépendit aussi visiblement d'un hasard ! Ce hasard lui-même n'en était pas un. Drouet fut l'instrument de la perte du roi ; s'il n'avait pas reconnu ce prince à sa ressemblance avec l'empreinte de son visage sur les assignats, s'il n'avait pas couru à toute bride et devancé les voitures à Varennes, en deux heures le roi et sa famille étaient sauvés. Drouet, ce fils obscur d'un maître de poste, debout et oisif le soir devant la porte d'un village, décide du sort d'une monarchie. Il ne prend conseil que de lui-même, il part et il dit : « J'arrêterai le roi. » Mais Drouet n'aurait pas eu cet instinct décisif s'il n'eût, pour ainsi dire, personnifié en lui, dans ce moment-là, toute l'agitation et tous les soupçons du peuple. C'est le fanatisme de la patrie qui le pousse, à son insu, vers Varennes, et qui lui fait sacrifier toute une malheureuse famille de fugitifs à ce qu'il croit le salut de la nation. Il n'avait reçu de consigne de personne ; il prit l'arrestation et, par suite, la mort sur lui seul.

Quant au roi lui-même, cette fuite était pour lui au moins une faute. C'était trop tôt ou c'était trop tard. Trop tard, car le roi avait déjà trop sanctionné la Révolution pour se tourner tout à coup contre elle sans trahir cette cause et se démentir lui-même. Trop tôt, car la constitution que faisait l'Assemblée nationale n'était pas encore achevée, le gouvernement n'était pas convaincu d'impuissance, et les jours du roi et de sa famille n'étaient pas encore assez évidemment menacés pour que le soin de sa sûreté comme homme l'emportât sur ses devoirs comme roi. En cas de succès, Louis XVI ne trouvait que des forces étrangères pour recouvrer son royaume ; en cas d'arrestation, il ne trouvait plus qu'une prison dans son palais. De quelque côté qu'on l'envisageât, la fuite était donc funeste. C'était la route de la honte ou la route de l'échafaud. Il n'y a qu'une route pour fuir d'un trône quand on n'y veut pas mourir : c'est l'abdication. Revenu de Varennes, le roi devait abdiquer. La Révolution aurait adopté son fils et l'aurait élevé à son image. Il n'abdiqua pas. Il consentit à accepter le pardon de son peuple. Il jura d'exécuter une constitution qu'il avait fuie. Il fut un roi amnistié. L'Europe ne vit en lui qu'un échappé du trône ramené à son supplice, le peuple qu'un traître, et la Révolution qu'un jouet.

LIVRE TROISIÈME

Attitude de l'Assemblée nationale. — Barnave se range au parti de la monarchie, avec Duport et les Lameth. — Le côté droit prend la résolution de s'abstenir dans l'Assemblée. — L'Assemblée discute la fuite à Varennes. — L'inviolabilité du roi reconnue. — Les clubs et la presse accélèrent la marche de la Révolution. — Hommes influents du journalisme : Loustalot, Camille Desmoulins, Marat, Brissot. — Le peuple commence à demander la déchéance du roi et la république. — Pétition signée au Champ de Mars. — La Fayette et Bailly repoussent les factieux par la force armée. — Faiblesse de l'Assemblée. — Portraits de Condorcet, de Danton, de Brissot.

I

Il y a pour les peuples comme pour les individus un instinct de conservation qui les avertit et qui les arrête, sous l'empire même des passions les plus téméraires, devant les dangers dans lesquels ils vont se précipiter. Ils semblent reculer tout à coup à l'aspect de l'abîme où ils couraient tout à l'heure. Ces intermittences des passions humaines sont courtes et fugitives, mais elles donnent du temps aux événements, des retours à la sagesse et des occasions aux hommes d'État. Ce sont les moments qu'ils épient pour saisir l'esprit hésitant et intimidé des peuples, pour les faire réagir contre leurs excès, et pour les ramener en arrière par le contre-coup même des passions qui les ont emportés trop loin. Le lendemain du 25 juin 1791, la France eut un de ces repentirs qui sauvent les peuples. Il ne lui manqua qu'un homme d'État.

Jamais l'Assemblée nationale n'avait offert un aspect aussi imposant et aussi calme que pendant les cinq jours qui avaient suivi le départ du roi. On eût dit qu'elle sentait le poids de l'empire tout entier peser sur elle, et qu'elle affermissait son attitude pour le porter avec dignité. Elle accepta le pouvoir sans vouloir ni l'usurper ni le retenir. Elle couvrit d'une fiction respectueuse la désertion du roi; elle appela la fuite enlèvement; elle chercha des coupables autour du trône; elle ne vit sur le trône que l'inviolabilité. L'homme disparut, pour elle, dans Louis XVI, sous le chef irresponsable de l'État. Ces trois mois peuvent être considérés comme un interrègne, pendant lequel la raison publique est à elle seule la constitution. Il n'y a plus de roi, puisqu'il est captif et que sa sanction lui est retirée; il n'y a plus de loi, puisque la constitution n'est pas faite; il n'y a plus de ministres, puisque le pouvoir exécutif est interdit; et cependant l'empire est debout, agit, s'organise, se défend, se conserve. Ce qui est plus prodigieux encore, il se modère. Il tient en réserve dans un palais le rouage principal de la constitution, la royauté; et, le jour où l'œuvre est accomplie, il le pose à sa place et il dit au roi : « Sois libre et règne! »

II

Une seule chose déshonore ce majestueux interrègne de la nation : c'est la captivité momentanée du roi et de sa famille. Mais il faut reconnaître que la nation avait bien le droit de dire à son chef : « Si tu veux régner sur nous, tu ne sortiras pas du royaume, tu n'iras pas emporter la royauté de la France parmi nos ennemis. » Et quant aux formes de cette captivité dans les Tuileries, il faut reconnaître encore que l'Assemblée nationale ne les avait point prescrites, qu'elle s'était même soulevée d'indignation au mot d'emprisonnement, qu'elle avait commandé une résidence politique et rien de plus, et que la rudesse et l'odieux des mesures de surveillance tenaient à l'ombrageuse responsabilité de la garde nationale bien plus qu'à l'irrévérence de l'Assemblée. La Fayette gardait, dans la personne du roi, la dynastie, sa propre tête et la constitution. Otage contre la république et contre la royauté à la fois. Maire du palais, il intimidait par la présence d'un roi faible et humilié les royalistes découragés et les républicains contenus. Louis XVI était son gage.

Barnave et les Lameth avaient, dans l'Assemblée nationale, l'attitude de La Fayette au dehors. Ils avaient besoin du roi pour se défendre de leurs ennemis. Tant qu'il y avait eu un homme entre le trône et eux (Mirabeau), ils avaient oué à la république et sapé ce trône pour en écraser un rival. Mais, Mirabeau mort et le trône ébranlé, ils se sentaient faibles contre le mouvement qu'ils avaient imprimé. Ils soutenaient ce débris de monarchie, pour en être soutenus à leur tour. Fondateurs des Jacobins, ils tremblaient devant leur ouvrage, ils se réfugiaient dans la constitution, qu'ils avaient eux-mêmes démantelée; ils passaient du rôle de démolisseurs au rôle d'hommes d'État. Mais pour le premier rôle, il ne faut que de la violence; pour le second, il faut du génie. Barnave n'avait que du talent. Il avait plus : il avait de l'âme et il était honnête homme. Les premiers excès de sa parole n'avaient été en lui que des enivrements de tribune. Il avait voulu savoir le goût des applaudissements du peuple. On les lui avait prodigués bien au delà de son mérite réel. Ce n'était plus avec Mirabeau qu'il allait avoir à se mesurer désormais, c'était avec la Révolution dans toute sa force. La jalousie lui enlevait le piédestal qu'elle lui avait prêté. Il allait paraître ce qu'il était.

III

Mais un sentiment plus noble que l'intérêt de sa sécurité personnelle poussait Barnave à se ranger au parti de la monarchie. Son cœur avait passé avant son ambition du côté de la faiblesse, de la beauté et du malheur. Rien n'est plus dangereux pour un homme sensible que de connaître ceux qu'il combat. La haine contre la cause tombe devant l'attrait pour les personnes. On devient partial à son insu. La sensibilité désarme l'intelligence; on s'attendrit au lieu de raisonner ; le sentiment d'un homme ému devient bientôt sa politique.

C'est là ce qui s'était passé dans l'âme de Barnave pendant le retour de Varennes. L'intérêt qu'il avait conçu pour la reine avait converti ce jeune républicain à la royauté. Barnave n'avait connu jusque-là cette princesse qu'à travers ce nuage de préventions dont les partis enveloppent ceux qu'ils veulent haïr. Le rapprochement soudain faisait tomber cette atmosphère de convention. Il adorait de près ce qu'il avait calomnié de loin. Le rôle même que la fortune lui donnait dans la destinée de cette femme avait quelque chose d'inattendu et de romanesque, capable d'éblouir son orgueilleuse imagination et d'attendrir sa générosité. Jeune, obscur, inconnu, il y a peu de mois; aujourd'hui célèbre, populaire, puissant, jeté au nom d'une assemblée souveraine entre le peuple et le roi, il devenait le protecteur de ceux dont il avait été l'ennemi. Des mains royales et suppliantes touchaient ses mains de plébéien. Il opposait la royauté populaire du talent et de l'éloquence à la royauté du sang des Bourbons. Il couvrait de son corps la vie de ceux qui avaient été ses maîtres. Son dévouement même était un triomphe; l'objet de ce dévouement était sa reine. Cette reine était jeune, belle, majestueuse, mais humanisée par sa terreur pour son mari et pour ses enfants. Ses yeux en larmes imploraient son salut des yeux de Barnave. Il était le premier orateur de cette assemblée qui tenait le sort de cette monarchie en suspens. Il était le favori de ce peuple qu'il gouvernait d'un geste, et dont il écartait la fureur, pendant cette longue route entre le trône et la mort. Cette femme mettait son fils, le jeune Dauphin, entre ses genoux.

Les doigts de Barnave avaient joué avec les boucles blondes de l'enfant. Le roi, la reine, Madame Élisabeth, avaient distingué, avec tact, Barnave de l'inflexible et sauvage Pétion. Ils l'avaient entretenu de leur situation. Ils s'étaient plaints d'avoir été trompés sur la nature de l'esprit public en France. Ils avaient dévoilé des repentirs et des penchants constitutionnels. Ces entretiens, gênés dans la voiture par la présence des autres commissaires et par les yeux du peuple, avaient été furtivement et plus intimement repris dans les séjours que la famille royale faisait chaque nuit. On était convenu de correspondances politiques mystérieuses et d'entrevues secrètes aux Tuileries. Barnave, parti inflexible, arriva dévoué à Paris. La conférence politique nocturne de Mirabeau avec la reine, dans le parc de Saint-Cloud, fut ambitionnée par son rival. Mais Mirabeau se vendit et Barnave se donna. Des monceaux d'or achetèrent l'homme de génie. Un regard séduisit l'homme de cœur.

IV

Barnave avait trouvé Duport et les Lameth, ses amis, dans les dispositions les plus monarchiques, mais par d'autres motifs que les siens. Ce triumvirat s'entendit avec les Tuileries. Les Lameth et Duport virent le roi. Barnave, qui n'osait venir au château dans les premiers temps, y vint secrètement ensuite. Les plus ombrageuses précautions couvrirent ces entrevues. Le roi et la reine attendaient quelquefois, des heures entières, le jeune orateur dans une petite pièce de l'entre-sol du palais, la main posée sur la serrure, afin d'ouvrir dès qu'on entendrait ses pas. Quand ces entrevues étaient impossibles, Barnave écrivait à la reine. Il présumait beaucoup des forces de son parti dans l'Assemblée, parce qu'il mesurait la puissance des opinions aux talents qui les expriment. La reine en doutait. « Rassurez-vous, madame, écrivait Barnave ; il est vrai que notre drapeau est déchiré, mais on y lit encore le mot *constitution*. Ce mot retrouvera sa force et son prestige, si le roi s'y rallie sincèrement. Les amis de cette constitution, revenus de leurs erreurs, peuvent encore la relever et la raffermir. Les Jacobins effrayent la raison publique ; les émigrés menacent la nationalité. Ne craignez pas les Jacobins ; ne vous confiez pas aux émigrés. Jetez-vous dans le parti national qui existe encore. Henri IV n'est-il pas monté sur le trône d'une nation catholique à la tête d'un parti protestant ? » La reine suivait de bonne foi ces conseils tardifs, et concertait avec Barnave toutes ses démarches et toutes ses correspondances avec l'étranger. Elle ne voulait rien faire et rien dire qui contrariât les plans qu'il avait conçus pour la restauration du pouvoir royal. « Un sentiment de légitime orgueil, disait la reine en parlant de lui, sentiment que je ne saurais blâmer dans un jeune homme de talent né dans les rangs obscurs du tiers état, lui a fait désirer une révolution qui lui aplanît la route de la gloire et de la puissance. Mais son cœur est loyal, et si jamais la puissance revient en nos mains, le pardon de Barnave est d'avance écrit dans nos cœurs. » Madame Élisabeth partageait cet attrait de la reine et du roi pour Barnave. Toujours vaincus, ils avaient fini par croire qu'il n'y avait de vertu pour relever la monarchie que dans ceux qui l'avaient renversée. C'était la superstition de la fatalité. Ils étaient tentés d'adorer cette puissance de la Révolution qu'ils n'avaient pu fléchir.

V

Les premiers actes du roi se ressentirent trop, pour sa dignité, de ces inspirations des Lameth et de Barnave. Il remit aux commissaires de l'Assemblée, chargés de l'interroger sur l'événement du 21 juin, une réponse dont la mauvaise foi appelait le sourire plus que l'indulgence de ses ennemis :

« Introduits dans la chambre du roi et seuls avec lui, dirent les commissaires de l'Assemblée, le roi nous a fait la déclaration suivante : « Les motifs de mon départ sont les
» insultes et les outrages qui m'ont été faits, le 18 avril,
» quand j'ai voulu me rendre à Saint-Cloud. Ces insultes
» étant restées impunies, j'ai cru qu'il n'y avait ni sûreté ni
» décence pour moi de rester à Paris. Ne le pouvant pas
» faire publiquement, j'ai résolu de partir la nuit et sans
» suite. Jamais mon intention n'a été de sortir du royaume.
» Je n'ai eu aucun concert ni avec les puissances étrangères
» ni avec les princes de ma famille émigrés. Mes logements
» étaient préparés à Montmédy. J'avais choisi cette place,
» parce qu'elle est fortifiée, et qu'étant près de la frontière
» j'y étais plus à portée de m'opposer à toute espèce d'inva-

» sion. J'ai reconnu dans ce voyage que l'opinion publique
» était décidée en faveur de la constitution. Aussitôt que
» j'ai connu la volonté générale, je n'ai point hésité, comme
» je n'ai jamais hésité à faire le sacrifice de ce qui m'est
» personnel pour le bonheur commun. »

« Le roi, ajouta la reine dans sa déclaration, désirant partir avec ses enfants, je déclare que rien dans la nature n'aurait pu m'empêcher de le suivre. J'ai assez prouvé depuis deux ans, dans de pénibles circonstances, que je ne le quitterai jamais. »

Non contente de cette inquisition sur les motifs et les circonstances de la fuite du roi, l'opinion irritée demandait qu'on portât la main de la nation jusque sur la volonté paternelle, et que l'Assemblée nommât un gouverneur au Dauphin. Quatre-vingt-douze noms presque tous obscurs sortirent du scrutin ouvert à cet effet. Ils furent accueillis par la risée générale. On ajourna cet outrage au roi et au père. Le gouverneur nommé plus tard par Louis XVI, M. de Fleurieu, n'entra jamais en fonction. Plus tard le gouverneur de l'héritier d'un empire fut le geôlier d'une prison de malfaiteurs.

Le marquis de Bouillé adressa, de Luxembourg, une lettre menaçante à l'Assemblée pour détourner du roi la colère publique, et prendre sur lui seul l'inspiration et l'exécution du départ du roi. « S'il tombe un cheveu de la tête de Louis XVI, disait-il, il ne restera pas pierre sur pierre à Paris. Je connais les chemins. Je guiderai les armées étrangères... » Le rire répondit à ces paroles. L'Assemblée était assez sage pour n'avoir pas besoin des conseils de M. de Bouillé, et assez forte pour mépriser les menaces d'un proscrit.

M. de Cazalès venait de donner sa démission pour *aller combattre*. Les membres les plus prononcés du côté droit, parmi lesquels on distinguait Maury, Montlosier, l'abbé de Montesquiou, l'abbé de Pradt, Virieu, etc., au nombre de deux cent quatre-vingt-dix, prirent une résolution funeste, qui, en enlevant tout contre-poids au parti extrême de la Révolution, précipitait la chute du trône et perdait le roi sous prétexte d'un culte sacré pour la royauté. Ils restèrent dans l'Assemblée, mais ils s'annulèrent et ne voulurent plus être considérés que comme une protestation vivante contre la violation de la liberté et de l'autorité royale. L'Assemblée refusa d'entendre la lecture de leur protestation, qui était elle-même une violation de leur mandat. Ils la publièrent et la répandirent avec profusion dans tout le royaume. « Les décrets de l'Assemblée, disaient-ils, ont absorbé le pouvoir royal tout entier. Le sceau de l'État est sur le bureau. La sanction du roi est anéantie. On a effacé le nom du roi du serment qu'on prête à la loi. Les commissaires vont porter directement les ordres des comités aux armées. Le roi est captif. Une république provisoire occupe l'interrègne. Loin de nous de concourir à de pareils actes. Nous ne consentirions pas même à en être les témoins, s'il ne nous restait le devoir de veiller à la préservation de la personne du roi. Hors ce seul intérêt, nous nous renfermerons dans le silence le plus absolu. Ce silence sera la seule expression de notre constante opposition à tous vos actes! »

Ces paroles étaient l'abdication de tout un parti. Tout parti qui s'abstient abdique. Ce jour fut l'émigration dans l'Assemblée. Cette fausse fidélité, qui gémit au lieu de combattre, obtint les applaudissements de la noblesse et du clergé. Elle mérita le blâme des hommes politiques. Abandonnant dans leur lutte contre les Jacobins Barnave et les constitutionnels monarchiques, elle donna la victoire à Robespierre; et, en assurant la majorité à sa proposition de non-réélection des membres de l'Assemblée nationale à l'Assemblée législative, elle amena la Convention. Les royalistes ôtèrent le poids d'une opinion tout entière de la balance, et elle pencha vers les derniers désordres en emportant la tête du roi et leur propre tête. Une grande opinion ne se désarme pas impunément pour son pays.

VI

Les Jacobins comprirent cette faute et s'en réjouirent. En voyant ces nombreux soutiens de la constitution monarchique s'effacer eux-mêmes du combat, ils pressentirent ce qu'ils pouvaient oser, et ils l'osèrent. Leurs séances devenaient d'autant plus significatives que celles de l'Assemblée nationale devenaient plus ternes et plus timides. Les mots de déchéance et de république y éclataient pour la première fois. Rétractés d'abord, ils furent relevés ensuite. Proférés au commencement comme un blasphème, ils ne tardèrent pas à être proférés comme un dogme. Les partis ne savent pas d'abord eux-mêmes tout ce qu'ils veulent : c'est le succès qui le leur apprend. Les téméraires lancent en avant des idées perdues : si elles sont repoussées, les habiles les désavouent; si elles sont suivies, les chefs les repren̂nent. Dans les guerres d'opinion, on fait des reconnaissances comme dans les campagnes des armées. Les Jacobins étaient les avant-postes de la Révolution ; ils sondaient les résistances de l'esprit monarchique.

Le club des Cordeliers envoya aux Jacobins un projet d'adresse à l'Assemblée nationale, où l'on demandait hautement la destruction de la royauté. « Nous voilà *libres et sans roi*, disaient les Cordeliers, comme au lendemain de la prise de la Bastille ; reste à savoir s'il est avantageux d'en nommer un autre. Nous pensons que la nation doit tout faire par elle-même ou par des agents amovibles de son choix ; nous pensons que plus un emploi est important, plus sa durée doit être temporaire. Nous pensons que la royauté, et surtout la royauté héréditaire, est incompatible avec la liberté. Nous prévoyons qu'une telle proposition va soulever une nuée de contradicteurs ; mais la déclaration des droits n'en a-t-elle pas soulevé autant ? Le roi a abdiqué de fait en désertant son poste. Profitons de notre droit et de l'occasion. Jurons que la France est une république. »

Cette adresse, lue au club des Jacobins le 22, y excita d'abord une indignation générale. Le 23, Danton monta à la tribune et demanda la déchéance et la nomination d'un conseil de régence. « Votre roi, dit-il, est ou imbécile ou criminel. Ce serait un horrible spectacle à présenter au monde, si, ayant l'option de déclarer un roi criminel ou de le déclarer imbécile, vous ne préfériez pas ce dernier parti. » Le 27, Girey-Dupré, jeune écrivain qui attendait la Gironde, provoqua le jugement de Louis XVI. « Nous pouvons punir un roi parjure. Nous le devons. » Tel fut le texte de son discours. Brissot posa la question comme l'avait fait Pétion dans la précédente séance : *Le roi parjure peut-il être jugé?* « Pourquoi, dit Brissot, nous diviser en dénominations dangereuses ? Nous sommes d'accord. Que veulent ceux qui s'élèvent ici contre les républicains? Ils détestent les démocraties tumultueuses d'Athènes et de Rome, ils craignent la division de la France en fédérations isolées. Ils ne veulent que la constitution représentative, et ils ont raison. Que veulent de leur côté ceux qu'on appelle républicains? Ils craignent, ils redoutent également les démocraties tumultueuses d'Athènes et de Rome; ils redoutent également les républiques fédérées. Ils ne veulent que la constitution représentative ; nous sommes donc d'accord. Le chef du pouvoir exécutif a trahi ses serments ; faut-il le juger? Voilà seulement ce qui nous divise. L'inviolabilité ne serait que l'impunité de tous les crimes, l'encouragement à toutes les trahisons ; le bon sens veut que la peine suive le délit. Je ne vois dans un homme inviolable gouvernant un peuple qu'un *dieu* et 25 millions de *brutes*. Si le roi n'était entré en France qu'à la tête des armées étrangères, s'il avait ravagé nos plus belles contrées, si, arrêté dans sa course, vous l'aviez arrêté : qu'en auriez-vous fait? auriez-vous invoqué son inviolabilité pour l'absoudre?... On vous fait peur des puissances étrangères, ne les craignez pas; l'Europe est impuissante contre un peuple qui veut être libre. »

A l'Assemblée nationale, Muguer fit, au nom des comités réunis, le rapport sur la fuite du roi; il conclut à l'inviolabilité de Louis XVI et à l'accusation des complices. Robespierre combattit l'inviolabilité : il enleva à ses paroles la couleur de la colère, et s'efforça de couvrir ses conclusions de l'apparence de la douceur et de l'humanité : « Je n'examinerai pas, dit-il, si le roi a fui volontairement, de lui-même, ou si de l'extrémité des frontières un citoyen l'a enlevé par la force de ses conseils; je n'examinerai pas si cette faute est une conspiration contre la liberté publique : je parlerai du roi comme d'un souverain imaginaire, et de l'inviolabilité comme d'un principe. » Après avoir combattu le principe de l'inviolabilité par les mêmes arguments dont s'étaient servis Girey-Dupré et Brissot, Robespierre conclut ainsi : « Les mesures que l'on vous propose ne peuvent que vous déshonorer; si vous les adoptez, je demanderai à me déclarer l'avocat de tous les accusés. Je veux être le défenseur des trois gardes du corps, de la gouvernante du Dauphin, de M. de Bouillé lui-même. Dans les principes de vos comités, il n'y a point de délit; mais partout où il n'y a pas de délit, il n'y a pas de complices. Messieurs, si épargner un coupable est une faiblesse, immoler le coupable faible en épargnant le coupable tout-puissant, c'est une lâcheté. Il faut ou prononcer sur tous les coupables ou prononcer l'absolution générale. » Grégoire soutint aussi le parti de l'accusation; Salles défendit l'avis des comités.

Barnave prit enfin la parole pour appuyer l'opinion de Salles : « La nation française, dit-il, vient d'essuyer une violente secousse; mais, si nous devons en croire tous les augures qui se manifestent, ce dernier événement, comme tous ceux qui l'ont précédé, ne servira qu'à presser le terme, qu'à assurer la solidité de la révolution que nous avons faite. Je ne parlerai pas avec étendue de l'avantage du gouvernement monarchique : vous avez montré votre conviction en l'établissant dans votre pays; je dirai seulement que tout gouvernement, pour être bon, doit renfermer en lui les conditions de sa stabilité; car, autrement, au lieu de bonheur, il ne présenterait que la perspective d'une continuité de changements. Quelques hommes, dont je ne veux pas accuser les intentions, cherchant des exemples à nous donner, ont vu, en Amérique, un peuple occupant un grand territoire par une population rare, n'étant environné d'aucun voisin puissant, ayant pour limites des forêts, ayant pour habitudes les sentiments d'un peuple neuf et qui l'éloignent de ces passions factices qui font les révolutions des gouvernements; ils ont vu un gouvernement républicain établi sur ce territoire, ils ont conclu de là que ce même gouvernement pourrait nous convenir. Ces hommes sont les mêmes qui contestent aujourd'hui le principe de l'inviolabilité du roi. Mais, s'il est vrai que sur notre terre une population immense est répandue; s'il est vrai qu'il s'y trouve une multitude d'hommes exclusivement livrés à ces spéculations de l'intelligence qui portent à l'ambition et à l'amour de la gloire; s'il est vrai qu'autour de nous des voisins puissants nous obligent à ne faire qu'une seule masse pour leur résister; s'il est vrai que toutes ces circonstances sont fatales et ne dépendent pas de nous, il est incontestable que le remède n'en peut exister que dans le gouvernement monarchique. Quand un pays est peuplé et étendu, il n'existe, et l'art de la politique l'a prouvé, que deux moyens de lui donner une existence solide et permanente. Ou bien vous organiserez séparément ses parties, vous mettrez dans chaque section de l'empire une portion du gouvernement, et vous fixerez ainsi la stabilité aux dépens de l'unité, de la force et de tous les avantages qui résultent d'une grande et homogène association; ou bien, si vous laissez subsister l'unité nationale, vous serez obligés de placer au centre une puissance immuable, qui, n'étant jamais renouvelée par la loi, présentant sans cesse des obstacles à l'ambition, résiste avec avantage aux secousses, aux rivalités, aux vibrations rapides d'une population immense, agitée par toutes les passions qu'enfante une vieille société. Ces maximes décident notre situation. Nous ne pouvons être stables que par un gouvernement fédératif, que personne jusqu'ici n'a la démence de nous proposer, ou par le gouvernement monarchique que vous avez établi, c'est-à-dire en remettant les rênes du pouvoir exécutif dans une famille par droit de succession héréditaire. Vous avez laissé au roi inviolable la fonction exclusive de nommer les agents de son pouvoir; mais vous avez décrété la responsabilité de ces agents. Pour être indépendant, le roi doit rester inviolable; ne nous écartons pas de cette règle; nous n'avons cessé de la suivre pour les individus, observons-la pour le monarque. Nos principes, la constitution, la loi, déclarent qu'il n'est pas déchu; nous avons donc à choisir entre notre attachement à la constitution et notre ressentiment contre un homme. Or, je demande aujourd'hui à celui de vous tous qui pourrait avoir conçu contre le chef du pouvoir exécutif toutes les préventions, tous les ressentiments les plus profonds, je lui demande de nous dire s'il est donc plus irrité contre le roi qu'attaché à la loi de son pays. Je pourrais dire à ceux qui s'exhalent avec une telle fureur contre l'individu qui a péché; je leur dirais : « Vous seriez donc à ses pieds si vous » étiez contents de lui ? » (Applaudissements prolongés.) Ceux qui veulent ainsi sacrifier la constitution à leurs ressentiments contre un homme me semblent trop sujets à sacrifier la liberté par enthousiasme pour un autre homme, et, puisqu'ils aiment la république, c'est bien aujourd'hui le moment de leur dire : Comment voulez-vous une république dans une nation pareille? Comment ne craignez-vous pas que cette même mobilité du peuple qui se manifeste aujourd'hui par la haine ne se manifestât un autre jour par l'enthousiasme envers un grand homme? Enthousiasme plus dangereux encore que la haine; car la nation française, vous le savez, sait mieux aimer qu'elle ne sait haïr. Je ne crains pas l'attaque des nations étrangères ni des émigrés, je l'ai dit; mais je dis aujourd'hui avec autant de vérité que je crains la continuation des inquiétudes, des agitations qui ne cesseront de nous travailler, tant que la Révolution ne sera pas totalement et paisiblement terminée. On ne peut nous faire aucun mal au dehors; mais on nous fait un grand mal au dedans, quand on nous inquiète par des pensées funestes, quand des dangers chimériques créés autour de nous donnent au milieu du peuple quelque consistance et quelque crédit aux hommes qui s'en servent pour l'agiter continuellement; on nous fait un grand mal quand on perpétue ce mouvement révolutionnaire qui a détruit tout ce qui était à détruire, et qui nous a conduits au point où il faut enfin nous arrêter. Si la Révolution fait un pas de plus, elle ne peut le faire sans danger. Dans la ligne de la liberté, le premier acte qui pourrait suivre serait l'anéantissement de la royauté; dans la ligne de l'égalité, le premier acte qui pourrait suivre serait l'attentat à la propriété. On ne fait pas des révolutions avec des maximes métaphysiques; il faut une proie réelle à offrir à la multitude qu'on égare. Il est donc temps de terminer la Révolution. Elle doit s'arrêter au moment où la nation est libre et où tous les Français sont égaux. Si elle continue dans les troubles, elle est déshonorée et nous avec elle. Oui, tout le monde doit sentir que l'intérêt commun est que la Révolution s'arrête. Ceux qui ont perdu doivent s'apercevoir qu'il est impossible de la faire rétrograder. Ceux qui l'ont faite doivent s'apercevoir qu'elle est à son dernier terme. Les rois eux-mêmes, si quelquefois de profondes vérités peuvent pénétrer jusque dans les conseils des rois, si quelquefois les préjugés qui les entourent peuvent laisser passer jusqu'à eux les vues saines d'une politique grande et philosophique, les rois eux-mêmes doivent s'apercevoir qu'il y a loin pour eux entre l'exemple d'une grande réforme dans le gouvernement et l'exemple de l'abolition de la royauté; que, si nous nous arrêtons ici, ils sont encore rois!... mais, quelle que soit leur conduite, que la faute vienne d'eux et non pas de nous. Régénérateurs de l'empire, suivez invariablement votre ligne; vous avez été courageux et puissants, soyez aujourd'hui sages et modérés. C'est là que sera le terme de votre gloire. C'est alors que, vous retirant dans vos foyers, vous obtiendrez de la part de tous, sinon des bénédictions, du moins le silence de la calomnie... » Ce discours, le plus beau de Barnave, emporta le décret et refoula pendant quelques jours les tentatives de république et de déchéance dans les clubs des Cordeliers et des Jacobins. L'inviolabilité du roi fut consacrée en fait comme elle l'était en principe. M. de Bouillé, ses coaccusés et adhérents furent envoyés par-devant la haute cour nationale d'Orléans.

VII

Pendant que ces hommes exclusivement politiques, mesurant chacun les pas de la Révolution à la portée de leurs regards, voulaient l'arrêter avec courage où s'arrêtaient leurs courtes pensées, la Révolution marchait toujours. Sa pensée à elle était trop grande pour qu'aucune tête de publiciste, d'orateur ou d'homme d'État pût la contenir. Son souffle était trop puissant pour qu'aucune poitrine pût le respirer tout entier. Son but était trop infini pour qu'elle s'amortît sur aucun des buts successifs que l'ambition de quelques factions ou la théorie de quelques hommes d'État pouvaient lui poser. Barnave, les Lameth et La Fayette, comme Mirabeau et comme Necker, essayaient en vain de retourner contre elle la force qu'ils lui avaient empruntée. Elle devait, avant de s'apaiser et de ralentir son impulsion, tromper bien d'autres systèmes, essouffler bien d'autres poitrines et dépasser bien d'autres buts.

Indépendamment des assemblées nationales qu'elle s'était données comme gouvernement et où venaient se concentrer principalement les instruments politiques de son mouvement, elle s'était créé deux leviers plus puissants et plus terribles encore pour remuer et balayer ces corps politiques quand ils tenteraient eux-mêmes de s'établir là où elle voulait avancer. Ces deux leviers, c'étaient la presse et les clubs. Les clubs et la presse étaient aux assemblées légales ce que l'air libre est à l'air enfermé. Tandis que l'air de ces assemblées s'épuisait dans l'enceinte du gouvernement établi, l'air du journalisme et des sociétés populaires s'imprégnait et s'agitait sans cesse d'un principe inépuisable de vitalité et de mouvement. On croyait à la stagnation dedans, mais le courant était dehors.

La presse, dans le demi-siècle qui avait précédé la Révolution, avait été l'écho élevé et serein de la pensée des sages et des réformateurs. Depuis que la Révolution avait éclaté, elle était devenue l'écho tumultueux et souvent cynique des passions populaires. Elle avait transformé elle-même les procédés de communication de la pensée; elle ne faisait plus de livres, elle n'en avait pas le temps; elle se répandait d'abord en brochures, et plus tard en une multitude de feuilles volantes et quotidiennes qui, disséminées à bas prix parmi le peuple ou affichées gratuites sur les murs des places publiques, provoquent la foule à les lire et à les discuter. Le trésor de la pensée nationale, dont les pièces d'or étaient trop pures ou trop volumineuses pour l'usage du peuple, s'était, pour ainsi dire, converti en une multitude de monnaies de billon, frappées à l'empreinte de ses passions du jour et souvent souillées des plus vils oxydes. Le journalisme, comme un élément irrésistible de la vie d'un peuple en révolution, s'était fait sa place à lui-même sans écouter la loi qui s'était efforcée de l'entraver.

Mirabeau, qui avait besoin du retentissement de la parole dans les départements, avait créé ce porte-voix de la Révolution, malgré les arrêts du conseil, dans les *Lettres à mes commettants* et dans le *Courrier de Provence*. A l'ouverture des états généraux et à la prise de la Bastille, d'autres journaux avaient paru. A chaque insurrection nouvelle répondait une insurrection de nouveaux journaux. Les principaux organes de l'agitation publique étaient alors les *Révolutions de Paris*, rédigées par Loustalot, journal hebdomadaire tiré à deux cent mille exemplaires. Son esprit se lisait dans son épigraphe : « Les grands ne nous paraissent grands que parce que nous sommes à genoux ; levons-nous ! » Les *Discours de la lanterne aux Parisiens*, transformés plus tard dans les *Révolutions de France et de Brabant*, étaient l'œuvre de Camille Desmoulins. Ce jeune étudiant, qui s'était improvisé publiciste, sur une chaise du jardin du Palais-Royal, aux premiers mouvements populaires du mois de juillet 1789, avait conservé dans son style, souvent admirable, quelque chose de son premier rôle. C'était le génie sarcastique de Voltaire descendu du salon sur les tréteaux. Nul ne personnifiait mieux en lui la foule que Camille Desmoulins. C'était la foule avec ses mouvements inattendus et tumultueux, sa mobilité, son inconséquence, ses fureurs interrompues par le rire ou soudainement changées en attendrissement et en pitié pour les victimes mêmes qu'elle immolait. Un homme à la fois si ardent et si léger, si trivial et si inspiré, si indécis entre le sang et les larmes, si prêt à lapider ce qu'il venait de déifier dans son enthousiasme, devait avoir sur un peuple en révolution d'autant plus d'empire qu'il lui ressemblait davantage. Son rôle, c'était sa nature. Il n'était pas seulement le signe du peuple, il était le peuple lui-même. Son journal, colporté le soir dans les lieux publics et crié avec des sarcasmes dans les rues, n'a pas été balayé avec ces immondices du jour. Il est resté et il restera comme une Satire Ménippée trempée de sang. C'est le refrain populaire qui menait le peuple aux plus grands mouvements, et qui s'éteignait souvent dans le sifflement de la corde de la lanterne ou dans le coup de hache de la guillotine. Camille Desmoulins était l'enfant cruel de la Révolution. Marat en était la rage ; il avait les soubresauts de la brute dans la pensée et les grincements dans le style. Son journal, *l'Ami du Peuple,* suait le sang à chaque ligne.

VIII

Marat était né en Suisse. Écrivain sans talent, savant sans nom, passionné pour la gloire sans avoir reçu de la société ni de la nature les moyens de s'illustrer, il se vengeait de tout ce qui était grand, non-seulement sur la société, mais sur la nature. Le génie ne lui était pas moins odieux que l'aristocratie. Il le poursuivait comme un ennemi partout où il voyait s'élever ou briller quelque chose. Il aurait voulu niveler la création. L'égalité était sa fureur, parce que la supériorité était son martyre. Il aimait la Révolution, parce qu'elle abaissait tout jusqu'à sa portée ; il l'aimait jusqu'au sang, parce que le sang lavait l'injure de sa longue obscurité. Il s'était fait le dénonciateur en titre du peuple ; il savait que la délation est la flatterie de tout ce qui tremble. Le peuple tremblait toujours. Véritable prophète de la démagogie inspiré par la démence, il donnait ses rêves de la nuit pour les conspirations du jour. Séide du peuple, il l'intéressait par le dévouement à ses intérêts. Il affectait le mystère comme tous les oracles. Il vivait dans l'ombre; il ne sortait que la nuit; il ne communiquait avec les hommes qu'à travers des précautions sinistres. Un souterrain était sa demeure. Il s'y réfugiait invisible contre le poignard et le poison. Son journal avait pour l'imagination quelque chose de surnaturel. Marat s'était enveloppé d'un véritable fanatisme. La confiance qu'on avait en lui tenait du culte. La fumée du sang qu'il demandait sans cesse lui avait porté à la tête. Il était le délire de la Révolution, délire vivant lui-même !

IX

Brissot, obscur encore, écrivait le *Patriote français*. Homme politique et aspirant aux grands rôles, il n'excitait de passions révolutionnaires qu'autant qu'il espérait pouvoir un jour en gouverner. Constitutionnel d'abord, ami de Necker et de Mirabeau, homme à gages avant de devenir homme de doctrines, il ne voyait dans le peuple qu'un souverain plus près de son règne. La République était son soleil levant. Il y allait comme à sa fortune, mais il y allait avec prudence, en regardant souvent en arrière, pour voir si l'opinion le suivait.

Condorcet, aristocrate de naissance, mais aristocrate de génie, s'était fait démocrate par philosophie. Sa passion était la transformation de la raison humaine. Il écrivait la *Chronique de Paris*.

Carra, démagogue obscur, s'était fait un nom redouté

par les *Annales patriotiques*. Fréron, dans l'*Orateur du peuple*, rivalisait avec Marat. Fauchet, dans la *Bouche de fer*, élevait la démocratie à la hauteur d'une philosophie religieuse. Enfin, Laclos, officier d'artillerie, auteur d'un roman obscène et confident du duc d'Orléans, rédigeait le *Journal des Jacobins* et soufflait sur la France entière l'incendie d'idées et de paroles dont le foyer était dans les clubs.

Tous ces hommes s'efforçaient de pousser le peuple au delà des limites que Barnave posait à l'événement du 21 juin. Ils voulaient que l'on profitât de l'instant où le trône était vide pour le faire disparaître de la constitution. Ils couvraient le roi de mépris et d'injures pour qu'on n'osât pas replacer au sommet des institutions un prince qu'on aurait avili. Ils demandaient interrogatoire, jugement, déchéance, abdication, emprisonnement ; ils espéraient dégrader à jamais la royauté en dégradant le roi. La République entrevoyait pour la première fois son heure. Elle tremblait de la laisser échapper. Toutes ces mains à la fois poussaient les esprits vers un mouvement décisif. Les articles provoquaient les motions, les motions les pétitions, les pétitions les émeutes. L'autel de la patrie, au Champ de Mars, resté debout pour une nouvelle fédération, était le lieu qu'on désignait d'avance aux assemblées du peuple. C'était le mont Aventin où il devait se retirer, pour dominer de là un sénat timide et corrompu.

« Plus de roi, soyons républicains, écrivait Brissot dans le *Patriote*. Tel est le cri du Palais-Royal. Cela ne gagne pas assez : on dirait que c'est un blasphème. Cette répugnance pour prendre le nom d'un état *où l'on est* est bien extraordinaire aux yeux du philosophe! — Point de roi!

point de protecteur! point de régent! Finissons-en avec les mangeurs d'hommes de toute espèce, répétait la *Bouche de fer*. Que les quatre-vingt-trois départements se confédèrent et déclarent qu'ils ne veulent plus ni tyrans, ni monarques, ni protecteurs! Leur ombre est aussi funeste au peuple que l'ombre des bohonupas est mortelle à tout ce qui vit. En nommant un régent, on se battra bientôt pour le choix d'un maître. Battons-nous seulement pour la liberté. »

Provoqué par ces allusions à la régence, qu'on parlait de lui décerner, le duc d'Orléans écrivit aux journaux qu'il était prêt à servir la patrie sur terre et sur mer, mais que, s'il était question de régence, il renonçait dès ce moment et pour toujours aux droits que la constitution lui donnait à ce titre : « Après avoir fait tant de sacrifices à la cause du peuple, disait-il, il ne m'est plus permis de sortir de l'état de simple citoyen. L'ambition serait en moi une inexcusable inconséquence. » Décrédité déjà dans tous les partis, ce prince, incapable désormais de servir le trône, était incapable aussi de servir la République. Odieux aux royalistes, effacé par les démagogues, suspect aux constitutionnels, il ne lui restait que l'attitude stoïque dans laquelle il se réfugiait. Il avait abdiqué son rang, il avait abdiqué sa propre faction, il abdiquait la faveur du peuple. Il ne lui restait que la vie.

Dans le même moment, Camille Desmoulins apostrophait La Fayette, la première idole de l'insurrection, par ces paroles cyniques : « Libérateur des deux mondes, fleur des janissaires, phénix des alguazils-majors, don Quichotte du Capet et des deux chambres, constellation du Cheval blanc, ma voix est trop faible pour s'élever au-dessus des clameurs de vos trente mille mouchards et d'autant de vos satellites,

au-dessus du bruit de vos quatre cents tambours et de vos canons chargés de raisins. J'avais jusqu'ici médit de Votre Altesse plus que royale, sur le dire de Barnave, Lameth et Duport. C'est d'après eux que je vous dénonçais aux quatre-vingt-trois départements comme un ambitieux qui ne voulait que parader, un esclave de la cour pareil à ces maréchaux de la ligue à qui la révolte avait donné le bâton, et qui, se regardant comme bâtards, voulaient se faire légitimer. Mais voilà que tout à coup vous vous embrassez et que vous vous proclamez mutuellement pères de la patrie! Vous dites à la nation : « Fiez-vous à nous. Nous sommes des Cin-
» cinnatus, des Washington, des Aristide. » Auquel croire de ces deux témoignages? Peuple imbécile! les Parisiens ressemblent à ces Athéniens à qui Démosthène disait : « Se-
» rez-vous toujours comme ces athlètes qui, frappés dans un
» endroit, y portent la main, frappés dans un autre, l'y
» portent encore, et, toujours occupés des coups qu'ils
» viennent de recevoir, ne savent ni frapper ni se préser-
» ver? » Ils commencent à se douter que Louis XVI pourrait bien être un parjure quand il est à Varennes! Il me semble les voir de même grands yeux ouverts quand ils verront La Fayette ouvrir au despotisme et à l'aristocratie les portes de la capitale. Puissé-je me tromper dans mes conjectures! car je m'éloigne de Paris, comme Camille, mon patron, s'éloigna d'une ingrate patrie en lui souhaitant toutes sortes de prospérités. Je n'ai pas besoin d'avoir été empereur, comme Dioclétien; pour savoir que les belles laitues de Salerne, qui valaient mieux que l'empire d'Orient, valent bien l'écharpe dont se pare un municipal et les inquiétudes avec lesquelles un journaliste jacobin rentre le soir chez lui, craignant toujours de tomber dans une em-

buscade de coupe-jarrets du général. Pour moi, ce n'est point pour établir deux chambres que j'ai pris le premier la cocarde tricolore! »

X

Tel était le ton général de la presse; tel était l'inépuisable rire que ce jeune homme semait, comme l'Aristophane d'un peuple irrité. Il l'accoutumait à bafouer même la majesté, le malheur, la beauté. Un jour vint où il eut besoin, pour lui-même et pour la jeune et belle femme qu'il adorait, de cette pitié qu'il avait détruite dans le peuple. Il n'y trouva que le rire brutal de la multitude, et il mourut, triste pour la première fois.

Le peuple, dont toute la politique est de sentiment, ne comprenait rien aux pensées des hommes d'État de l'Assemblée, qui lui imposaient ce roi fugitif, par respect pour une royauté abstraite. La modération de Barnave et des Lameth lui sembla une complicité. Les cris de trahison retentirent dans tous ses rassemblements. Le décret de l'Assemblée fut le signal d'une fermentation croissante qui se révélait, depuis le 13 juillet, par des attroupements, des imprécations ou des menaces. Des masses d'ouvriers sortis des ateliers se répandirent sur les places publiques, et demandèrent du pain à la municipalité. La commune, pour les apaiser, leur vota des distributions et des subsides. Bailly, maire de Paris, les harangua et leur ouvrit des travaux extraordinaires. Ils y allèrent un moment, et les désertèrent bien vite à l'attrait du tumulte grossi par les cris de la faim.

La foule se portait de l'hôtel de ville aux Jacobins, des Jacobins à l'Assemblée nationale, demandant la déchéance et la République. Cette foule n'avait d'autre chef que l'inquiétude qui l'agitait. Un instinct spontané et unanime lui disait que l'Assemblée manquait l'heure des grandes résolutions. Elle voulait la forcer à la ressaisir. Sa volonté était d'autant plus puissante qu'elle était anonyme. Aucun chef ne lui donnait une impulsion visible. Elle marchait d'elle-même, elle parlait elle-même, elle écrivait elle-même dans la rue, sur la borne, ses pétitions menaçantes. La première que le peuple présenta à l'Assemblée, le 14, et qu'il escorta de quatre mille pétitionnaires, était signée : *Le peuple*. Le 14 juillet et le 6 octobre lui avaient appris son nom. L'Assemblée, ferme et impassible, passa simplement à l'ordre du jour.

En sortant de l'Assemblée, la foule se porta au Champ de Mars. Elle signa en plus grand nombre une seconde pétition en termes plus impératifs : « Mandataires d'un peuple libre, détruirez-vous l'ouvrage que nous avons fait? Remplacerez-vous la liberté par le règne de la tyrannie? S'il en était ainsi, sachez que le peuple français, qui a conquis ses droits, ne veut plus les perdre. » En quittant le Champ de Mars, le peuple s'ameuta autour des Tuileries, de l'Assemblée, du Palais-Royal. De son propre mouvement, il fit fermer les théâtres et proclama la suspension des plaisirs publics, jusqu'à ce qu'on lui eût fait justice. Le soir, quatre mille personnes se portèrent aux Jacobins comme pour reconnaître, dans les agitateurs qui s'y rassemblaient, la véritable assemblée du peuple. Les chefs de sa confiance s'y trouvaient. La tribune était occupée par un membre qui dénonçait à la société un citoyen pour avoir tenu un propos injurieux contre Robespierre. L'accusé se justifie ; on le chasse violemment de l'enceinte. En ce moment, Robespierre paraît et demande grâce pour le citoyen qui l'a insulté. Des applaudissements couvrent sa généreuse intercession. L'enthousiasme pour Robespierre est au comble. « Voûtes sacrées des Jacobins, disait une adresse des départements, vous nous répondez de Robespierre et de Danton, ces deux oracles du patriotisme ! » Une pétition fut proposée par Laclos. Elle sera envoyée dans les départements et couverte de dix millions de signatures. Un membre combat cette mesure, par amour pour l'ordre et pour la paix. Danton se lève : « Et moi aussi j'aime la paix, mais ce n'est pas la paix de l'esclavage. Si nous avons de l'énergie, montrons-la. Que ceux qui ne se sentent pas le courage de lever le front devant la tyrannie se dispensent de signer notre pétition. Nous n'avons pas besoin d'autre épreuve pour nous connaître. La voilà toute trouvée. »

Robespierre parla ensuite. Il montra au peuple que Barnave et les Lameth jouaient le même rôle que Mirabeau. « Ils se concertent avec nos ennemis, et nous appellent des factieux ! » Plus timide que Laclos et Danton, il ne se prononça pas sur la pétition. Homme de calcul plus que de passion, il prévoyait que le mouvement désordonné échouerait contre la résistance organisée de la bourgeoisie. Il se réservait une retraite dans la légalité, et gardait une mesure avec l'Assemblée. Laclos insista. Le peuple l'emporta. On se sépara à minuit, et l'on convint qu'on signerait le lendemain la pétition au Champ de Mars.

Le jour suivant fut perdu pour la sédition en contestations entre les clubs sur les termes de la pétition. Les républicains négociaient avec La Fayette, à qui on offrait la présidence d'un gouvernement américain. Robespierre et Danton, qui détestaient La Fayette; Laclos, qui poussait au duc d'Orléans, ralentirent de concert l'impression imprimée par les Cordeliers asservis à Danton. L'Assemblée attentive, Bailly debout, La Fayette résolu, veillaient de concert à la répression de tout mouvement. Le 16, l'Assemblée manda à sa barre la municipalité et les ministres pour lui répondre de l'ordre public. Elle rédigea une adresse aux Français pour les rallier autour de la constitution. Bailly fit publier, le soir, une proclamation contre les agitateurs. Les Jacobins indécis décrétèrent eux-mêmes leur soumission aux décrets de l'Assemblée. Au moment du combat, les chefs du mouvement projeté s'éclipsèrent. La nuit se passa en préparatifs militaires contre les rassemblements du lendemain.

XI

Le 17, de grand matin, le peuple sans chefs commença à se porter au Champ de Mars et à entourer l'autel de la patrie, dressé au milieu de la grande place de la fédération. Un hasard bizarre et funeste ouvrit les scènes de meurtre de cette journée. Quand la multitude est soulevée, tout lui est occasion de crime. Un jeune peintre, qui copiait, avant l'heure du rassemblement, les inscriptions patriotiques gravées sur les faces de l'autel, entendit un léger bruit sous ses pieds. Il s'étonne, il regarde, et il voit la pointe d'une vrille avec laquelle des hommes cachés sous les marches de l'autel perçaient les planches du piédestal. Il court au premier poste. Des soldats le suivent. On soulève une des marches et on trouve deux invalides, qui s'étaient introduits pendant la nuit sous l'autel, sans autre dessein, déclarent-ils, qu'une puérile et obscène curiosité. Aussitôt le bruit se répand qu'on a miné l'autel de la patrie pour faire sauter le peuple; qu'un baril de poudre a été découvert à côté des conjurés; que les invalides surpris dans les préparatifs du crime étaient des stipendiés connus de l'aristocratie; qu'ils ont avoué leur fatal dessein et les récompenses promises au succès de leur scélératesse. La foule, trompée et furieuse, entoure le poste du Gros-Caillou. On interroge les deux invalides. Aussitôt qu'ils sortent du poste pour être conduits à l'hôtel de ville, on se jette sur eux, on les arrache aux soldats qui les conduisent, ils sont égorgés, et leurs têtes, placées au bout de piques, sont promenées, par une bande d'enfants féroces, jusqu'aux environs du Palais-Royal.

XII

La nouvelle de ces meurtres, confusément répandue et diversement interprétée dans la ville, à l'Assemblée, parmi les groupes, y excita des sentiments divers, selon qu'on y vit un crime du peuple ou un crime de ses ennemis. La vérité ne perça que plus tard. L'agitation s'accrut de l'indignation des uns, des soupçons des autres. Bailly, averti, envoya au Champ de Mars trois commissaires et un bataillon. D'autres commissaires parcouraient les quartiers de la capitale, lisant au peuple la proclamation de ses magistrats et l'adresse de l'Assemblée nationale.

Le terrain de la Bastille était occupé par la garde nationale et par les sociétés patriotiques, qui devaient de là se rendre au champ de la fédération. Danton, Camille Desmoulins, Fréron, Brissot et les principaux meneurs du peuple avaient disparu : les uns disent pour concerter des mesures insurrectionnelles chez Legendre, à la campagne; les autres pour échapper à la responsabilité de la journée. Plus tard, cette première version fut adoptée par la haine de Robespierre contre Danton, à qui Saint-Just dit dans son acte d'accusation : « Mirabeau, qui méditait un changement de dynastie, sentit le prix de ton audace; il la saisit. Tu t'écartas des lois, des principes sévères. On n'entendit plus parler de toi jusqu'aux massacres du Champ de Mars. Tu appuyas cette fausse mesure du peuple et la proposition de la loi qui n'avait d'autre objet que de servir de prétexte au déploiement du drapeau rouge et à l'essai de la tyrannie! Les patriotes qui n'étaient pas initiés à ce complot avaient combattu ton opinion perfide. Tu fus nommé avec Brissot rédacteur de la pétition. Vous échappâtes à la fureur de La Fayette, qui fit massacrer dix mille patriotes. Brissot resta tranquillement dans Paris, et toi, tu fus couler d'heureux jours à Arcis-sur-Aube. Conçoit-on le calme de ta retraite à Arcis-sur-Aube, toi l'un des auteurs de la pétition, tandis que les signataires étaient chargés de fers ou égorgés?

Vous étiez donc, Brissot et toi, des objets de reconnaissance pour la tyrannie, puisque vous n'étiez pas pour elle des objets de haine? »

Camille Desmoulins justifie aussi l'absence de Danton, la sienne et celle de Fréron, en racontant que Danton avait fui la proscription et l'assassinat dans la maison de son beau-père à Fontenay, la nuit précédente, et qu'il y était cerné par une bande d'espions de La Fayette; que Fréron, en passant sur le Pont-Neuf, avait été assailli, foulé aux pieds, blessé par quatorze bandits soldés, et que Camille lui-même, désigné au poignard, n'avait été manqué que par une erreur de signalement. L'histoire n'a pas cru aux prétendus assassinats de La Fayette; Camille, invisible le jour, reparut le soir aux Jacobins.

XIII

Cependant la foule commençait à affluer par toutes les embouchures du Champ de Mars. Elle était agitée, mais inoffensive. La garde nationale, dont M. de La Fayette avait mis sur pied tous les bataillons, était sous les armes. Un de ses détachements, qui était arrivé avec du canon au Champ de Mars le matin, se retirait par les quais. On ne voulait pas provoquer le peuple par l'aspect inutile de la force armée. A midi, les hommes rassemblés autour de l'autel de la patrie, ne voyant point paraître les commissaires des Jacobins qui avaient promis d'apporter la pétition à signer, nommèrent spontanément quatre commissaires choisis parmi eux pour en rédiger une. L'un de ces commissaires prit la plume. Les citoyens se pressèrent autour de lui, et il écrivit. Voici les principaux traits de cette pétition :

« Sur l'autel de la patrie, 15 juillet an III. Représentants de la nation! vous touchez au terme de vos travaux. Un grand crime se commet; Louis fuit, il a abandonné indignement son poste. L'empire est à deux doigts de l'anarchie. On l'arrête; il est ramené à Paris; on demande qu'il soit jugé. Vous déclarez qu'il sera roi... Ce n'est pas le vœu du peuple! Le décret est nul. Il vous a été enlevé par ces deux cent quatre-vingt-douze aristocrates qui ont déclaré eux-mêmes qu'ils n'avaient plus de voix à l'Assemblée nationale. Il est nul parce qu'il est contraire au vœu du peuple, votre souverain. Revenez sur ce décret. Le roi a abdiqué par son crime. Recevez son abdication, convoquez un nouveau pouvoir constituant, désignez le coupable, et organisez un autre pouvoir exécutif. »

Cette pétition fut portée sur l'autel de la patrie, et des cahiers de papier déposés sur les quatre coins de l'autel reçurent six mille signatures.

Conservée aujourd'hui aux archives de la municipalité, cette pétition porte partout l'empreinte de la main du peuple. C'est la médaille de la Révolution frappée sur place avec le métal en fusion de l'agitation populaire. On y voit apparaître çà et là des noms sinistres qui sortent pour la première fois de l'obscurité. Ces noms sont comme les hiéroglyphes du temps. Les actes des hommes aujourd'hui fameux qui signaient des noms alors inconnus donnent à ces signatures une signification rétrospective. L'œil s'attache avec curiosité à ces caractères, qui semblent contenir dans quelques signes le mystère de toute une vie et l'horreur de toute une époque. Ici c'est Chaumette, *alors étudiant en médecine, rue Mazarine, n° 9*. Là c'est Maillard, le président des massacres de septembre. Plus loin Hébert; au-dessous Henriot, le général des suppliciés de la terreur. La signature grêle et effilée d'Hébert, qui fut depuis le *Père Duchesne* ou le *Peuple en colère*, a la forme d'une araignée qui étend ses pattes sur sa proie. Santerre a signé plus bas. C'est le dernier nom qui signifie un homme connu. Les autres ne signifient que la foule. On voit que des multitudes de mains hâtives et tremblantes sont venues apporter en désordre leur ignorance ou leur fureur sur ce papier. Beaucoup même de ces mains ne savaient pas écrire. Un cercle d'encre et une croix au milieu du cercle attestent leur volonté anonyme. Quelques noms de femmes s'y lisent. On y reconnaît beaucoup de noms d'enfants, à l'incertitude de la main guidée par une main étrangère. Pauvres enfants qui confessaient la foi de leurs parents sans la comprendre, et qui signaient les passions du peuple avant de pouvoir balbutier la langue des hommes faits!

XIV

Le corps municipal avait été informé à deux heures des meurtres commis au Champ de Mars et des insultes faites à la garde nationale envoyée pour dissiper le rassemblement.

M. de La Fayette lui-même, qui guidait ces premiers détachements, avait été atteint par quelques pierres lancées du sein de la foule. On répandait même le bruit qu'un homme, en habit de garde national, avait tiré sur lui un coup de pistolet; que cet homme, arrêté par l'escorte du général et amené à ses pieds, avait été généreusement pardonné et relâché par lui : ce bruit populaire jeta un intérêt héroïque sur M. de La Fayette et anima d'une nouvelle ardeur la garde nationale, qui lui était dévouée. A ce récit, Bailly n'hésita pas à proclamer la loi martiale et à déployer le drapeau rouge, dernière raison contre la sédition. De leur côté, les séditieux, alarmés par l'aspect du drapeau rouge flottant aux fenêtres de l'hôtel de ville, avaient envoyé douze d'entre eux en députation vers la municipalité. Ces commissaires parviennent à la salle d'audience, à travers une forêt de baïonnettes. Ils demandent qu'on délivre et qu'on leur rende trois citoyens arrêtés. On ne les écoute pas. Le parti de combattre était pris. Le maire et le corps municipal descendent, en proférant des mots menaçants, les degrés de l'hôtel de ville. Cette place était couverte de gardes nationaux et de bourgeoisie. A l'aspect de Bailly précédé du drapeau rouge, un cri d'enthousiasme part de tous les rangs. Les gardes nationaux élèvent spontanément leurs armes et font résonner les crosses de leurs fusils sur le pavé. La force publique, électrisée par l'indignation contre les clubs, était dans un de ces frémissements nerveux qui saisissent les corps comme les individus... L'esprit public était tendu. Le coup pouvait partir de lui-même.

La Fayette, Bailly, le corps municipal, se mirent en marche, précédés du drapeau rouge et suivis de dix mille hommes de gardes nationales; les bataillons soldés des grenadiers de cette armée de citoyens formaient l'avant garde. Un peuple immense suivait, par un entraînement naturel, ce courant de baïonnettes qui descendait lentement par les quais et par les rues du Gros-Caillou vers le Champ de Mars. Pendant cette marche, l'autre peuple, réuni depuis le matin autour de l'autel de la patrie, continuait à signer paisiblement la pétition. Il croyait à un développement de forces, mais il ne croyait pas à la violence. Son attitude calme et légale, et la longue impunité des séditions depuis deux ans, lui laissaient croire à une impunité éternelle. Il ne considérait le drapeau rouge que comme une loi de plus à mépriser.

Arrivé aux glacis extérieurs du Champ de Mars, La Fayette divisa son armée en trois colonnes : la première de ces colonnes déboucha par l'avenue de l'École militaire, la seconde et la troisième colonne entrèrent par les deux ouvertures successives qui coupent les glacis de distance en distance en allant de l'École militaire à la Seine. Bailly, La Fayette, le corps municipal, le drapeau rouge, étaient en tête de la colonne du milieu. Le pas de charge, battu par quatre cents tambours, et le roulement des pièces de canon sur les pavés, annonçaient de loin l'armée nationale. Ces bruits éteignirent un moment le sourd murmure et les cris épars de cinquante mille hommes, femmes ou enfants, qui occupaient le centre du Champ de Mars ou qui se pressaient sur les hauteurs. Au moment où Bailly débouchait entre les glacis, les hommes du peuple qui les couvraient, et qui dominaient de là le cortége du maire, les baïonnettes et les canons, éclatèrent en cris forcenés et en gestes menaçants contre la garde nationale : « A bas le drapeau rouge! Honte à Bailly! Mort à La Fayette! » Le peuple du Champ de

Mars répondit à ces cris par des imprécations unanimes. Des mottes de terre détrempée par la pluie du jour, seule arme de cette foule, volèrent sur la garde nationale et atteignirent le cheval de M. de La Fayette, le drapeau rouge et Bailly lui-même. Quelques coups de pistolet furent, dit-on, tirés de loin sur eux. Rien n'est moins prouvé. Ce peuple ne songeait point à combattre, il ne voulait qu'intimider. Bailly fit faire les sommations légales. On y répondit par des huées. Avec la dignité impassible de sa magistrature et avec la douleur grave de son caractère, Bailly donna l'ordre de dissiper le peuple par la force. La Fayette fit d'abord tirer en l'air ; mais le peuple, encouragé par la vaine démonstration de ces décharges qui ne blessaient personne, se reformant de nouveau devant la garde nationale, une décharge mortelle éclata sur toute la ligne, tua, blessa, renversa cinq ou six cents hommes, les républicains dirent dix mille. Au même moment les colonnes s'ébranlèrent, la cavalerie chargea, les canonniers se préparèrent à faire feu. Le sillon de la mitraille dans cette foule compacte aurait mis en pièces des masses d'hommes. La Fayette ne pouvant contenir de la voix ses canonniers irrités, poussa son cheval à la gueule du canon, et par ce mouvement héroïque préserva des milliers de victimes.

En un clin d'œil, le Champ de Mars fut évacué ; il n'y resta que les cadavres des femmes, des enfants renversés ou fuyant devant les charges de la cavalerie, et quelques hommes, plus intrépides, sur les marches de l'autel de la patrie, qui, au milieu du feu le plus terrible et sous les bouches du canon, recueillaient et se partageaient, pour les sauver, les cahiers des pétitions comme des feuilles sacrées, témoignages de la volonté ou gages sanglants de la vengeance future du peuple. Ils ne se retirèrent qu'en les emportant. Les colonnes de la garde nationale, et la cavalerie surtout, poursuivirent les fuyards jusque dans les champs voisins de l'École militaire; ils firent quelques centaines de prisonniers. Du côté de la garde nationale, personne ne périt; du côté du peuple, le nombre des victimes est resté inconnu. Les uns l'atténuèrent pour diminuer l'odieux d'une exécution sans lutte, les autres le grossirent pour grandir le ressentiment du peuple. On balaya, pendant la nuit, qui tombait déjà, les cadavres; la Seine les roula vers l'Océan. On se divisa sur la nature, sur les détails de cette exécution : les uns l'appelèrent un crime, les autres un devoir sévère; mais le nom du peuple est resté à cette journée, où l'on tua sans combattre : il continua à l'appeler *le massacre du Champ de Mars*.

XV

La garde nationale, ralliée par M. de La Fayette, rentra victorieuse, mais triste, dans l'enceinte de Paris. On voyait à son attitude qu'elle marchait entre la gloire et la honte, peu sûre elle-même de ce qu'elle avait fait. Au milieu de quelques acclamations qui l'accueillaient sur son passage, elle entendait des imprécations à demi-voix. Les mots d'assassinat et de vengeance répondaient aux mots de civisme et de dévouement à la loi. Elle passa morne et silencieuse sous les murs de cette Assemblée nationale qu'elle venait de défendre, plus morne et plus silencieuse encore sous les fenêtres de ce palais de la monarchie dont elle ve nait de soutenir la cause plutôt que le roi. Bailly, froid et impassible comme la loi, La Fayette, résolu comme un système, ne savaient lui imprimer aucun élan au delà de son rigoureux devoir. Elle replia le drapeau rouge, teint de son premier sang, et se dispersa bataillon par bataillon dans les rues sombres de Paris, plutôt comme une gendarmerie qui rentre d'une exécution que comme une armée qui revient d'une victoire.

Telle fut cette journée du Champ de Mars, qui donna à l'Assemblée constituante trois mois dont elle ne profita pas, qui intimida quelques jours les clubs, mais qui ne rendit ni à la monarchie ni à l'ordre le sang qu'elle avait coûté. La Fayette eut peut-être, ce jour-là, entre les mains la république ou la monarchie : il ne sut vouloir que l'ordre.

XVI

Le lendemain, Bailly vint rendre compte à l'Assemblée du triomphe de la loi. Il témoigna la douleur qui était dans son âme et la mâle énergie qui était dans son devoir. « Les conjurations étaient formées, dit-il, la force était nécessaire. Le châtiment est retombé sur le crime. » Le président approuva au nom de l'Assemblée la conduite du maire, et Barnave remercia, en termes froids et timides, la garde nationale. Ses louanges ressemblaient presque à des excuses.

L'élan des vainqueurs s'arrêtait déjà. Pétion le sentit, se leva, dit quelques mots sur un projet de décret qu'on venait de proposer contre les provocateurs aux attroupements. Ces mots, dans la bouche de Pétion, qu'on savait l'ami de Brissot et des conspirateurs, furent d'abord accueillis par des sarcasmes du côté droit et bientôt couverts des applaudissements du côté gauche et des tribunes. Barnave composa. La victoire du Champ de Mars était déjà contestée dans l'Assemblée. Les clubs se rouvrirent le soir. Robespierre, Brissot, Danton, Camille Desmoulins, Marat, qui avaient disparu quelques jours, se montrèrent, et reprirent leur audace. L'hésitation de leurs ennemis les rassura. En attaquant tous les jours une loi qui se contentait de se défendre, les factions ne pouvaient manquer de lasser la loi. D'accusés, ils se firent accusateurs. Leurs feuilles, un moment abandonnées, s'envenimèrent de toute la peur qu'ils avaient éprouvée. Elles couvrirent d'exécration les noms de Bailly et de La Fayette. Elles semèrent la vengeance dans le cœur du peuple, en remuant sans cesse à ses yeux le sang du Champ de Mars. Le drapeau rouge devint le symbole du gouvernement, le linceul de la liberté. Les conspirateurs se posèrent en victimes ; ils effarouchèrent l'esprit du peuple par les récits imaginaires des plus odieuses persécutions.

XVII

« Voyez, écrivait Desmoulins, voyez les satellites de La Fayette sortir furieux de leurs casernes ou plutôt de leurs tavernes. Ils s'assemblent, ils chargent à balle devant le peuple. Les bataillons d'aristocrates s'animent au massacre. C'est surtout dans les yeux de la cavalerie qu'on voit la soif du sang allumée par la douce ivresse du vin et de la vengeance. Cette armée de bourreaux en voulait surtout aux femmes et aux enfants. L'autel de la patrie est couvert de cadavres. C'est ainsi que La Fayette trempe ses mains dans le sang des citoyens, ses mains qui dégoutteront toujours à mes yeux de ce sang innocent. Cette même place où il les avait élevées au ciel pour lui jurer de le défendre!... Depuis ce moment, les meilleurs citoyens sont proscrits, on les arrête dans leur lit, on s'empare de leurs papiers, on brise leurs presses, on signe des tables de proscription. Les modérés affichent ces tables et les signent. Il faut purger la société, disent-ils, des Brissot, des Carra, des Pétion, des Bonneville, des Fréron, des Danton, des Camille! Danton et moi, nous n'avons trouvé d'asile que dans la fuite contre nos assassins! Les patriotes sont des factieux!... » — « Et il se trouve des gens, ajoutait Fréron, pour justifier ces lâches assassinats, ces délations, ces lettres de cachet, ces saisies de papiers, ces confiscations de presses! et l'on tient huit jours suspendu aux balcons de l'hôtel de ville ce drapeau sinistre couleur de sang, comme jadis on attachait aux voûtes du temple métropolitain les drapeaux recueillis au milieu des cadavres des ennemis vaincus!... On saisit les presses de l'imprimeur de Marat, dit-il ailleurs. Le nom de l'auteur devait mettre à l'abri le typographe. L'imprimerie est un meuble sacré, aussi sacré que le berceau d'un nouveau-né, que les agents du fisc avaient jadis l'ordre de respecter! Le silence du tombeau règne dans la ville; les lieux publics sont déserts, les théâtres ne retentissent plus que d'applaudissements serviles aux accents du royalisme triomphant sur la scène comme dans nos rues! Il vous tardait, Bailly, et vous, traître La Fayette, de faire usage de cette arme de la loi martiale si terrible à manier. Non, non, rien ne lavera plus la tache indélébile du sang de vos frères, qui a rejailli sur vos écharpes, sur vos uniformes. Il en est tombé jusque sur vos cœurs. C'est un poison lent qui vous dévorera jusqu'au dernier! »

Pendant que la presse révolutionnaire soufflait ainsi le feu du ressentiment dans les âmes, les clubs, rassurés par la mollesse de l'Assemblée et par la scrupuleuse légalité de La Fayette, subissaient faiblement le contre-coup de la victoire du Champ de Mars. Une scission s'opérait, dans le sein de la société des Jacobins, entre les membres exaltés de cette réunion et ses premiers fondateurs, Barnave, Duport et les Lameth. Ce schisme avait eu son principe dans la grande question de la non-rééligibilité des membres de l'Assemblée nationale à l'Assemblée législative qui devait bientôt lui succéder. Les Jacobins purs voulaient, avec Robespierre, que l'Assemblée nationale abdiquât en masse, et se condamnât elle-même à l'ostracisme politique, pour laisser la place libre à des hommes nouveaux et plus trempés encore dans l'esprit du temps. Les Jacobins modérés et constitutionnels regardaient cette abdication comme aussi funeste à la monarchie que mortelle à leur ambition. Ils voulaient saisir eux-mêmes la direction du pouvoir qu'ils venaient de fonder. Ils se croyaient seuls capables de modérer le mouvement qu'ils avaient imprimé. Ils voulaient régner au nom des lois qu'ils avaient faites.

Robespierre, au contraire, qui sentait sa faiblesse dans une assemblée composée des mêmes éléments, voulut que ces éléments fussent exclus de l'assemblée nouvelle. La loi qu'il faisait à ses collègues, il la subissait lui-même. Mais, dominant presque sans rival aux Jacobins, il avait en eux son assemblée à lui. Son instinct ou son calcul lui disait que les Jacobins prendraient l'empire sur une assemblée nouvelle, incertaine, composée d'hommes dont les noms seraient inconnus à la nation. Homme de faction, il lui suffisait que les factions régnassent. L'instrument qu'il s'était créé dans les Jacobins et son immense popularité lui donnaient la certitude de régner lui-même sur les factions.

Cette question, au moment des événements du Champ de Mars, agitait et tendait déjà à dissoudre les Jacobins. Le club rival des Feuillants, composé en majorité de constitutionnels et de membres de l'Assemblée nationale, avait une attitude plus légale et plus monarchique. L'irritation contre les excès populaires et la haine contre Robespierre et Brissot poussaient les anciens fondateurs du club des Jacobins à se rallier aux Feuillants. Les Jacobins tremblaient de voir l'empire des factions leur échapper et s'affaiblir en se divisant. « C'est la cour, disait Camille Desmoulins, l'ami et le régularisateur de Robespierre, c'est la cour qui fomente parmi nous ce schisme, et qui a inventé ce moyen perfide de perdre le parti populaire; elle connaît bien les Lameth, les La Fayette, les Barnave, les Duport et autres premiers figurants de la société des Jacobins. Que voulaient tous ces courtisans? s'est-elle dit. Ils ne voulaient qu'être portés aux grandes places par les flots de la multitude et par le vent de la popularité, des commandements, des ministères, surtout de l'or. La faveur de la cour, qu leur manquait, est comme les voiles de leur ambition; à défaut de ces voiles, ils se servent des rames du peuple. Montrons aux Lameth et aux Barnave qu'ils ne seront pas réélus, qu'ils ne pourront arriver à aucun poste important avant quatre ans. Ils seront furieux, ils se retourneront vers nous. J'ai vu Alexandre et Théodore Lameth la veille du jour où Robespierre fit adopter la non-rééligibilité. Les Lameth étaient encore patriotes. Le lendemain ils n'étaient plus les mêmes hommes. « On n'y peut tenir, disaient-ils » avec Duport. Il faut sortir de France. Comment! ceux » qui ont fait la constitution auraient le dépit de voir dé- » truire peut-être leur ouvrage par la prochaine législa- » tion! Il nous faudra entendre dans les galeries de l'As- » semblée un sot à la tribune faire le procès à nos meilleurs » établissements, sans que nous puissions les défendre! » Ah! plût à Dieu qu'ils sortissent de France! N'y a-t-il pas de quoi mépriser bien profondément et l'Assemblée et le peuple de Paris, quand on voit que la clef de tout ceci, c'est que le pouvoir allait échapper aux Lameth et aux La Fayette, et que Duport et Barnave ne seraient pas réélus! »

Pétion, alarmé de ces symptômes de discorde, parla à la tribune des Jacobins dans un sens conciliateur. « Vous êtes perdus, dit-il, si les membres de l'Assemblée se retirent de vous et passent en masse aux Feuillants. L'empire de l'opinion vous échappe, et ces innombrables sociétés affiliées, que votre esprit gouverne dans toute la France, rompront le lien d'unité qui les attache à vous. Prévenez les coups de vos ennemis. Faites une adresse aux sociétés affiliées, et rassurez-les sur vos intentions constitutionnelles. Dites-leur qu'on vous calomnie auprès d'elles, et que vous n'êtes pas des factieux. Dites-leur que, loin de vouloir troubler la paix publique, l'objet de tous vos soins est de prévenir les troubles dont la fuite du roi nous a menacés. Dites-leur que nous nous en rapportons à l'influence imposante et rapide de l'opinion. Respect pour l'Assemblée, fidélité à la constitution, dévouement à la patrie et à la liberté : voilà nos principes! » Cette adresse, dictée par l'hypocrisie de la peur, fut adoptée et envoyée à toutes les sociétés du royaume. Cette mesure fut suivie d'une épuration des Jacobins. On n'en laissa subsister que le noyau primitif, qui réorganisa le reste au scrutin. Pétion présida l'opération.

Les Feuillants, de leur côté, écrivirent aux sociétés patriotiques des départements. Il y eut un moment d'interrègne des factions. Mais bientôt les sociétés des départements se prononcèrent en masse et avec une explosion révolutionnaire presque unanime en faveur des Jacobins. « Union pure et simple avec nos frères de Paris, » tel fut le cri de ralliement de tous les clubs. Six cents clubs envoyèrent leur acte d'adhésion aux Jacobins. Dix-huit seulement se prononcèrent pour les Feuillants. Les factions sentaient le besoin d'unité, comme la nation elle-même. Le schisme de l'opinion fut étouffé par l'enthousiasme de la grandeur de son œuvre. Pétion, dans une lettre à ses commettants, qui produisit un effet immense, rendit compte de ces tentatives avortées de division parmi les patriotes, et dénonça les dissidents. « Je tremble pour mon pays, leur disait-il. Les modérés méditent de réformer déjà la constitution, et de rendre au roi le pouvoir à peine reconquis par le peuple. L'âme bouleversée par ces pensées sinistres, je me décourage : je suis prêt à quitter le poste où votre confiance m'a placé ! O ma patrie ! sois sauvée, et je rendrai en paix mon dernier soupir ! »

Ainsi parlait Pétion, qui commençait dès lors à devenir l'idole du peuple. Il n'avait ni l'audace ni le talent de Robespierre, mais il avait de plus que lui l'hypocrisie, ce voile honteux des situations doubles. Le peuple le croyait honnête, et sa parole avait sur les masses l'autorité de sa renommée.

XVIII

La coalition qu'il dénonçait au peuple était vraie. Barnave s'entendait avec la cour. Malouet, membre éloquent et habile du côté droit, s'entendait avec Barnave. Un plan de modification à la constitution avait été concerté entre ces deux hommes, ennemis hier, alliés aujourd'hui. Le moment était venu de relier en un seul corps toutes ces lois éparses, votées pendant une révolution de trente mois. En séparant, dans cette revue des actes de l'Assemblée, ce qui était organique de ce qui ne l'était pas, on allait avoir l'occasion de revenir sur tous les articles de la constitution. On pouvait profiter, pour les amender dans un sens plus monarchique, de cette réaction produite par la victoire de La Fayette. Ce que la passion et la colère avaient enlevé de trop aux prérogatives de la couronne, la raison et la réflexion pouvaient le leur rendre. Les mêmes hommes qui avaient mis le pouvoir exécutif entre les mains de l'Assemblée espéraient le lui arracher. Ils croyaient tout possible à leur éloquence et à leur popularité. Comme tous ceux qui descendent le cours d'une révolution, ils croyaient pouvoir le remonter aussi aisément. Ils ne s'apercevaient pas que leurs forces, dont ils étaient si fiers, n'étaient pas en eux-mêmes, mais dans le courant qui les emportait. Les événements allaient leur apprendre qu'il n'y a point de force contre les passions, une fois qu'on leur a cédé. La force d'un homme d'État, c'est son caractère. Une seule complaisance envers les factions est un indispensable engagement avec elles. Quand on a consenti à être leur instrument, on peut devenir leur idole et leur victime, jamais leur maître. Barnave allait l'apprendre trop tard, et les Girondins devaient l'apprendre après lui.

Malouet fit part aux principaux membres du parti royaliste du plan combiné avec Barnave. Voici en quoi ce plan consistait : Malouet serait monté à la tribune, et, dans un discours véhément et raisonné, il aurait attaqué tous les vices de la constitution, il aurait démontré que, si ces vices n'étaient pas corrigés par l'Assemblée avant de présenter la constitution au serment du roi et du peuple, c'était l'anarchie qu'on allait jurer. Les trois cents membres du côté droit devaient appuyer de leurs applaudissements les accusations de leur orateur. Barnave alors aurait demandé à répondre, et, dans un discours en apparence irrité, il aurait vengé la constitution des invectives de Malouet, tout en convenant cependant que cette constitution, improvisée au feu de l'enthousiasme d'une révolution et sous le coup des circonstances les plus orageuses, pouvait avoir quelques imperfections dans certaines de ses parties ; que la réflexion et la sagesse de l'Assemblée pouvaient remédier à ces vices avant de se séparer, et qu'entre autres améliorations à apporter à cette œuvre on pourrait retoucher aux deux ou trois articles où les attributions du pouvoir exécutif et du pouvoir législatif avaient été mal définies, de manière à restituer au pouvoir exécutif l'indépendance et l'action indispensables à son existence. Les amis de Barnave, de Lameth et de Duport, ainsi que tous les membres du côté gauche, moins Robespierre, Pétion, Buzot et les républicains, auraient bruyamment approuvé l'orateur. On aurait nommé à l'instant une commission spéciale de révision des articles concédés. Cette commission aurait fait son rapport avant la fin de la législature, et les trois cents voix de Malouet, s'unissant aux voix constitutionnelles de Barnave, auraient assuré la majorité aux amendements monarchiques qui devaient restaurer la royauté.

XIX

Mais les membres du côté droit se refusèrent unanimement à donner leur concours à ce plan. « Corriger la constitution, c'était sanctionner la révolte. S'unir à des factieux, c'était devenir factieux soi-même. Restaurer la royauté par les mains d'un Barnave, c'était dégrader le roi jusqu'à la reconnaissance envers un factieux. Leurs espérances n'étaient pas tombées si bas qu'il ne leur restât qu'à accepter un rôle dans une comédie de révolutionnaires effrayés. Leurs espérances n'étaient pas dans quelque amélioration au mal : elles étaient dans le pire. Les excès du désordre puniraient le désordre même. Le roi était aux Tuileries, mais la royauté n'y était pas : elle était à Coblentz, elle était sur tous les trônes de l'Europe. Les monarchies étaient solidaires : elles sauraient bien restaurer la monarchie française sans le concert de ceux qui l'avaient renversée. »

Ainsi raisonnaient les membres du côté droit. Les passions et les ressentiments fermaient l'oreille aux conseils de la modération et de la sagesse, et la monarchie n'était pas poussée moins systématiquement à sa catastrophe par la main de ses amis que par celle de ses ennemis. Le plan avorta.

Pendant que le roi captif entretenait de doubles intelligences avec ses frères émigrés pour interroger l'énergie des puissances, et avec Barnave pour tenter la conquête de l'Assemblée, l'Assemblée perdait elle-même son empire; et l'esprit de la révolution, sortant de son enceinte, où il n'avait plus rien à espérer, allait animer les clubs, les municipalités, et soufflait sur les élections. L'Assemblée avait commis la faute de déclarer ses membres non rééligibles à la prochaine législature.

Cet acte de renoncement à soi-même, qui ressemblait à l'héroïsme du désintéressement, était en réalité le sacrifice de la patrie; c'était l'ostracisme des supériorités et le triomphe assuré à la médiocrité. Une nation, quelque riche qu'elle soit en génie et en vertu, ne possède pas un nombre illimité de grands citoyens. La nature est avare de supériorités. Les conditions sociales nécessaires pour former un homme public se rencontrent difficilement. Intelligence, lumières, vertus, caractère, indépendance, loisir, fortune, considération acquise et dévouement, tout cela est rarement réuni sur une seule tête. On ne décapite pas impunément toute une société. Les nations sont comme leur sol : après avoir enlevé la terre végétale, on trouve le tuf, et il est stérile. L'Assemblée constituante avait oublié cette vérité, ou plutôt son abdication avait ressemblé à une vengeance. Le parti royaliste avait voté la non-rééligibilité pour que la Révolution, échappant aux mains de Barnave, tombât sous les excès des démagogues. Le parti républicain l'avait votée pour anéantir les constitutionnels. Les constitutionnels la votèrent en châtiment de l'ingratitude du peuple, et pour se faire regretter par le spectacle de l'indignité de leurs successeurs. Ce fut un vote de passions diverses, toutes mauvaises, et qui ne pouvait produire que la perte de tous les partis. Le roi seul ne voulait pas cette mesure. Il sentait le repentir dans l'Assemblée nationale; il s'entendait avec ses principaux chefs; il avait la clef de beaucoup de consciences. Une nation nouvelle, inconnue, impatiente, allait se trouver devant lui dans une autre assemblée. Les bruits de la presse, des clubs, de la place publique, lui annonçaient trop bien à quels hommes le peuple agité donnerait sa confiance. Il préférait les ennemis connus, fatigués, en partie acquis, à des ennemis nouveaux et ardents, qui voudraient surpasser en exigence ceux qu'ils allaient remplacer. Or il ne leur restait à renverser que son trône, et il ne lui restait à concéder que sa vie.

XX

Les principaux noms débattus dans les feuilles publiques étaient, à Paris, ceux de Condorcet, de Brissot, de Danton ; dans les départements, ceux de Vergniaud, de Guadet, d'Isnard, de Louvet, de Gensonné, qui depuis furent les Girondins, et ceux de Thuriot, Merlin, Carnot, Couthon, Danton, Saint-Just, qui, plus tard unis à Robespierre, furent tour à tour ses instruments ou ses victimes.

Condorcet était un politique aussi intrépide dans ses actes que hardi dans ses spéculations. Sa politique était une conséquence de sa philosophie. Il croyait à la divinité de la raison et à la toute-puissance de l'intelligence humaine servie par la liberté. Ce ciel, séjour de toutes les perfections idéales, où l'homme relègue ses plus beaux rêves, Condorcet le plaçait sur la terre. Sa science était sa vertu, l'esprit humain était son dieu. L'esprit fécondé par la science et multiplié par le temps lui semblait devoir triompher de toutes les résistances de la matière, découvrir toutes les puissances créatrices de la nature et renouveler la face de la création. De ce système, il avait fait une politique dont le premier dogme était d'adorer l'avenir et de détester le passé. Il avait le fanatisme froid de la logique et la colère réfléchie de la conviction. Élève de Voltaire, de d'Alembert et d'Helvétius, il était, comme Bailly, de cette génération intermédiaire par qui la philosophie entrait dans la Révolution. Plus ambitieux que Bailly, il n'en avait pas le calme impassible. Aristocrate de naissance, il avait passé comme Mirabeau dans le camp du peuple. Méprisé de la cour, il la haïssait de la haine des transfuges. Il s'était fait peuple pour faire du peuple l'armée de la philosophie. Il ne voulait de la république qu'autant qu'il en fallait pour renverser les préjugés. Une fois les idées victorieuses, il en aurait volontiers confié le règne à la monarchie constitutionnelle. C'était un homme de combat plutôt qu'un homme d'anarchie. Les aristocrates emportent toujours avec eux, dans le parti populaire, le sentiment de l'ordre et du commandement. Ils veulent régulariser le désordre et diriger même les tempêtes. Les vrais anarchistes sont ceux qui sont impatients d'avoir toujours obéi, et qui se sentent incapables de commander. Condorcet dirigeait depuis 1789 la *Chronique de Paris*, journal de doctrines constitutionnelles, mais où l'on sentait les palpitations de la colère sous la main polie et froide du philosophe. Si Condorcet eût été doué de la chaleur et de la couleur du langage, il pouvait être le Mirabeau d'une autre assemblée. Il en avait la foi et la constance, il n'en avait pas l'accent sonore qui fait retentir votre âme dans l'âme d'autrui. Le club des électeurs de Paris, qui se réunissait à la Sainte-Chapelle, portait Condorcet à la députation. Ce même club portait Danton.

XXI

Danton, que la Révolution avait trouvé avocat obscur au Châtelet, avait grandi avec elle. Il avait déjà cette célébrité que la foule donne aisément à celui qu'elle voit partout et qu'elle entend toujours. C'était un de ces hommes qui semblent naître du bouillonnement des révolutions, et qui flottent sur le tumulte jusqu'à ce qu'il les engloutisse. Tout en lui était athlétique, rude et vulgaire comme les masses. Il devait leur plaire, parce qu'il leur ressemblait. Son éloquence imitait l'explosion des foules. Sa voix sonore tenait du rugissement de l'émeute. Ses phrases courtes et décisives avaient la concision martiale du commandement. Son geste irrésistible imprimait l'impulsion aux rassemblements. L'ambition alors était toute sa politique. Sans principes arrêtés, il n'aimait de la démocratie que son trouble. Elle lui avait fait son élément. Il s'y plongeait, et y cherchait moins encore l'empire que cette volupté sensuelle que l'homme trouve dans le mouvement accéléré qui l'emporte. Il s'enivrait du vertige révolutionnaire comme on s'enivre du vin. Il portait bien cette ivresse. Il avait la supériorité du calme dans la confusion qu'il créait pour la dominer. Conservant le sang-froid dans la fougue et la gaieté dans l'emportement, ses mots déridaient les clubs au milieu de leur fureur. Il amusait le peuple et il le passionnait à la fois. Satisfait de ce double ascendant, il se dispensait de le respecter ; il ne lui parlait ni de principes ni de vertu, mais de force. Lui-même n'adorait guère que la force. Tout était moyen pour lui. C'était l'homme d'État des circonstances, jouant avec le mouvement sans autre but que ce jeu terrible, sans autre enjeu que sa vie, et sans autre responsabilité que le hasard.

Un tel homme devait être profondément indifférent au despotisme ou à la liberté. Son mépris du peuple devait même l'incliner plutôt du côté de la tyrannie. Quand on ne voit rien de divin dans les hommes, le meilleur parti à en tirer, c'est de les asservir. On ne sert bien que ce qu'on respecte. Il n'était avec le peuple que parce qu'il était du peuple, et que le peuple semblait devoir triompher. Il l'aurait trahi comme il le servait, sans scrupule. La cour connaissait le tarif de ses convictions. Il la menaçait pour qu'elle eût intérêt à l'acheter : ses motions les plus révolutionnaires n'étaient que l'enchère de sa conscience. Il avait la main dans toutes les intrigues ; sa probité n'intimidait aucune offre de corruption. On l'achetait tous les jours, et le lendemain il était encore à revendre. Mirabeau, La Fayette, Montmorin, M. de Laporte, intendant de la liste civile, le duc d'Orléans, le roi, avaient le secret de ses vénalités. L'argent de toutes ces sources impures avait coulé dans sa fortune sans s'y arrêter. Tout autre eût été honteux devant des hommes et des partis qui avaient le secret de sa faiblesse : lui seul ne l'était pas ; il les regardait en face sans rougir. Il était le centre de tous ces hommes qui ne cherchent dans les événements que la grandeur. Mais les autres n'avaient que la bassesse du vice ; les vices de Danton étaient héroïques. Son intelligence touchait au génie. Il avait l'éclair du moment. L'incrédulité, qui était l'infirmité de son âme, était à ses yeux la force de son ambition; il la cultivait en lui comme l'élément de sa grandeur future. Il avait en pitié tout ce qui respectait quelque chose. Un tel homme devait avoir un immense ascendant sur les instincts des masses. Il les agitait, il les faisait bouillonner à la surface, prêt à s'embarquer sur toute mer, fût-elle de sang.

XXII

Brissot de Warville était un autre de ces candidats à la députation de Paris. Comme cet homme fut la souche du parti des Girondins, le premier apôtre et le premier martyr de la République, il faut le connaître.

Brissot était fils d'un pâtissier de Chartres. Il avait fait ses études dans cette ville avec Pétion, son compatriote. Aventurier de littérature, il avait commencé à dérober ce nom de Warville qui cachait le sien. Ne pas rougir du nom de son père, c'est la noblesse du plébéien. Brissot ne l'avait pas. Il commençait par prendre furtivement un de ses titres à cette aristocratie des races contre laquelle il allait soulever l'égalité. Semblable à Rousseau en tout, excepté en génie, il chercha fortune un peu partout, et descendit plus bas que lui dans la misère et dans l'intrigue avant de remonter à la célébrité. Les caractères se détrempent et se salissent par cette lutte avec les difficultés de l'existence dans la lie des grandes villes corrompues. Rousseau avait promené son indigence et ses rêves au sein de la nature, dont le spectacle apaise et purifie tout. Il en était sorti un philosophe. Brissot avait traîné sa misère et sa vanité au milieu de Paris et de Londres, et dans ces sentines d'infamie où pullulent les aventuriers et les pamphlétaires. Il en était sorti un intrigant.

Cependant, même au milieu de ces vices qui avaient rendu sa probité douteuse et son nom suspect, il nourrissait au fond de son âme trois vertus capables de le relever : un amour constant pour une jeune femme qu'il avait épousée malgré sa famille, le goût du travail, et un courage contre les difficultés de la vie qu'il eut plus tard à déployer contre la mort. Sa philosophie était celle de Rousseau. Il croyait en Dieu. Il avait foi à la liberté, à la vérité, à la vertu. Il avait dans l'âme ce dévouement sans réserve à l'humanité qui est la charité des philosophes. Il détestait la société où il ne trouvait pas sa place. Mais ce qu'il haïssait de l'état social, c'était surtout ses préjugés et ses mensonges. Il aurait voulu le refaire, moins pour lui que pour la société elle-même. Il consentait à être écrasé sous ses ruines, pourvu que ces ruines eussent fait place au plan idéal du gouvernement de la raison. Brissot fut d'abord un de ces talents mercenaires qui écrivent pour qui les paye. Il avait écrit sur tous les sujets, pour tous les ministres, pour Turgot surtout. Lois criminelles, théories économiques, diplomatie, littérature, philosophie, libelles même, sa plume se prêtait à tous les usages. Cherchant l'appui de tous les hommes puissants ou célèbres, il avait encensé depuis Voltaire et Franklin jusqu'à Marat. Connu de madame de Genlis, il lui avait dû quelques relations avec le duc d'Orléans. Envoyé à Londres par le ministre, pour une de ces missions qu'on n'avoue pas, il s'y était lié avec le rédacteur du *Courrier de l'Europe*, journal français imprimé en Angleterre, et dont la hardiesse inquiétait la cour des Tuileries. Il se mit aux gages de Swinton, propriétaire de cette feuille, et la rédigea dans un sens favorable aux vues de Vergennes. Il connut chez Swinton quelques libellistes, dont l'un était Morande. Ces écrivains rejetés de la société deviennent souvent des scélérats de plume. Ils vivent à la fois des scandales du vice et des salaires de l'espionnage. Leur contact souilla Brissot. Il fut ou parut quelquefois leur complice. Des taches honteuses restèrent sur sa vie, et furent cruellement ravivées par ses ennemis quand il eut besoin de faire appel à l'estime publique.

Rentré en France aux premiers symptômes de la Révolution, il en avait épié les phases successives avec l'ambition d'un homme impatient et avec l'indécision d'un homme qui flaire le vent. Il s'était trompé plusieurs fois. Il s'était compromis par son dévouement trop pressé à certains hommes qui avaient paru un moment résumer en eux la puissance, à La Fayette surtout. Rédacteur du *Patriote français*, il avait quelquefois aventuré les idées révolutionnaires, et flatté l'avenir en allant plus vite que le pas même des factions. Il avait mérité d'être désavoué par Robespierre.

« Tandis que je me contentais, moi, disait de lui Robespierre, de défendre les principes de la liberté, sans entamer aucune autre question étrangère, que faisiez-vous, Brissot, et vous, Condorcet? Connus jusque-là par votre grande *modération* et par vos relations avec La Fayette, longtemps sectateurs du club aristocratique de 89, vous fîtes tout à coup retentir le mot de république. Vous répandez un journal intitulé le *Républicain!* Alors les esprits fermentent. Le seul mot de république jette la division parmi les patriotes, et donne à nos ennemis le prétexte qu'ils cherchaient de publier qu'il existe en France un parti qui conspire contre la monarchie et la constitution. A ce titre, on nous persécute, on égorge les citoyens paisibles sur l'autel de la patrie! A ce nom, nous sommes travestis en factieux, et la République recule peut-être d'un demi-siècle. Ce fut dans ce même temps que Brissot vint aux Jacobins, où il n'avait jamais paru, proposer la république, dont les règles de la plus simple prudence nous avaient défendu de parler à l'Assembler nationale. Par quelle fatalité Brissot se trouve-t-il là? Je veux bien ne pas voir de ruse dans sa conduite, je veux bien n'y voir qu'imprudence et qu'ineptie. Mais aujourd'hui que ses liaisons avec La Fayette et Narbonne ne sont plus un mystère, aujourd'hui qu'il ne dissimule plus des plans d'innovations dangereuses, qu'il sache que la nation romprait à l'instant toutes les trames ourdies pendant tant d'années par de petits intrigants. »

Ainsi s'exprimait Robespierre, jaloux d'avance et cependant juste, sur la candidature de Brissot. La Révolution le repoussait, la contre-révolution ne le déshonorait pas moins. Les anciens amis de Brissot à Londres, Morande surtout, revenu à Paris avec l'impunité des temps de trouble, dévoilaient dans l'*Argus* et dans des affiches aux Parisiens les intrigues cachées et les scandales de la vie littéraire de leur ancien associé. Ils citaient des lettres authentiques où Brissot avait menti avec impudeur sur son nom, sur la condition de sa famille, sur la fortune de son père, pour capter la confiance de Swinton, se donner du crédit et faire des dupes en Angleterre. Les preuves étaient convaincantes. Une somme considérable avait été extorquée à un nommé Desforges, sous prétexte de fonder un lycée à Londres, et cette somme avait été dépensée par Brissot à son usage personnel. C'était peu. Brissot, en quittant l'Angleterre, avait déposé entre les mains de ce même Desforges quatre-vingts lettres qui établissaient trop évidemment sa participation à l'infâme commerce de libelles pratiqué par ses amis. Il fut démontré que Brissot avait connivé à l'envoi en France et à la propagation des odieux pamphlets de Morande. Les journaux hostiles à sa candidature s'emparèrent de ces scandales et les secouèrent devant l'opinion. Il fut accusé, en outre, d'avoir puisé dans la caisse du district des Filles-Saint-Thomas, dont il était président, une somme oubliée longtemps dans sa propre bourse. Sa justification fut embarrassée et obscure. Elle suffit néanmoins au club de la rue de la Michodière pour déclarer son innocence et son intégrité.

Quelques journaux, préoccupés seulement du côté politique de sa vie, prirent sa défense et se bornèrent à gémir sur la calomnie. Manuel, son ami, qui rédigeait un journal cynique, lui écrivit pour le consoler : « Ces ordures de la calomnie, répandues au moment du scrutin, lui dit-il, finissent toujours par laisser une teinte sale sur celui sur qui on les verse. Mais c'est faire triompher les ennemis du peuple que de repousser celui qui les combat sans crainte. On me donne des voix, à moi, malgré mon radotage et mon goût pour la bouteille. Laissez là le Père Duchesne et nommez Brissot. Il vaut mieux que moi. » Marat, dans l'*Ami du peuple*, parla de Brissot en termes ambigus. « Brissot, écrit l'ami du peuple, n'a jamais été à mes yeux un patriote bien franc. Soit ambition, soit bassesse, il a trahi jusqu'ici les devoirs d'un bon citoyen. Pourquoi abandonne-t-il si tard ce général tartufe? Pauvre Brissot, te voilà victime de la perfidie d'un valet de cour, d'un lâche hypocrite! Pourquoi as-tu prêté la patte à La Fayette? Que veux-tu? tu éprouves le sort des hommes à caractère indécis. Tu as déplu à tout le monde. Tu ne perceras jamais. S'il te reste quelque sentiment de dignité, hâte-toi d'effacer ton nom de la liste des candidats à la prochaine législature. » Ainsi apparaissait pour la première fois sur la scène, au milieu des huées des deux partis, cet homme qui s'efforçait en vain d'échapper au mépris amassé sur son nom par les fautes de sa jeunesse, pour entrer dans l'austérité de son rôle politique, homme mixte, moitié d'intrigue, moitié de vertu. Brissot, destiné à servir de centre de ralliement au parti de la Gironde, portait d'avance dans son caractère tout ce qu'il y eut, plus tard, dans les destinées de son parti, de l'intrigue et du patriotisme, du factieux et du martyr. Les autres candidats marqués de Paris étaient Pastoret, homme du Midi, prudent et habile comme un homme du Nord, se ménageant entre les partis, donnant assez de gages à la Révolution pour être accepté par elle, assez de dévouement à la cour pour garder sa confiance secrète, porté çà et là par la faveur alternative des deux opinions, comme un homme qui cherchait la fortune par son talent dans la Révolution, mais ne la cherchant jamais hors du juste et de l'honnête; Lacépède, Cérutti, Hérault de Séchelles, Gouvion, aide de camp de La Fayette. Les élections de département occupèrent peu l'attention. L'Assemblée nationale avait épuisé le pays de caractères et de talents. L'ostracisme qu'elle s'était imposé abandonnait la France aux talents secondaires. On se passionnait peu pour des hommes inconnus. La considération publique s'attachait davantage aux noms qui allaient disparaître. Un pays n'a pas deux renommées : celle de la France s'en allait avec les membres de l'Assemblée dissoute ; une autre France allait surgir.

LIVRE QUATRIÈME

Députation de la Gironde. — Agitation dans les clubs. — Orateurs en plein air. — Translation au Panthéon des restes mortels de Voltaire. — Appréciation de ses écrits et de son caractère. — Révision par l'Assemblée nationale de la constitution. — Le roi accepte la constitution.

I

Cependant un mouvement d'opinion nouvelle commençait à se faire pressentir du côté du Midi. Bordeaux fermentait. Le département de la Gironde venait de nommer à la fois tout un parti politique dans les douze citoyens qui composaient sa députation. Ce département, éloigné du centre, allait prendre d'un seul coup l'empire de l'opinion et de l'éloquence. Les noms jusque-là obscurs de Ducos, de Guadet, de Grangeneuve, de Gensonné, de Vergniaud, allaient grandir avec les orages et avec les malheurs de leur patrie. Ils étaient destinés à imprimer à la Révolution indécise un mouvement devant lequel elle hésitait encore, et à la précipiter dans la république. Pourquoi cette impulsion devait-elle venir du département de la Gironde et non de Paris? On ne peut que conjecturer en pareille matière. Cependant l'esprit républicain devait peut-être éclater plutôt à Bordeaux qu'à Paris, où la présence et l'action d'une cour énervaient depuis des siècles l'indépendance des caractères et l'austérité des principes, qui sont les bases du sentiment civique. Les états de Languedoc et les habitudes qui résultent de l'administration d'une province gouvernée par elle-même devaient prédisposer les mœurs de la Gironde à un gouvernement électif et fédératif.

Bordeaux était un pays parlementaire. Les parlements avaient nourri partout l'esprit de résistance et créé souvent l'esprit de faction contre la royauté. Bordeaux était une ville de commerce. Le commerce, qui a besoin de la liberté par intérêt, finit par en contracter le sentiment. Bordeaux était la ville coloniale, la grande échelle de l'Amérique en France. Les rapports constants de sa marine marchande avec les Américains avaient importé dans la Gironde l'enthousiasme des institutions libres. Enfin, Bordeaux était une terre mieux et plus tôt exposée aux rayons de la philosophie que le centre de la France. La philosophie y avait germé d'elle-même avant de germer à Paris. Bordeaux était le pays de Montaigne et de Montesquieu, ces deux grands républicains de la pensée française. L'un avait librement sondé les dogmes religieux, l'autre les institutions politiques. Le président Dupaty y avait fomenté, depuis, l'enthousiasme de la philosophie nouvelle. Bordeaux, de plus, était une terre à moitié romaine, où les traditions de la liberté et du *forum romain* s'étaient perpétuées dans le barreau. Un certain souffle de l'antiquité y animait les âmes et y enflait les paroles. Bordeaux était républicain par éloquence encore plus que par opinion. Il y avait un peu de l'emphase latine jusque dans son patriotisme. La république devait naître dans le berceau de Montaigne et de Montesquieu.

II

Ce moment des élections fut le signal d'une lutte plus acharnée de la presse périodique. Les journaux ne suffisaient pas. On fit crier les opinions dans les rues par des colporteurs, et on inventa les *journaux-affiches* placardés contre les murs de Paris et groupant le peuple au coin des rues devant ces tribunes de carrefour. Des orateurs nomades, inspirés ou soldés par les différents partis, s'y tenaient en permanence et commentaient tout haut ces écrits passionnés. Loustalot dans les *Révolutions de Paris*, journal fondé par Prudhomme et continué tour à tour par Chaumette et Fabre-d'Églantine; Marat dans le *Publiciste* et dans l'*Ami du peuple*, Brissot dans le *Patriote français*, Gorsas dans le *Courrier de Versailles*, Condorcet dans la *Chronique de Paris*, Cérutti dans la *Feuille villageoise*, Camille Desmoulins dans les *Discours de la lanterne* et dans les *Révolutions du Brabant*, Fréron dans l'*Orateur du peuple*, Hébert et Manuel dans le *Père Duchesne*, Carra dans les *Annales patriotiques*, Fleydel dans l'*Observateur*, Laclos dans le *Journal des Jacobins*, Fauchet dans la *Bouche de fer*, Royou dans l'*Ami du roi*, Champcenetz, Rivarol dans les *Actes des apôtres*, Suleau et André Chénier dans plusieurs feuilles royalistes ou modérées, agitaient en tout sens et se disputaient l'esprit du peuple. C'était la tribune antique transportée au domicile de chaque citoyen et appropriant son langage à toutes les classes, même aux plus illettrées. La colère, le soupçon, la haine, l'envie, le fanatisme, la crédulité, l'injure, la soif du sang, les paniques soudaines, la démence et la raison, la révolte et la fidélité, l'éloquence et la sottise, avaient chacun leur organe dans ce concert de toutes les passions civiles. La ville s'enivrait tous les soirs de ces passions fermentées. Tout travail était ajourné. Son seul travail, c'était le trône à surveiller, les complots réels ou imaginaires de l'aristocratie à prévenir, la patrie à sauver. Les vociférations des colporteurs de ces feuilles publiques, les chants patriotiques des Jacobins sortant des clubs, les rassemblements tumultueux, les convocations aux cérémonies patriotiques, les terreurs factices sur les subsistances, tenaient les masses de la ville et des faubourgs dans une continuelle tension. La pensée publique ne laissait dormir personne. L'indifférence eût semblé trahison. Il fallait feindre la fureur pour être à la hauteur de l'esprit public. Chaque circonstance accroissait les pulsations de cette fièvre. La presse la soufflait dans toutes les veines de la nation. Son langage tenait déjà du délire. La langue s'avilissait jusqu'au cynisme. Elle empruntait à la populace même ses proverbes, sa trivialité, ses obscénités, ses rudesses, et jusqu'à ces jurements dont elle entrecoupe ses paroles, comme pour asséner avec plus de force les coups de l'injure dans l'oreille de ceux qu'elle hait. Danton, Hébert et Marat furent les premiers qui prirent ce ton, ces gestes et ces jurements de la plèbe, pour la flatter par l'imitation de ses vices. Robespierre ne descendit jamais jusque-là. Il ne voulait s'emparer du peuple que par sa raison. Le fanatisme qu'il lui inspirait dans ses discours avait au moins la décence des grandes pensées. Il le dominait par le respect et dédaignait de le capter par la familiarité. Plus il descendait dans la confiance des masses, plus il affectait dans ses paroles l'élévation philosophique et le ton austère de l'homme d'État. On sentait dans ses provocations les plus radicales que, s'il voulait renouveler l'ordre social, il ne voulait pas en corrompre les éléments, et que pour émanciper le peuple il ne fallait pas le dégrader.

III

C'est à cette même époque que l'Assemblée nationale ordonna la translation des restes de Voltaire au Panthéon. C'était la philosophie qui se vengeait des anathèmes dont on avait poursuivi la cendre du grand novateur. Le corps de Voltaire, mort à Paris en 1778, avait été transporté, la nuit, et furtivement, par son neveu, dans l'église de l'abbaye de Sellières en Champagne. Quand la nation vendit cette abbaye, les villes de Troyes et de Romilly se disputèrent la gloire de posséder et d'honorer les restes de l'homme du siècle. La ville de Paris, où il avait rendu le dernier soupir, revendiqua son droit de capitale, et adressa à l'Assemblée nationale une pétition pour demander que le corps de Voltaire lui fût rendu et fût déposé au Panthéon, cette cathédrale de la philosophie. L'Assemblée accueillit avec transport l'idée de cet hommage qui faisait remonter la liberté à sa source. « Le peuple lui doit son affranchissement, dit Regnault de Saint-Jean-d'Angély. En lui donnant la lumière, il lui a donné l'empire. On n'enchaîne les nations que dans les ténèbres. Quand la raison vient éclairer la honte de leurs fers, elles rougissent de les porter et elles les brisent. »

Le 11 juillet, le département et la municipalité allèrent en cérémonie à la barrière de Charenton recevoir le corps de Voltaire. On le déposa sur l'emplacement de la Bastille, comme le conquérant sous son trophée. On éleva le cercueil de l'exilé aux regards de la foule. On lui forma un piédestal avec des pierres arrachées aux fondements de cette forteresse des anciennes tyrannies. Voltaire mort triomphait ainsi des pierres qui l'avaient emprisonné vivant. On lisait sur une de ces pierres la réparation que le siècle faisait aux idées : *Reçois en ce lieu, où t'enchaîna le despotisme, les honneurs que te décerne ta patrie.*

IV

Le jour suivant, par un soleil éclatant, qui vint dissiper les nuages d'une nuit pluvieuse, un peuple innombrable vint faire cortége au char qui portait Voltaire au Panthéon. Ce char était traîné par douze chevaux blancs, attelés sur quatre de front; les rênes de ces chevaux, aux crinières tressées d'or et de fleurs, étaient tenues par des hommes vêtus du costume antique, comme dans les médailles des triomphateurs. Ce char portait un lit funèbre sur lequel on voyait, étendue et couronnée, l'image du philosophe. L'Assemblée nationale, le département, la municipalité, les corps constitués, la magistrature et l'armée, entouraient, précédaient ou suivaient le sarcophage. Les boulevards, les rues, les places publiques, les fenêtres, les toits des maisons, les branches même des arbres ruisselaient de peuple. Tous les regards se portaient sur ce char. La pensée nouvelle sentait que c'était sa victoire qui passait et que la philosophie restait maîtresse du champ de bataille.

Malgré l'appareil profane et théâtral de cette pompe, on lisait sur les physionomies le recueillement de l'idée et la joie intérieure d'un triomphe intellectuel. De nombreux détachements de cavalerie ouvraient la marche. Ils semblaient mettre désormais les armes mêmes au service de l'intelligence. Les tambours venaient ensuite, voilés de crêpes et battant des charges funèbres, auxquelles se mêlaient les salves d'artillerie des canons qui roulaient derrière eux. Les élèves des colléges de Paris, les sociétés patriotiques, les bataillons de la garde nationale, les ouvriers d'imprimerie, les ouvriers employés à la démolition de la Bastille, portant, les uns, une *presse ambulante*, qui frappait en marchant des hommages à la mémoire de Voltaire; les autres, les chaînes, les carcans, les verrous et les boulets trouvés dans les cachots ou dans les arsenaux des prions d'État; d'autres enfin, les bustes de Voltaire, de Rousseau, de Mirabeau, se pressaient entre l'armée et le peuple. Sur un brancard, on voyait étalé le procès-verbal des électeurs de 89, cette *hégire* de l'insurrection. Sur un autre pavois, les citoyens du faubourg Saint-Antoine montraient un plan en relief de la Bastille, le drapeau du donjon, et une jeune fille vêtue en amazone, qui avait combattu avec eux au siège de cette place forte. Des piques, surmontées du bonnet phrygien de la liberté, se dressaient ç àet là au-dessus des têtes de cette multitude. On lisait sur un écriteau porté au bout d'une de ces piques : *De ce fer naquit la liberté.*

Tous les acteurs et toutes les actrices des théâtres de Paris suivaient la statue de celui qui les avait inspirés pendant soixante ans. Les titres de ses principaux ouvrages étaient gravés sur les faces d'une pyramide qui représentait son immortalité. Sa statue, dorée et couronnée de laurier, était portée par des citoyens revêtus des costumes des peuples et des âges dont il avait peint les mœurs. Une cassette, également dorée, renfermait les soixante-dix volumes de ses œuvres. Les membres des corps savants et des principales académies du royaume environnaient cette arche de la philosophie. De nombreux orchestres, les uns ambulants, les autres distribués sur la route du cortége, saluaient de symphonies éclatantes le passage du char et remplissaient l'air de l'enthousiasme harmonieux de cette multitude. Ce cortége faisait des stations à la porte des principaux théâtres; on chantait des hymnes à la gloire de son génie, et on se remettait en marche. Arrivé ainsi sur le quai qui portait le nom de Voltaire, le char s'arrêta devant la maison de M. de Villette, où Voltaire était mort et où l'on avait gardé son cœur. Des arbres verts, des guirlandes de feuilles et des couronnes de roses décoraient la façade de cette maison. On y lisait cette inscription célèbre : *Son esprit est partout, et son cœur est ici.* De jeunes filles vêtues de blanc, et le front couronné de fleurs, couvraient les gradins d'un amphithéâtre élevé devant la maison. Madame de Villette, dont Voltaire avait été le second père, dans tout l'éclat de la beauté et dans tout l'attendrissement de ses larmes, s'avança au milieu d'elles et déposa la plus belle des couronnes, la couronne filiale, sur le front du grand homme. Des strophes du poëte Chénier, un des hommes qui nourrissait le plus et qui conserva jusqu'à sa mort le culte de Voltaire, éclatèrent à ce moment, revêtues des sons religieux de la musique. Madame de Villette et les jeunes filles de l'amphithéâtre descendirent dans la rue, semée de fleurs, et marchèrent devant le char. Le Théâtre-Français, qui était alors dans le faubourg Saint-Germain, avait fait de son péristyle un arc de triomphe. Sur chacune des colonnes était incrusté un médaillon renfermant, en lettres de bronze doré, le titre des principaux drames du poëte. On lisait sur le piédestal de sa statue, érigée devant la porte du théâtre : *Il fit Irène à quatre-vingt-trois ans ; à dix-sept ans, il fit Œdipe.*

L'immense procession qui escortait cette gloire posthume n'arriva au Panthéon qu'à dix heures du soir. Le jour n'avait pas été assez long pour ce triomphe. Le cercueil de Voltaire fut déposé entre Descartes et Mirabeau. C'était la place prédestinée à ce génie intermédiaire entre la philosophie et la politique, entre la pensée et l'action.

Cette apothéose de la philosophie moderne, au milieu des grands événements qui agitaient l'esprit public, montrait assez que la Révolution se comprenait elle-même et qu'elle voulait être l'inauguration des deux grands principes représentés par ce cercueil : l'intelligence et la liberté! C'était l'intelligence qui entrait en triomphatrice, sur les ruines des préjugés de naissance, dans la ville de Louis XIV. C'était la liberté qui prenait possession de la ville et du temple de sainte Geneviève. Les cercueils de deux âges allaient se combattre jusque dans les tombeaux. La philosophie, timide jusque-là, révélait sa dernière pensée : faire changer de grands hommes à la vénération du siècle.

V

Voltaire, ce génie sceptique de la France moderne, résumait admirablement en lui la double passion de ce peuple dans un pareil moment : la passion de détruire et le besoin d'innover, la haine des préjugés et l'amour de la lumière. Il devait être le drapeau de la destruction. Ce génie, non pas le plus haut, mais le plus vaste de la France, n'a encore été jugé que par ses fanatiques ou par ses ennemis. L'impiété déifiait jusqu'à ses vices, la superstition anathématisait jusqu'à ses qualités; enfin le despotisme, quand il pesa sur la France, sentit qu'il fallait détrôner Voltaire de l'esprit national, pour y réinstaller la tyrannie. Napoléon paya, pendant quinze ans, des écrivains et des journaux chargés de dégrader, de salir et de nier le génie de Voltaire. Il haïssait ce nom, comme la force hait l'intelligence.

Tant que la mémoire de Voltaire n'était pas éteinte, il ne se sentait pas en sécurité. La tyrannie a besoin des préjugés, comme le mensonge a besoin des ténèbres. L'Église restaurée ne pouvait pas non plus laisser briller cette gloire ; elle avait le droit de condamner Voltaire, mais non de le nier.

Si l'on juge des hommes par ce qu'ils ont fait, Voltaire est incontestablement le plus puissant des écrivains de l'Europe moderne. Nul n'a produit, par la seule force du génie et par la seule persévérance de la volonté, une si grande commotion dans les esprits. Sa plume a soulevé tout un vieux monde et ébranlé plus que l'empire de Charlemagne, l'empire presque européen d'une religion. Son génie n'était pas la force, c'était la clarté. Dieu ne l'avait pas destiné à embraser les objets, mais à les éclairer. Partout où il entrait, il portait le jour. La raison, qui n'est que lumière, devait en faire d'abord son poëte, son apôtre après, son idole enfin.

VI

Voltaire était né plébéien dans une rue obscure du vieux Paris. Pendant que Louis XIV et Bossuet régnaient, dans les pompes du pouvoir absolu et du catholicisme, à Versailles, le Moïse de l'incrédulité grandissait inconnu tout près d'eux. Les secrets de la destinée semblent ainsi se jouer des hommes. On ne les soupçonne qu'après qu'ils ont éclaté. Le trône et l'autel avaient atteint leur apogée en France. Le duc d'Orléans, régent, gouvernait un interrègne. C'était un vice à la place d'un autre : la faiblesse au lieu de l'orgueil. Ce vice était doux et facile. La corruption se vengeait de l'austérité des dernières années, sous Tellier et madame de Maintenon. Voltaire, précoce par l'audace comme par le talent, commençait à jouer avec ces armes de la pensée dont il devait faire plus tard un si terrible usage. Le régent, qui ne se doutait pas du danger, le laissait faire, et ne réprimait que pour la forme quelques témérités d'esprit excessives, dont il riait en les punissant. L'incrédulité de cette époque naissait dans la débauche, au lieu de naître dans l'examen. L'indépendance de pensée était un libertinage des mœurs plus qu'une conclusion d'esprit. Il y avait du vice dans l'irréligion. Voltaire s'en ressentit toujours. Sa mission commença par le rire et par la souillure des choses saintes, qui ne doivent être touchées qu'avec respect, même quand on les attaque. De là la légèreté, l'ironie, trop souvent le cynisme, dans le cœur et sur les lèvres de l'apôtre de la raison. Son voyage en Angleterre donna de l'assurance à son incrédulité. Il n'avait connu en France que des libertins d'esprit, il crut trouver à Londres des philosophes. Il se passionna pour la raison, comme on se passionne pour une nouveauté ; il eut l'enthousiasme de la découverte. Dans une nature aussi active que la nature française, cet enthousiasme et cette haine ne restèrent pas spéculatifs comme dans une intelligence du Nord. A peine persuadé, il voulut persuader à son tour. Sa vie entière devint une action multiple tendue vers un seul but : l'abolition de la théocratie et l'établissement de la tolérance et de la liberté dans les cultes. Il travailla avec tous les dons que Dieu avait faits à son génie ; il y travailla même avec le mensonge, la ruse, le dénigrement, le cynisme et l'immoralité d'esprit ; il y employa toutes les armes, même celles que le respect de Dieu et des hommes interdit aux sages : il mit sa vertu, son honneur, sa gloire à ce renversement. Son apostolat de la raison eut les formes d'une profanation de la piété. Au lieu d'éclairer le temple, il le ravagea.

Du jour où il eut résolu cette guerre contre le christianisme, il chercha des alliés contre lui. Sa liaison avec le roi de Prusse, Frédéric II, n'eut pas d'autre cause. Il lui fallait des trônes pour s'appuyer contre le sacerdoce. Frédéric, qui partageait sa philosophie, et qui la poussait plus loin, jusqu'à l'athéisme et jusqu'au mépris des hommes, fut le Denys de ce moderne Platon. Louis XV, qui avait intérêt à se tenir dans des rapports de bienveillance avec la Prusse, n'osa pas sévir contre un homme que ce roi avouait pour ami. Voltaire redoubla d'audace à l'abri de ce sceptre. Il mit les trônes à part, et sembla les intéresser à son entreprise en affectant de les émanciper de la domination de Rome. Il consentit à livrer aux rois la liberté civile des peuples, pourvu qu'ils l'aidassent à conquérir la liberté des consciences. Il affecta même, et il eut peut-être, le culte de la puissance absolue des rois. Il poussa le respect envers eux jusqu'à l'adoration de leurs faiblesses. Il avait excusé les vices du grand Frédéric ; il agenouilla la philosophie devant les maîtresses de Louis XV. Semblable à la courtisane de Thèbes qui bâtit une des pyramides d'Égypte du fruit de ses débauches, Voltaire ne rougit d'aucune prostitution de son génie, pourvu que le salaire de ses complaisances lui servît à acheter des ennemis au Christ. Il en enrôla par milliers dans toute l'Europe, et surtout en France. Les rois se souvenaient encore du moyen âge et des trônes outragés par les papes. Ils ne voyaient pas sans ombrage et sans haine secrète ce clergé aussi puissant qu'eux sur les peuples, qui, sous le titre de cardinaux, d'aumôniers, d'évêques ou de confesseurs, dictait ses croyances jusque dans les cours. Les parlements, ce clergé civil, corps redoutable aux souverains eux-mêmes, détestaient le corps du clergé tout en protégeant la foi de leurs arrêts. La noblesse, guerrière, corrompue, ignorante, penchait tout entière vers l'incrédulité qui la délivrait d'une morale. Enfin, la bourgeoisie lettrée ou savante préludait à l'émancipation du tiers état par l'insurrection de la pensée. Tels étaient les éléments de la révolution religieuse. Voltaire s'en empara à l'heure juste, avec ce coup d'œil de la passion, qui voit plus clair que le génie lui-même. A un siècle enfant, léger et irréfléchi, il ne présenta pas la raison sous la forme austère d'une philosophie, mais sous la forme d'une liberté facile des idées et d'une ironie moqueuse. Il n'aurait pas réussi à faire penser son temps, il réussissait à le faire sourire. Il n'attaqua jamais en face, ni à visage découvert, pour ne pas mettre les lois contre lui et pour éviter le bûcher de Servet. Ésope moderne, il attaqua sous des noms supposés la tyrannie qu'il voulait détruire. Il cacha sa haine dans le drame, dans la poésie légère, dans le roman, dans l'histoire et jusque dans les facéties. Son génie fut une perpétuelle allusion comprise de tout son siècle, mais insaisissable à ses ennemis. Il frappait en cachant la main. Ainsi ce combat d'un homme contre un sacerdoce, d'un individu contre une institution, d'une vie contre dix-huit siècles, n'eut pourtant qu'un semblant d'audace.

VII

Il y a une grande puissance de conviction dans cette lutte d'un seul contre une multitude. Braver à la fois, sans autre parti que sa raison individuelle, le respect humain, cette lâcheté de l'esprit déguisée en respect de l'erreur; affronter les haines de la terre et les anathèmes de l'Église, ce fut l'héroïsme de Voltaire. Il exposa son nom; il le dévoua, et pendant sa vie et après sa mort. Il se résigna à de longs exils en échange de la liberté de combattre. Il se séquestra volontairement des hommes pour que leur pression ne gênât pas en lui sa pensée. A quatre-vingts ans, infirme et se sentant mourir, il fit plusieurs fois ses préparatifs, à la hâte, pour aller combattre encore et expirer loin du toit de sa vieillesse. La verve intarissable de son esprit ne se glaça pas un seul moment. Il porta la gaieté jusqu'au génie, et sous cette plaisanterie de toute sa vie on sent une puissance sérieuse de persévérance et de conviction. Ce fut le caractère de ce grand homme. La verve lumineuse de sa pensée a trop caché la profondeur du dessein. Sous la plaisanterie et sous le rire, on n'a pas assez reconnu la constance. Il souffrait en riant et voulait souffrir, dans l'absence de sa patrie, dans ses amitiés perdues, dans son nom flétri, dans sa mémoire maudite. Il accepta tout en vue du triomphe de l'indépendance de la raison humaine. Le dévouement ne change point de valeur en changeant de cause ; ce fut là sa vertu devant la postérité. Il ne fut pas la vérité, mais il fut son précurseur, et marcha devant elle. Une chose lui manqua : ce fut l'amour de Dieu. Il le voyait par l'esprit, il haïssait les formes que les âges passés lui avaient associées. Il déchirait avec colère les nuages qui, dans sa conviction, empêchaient l'idée divine de rayonner pure sur les hommes, mais son culte était plutôt de la haine contre l'erreur que de la foi dans la Divinité. Le sentiment religieux, ce résumé sublime de la pensée humaine, cette raison qui s'allume par l'enthousiasme pour monter à Dieu comme une flamme et pour se réunir à lui dans l'unité de la création avec le créateur, du rayon avec le foyer, Voltaire ne le nourrissait pas dans son âme. De là les résultats de sa philosophie. Elle ne créa ni morale, ni culte, ni charité ; elle ne fit que décomposer et détruire. Négation froide, corrosive et railleuse, elle agissait à la façon du poison : elle glaçait, elle tuait ; elle ne vivifiait pas. Aussi ne produisit-elle pas, même contre ces erreurs, qui n'étaient que l'alliage humain d'une pensée divine, tout l'effet qu'elle devait produire. Elle fit des sceptiques au lieu de faire des croyants. La réaction chrétienne fut prompte et générale. Il en devait être ainsi. L'impiété vide l'âme de ses erreurs sacrées, mais elle ne remplit pas le cœur de l'homme. Jamais l'impiété seule ne ruinera un culte. Il faut une foi pour remplacer une foi. Il n'est pas donné à l'irréligion de détruire une religion sur la terre. Il n'y a qu'une religion qui puisse véritablement triompher d'une religion en la remplaçant. La terre ne peut pas rester sans autel, et Dieu seul est assez fort contre Dieu.

VIII

Ce fut le 5 août 1791, premier anniversaire de cette nuit fameuse du 4 août 1790, pendant laquelle s'écroula la féodalité, que l'Assemblée nationale commença la révision de la constitution. C'était un acte imposant et solennel que ce coup d'œil d'ensemble jeté par des législateurs au terme de leur carrière sur les ruines qu'ils venaient de semer dans leur route et sur les fondations qu'ils venaient de jeter. Mais combien différente était leur disposition d'esprit en ce moment de celle où ils étaient en commençant ce grand ouvrage! ils l'avaient entrepris avec l'enthousiasme de l'idéal, ils le revoyaient avec les mécomptes et la tristesse de la réalité. L'Assemblée nationale s'était ouverte aux acclamations d'un peuple unanime dans ses espérances ; elle allait se fermer au bruit des récriminations de tous les partis. Le roi était captif, les princes émigrés, le clergé divisé et en schisme, la noblesse en fuite, le peuple en sédition. Necker s'était évanoui dans sa popularité. Mirabeau était mort, Maury était muet; Cazalès, Lally, Mounier, avaient déserté leur œuvre. Deux ans avaient emporté plus d'hommes et plus de choses qu'une génération n'en emporte en temps ordinaire. Les grandes voix de 89, inspirées de philosophie et d'espérances, ne retentissaient plus sous ces voûtes. Les premiers rangs étaient tombés. Les hommes de second ordre allaient combattre à leur place. Intimidés, découragés, repentants, ils n'avaient ni le génie de servir l'impulsion du peuple ni la puissance de lui résister. Barnave avait retrouvé sa vertu dans sa sensibilité ; mais la vertu qui vient tard est comme l'intelligence qui vient après coup, elle ne sert qu'à nous faire mesurer la profondeur de nos fautes. En révolution on ne se repent pas, on expie. Barnave, qui aurait pu sauver la monarchie s'il s'était joint à Mirabeau, allait commencer son expiation. Robespierre était à Barnave ce que Barnave avait été pour Mirabeau. Mais Robespierre, plus puissant que Barnave, au lieu d'agir au gré d'une passion mobile comme la jalousie, agissait sous l'impulsion d'une idée fixe et d'une implacable théorie. Barnave n'avait eu qu'une faction derrière lui ; Robespierre avait tout un peuple.

IX

Dès les premières séances, Barnave essaya de raffermir autour de la constitution l'opinion ébranlée par Robespierre et ses amis. Il le fit avec des ménagements qui attestaient déjà la faiblesse de sa situation sous le courage de ses paroles. « On attaque le travail de votre comité de constitution, dit-il. Il n'existe contre notre ouvrage que deux natures d'opposition : ceux qui, jusqu'à présent, se sont montrés constamment les ennemis de la Révolution ; les ennemis de l'égalité, qui détestent notre œuvre parce qu'elle est la condamnation de leur aristocratie. Une autre classe, cependant, se montre hostile à la constitution. Je la divise en deux espèces très-distinctes. L'une est celle des hommes qui, dans l'opinion intime de leur conscience, donnent la préférence à un autre gouvernement, qu'ils déguisent plus ou moins dans leur langage, et cherchent à enlever à notre constitution monarchique toutes les forces qui pourraient retarder l'avénement de la république. Je déclare que, ceux-là, je ne les attaque point. Quiconque a une opinion politique pure a le droit de l'énoncer. Mais nous avons une autre classe d'ennemis. Ce sont les ennemis de tout gouvernement. Celle-là, si elle se montre opposante, ce n'est pas parce qu'elle préfère la république à la monarchie, la démocratie à l'aristocratie, c'est parce que tout ce qui fixe la machine politique, tout ce qui est l'ordre, tout ce qui met à sa place l'homme probe et l'homme improbe, l'homme honnête et le calomniateur, lui est contraire et odieux. (Des applaudissements prolongés éclatent dans la majorité de la gauche.) Voilà, messieurs, poursuit Barnave, voilà quels sont ceux qui ont combattu le plus notre travail. Ils ont cherché de nouvelles ressources de révolution, parce que la révolution fixée par nous leur échappait. Ce sont ces hommes qui, en changeant le nom des choses, en mettant des sentiments en apparence patriotiques à la place des sentiments de l'honneur, de la probité, de la pureté, en s'asseyant même aux places les plus augustes avec un masque de vertu, ont cru qu'ils en imposeraient à l'opinion publique et se sont coalisés avec quelques écrivains... (Les applaudissements redoublent, et tous les yeux se fixent sur Robespierre et Brissot.) Si nous voulons que notre constitution s'exécute, si vous voulez que la nation, après vous avoir dû l'espérance de la liberté, car ce n'est encore que l'espérance (murmures de mécontentement), vous doive la réalité, la prospérité, le bonheur, la paix, attachons-nous à la simplifier, en donnant au gouvernement, je veux dire à tous les pouvoirs établis par cette constitution, le degré de force, d'action, d'ensemble, qui lui est nécessaire pour mouvoir la machine sociale et pour conserver à la nation la liberté que vous lui avez donnée... Si le salut de la patrie vous est cher, prenez garde à ce que vous allez faire. Bannissons surtout d'injustes défiances qui ne peuvent être utiles qu'à nos ennemis, quand ils pourront croire que cette Assemblée nationale, que cette constante majorité, à la fois hardie et sage, qui leur a tant imposé depuis le départ du roi, est prête à s'évanouir devant les divisions artistement fomentées par des soupçons perfides... (On applaudit encore.) Vous verriez renaître, n'en doutez pas, les désordres, les déchirements dont vous êtes lassés, et dont le terme de la révolution doit être aussi le terme ; vous verriez renaître à l'extérieur des espérances, des projets, des tentatives que nous bravons hautement, parce que nous sentons nos forces et que nous sommes unis, parce que nous savons que tant que nous sommes unis on ne les entreprendra pas, et que, si l'extravagance osait le tenter, ce sera toujours à sa honte. Mais les tentatives qui s'effectueraient et sur le succès desquelles on pourrait compter avec quelque vraisemblance, une fois que, divisés entre nous, ne sachant à qui nous devons croire, nous nous supposons des projets divers quand nous n'avons que les mêmes projets, des sentiments contraires quand chacun de nous a dans son cœur le témoignage de la pureté de son collègue, quand deux ans de travaux entrepris ensemble, quand des preuves consécutives de courage, quand des sacrifices que rien ne peut payer, si ce n'est la satisfaction de soi-même... » Ici la voix de Barnave expire dans les applaudissements de la majorité, et l'Assemblée, électrisée, semble un instant unanime dans son sentiment monarchique.

X

Dans la séance du 5 août, l'Assemblée discuta l'article de la constitution portant que les membres de la famille royale ne pourraient exercer les droits de citoyen. Le duc d'Orléans monta à la tribune pour protester contre cet article, et déclara, au milieu des applaudissements et des murmures, que, s'il était adopté, il lui restait le droit d'opter entre le titre de citoyen français et son droit éventuel au trône. Sillery, l'ami et le confident de ce prince, prit la parole après lui, et combattit avec une habile éloquence les conclusions du comité. Ce discours, plein d'allusions transparentes à la situation du duc d'Orléans, fut le seul acte d'ambition directe tenté par le parti de ce prince. Sillery commença par répondre en face aux paroles de Barnave.
« Qu'il me soit permis, dit-il, de gémir sur le déplorable abus que quelques orateurs ont fait de leur talent. Quel étrange langage! On cherche à vous faire entendre qu'il y a ici des factieux, des anarchistes, des ennemis de l'ordre, comme si l'ordre ne pouvait exister qu'en satisfaisant l'ambition de quelques individus!... On vous propose d'accorder à tous les individus de la famille royale le titre de prince, et de les priver des droits de citoyen. Quelle inconséquence

et quelle ingratitude! Vous déclarez le titre de citoyen français le plus beau des titres, et vous proposez de l'échanger contre le titre de prince, que vous avez supprimé comme contraire à l'égalité! Les parents du roi qui sont restés en France n'ont-ils pas constamment montré le patriotisme le plus pur? Quels services n'ont-ils pas rendus à la cause publique par leur exemple et par leurs sacrifices! N'ont-ils pas d'eux-mêmes abjuré leurs titres pour un seul, pour celui de citoyen? Et vous proposez de les en dépouiller! Quand vous avez supprimé le titre de prince, qu'est-il arrivé? Les princes fugitifs ont fait une ligue contre la patrie; les autres se sont rangés avec nous. Si on rétablit aujourd'hui le titre de prince, on accorde aux ennemis de la patrie tout ce qu'ils ambitionnèrent, on enlève aux parents du roi patriote tout ce qu'ils estiment!... Je vois le triomphe et la récompense du côté des princes conspirateurs, je vois la punition de tous les sacrifices du côté des princes populaires. On prétend qu'il est dangereux d'admettre dans le corps législatif des membres de la famille royale. On établit donc, dans cette hypothèse, qu'à l'avenir tous les individus de la famille royale seront à perpétuité des courtisans vendus ou des factieux! Cependant, n'est-il pas possible de supposer qu'il s'en trouve aussi de patriotes? Est-ce ceux-là que vous voulez flétrir? Vous condamnez les parents du roi à haïr la constitution et à conspirer contre une forme de gouvernement qui ne leur laisse le choix qu'entre le rôle de courtisans ou le rôle de conspirateurs!... Voyez, au contraire, ce qu'il est possible d'en attendre, si l'amour de la patrie les enflamme. Jetez vos regards sur un des rejetons de cette race que l'on vous propose d'exiler; à peine sorti de l'enfance, il a déjà eu le bonheur de sauver la vie à trois citoyens, au péril de la sienne. La ville de Vendôme lui a décerné une couronne civique. Malheureux enfant ! sera-ce la dernière que ta race obtiendra ?... »

Les applaudissements dont ce discours fut constamment interrompu, et qui suivirent l'orateur longtemps après qu'il eut cessé de parler, prouvèrent que la pensée d'une dynastie révolutionnaire tentait déjà quelques âmes, et que s'il n'existait pas une faction d'Orléans, il ne manquait du moins qu'un chef pour la constituer. Robespierre, qui ne détestait pas moins une faction dynastique que la monarchie elle-même, vit avec terreur ce symptôme d'un pouvoir nouveau qui apparaissait dans l'éloignement. « Je remarque, répondit-il, qu'on s'occupe trop des individus, et pas assez de l'intérêt national. Il n'est pas vrai qu'on veuille dégrader les parents du roi. On ne veut pas les mettre au-dessous des autres citoyens ; on veut les séparer du peuple par une marque honorifique. A quoi bon leur chercher des titres ? Les parents du roi seront simplement les parents du roi. L'éclat du trône n'est pas dans ces vaniteuses dénominations. On ne peut pas impunément déclarer qu'il existe en France une famille quelconque au-dessus des autres ; elle serait à elle seule la noblesse. Cette famille resterait au milieu de nous comme la racine indestructible de cette noblesse que nous avons détruite : elle serait le germe d'une aristocratie nouvelle. » De violents murmures accueillirent ces protestations de Robespierre. Il fut obligé de s'interrompre et de s'excuser. « Je vois, dit-il en finissant, qu'il ne nous est plus permis de professer ici, sans être calomnié, les opinions que nos adversaires ont soutenues les premiers dans cette assemblée.

XI

ais tout le nœud de la situation était dans la question de savoir si, la constitution une fois achevée, la nation se reconnaîtrait dans la constitution même le droit de la reviser et de la changer. Ce fut dans cette occasion que Malouet, quoique abandonné de son parti, tenta seul, et sans espérance, la restauration de l'autorité royale. Ce discours, digne du génie de Mirabeau, était l'acte d'accusation le plus terrible contre les excès du peuple et contre les égarements de l'Assemblée. La modération y tempérait la force; on sentait l'homme de bien sous l'orateur, et dans le législateur l'homme d'État. Quelque chose de l'âme sereine et stoïque de Caton respire dans ces paroles; mais l'éloquence politique est plus dans le peuple qui écoute que dans l'homme qui parle. La voix n'est rien sans le retentissement qui la multiplie. Malouet, déserté des siens, abandonné par Barnave, qui l'écoutait en gémissant, ne parlait plus que pour sa conscience; il ne combattait plus pour la victoire, mais pour son principe. Voici ce discours :

« On vous propose de déterminer l'époque et les conditions de l'exercice d'un nouveau pouvoir constituant; on vous propose de subir vingt-cinq ans de désordre et d'anarchie avant d'avoir le droit d'y remédier. Remarquez d'abord dans quelles circonstances on vous propose d'imposer silence aux réclamations de la nation sur ses nouvelles lois : c'est lorsque vous n'avez encore entendu que l'opinion de ceux dont ces nouvelles lois favorisent les instincts et les passions; lorsque toutes les passions contraires sont subjuguées par la terreur ou par la force; c'est lorsque la France ne s'est encore expliquée que par l'organe de ses clubs!... Quand il a été question de suspendre l'exercice de l'autorité royale elle-même, que vous a-t-on dit à cette tribune? On vous a dit : *Nous aurions dû commencer la Révolution par là, mais nous ne connaissions pas notre force*. Ainsi, il ne s'agit pour vos successeurs que de mesurer leurs forces pour tenter de nouvelles entreprises... Tel est, en effet, le danger de faire marcher de front une révolution violente et une constitution libre. L'une ne s'opère que dans le tumulte des passions et des armes, l'autre ne peut s'établir que par des transactions amiables entre les intérêts anciens et les intérêts nouveaux. (On rit, on murmure, on crie : « Nous y voilà! ») On ne compte pas les voix, on ne discute pas les opinions pour faire une révolution. Une révolution est une tempête durant laquelle il faut serrer les voiles ou être submergé. Mais, après la tempête, ceux qui en ont été battus, comme ceux qui n'en ont pas souffert, jouissent en commun de la sérénité du ciel. Tout redevient calme et pur sous l'horizon. Ainsi, après une révolution, il faut que la constitution, si elle est bonne, rallie tous les citoyens. Il ne faut pas qu'il y ait un seul homme dans le royaume qui puisse courir des dangers pour sa vie en s'expliquant franchement sur la constitution. Sans cette sécurité, il n'y a point de vœu certain, point de jugement, point de liberté; il n'y aura qu'un pouvoir prédominant, une tyrannie, populaire ou autre, jusqu'à ce que vous ayez séparé la constitution des mouvements de la révolution! Voyez tous ces principes de justice, de morale et de liberté que vous avez posés, accueillis avec des cris de joie et des serments redoublés, mais violés aussitôt avec une audace et des fureurs inouïes... C'est au moment où la plus sainte, où la plus libre des constitutions se proclame, que les attentats les plus horribles contre la liberté, contre la propriété, que dis-je? contre l'humanité et la conscience, se multiplient et se perpétuent! Comment ce contraste ne vous effraye-t-il pas? Je vais vous le dire. Trompés vous-mêmes sur le mécanisme d'une société politique, vous en avez cherché la régénération sans penser à sa dissolution; vous avez considéré comme un obstacle à vos vues le mécontentement des uns, et comme moyen l'exaltation des autres. En ne voulant que renverser des obstacles, vous avez renversé des principes et appris au peuple à tout braver. Vous avez pris les passions du peuple pour auxiliaires. C'est élever un édifice en en sapant les fondements. Je vous le répète donc, il n'y a de constitution libre et durable, hors le despotisme, que celle qui termine une révolution, et qu'on propose, qu'on accepte, qu'on exécute par des formes calmes, libres, et totalement dissemblables des formes de la révolution. Tout ce que l'on fait, tout ce que l'on veut avec passion, avant d'être arrivé à ce point de repos, soit que l'on commande au peuple ou qu'on lui obéisse, soit qu'on veuille le flatter, le tromper, ou le servir, n'est que l'œuvre du délire... Je demande donc que la constitution soit librement et paisiblement acceptée par la majorité de la nation et par le roi. (Violents murmures.) Je sais qu'on appelle vœu national tout ce que nous connaissons de projets d'adresse, d'adhésion, de serments, d'agitations, de menaces et de violences... (Explosion de colère.) Oui, il faut clore la révolution en commençant par anéantir toutes les dispositions qui la violent : vos comités des recherches, les lois sur les émigrants, les persécutions des prêtres, les emprisonnements arbitraires, les procédures criminelles contre les accusés sans preuves, le fanatisme et la domination des clubs; mais ce n'est pas encore assez... la licence a fait tant de ravages... la lie de la nation bouillonne si violemment... (Explosion d'indignation générale.) Serions-nous donc la première nation du monde qui prétendrions n'avoir pas de lie?... L'insubordination effrayante des troupes, les troubles religieux, le mécontentement des colonies qui retentissent déjà si lugubrement dans nos ports; si la révolution ne s'arrête et ne fait place à la constitution, si l'ordre ne se rétablit à la fois partout, l'État ébranlé s'agitera longtemps dans les convulsions de l'anarchie. Souvenez-vous de l'histoire des Grecs, où une première révolution non terminée en enfanta tant d'autres pendant une période d'un demi-siècle! Souvenez-vous de l'Europe qui surveille votre faiblesse et vos agitations, et qui vous respectera si vous savez être libres dans l'ordre, mais qui profitera de vos désordres contre vous, si vous ne savez que vous affaiblir et l'épouvanter de votre anarchie!... » Malouet demanda qu'en conséquence la constitution fût soumise au jugement du peuple et à la libre acceptation du roi.

XII

Ces magnifiques paroles ne retentirent que comme un remords dans le sein de l'Assemblée. On les entendit avec impatience et l'on se hâta de les oublier. M. de La Fayette combattit en peu de mots la proposition de M. d'André, qui remettait à trente ans la révision de la constitution. L'assemblée n'adopta ni l'avis de d'André ni celui de La Fayette. Elle se contenta d'inviter la nation à ne faire usage que dans vingt-cinq ans de son droit de modifier la constitution. « Nous voilà donc arrivés à la fin de notre longue et pénible carrière, dit Robespierre. Il ne nous reste qu'à lui donner la stabilité et la durée. Que nous parle-t-on de la subordonner à l'acceptation du roi? Le sort de la constitution est indépendant du vœu de Louis XVI. Je ne doute pas qu'il ne l'accepte avec transport. Un empire pour patrimoine, toutes les attributions du pouvoir exécutif, quarante millions pour ses plaisirs personnels; voilà ce que nous lui offrons! N'attendons pas, pour le lui offrir, qu'il soit éloigné de la capitale et entouré de funestes conseils. Offrons-le-lui dans Paris. Disons-lui : « Voilà le trône le
» plus puissant de l'univers. Voulez-vous l'accepter? » Ces rassemblements suspects, ce plan de dégarnir vos frontières, les menaces de vos ennemis extérieurs, les manœuvres de vos ennemis du dedans, tout cela vous avertit de presser l'établissement d'un ordre de choses qui rassure

et fortifie les citoyens. Si on délibère quand il faut jurer, si on peut attaquer encore notre constitution, après l'avoir attaquée deux fois, que nous reste-t-il à faire? Reprendre ou nos armes ou nos fers... Nous avons été envoyés, ajouta-t-il en regardant le côté où siégeaient les Barnave et les Lameth, pour constituer la nation, et non pour élever la fortune de quelques individus, pour favoriser la coalition des intrigants avec la cour, et pour leur assurer le prix de leur complaisance ou de leur trahison. »

XIII

L'acte constitutionnel fut présenté au roi le 3 septembre 1791. Thouret rendit compte en ces termes à l'Assemblée nationale de cette solennelle entrevue entre la volonté vaincue d'un monarque et la volonté victorieuse de son peuple :
« A neuf heures du soir, notre députation est sortie de cette salle. Elle s'est rendue au château avec une escorte d'honneur, composée de nombreux détachements de garde nationale et de gendarmerie. Elle a marché toujours au bruit des applaudissements du peuple. Elle a été reçue dans la salle du conseil, où le roi s'était rendu accompagné de ses ministres et d'un assez grand nombre de ses serviteurs. J'ai dit au roi : « Sire, les représentants de la nation viennent
» présenter à Votre Majesté l'acte constitutionnel qui con-
» sacre les droits imprescriptibles du peuple français, qui
» rend au trône sa vraie dignité, et qui régénère le gou-

» vernement de l'empire. » Le roi a reçu l'acte constitutionnel, et a répondu ainsi : « Je reçois la constitution que
» me présente l'Assemblée nationale ; je lui ferai part de
» ma résolution dans le plus court délai qu'exige l'examen
» d'un objet si important. Je me suis décidé à rester à
» Paris. Je donnerai des ordres au commandant de la garde
» nationale parisienne pour le service de ma garde. » Le roi a montré constamment un visage satisfait. Par ce que nous avons vu et entendu, tout nous présage que l'achèvement de la constitution sera aussi le terme de la révolution. » L'Assemblée et les tribunes applaudirent à plusieurs reprises. C'était un de ces jours d'espérance publique où les factions rentrent dans l'ombre pour laisser briller la sérénité des bons citoyens.

La Fayette leva les consignes injurieuses qui faisaient des Tuileries une prison pour la famille royale. Le roi cessa d'être l'otage de la nation pour en redevenir le chef apparent. Il donna quelques jours à l'examen qu'il était censé faire de la constitution. Le 13, il adressa à l'Assemblée, par le ministre de la justice, un message concerté avec Barnave, dans lequel il s'exprimait ainsi : « J'ai examiné l'acte constitutionnel, je l'accepte et je le ferai exécuter. Je dois faire connaître les motifs de ma résolution. Dès le commencement de mon règne, j'ai désiré la réforme des abus, et dans tous mes actes j'ai pris pour règle l'opinion publique. J'ai conçu le projet d'assurer le bonheur du peuple sur des bases permanentes, et d'assujettir à des règles invariables ma propre autorité ! Ces intentions n'ont jamais varié en moi. J'ai favorisé l'établissement des essais de votre ouvrage avant même qu'il fût achevé. Je le faisais de bonne foi, et, si les désordres qui ont accompagné presque toutes les époques de la Révolution venaient souvent affliger mon cœur, j'espérais que la loi reprendrait de la force, et qu'en approchant du terme de vos travaux, chaque jour lui rendrait ce respect sans lequel le peuple ne peut avoir de liberté ni le roi de bonheur. J'ai persisté longtemps dans cette espérance, et ma résolution n'a changé qu'au moment où je n'ai plus pu espérer. Qu'on se souvienne du moment où j'ai quitté Paris : le désordre était à son comble; la licence des écrits, l'audace des partis ne respectaient plus rien. Alors, je l'avoue, si vous m'eussiez présenté la constitution, je n'aurais pas cru devoir l'accepter.

» Tout a changé. Vous avez manifesté le désir de rétablir l'ordre, vous avez revisé plusieurs articles; le vœu du peuple n'est plus douteux pour moi : j'accepte donc la constitution sous de meilleurs auspices; je renonce même librement au concours que j'avais réclamé dans ce travail, et je déclare que, quand j'y renonce, nul autre que moi n'aurait le droit de le revendiquer. Sans doute j'aperçois encore quelques perfectionnements désirables à la constitution, mais je consens à ce que l'expérience en soit juge. Lorsque j'aurai fait agir avec loyauté les moyens de gouvernement qui me sont remis, aucun reproche ne pourra m'être adressé, et la nation s'expliquera par les moyens que la constitution lui a réservés. (Applaudissements.) Que ceux qui seraient retenus par la crainte des persécutions ou des troubles hors de leur patrie puissent y rentrer avec sûreté. Pour éteindre les haines, consentons à un mutuel oubli du passé. (Les tribunes et la gauche renouvellent leurs acclamations.) Que les accusations et les poursuites qui n'ont pour cause que les événements de la

Révolution soient éteintes dans une réconciliation générale. Je ne parle pas de ceux qui n'ont été déterminés que par leur attachement pour moi. Pourriez-vous y voir des coupables? Quant à ceux qui, par des excès où je pourrais apercevoir des injures personnelles, ont attiré sur eux la poursuite des lois, je prouve à leur égard que je suis le roi de tous les Français. Je veux jurer la constitution dans le lieu même où elle a été faite, et je me rendrai demain, à midi, à l'Assemblée nationale. »

L'assemblée adopta à l'unanimité, sur la proposition de La Fayette, l'amnistie générale demandée par le roi. Une nombreuse députation alla lui porter ce décret. La reine était présente : « Voilà ma femme et mes enfants, dit le roi à la députation; ils partagent mes sentiments. » La reine, qui avait besoin de se réconcilier avec l'opinion publique, s'avança et dit : « Voici mes enfants, nous accourons tous, et nous partageons tous les sentiments du roi. » Ces paroles rapportées à l'Assemblées préparèrent les cœurs au pardon que la royauté venait implorer. Le lendemain le roi parut à l'Assemblée. Il ne portait d'autre décoration que la croix de Saint-Louis, par déférence à un décret récent qui supprimait les autres ordres de chevalerie. Il se plaça à côté du président. L'Assemblée était debout. « Je viens, dit le roi, consacrer ici solennellement l'acceptation que j'ai donnée à l'acte constitutionnel. Je jure d'être fidèle à la nation et à la loi, et d'employer tout le pouvoir qui m'est délégué à maintenir la constitution et à faire exécuter les décrets. Puisse cette grande et mémorable époque être celle du rétablissement de la paix, et devenir le gage du bonheur du peuple et de la prospérité de l'empire! » Les applaudissements unanimes de la salle et des tribunes, passionnés pour la liberté, mais affectueux pour le roi, témoignèrent que la nation entrait avec ivresse dans la conquête de sa constitution. « De longs abus, répondit le président, qui avaient longtemps triomphé des bonnes intentions des meilleurs rois, opprimaient la France. L'Assemblée nationale a rétabli les bases de la prospérité publique. Ce qu'elle a voulu, la nation le veut; Votre Majesté ne voudra plus en vain le bonheur des Français. L'Assemblée nationale n'a plus rien à désirer, le jour où vous consommez dans son sein la constitution, en l'acceptant. L'attachement des Français vous décerne la couronne; ce qui vous l'assure, c'est le besoin qu'une aussi grande nation aura toujours du pouvoir héréditaire. Qu'elle sera sublime dans l'histoire, Sire, cette régénération qui donne à la France des citoyens, aux Français une patrie, au roi un nouveau titre de grandeur et de gloire, et une nouvelle source de bonheur! »

XIV

Le roi se retira, accompagné jusqu'aux Tuileries par l'Assemblée entière; ce cortége fendait avec peine un peuple immense qui poussait vers le ciel des acclamations de joie. Une musique militaire et des salves répétées d'artillerie apprenaient à la France que la nation et le roi, le trône et la liberté s'étaient réconciliés dans la constitution, et qu'après trois ans de luttes, d'agitations et d'ébranlements, le jour de la concorde s'était levé. Ces acclamations du peuple à Paris se propageaient dans tout l'empire. La France eut quelques jours de délire. L'espérance, qui attendrit le cœur des hommes, la ramena à ses anciens sentiments pour son roi. Ce prince et sa famille étaient sans cesse rappelés aux fenêtres de leur palais, pour y recevoir les applaudissements de la foule. On voulait leur faire sentir combien l'amour du peuple est doux.

La proclamation de la constitution, le 18, eut le caractère d'une fête religieuse. Le Champ de Mars se couvrit des bataillons de la garde nationale; Bailly, maire de Paris, la municipalité, le département, les fonctionnaires publics, le peuple entier, s'y rendirent. Cent et un coups de canon saluèrent la lecture de l'acte constitutionnel, faite à la nation du haut de l'autel de la patrie. Un seul cri de Vive la nation! proféré par trois cent mille voix, fut l'acceptation du peuple. Les citoyens s'embrassaient comme les membres d'une seule famille. Des aérostats, chargés d'inscriptions patriotiques, s'élevèrent, le soir, des Champs-Élysées, comme pour porter jusque dans les airs le témoignage de l'ivresse d'un peuple régénéré. Ceux qui les montaient lançaient d'en haut sur le peuple les feuilles du livre de la constitution. La nuit fut splendide d'illuminations. Des guirlandes de feu, courant d'arbre en arbre, traçaient, depuis la porte de l'Étoile jusqu'aux Tuileries, une avenue étincelante où se pressait la population de Paris. De distance en distance, des orchestres de musiciens faisaient retentir en accords éclatants la gloire et la joie publiques. M. de La Fayette s'y promena à cheval à la tête de son état-major. Sa présence semblait placer les serments du peuple et du roi sous la garde des citoyens armés. Le roi, la reine et leurs enfants y parurent en voiture à onze heures du soir. La foule immense qui les enveloppa comme dans un embrassement populaire, les cris de Vive le roi ! Vive la reine ! Vive le Dauphin ! les chapeaux lancés en l'air, les gestes d'enthousiasme et de respect, leur firent un triomphe de cette même route où ils avaient passé, trois mois auparavant, au milieu des outrages de la multitude et du frémissement de la fureur publique. La nation semblait vouloir racheter ces jours sinistres, et montrer au roi combien l'apaisement du peuple était facile, et combien lui serait doux le règne de la liberté ! L'acceptation nationale des lois de l'Assemblée constituante fut la contre-épreuve de son ouvrage. Elle n'eut pas la légalité, mais elle eut véritablement la valeur d'une acceptation individuelle par les Assemblées primaires. Elle montra que le vœu de l'esprit public était satisfait. La nation vota d'acclamation ce que la sagesse de son Assemblée avait voté de réflexion. Rien ne manquait au sentiment public que la sécurité. On eût dit qu'il voulait s'étourdir lui-même par le délire de son bonheur, et qu'il rachetait, par l'excès même des manifestations de sa joie, ce qui lui manquait en solidité et en durée.

Le roi participait de bonne foi à ce mouvement général des esprits. Placé entre les souvenirs de tout ce qu'il avait souffert depuis trois ans et les orages qu'il entrevoyait dans l'avenir, il tâchait de se faire illusion à lui-même et de se persuader son bonheur. Il se disait que peut-être il avait méconnu l'opinion publique, et que s'étant remis enfin tout entier à la merci de son peuple, ce peuple respecterait en lui sa propre puissance et sa propre volonté ; il jurait, dans son cœur honnête et bon, la fidélité à la constitution et l'amour à cette nation qui l'aimait.

La reine elle-même rentra au palais avec des pensées

plus constitutionnelles. Elle dit au roi : « Ce n'est plus le même peuple; » et prenant son fils dans ses bras, elle le montra à la foule qui ondoyait sur la terrasse du château, et sembla se couvrir ainsi, aux yeux du peuple, de cette innocence de l'âge et de cet intérêt de la maternité.

Le roi donna, quelques jours après, une fête au peuple de Paris, et distribua d'abondantes aumônes aux indigents. Il voulut que le malheureux même eût son jour de joie à l'ouverture de cette ère de félicité que sa réconciliation avec son peuple promettait à son règne. Le *Te Deum* fut chanté dans la cathédrale de Paris, comme en un jour de victoire, pour bénir le berceau de la constitution française. Enfin, le 30 septembre, le roi vint en personne faire la clôture de l'Assemblée constituante. Avant son arrivée dans la salle, Bailly, au nom de la municipalité, Pastoret, au nom du département, félicitèrent l'Assemblée de l'achèvement de son œuvre : « Législateurs, dit Bailly, vous avez été armés du plus grand pouvoir dont les hommes puissent être revêtus. Demain vous ne serez plus rien. Ce n'est donc ni l'intérêt, ni la flatterie, qui vous louent : ce sont vos œuvres. Nous vous annonçons les bénédictions de la postérité, qui commence aujourd'hui pour vous! » — « La liberté, dit Pastoret, avait fui au delà des mers, ou s'était réfugiée dans les montagnes : vous avez relevé son trône abattu. Le despotisme avait effacé toutes les pages du livre de la nature : vous avez rétabli le décalogue des hommes libres! »

XV

Le roi, entouré de ses ministres, entra à trois heures dans l'Assemblée. De longs cris de Vive le roi! lui interdirent un moment la parole : « Messieurs, dit Louis XVI, après l'achèvement de la constitution vous avez déterminé pour aujourd'hui la fin de vos travaux. Il eût été à désirer, peut-être, que votre session se prolongeât encore quelque temps, pour que vous pussiez vous-mêmes essayer votre ouvrage. Mais vous avez voulu, sans doute, marquer par là la différence qui doit exister entre les fonctions d'un corps constituant et les législateurs ordinaires. J'emploierai tout ce que vous m'avez confié de force à assurer à la constitution le respect et l'obéissance qui lui sont dus. Pour vous, messieurs, qui, dans une longue et pénible carrière, avez montré un zèle infatigable dans vos travaux, il vous reste un dernier devoir à remplir lorsque vous serez dispersés sur la surface de l'empire : c'est d'éclairer vos concitoyens sur l'esprit des lois que vous avez faites, d'épurer et de réunir les opinions par l'exemple que vous donnerez de l'amour de l'ordre et de la soumission aux lois. Soyez, en retournant dans vos foyers, les interprètes de mes sentiments auprès de vos concitoyens. Dites-leur bien que le roi sera toujours leur premier et leur plus fidèle ami; qu'il a besoin d'être aimé d'eux, qu'il ne peut être heureux qu'avec eux et par eux. »

Le président répondit au roi : « L'Assemblée nationale, parvenue au terme de sa carrière, jouit en ce moment du premier fruit de ses travaux. Convaincue que le gouvernement qui convient le mieux à la France est celui qui concilie les prérogatives respectables du trône avec les droits inaliénables du peuple, elle a donné à l'État une constitution qui garantit également la royauté et la liberté. Nos successeurs, chargés du redoutable dépôt du salut de l'empire, ne méconnaîtront ni leurs droits ni les limites constitutionnelles. Et vous, Sire, vous avez presque tout fait : en acceptant la constitution vous avez fini la Révolution. »

Le roi sortit au bruit des acclamations. On eût dit que l'Assemblée nationale était pressée de déposer la responsabilité des événements qu'elle ne se sentait plus la force de maîtriser. « L'Assemblée nationale constituante déclare, dit Target, son président, que sa mission est finie, et qu'elle termine en ce moment ses séances. »

Le peuple, qui se pressait en foule autour du Manége, et qui voyait avec peine la Révolution abdiquer entre les mains du roi, insulta, à mesure qu'il les reconnaissait, les membres du côté droit, et même Barnave ; ils recueillirent, dès le premier jour, l'ingratitude qu'ils avaient si souvent fomentée. Ils se séparèrent dans la tristesse et dans le découragement.

Quand Robespierre et Pétion sortirent, le peuple les couronna de feuilles de chêne et détela les chevaux de leurs voitures pour les ramener en triomphe. La puissance de ces deux hommes attestait déjà la faiblesse de la constitution et présageait sa chute. Un roi amnistié rentrait impuissant dans son palais. Des législateurs timides abdiquaient dans le trouble. Deux tribuns triomphants étaient soulevés par le peuple. Tout l'avenir était là. L'Assemblée constituante, commencée comme une insurrection de principes, finissait comme une sédition. Était-ce le tort de ces principes, était-ce la faute de l'Assemblée? Nous l'examinerons à la fin du septième livre, en jetant un regard d'ensemble sur ses actes. Nous renvoyons là ce jugement, pour ne pas couper le récit.

LIVRE CINQUIÈME

État de l'Europe. — Les puissances commencent à s'émouvoir. — L'armée des princes français à Coblentz. — Conférences de Pilnitz. — Premiers bruits de guerre accueillis avec faveur par les constitutionnels, par les Girondins et par les Jacobins, à l'exception de Robespierre. — Madame de Staël. — Son portrait. — Son influence dans le parti des constitutionnels. — Le comte Louis de Narbonne. — Les constitutionnels veulent engager le duc de Brunswick dans leur parti. — Il s'en défend.

I

Pendant que la France respirait entre deux convulsions, et que la Révolution indécise ne savait si elle s'arrêterait dans la constitution qu'elle avait conquise, ou si elle s'en servirait comme d'une arme pour conquérir la république, l'Europe commençait à s'émouvoir et à conjurer. Égoïste et imprévoyante, elle n'avait vu dans les premiers symptômes de la France qu'une sorte de drame philosophique, joué à Paris sur la scène des notables, des états généraux et de l'Assemblée constituante, entre le génie populaire, représenté par Mirabeau, et le génie vaincu des aristocraties, personnifié dans Louis XVI et dans le haut clergé. Ce grand spectacle n'avait été pour les souverains et pour leurs ministres qu'une continuation de la lutte à laquelle ils avaient assisté avec tant d'intérêt et tant de faveur secrète, entre Voltaire et Jean-Jacques Rousseau, d'un côté, et le vieux monde aristocratique et religieux de l'autre. La Révolution pour eux n'était que la philosophie du dix-huitième siècle descendue des salons dans la place publique et passée des livres dans les discours. Cet ébranlement du monde moral et ces secousses entendues de loin, à Paris, présages de je ne sais quel inconnu dans les destinées européennes, les séduisaient plus qu'ils ne les inquiétaient. Ils ne s'apercevaient pas encore que les institutions sont des idées, et que ces idées vaincues en France entraînaient avec elles dans leur chute les trônes et les nationalités. Quand l'esprit de Dieu veut une chose, tout le monde semble la vouloir ou y concourir à son insu. L'Europe donnait aux premiers actes de la Révolution française du temps, de l'attention, du retentissement : c'était ce qu'il lui fallait pour grandir. L'étincelle, n'étant pas étouffée à sa première lueur, devait tout allumer et tout consumer. L'état politique et moral de l'Europe était éminemment favorable à la contagion des idées nouvelles. Le temps, les choses et les hommes étaient à la merci de la France.

II

Une longue paix avait amolli les âmes et fait tomber ces haines de races, qui s'opposent à la communication des sentiments et au niveau des idées entre les peuples. L'Europe, depuis le *traité de Westphalie*, était une véritable république de puissances difficilement et imparfaitement pondérées, où l'équilibre général résultait du contre-poids que chacune faisait à l'autre. Un coup d'œil démontrait l'unité et la solidité de cette charpente de l'Europe, dont les membrures, se faisant une égale résistance, se prêtaient un égal appui par la pression de tous ces États.

L'Allemagne était une confédération présidée par l'Autriche. Les empereurs n'étaient que les chefs de cette antique féodalité de rois, de ducs et d'électeurs. La maison d'Autriche était plus puissante par elle-même et par ses possessions personnelles que par la dignité impériale. Les deux couronnes de Hongrie et de Bohême, le Tyrol, l'Italie et les Pays-Bas, lui donnaient un ascendant que le génie de Richelieu avait bien pu entraver, mais qu'il n'avait pu détruire. Puissance de résistance, et non d'impulsion, l'Autriche avait ce qu'il faut pour durer plus que pour agir. Sa force est dans son assiette et dans son immobilité. Elle est un bloc au milieu de l'Allemagne. Sa puissance est dans son poids : elle est le pivot de la balance européenne. Mais la diète fédérative ralentissait et énervait ses desseins par les tiraillements d'influence que toute fédération entraîne. Deux États nouveaux, inaperçus jusqu'à Louis XIV, venaient de surgir tout à coup, à l'abri de la longue rivalité de la maison de Bourbon et de la maison d'Autriche. L'un dans le nord de l'Allemagne : la Prusse ; l'autre dans l'Orient : la Russie. La politique de l'Angleterre avait réchauffé ces deux germes, pour créer sur le continent des éléments de combinaisons politiques qui permissent à ses intérêts d'y prendre pied.

III

Il n'y avait pas encore un siècle qu'un empereur d'Allemagne avait accordé le titre de roi à un margrave de Brandebourg, souverain subalterne de deux millions d'hommes, et déjà la Prusse balançait, en Allemagne, l'autorité de la maison d'Autriche. Le génie machiavélique du grand Frédéric était devenu le génie de la Prusse. Sa monarchie, composée de lambeaux dérobés par la victoire, avait besoin de la guerre pour s'agrandir encore, de l'agitation et de l'intrigue pour se légitimer. La Prusse était un ferment de dissolution au milieu du corps germanique. L'Angleterre, soigneuse d'y entretenir des divisions, avait fait de la Prusse son levier en Allemagne. La Russie, qui préméditait sa double ambition contre l'Asie, d'un côté, contre l'Europe, de l'autre, en avait fait son avant-garde en Occident. Elle la tenait comme un camp avancé jusqu'aux bords du Rhin. C'était la pointe de l'épée russe sur le cœur même de la France.

Puissance militaire avant tout, son gouvernement n'était qu'une discipline, son peuple n'était qu'une armée. Quant aux idées, sa politique était de se mettre à la tête des États protestants et d'offrir appui, force et vengeance à tous les intérêts, à toutes les ambitions qu'offensait la maison d'Autriche. Par sa nature, la Prusse était une puissance révolutionnaire.

La Russie, à qui la nature avait accordé une place ingrate mais immense sur le globe, la neuvième partie de la terre habitable, et une population de quarante millions d'hommes épars, que le génie sauvage de Pierre le Grand avait contrainte à s'unir en nation, semblait flotter encore indécise entre deux pentes, dont l'une l'entraînait vers l'Allemagne, l'autre vers l'empire ottoman. Catherine II la gouvernait; femme antique à grandes proportions de beauté, de passions, de génie et de crimes, comme il en faut aux barbares, pour ajouter le prestige de l'adoration à la terreur du sceptre. Chacun de ses pas vers l'Asie avait un écho d'étonnement et d'admiration en Europe. Le nom de Sémiramis revivait pour elle. La Russie, la Prusse et la France, intimidées par sa renommée, applaudissaient à ses combats contre les Turcs et à ses conquêtes sur la mer Noire, sans paraître comprendre qu'elle déplaçait là le poids de la balance européenne, et qu'une fois maîtresse de la Pologne et de Constantinople, rien ne l'empêcherait de se retourner contre l'Allemagne et d'étendre son autre bras sur l'Occident tout entier.

IV

L'Angleterre, humiliée dans son orgueil maritime par la rivalité brillante que les escadres françaises lui avaient faite dans les mers de l'Inde, irritée dans son sentiment national par les secours donnés par la France à l'indépendance de l'Amérique, venait de s'allier secrètement, en 1788, à la Prusse et à la Hollande, pour contre-balancer l'effet de l'alliance de la France avec l'Autriche, et pour intimider la Russie dans ses envahissements contre les Turcs. L'Angleterre, en ce moment, était tout entière dans le génie d'un seul homme : M. Pitt, le plus grand homme d'État de la fin du dernier siècle.

Fils de lord Chatham, le seul orateur politique que les temps modernes puissent égaler à Démosthène, s'il ne le surpassait pas, M. Pitt, né, pour ainsi dire, dans le conseil des rois et grandi à la tribune de son pays, était entré aux affaires à vingt-trois ans. A cet âge où l'homme se développe encore, il était déjà le plus grand de toute cette aristocratie qui lui confiait sa cause comme au plus digne. Il conquit presque enfant le gouvernement de son pays par l'admiration qu'excita son talent. Il le conserva presque sans interruption jusqu'à sa mort, par la portée de ses vues et par l'énergie de ses résolutions. Il montra contre la chambre des Communes elle-même ce qu'un grand homme d'État appuyé sur le sens vrai de sa nation peut oser et accomplir avec et souvent malgré un parlement. Il fit violence à l'opinion. Il fut le despote de la constitution, si on ose associer ces deux mots qui peignent seuls son omnipotence légale. La lutte contre la Révolution française fut l'acte continu de ses vingt-cinq ans de vie ministérielle. Il se créa le rôle d'antagoniste de la France, et il mourut vaincu.

Cependant ce n'était pas la Révolution qu'il haïssait, c'était la France; et dans la France, ce qu'il haïssait le plus, ce n'était pas la liberté, car il était homme au cœur libre, c'était la destruction de cet équilibre européen, qui, une fois détruit, laissait l'Angleterre isolée dans son Océan. A ce moment, l'Angleterre en ressentiment avec l'Amérique, en guerre avec les Indes, en froideur avec l'Espagne, en haine sourde avec la Russie, n'avait sur le continent que la Prusse et le stathouder. L'observation et la temporisation étaient une nécessité de sa politique.

V

L'Espagne, énervée par le gouvernement de Philippe V, avait repris quelque vitalité intérieure et quelque dignité extérieure pendant le long règne de Charles III. Campomanès, Florida Blanca, le comte d'Aranda, ses ministres, avaient lutté contre la superstition, cette seconde nature des Espagnols. Un coup d'État médité en silence, et exécuté comme une conspiration par la cour, avait chassé du royaume les jésuites, qui régnaient sous le nom des rois.

Le pacte de famille, conclu entre Louis XV et Charles III, en 1761, avait garanti tous les trônes et toutes les possessions des différentes branches de la maison de Bourbon. Mais ce pacte de la politique n'avait pu garantir cette dynastie à plusieurs rameaux contre l'épuisement de séve et la décadence de nature qui donne des princes dégénérés pour successeurs à de grands rois. Les Bourbons, devenus des satrapes à Naples, avaient, en Espagne, succédé à des moines couronnés. Le monastère de l'Escurial était devenu moins le palais que le couvent de la royauté asservie volontairement aux sombres pratiques de la dévotion de Philippe II. Le système monacal rongeait l'Espagne. Ce malheureux pays adorait le mal dont il périssait. Après avoir été soumis aux califes, il était devenu la conquête des papes. Leur milice y régnait sous tous les costumes. La théocratie immobile faisait là sa dernière expérience. Jamais le système d'un gouvernement sacerdotal n'avait possédé plus complétement une nation, et jamais il ne l'avait réduite à un épuisement plus absolu. L'inquisition était toute son institution ; les auto-da-fé étaient ses triomphes ; les combats de taureaux et les processions étaient ses fêtes. Encore quelques années de ce règne des inquisiteurs, et ce peuple ne comptait plus parmi les peuples de la civilisation.

Charles III avait tremblé lui-même, sur son trône, à chaque tentative qu'il avait faite pour émanciper son gouvernement. Ses bonnes intentions étaient rentrées en lui, impuissantes et découragées. Il avait été contraint de sacrifier ses ministres à la vengeance des fanatiques. Florida Blanca et d'Aranda étaient morts dans l'exil, punis du crime d'avoir servi leur pays. Le faible Charles IV était monté sur le trône et régnait, depuis quelques années, entre une femme infidèle, un confesseur et un favori. Les amours de Godoï et de la reine étaient toute la politique de l'Espagne. La fortune du favori était la pensée unique à laquelle on sacrifiait l'empire. Que la flotte languît dans les ports inachevés de Charles III, que l'Amérique espagnole conçût et tentât son indépendance, que l'Italie s'asservît à l'Autriche, que la maison de Bourbon luttât sans espoir, en France, contre les idées nouvelles, que l'inquisition et les moines assombrissent et dévorassent la Péninsule, tout était indifférent à cette cour, pourvu que la reine fût aimée et que Godoï fût grand! Le palais d'Aranjuez était comme le tombeau muré de l'Espagne, où l'esprit de vie qui agitait l'Europe ne pénétrait plus.

VI

L'Italie comptait moins encore, coupée en tronçons impuissants à se rejoindre. Naples languissait sous la maison d'Espagne. Milan et la Lombardie subissaient le joug de la maison d'Autriche. Rome n'était plus que la capitale d'une idée. Son peuple avait disparu. C'était la Delphes des temps modernes, où chaque cabinet envoyait chercher des oracles favorables à sa cause. Centre de la diplomatie où toute ambition mondaine venait aboutir et s'humilier pour grandir, la cour de Rome pouvait tout pour agiter l'Europe catholique, elle ne pouvait rien pour la gouverner. L'aristocratie élective des cardinaux, dont plusieurs étaient nommés par des puissances étrangères hostiles les unes aux autres, la monarchie élective d'un pape choisi à la vieillesse, et couronné à condition de mourir vite; tel était le gouvernement temporel des États Romains. Ce gouvernement rassemblait en soi les faiblesses de l'anarchie et les vices de l'absolutisme. Il avait produit ce qu'il devait produire, l'asservissement de l'État, la mendicité du gouvernement, la misère des populations. Rome n'était plus que la grande municipalité catholique. Son gouvernement n'était plus qu'une république de diplomates. On y voyait un temple enrichi des offrandes du monde chrétien, un souverain et des ambassadeurs; mais ni peuple, ni trésor, ni armée. C'était l'ombre vénérée de la monarchie universelle à laquelle les papes avaient prétendu, dans la jeunesse du catholicisme, et dont ils n'avaient gardé que la capitale et la cour.

VII

Venise touchait à sa décadence; mais le silence et l'immobilité de son gouvernement lui cachaient à elle-même sa caducité. Ce gouvernement était une aristocratie souveraine fondée sur la corruption du peuple et sur la délation. Le nerf de ce gouvernement était l'espionnage; son prestige, le mystère; sa force, le supplice. Il vivait de terreur et de voluptés, régime bizarre et unique dans le monde.

La police était une confession secrète de tous contre tous. Ses cachots, appelés les *plombs*, et où l'on entrait, la nuit, par le *pont des Soupirs*, étaient un enfer qui ne se rouvrait plus. Les richesses de l'Orient avaient afflué à Venise au moment de la chute du Bas-Empire. Elle était devenue le refuge de la civilisation grecque et la Constantinople de l'Adriatique. Les arts en décadence y avaient émigré de Byzance avec le commerce. Ses palais merveilleux, lavés par les vagues, s'y étaient pressés sur un étroit territoire. C'était comme un vaisseau à l'ancre, sur lequel une population chassée du rivage se réfugie avec ses trésors. Elle semblait inattaquable, mais elle ne pouvait elle-même avoir aucune influence sur l'Italie.

VIII

Gênes, république plus populaire et plus orageuse, ne subsistait que par sa marine et son commerce. Renfermée entre des montagnes stériles et un golfe sans littoral, elle n'était plus qu'un port peuplé de matelots. Les palais de marbre, élevés en étage sur un rivage escarpé, regardaient tous la mer, son seul territoire. Les images des doges et la statue d'André Doria lui rappelaient sans cesse que sa fortune et sa gloire lui étaient venues des flots et qu'elle ne pouvait les chercher que là. Ses remparts étaient inattaquables; ses arsenaux étaient pleins. C'était la citadelle du commerce armé.

L'heureuse Toscane, policée et illustrée par les Médicis, ces Périclès de l'Italie, était savante, agricole, industrieuse, nullement militaire. La maison d'Autriche la gouvernait par ses archiducs. Ces princes du Nord, transportés dans les palais bâtis par les Pitti pour les Côme, y prenaient les mœurs douces et élégantes des Toscans. Le climat et la sérénité des collines de Florence y adoucissaient jusqu'à la tyrannie. Ces princes y devenaient des voluptueux ou des sages. Florence, la ville de Léon X, de la philosophie et des arts, avait transformé jusqu'à la religion. Le catholicisme, si âpre en Espagne, si sombre dans le Nord, si austère et si littéral en France, si populaire à Rome, à Florence était devenu, sous les Médicis et sous les philosophes grecs, une espèce de théorie platonique et lumineuse dont les dogmes n'étaient que de sacrés symboles, et dont les pompes n'étaient que des voluptés de l'âme et des sens. Les églises de Florence étaient les musées du Christ bien plus que ses sanctuaires. Les colonies de tous les arts et de tous les métiers de la Grèce avaient émigré à Florence, lors de l'entrée de Mahomet II à Constantinople; ils y avaient prospéré. Une nouvelle Athènes, peuplée, comme l'ancienne, de temples, de portiques et de statues, éclatait aux bords de l'Arno.

Léopold, le prince philosophe, y attendait, dans l'étude du gouvernement des hommes et dans la pratique des théories de l'économie politique nouvelle, le moment de monter sur le trône impérial de la maison d'Autriche. Sa destinée ne devait pas l'y laisser longtemps. C'était le Germanicus de l'Allemagne. La philosophie ne devait que le montrer au monde, après l'avoir prêté quelques années à l'Italie.

L'État piémontais, dont les frontières pénétraient jusque

dans l'intérieur de la France par les vallées des Alpes, et touchaient de l'autre côté aux murs de Gênes et aux possessions autrichiennes sur le Pô, était gouverné par la maison de Savoie, une des plus anciennes races royales de l'Europe. Cette monarchie toute militaire avait son camp retranché, plutôt que sa capitale, à Turin. Les plaines qu'elle occupait en Italie avaient été de tout temps et devaient être toujours le champ de bataille de l'Autriche et de la France. Ses positions étaient les clefs de l'Italie.

Cette population, accoutumée à la guerre, devait être sans cesse armée, pour se défendre elle-même ou pour s'unir comme auxiliaire à celle des deux puissances dont la rivalité assurait seule son indépendance. Son esprit militaire était sa force; sa faiblesse était d'avoir la moitié de ses possessions en Italie, l'autre moitié en France. La Savoie tout entière est française par la langue, par la race, par les mœurs. A toutes les grandes secousses du monde, la Savoie devait se détacher de l'Italie et tomber d'elle-même de notre côté. Les Alpes sont une frontière trop nécessaire aux deux peuples pour appartenir à un seul. Si leur versant méridional est à l'Italie, leur versant septentrional est à la France. Les neiges, le soleil et les eaux ont décrit ce partage des Alpes entre les deux peuples. La politique ne prévaut ni longtemps ni impunément contre la nature. La maison de Savoie n'est pas assez puissante pour garder la neutralité des vallées des Alpes et des routes de l'Italie. Elle peut grandir en Italie, elle ne peut que se briser contre la France. La cour de Turin était alliée doublement à la maison de France par les mariages du comte d'Artois et du comte de Provence, frères de Louis XVI, avec deux princesses de Savoie. Cette cour était soumise, plus qu'aucune autre de l'Italie, à l'influence du clergé. Elle haïssait, par instinct, toutes les révolutions, parce que toutes les révolutions menacent son existence. Par esprit religieux, par esprit de famille et par esprit politique, elle devait être le premier foyer de conspiration contre la Révolution française.

IX

Il y en avait un autre dans le Nord : c'était la Suède. Mais là, ce n'était ni un asservissement superstitieux au catholicisme, ni un intérêt de famille, ni même un intérêt de nationalité, qui nourrissaient l'hostilité d'un roi contre la Révolution; c'était un sentiment plus noble, c'était la gloire désintéressée de combattre pour la cause des rois, et surtout pour la cause d'une reine dont la beauté et les malheurs avaient séduit et attendri le cœur de Gustave III. C'était la dernière lueur de cet esprit de chevalerie qui devait vengeance aux femmes, secours aux victimes, appui au bon droit. Éteint dans le Midi, il brillait pour la dernière fois dans le Nord et dans le cœur d'un roi.

Gustave III avait dans sa politique quelque chose du génie aventureux de Charles XII. La Suède des Wasa est le pays des héros. L'héroïsme, quand il est disproportionné au génie et aux forces, ressemble à la démence. Il y avait à la fois de l'héroïsme et de la folie dans les projets de Gustave contre la France. Mais cette folie était noble comme sa cause et grande comme son courage. Gustave avait été accoutumé par sa fortune aux entreprises hardies et désespérées. Le succès lui avait appris à ne rien trouver impossible. Il avait fait une révolution dans son royaume, il avait affronté seul le colosse de l'empire russe; et si la Prusse, l'Autriche et la Turquie l'avaient secondé, la Russie eût trouvé un obstacle dans le Nord. Une première fois, abandonné de ses troupes, emprisonné dans sa tente par ses généraux révoltés, il s'était échappé de leurs mains, il était allé seul, de sa personne, faire un appel à ses braves Dalécarliens. Son éloquence et sa magnanimité avaient fait sortir de terre une nouvelle armée; il avait puni les traîtres, rallié les lâches, achevé la guerre, et était revenu triompher à Stockholm, porté sur les bras de son peuple enthousiasmé. Une seconde fois, voyant son pays déchiré par l'anarchique prédominance de la noblesse, il avait résolu, du fond de son palais, le renversement de la constitution. Uni d'esprit avec la bourgeoisie et le peuple, il avait entraîné, l'épée à la main, les troupes, emprisonné le sénat dans sa salle, détrôné la noblesse, et conquis les prérogatives qui manquaient à la royauté pour défendre et pour gouverner la patrie. En trois jours, et sans qu'une goutte de sang eût été versée, la Suède était devenue une monarchie, sous son épée. La confiance de Gustave dans sa propre audace s'en était accrue. Le sentiment monarchique s'était fortifié en lui de toute la haine qu'il portait aux priviléges des ordres qu'il avait renversés. La cause des rois était la sienne partout.

Il avait embrassé avec passion celle de Louis XVI. La paix qu'il avait conclue avec la Russie lui permettait de porter ses regards et ses forces vers la France. Son génie militaire rêvait une expédition triomphante aux bords de la Seine : c'était là qu'il voulait conquérir la gloire. Il avait vu Paris dans sa jeunesse. Sous le nom de comte de Haga, il y avait reçu l'hospitalité de Versailles. Marie-Antoinette, alors dans l'éclat de sa jeunesse et de sa beauté, lui apparaissait maintenant humiliée et captive, entre les mains d'un peuple impitoyable. Délivrer cette femme, relever ce trône, se faire à la fois craindre et bénir de cette capitale, lui semblait une de ces aventures que cherchaient jadis les chevaliers couronnés. Ses finances seules s'opposaient encore à l'exécution de ce hardi dessein. Il négociait un emprunt de la cour d'Espagne, il attirait à lui les Français émigrés renommés pour leurs talents militaires, il demandait des plans au marquis de Bouillé, il sollicitait les cours de Vienne, de Saint-Pétersbourg et de Berlin, de s'unir à lui pour cette croisade de rois. Il ne demandait à l'Angleterre que la neutralité. La Russie l'encourageait. Catherine elle-même se sentait humiliée de l'humiliation de la royauté en France. La Russie négociait, l'Autriche temporisait, l'Espagne tremblait, l'Angleterre observait. Chaque nouvelle secousse de la révolution à Paris trouvait l'Europe indécise, toujours en arrière de conseils et de résolutions ; et l'Europe monarchique, hésitante et divisée, ne savait ni ce qu'elle devait craindre ni ce qu'elle pouvait oser.

Telle était, quant à la politique, la situation des cabinets à l'égard de la France. Mais, quant aux idées, les dispositions des peuples étaient différentes.

Au mouvement de l'intelligence et de la philosophie à Paris répondait le mouvement de contre-coup du reste de l'Europe, et surtout de l'Amérique. L'Espagne, sous

M. d'Aranda, s'éclairait des premières lueurs du bon sens général : les jésuites en avaient été expulsés par le gouvernement. L'inquisition y laissait éteindre ses bûchers. La noblesse espagnole rougissait de l'ochlocratie sacrée de ses moines. Voltaire avait des correspondants à Cadix et à Madrid. La contrebande de nos pensées était favorisée par ceux mêmes qui étaient chargés de la prévenir. Nos livres passaient à travers les neiges des Pyrénées. Le fanatisme, traqué par la lumière dans son dernier repaire, sentait l'Espagne lui échapper. L'excès même d'une tyrannie longtemps soufferte y préparait les âmes ardentes aux excès de la liberté.

En Italie et à Rome même, le catholicisme du moyen âge s'éclairait des reflets du temps. Il jouait même avec les armes dangereuses que la philosophie allait tourner contre lui. Il semblait se considérer comme une institution affaiblie, qui devait se faire pardonner sa durée par des complaisances envers les princes et envers le siècle. Benoît XIV, Lambertini, recevait de Voltaire la dédicace de *Mahomet*. Les cardinaux Passionei et Quirini étaient en correspondance avec Ferney. Rome recommandait dans ses bulles la tolérance pour les dissidents et l'obéissance aux princes. Le pape désavouait et réformait la compagnie de Jésus. Il caressait l'esprit du siècle. Clément XIV, Ganganelli, abolissait l'ordre des jésuites, confisquait leurs biens et enfermait leur supérieur, Ricci, au château Saint-Ange. Sévère seulement pour les zélateurs exagérés de la foi, il enchantait le monde chrétien par la douceur évangélique et par la grâce et le sel de son esprit; mais la plaisanterie est la première profanation des dogmes. La foule d'étrangers et d'Anglais que son accueil attirait en

Italie et retenait à Rome y faisait pénétrer, avec l'or et la science, le scepticisme et l'indifférence, qui détruisent les croyances avant de saper les institutions.

Naples, sous une cour corrompue, laissait le fanatisme à la populace. Florence, sous un prince philosophe, était une colonie expérimentale des doctrines modernes. Le poëte Alfieri, ce Tyrtée de la liberté italienne, y faisait représenter ses drames révolutionnaires, et semait de là ses maximes contre la double tyrannie des papes et des rois sur tous les théâtres de l'Italie.

Milan, sous le drapeau autrichien, avait dans ses murs une république de poëtes et de philosophes. Beccaria y écrivait plus hardiment que Montesquieu ; son livre *Des délits et des peines* était l'acte d'accusation de toutes les lois de son pays. Parini, Monti, Cesarotti, Pirdemonte, Ugo Foscolo, poëtes souriants, sérieux ou héroïques, y mordaient les ridicules de leurs tyrans, les lâchetés de leurs compatriotes, ou y chantaient, dans des odes patriotiques, les vertus de leurs aïeux et la prochaine délivrance de leur patrie.

Turin seul, attaché à la maison de Savoie, se taisait et proscrivait Alfieri.

En Angleterre, la pensée, libre depuis longtemps, avait produit des mœurs fortes. L'aristocratie s'y sentait assez puissante pour n'être jamais persécutée. Les cultes y étaient aussi indépendants que les consciences. La religion dominante n'y était qu'une institution politique, qui, en engageant le citoyen, laissait le croyant à son libre arbitre. Le gouvernement lui-même était populaire ; seulement le peuple ne s'y composait que des premiers de ses citoyens. La chambre des Communes y ressemblait plus à un sénat de nobles qu'à un forum démocratique ; mais ce parlement était une enceinte sonore et ouverte, où se discutaient tout haut, en face du trône comme en face de la nation et de l'Europe, les questions les plus hardies du gouvernement. La royauté, honorée dans la forme, reléguée au fond dans l'impuissance, ne faisait que présider d'en haut à ces débats et régulariser la victoire : elle n'était qu'une sorte de consulat perpétuel de ce sénat britannique. La voix des grands orateurs, qui se disputent le maniement des affaires de la nation, retentissait de là dans toute l'Europe. La liberté prend son niveau dans le monde social, comme les fleuves dans le lit commun de l'Océan. Un seul peuple n'est pas impunément libre, un seul peuple n'est pas impunément asservi ; tout se compare et s'égalise à la fin.

X

L'Angleterre avait été intellectuellement le modèle des nations et l'envie de l'univers pensant. La nature et ses institutions lui avaient donné des hommes dignes de ses lois. Lord Chatham, tantôt à la tête de l'opposition, tantôt à la tête du gouvernement, avait agrandi l'enceinte du parlement jusqu'aux proportions de son caractère et de sa parole. Jamais la liberté mâle d'un citoyen devant un trône, jamais l'autorité légale d'un chef de gouvernement devant un peuple, n'avaient fait entendre une telle voix aux citoyens assemblés. C'était l'homme public dans toute la grandeur du mot, l'âme d'une nation personnifiée dans un seul, l'inspiration de la foule dans un cœur de patricien. Son génie oratoire avait quelque chose de magnanime comme l'action ; c'était l'héroïsme de la parole. Le contre-coup des discours de lord Chatham s'était fait sentir jusque sur le continent. Les scènes orageuses des élections de Westminster remuaient au fond du peuple le sentiment redoutable de lui-même, et ce goût de turbulence qui sommeille dans toute multitude, et qu'elle prend si souvent pour le symptôme de la vraie liberté. Ces mots de contrepoids au pouvoir royal, de responsabilité des ministres, de lois consenties, de pouvoir du peuple, expliqués dans le présent par une constitution, expliqués dans le passé par l'accusation de Strafford, par le tombeau de Sidney, par l'échafaud d'un roi, avaient résonné comme des souvenirs antiques et comme des nouveautés pleines d'inconnu.

Le drame anglais avait pour spectateur le monde. Les grands acteurs du moment étaient Pitt, le modérateur de ces orages, l'intrépide organe du trône, de l'ordre et des lois de son pays ; Fox, le tribun précurseur de la Révolution française, qui en propageait les doctrines en les rattachant aux révolutions de l'Angleterre, pour les rendre sacrées au respect des Anglais ; Burke, l'orateur philosophe, dont chaque discours était un traité, le Cicéron alors de l'opposition britannique, qui devait bientôt se retourner contre les excès de la Révolution française, et maudire la religion nouvelle à la première victime que le peuple aurait immolée ; Sheridan enfin, débauché éloquent, plaisant au peuple par sa légèreté et par ses vices, séduisant son pays au lieu de le soulever. La chaleur des débats sur la guerre d'Amérique et sur la guerre des Indes donnait un intérêt plus saisissant aux orages du parlement anglais.

L'indépendance de l'Amérique, conquise par un peuple à peine né; les maximes républicaines sur lesquelles ce nouveau continent fondait son gouvernement; le prestige qui s'attachait à ces nouveaux noms que le lointain grandissait bien plus que leurs victoires, Washington, Franklin, La Fayette, ces héros de l'imagination publique; ces rêves de simplicité antique, de mœurs primitives, de liberté à la fois héroïque et pastorale, que la vogue et l'illusion du moment transportaient de l'autre côté de l'Atlantique, tout contribuait à fasciner l'esprit du continent et à nourrir la pensée des peuples de mépris pour leurs propres institutions et de fanatisme pour une rénovation sociale.

La Hollande était l'atelier des novateurs : c'est là qu'à l'abri d'une complète tolérance de dogmes religieux, d'une liberté presque républicaine et d'une contrebande autorisée, tout ce qui ne pouvait pas se dire à Paris, en Italie, en Espagne, en Allemagne, allait se faire imprimer. Depuis Descartes, la philosophie indépendante avait choisi la Hollande pour asile. Bayle y avait popularisé le scepticisme; c'était la terre inviolable de l'insurrection contre tous les abus du pouvoir : elle était devenue plus récemment le siége de la conspiration contre les rois. Tout ce qui avait une pensée suspecte à émettre, un trait à lancer, un nom à cacher, allait emprunter les presses de la Hollande. Voltaire, Jean-Jacques Rousseau, Diderot, Helvétius, Mirabeau lui-même, étaient allés naturaliser leurs écrits dans ce pays de la publicité. Le masque de l'anonyme, que ces écrivains prenaient à Amsterdam, ne trompait personne, mais il couvrait leur sûreté. Tous les crimes de la pensée y étaient inviolables; c'était à la fois l'asile et l'arsenal des idées nouvelles. Un commerce actif et immense de librairie y spéculait sur le renversement des religions et des trônes. La consommation prodigieuse des livres défendus que ce commerce répandait dans le monde prouvait assez l'altération croissante des anciennes croyances dans l'esprit des peuples.

XI

En Allemagne, ce pays de la temporisation et de la patience, les esprits si lents en apparence participaient, avec une ardeur sérieuse et concentrée, au mouvement général de l'esprit européen. La pensée libre y prenait les formes d'une conspiration universelle. Elle s'enveloppait du mystère. L'Allemagne savante et formaliste aimait à donner à son insurrection même les apparences de la science et de la tradition. Les initiations égyptiennes, les évocations mystiques du moyen âge, était imitées par les adeptes des nouvelles idées. On pensait comme on conspire. La philosophie y marchait voilée de symboles. On ne lui déchirait ses bandeaux que dans des sociétés secrètes, dont les profanes étaient exclus. Les prestiges de l'imagination, si puissants sur la nature idéale et rêveuse de l'Allemagne, servaient d'amorce aux vérités nouvelles.

Le grand Frédéric avait fait de sa cour le centre de l'incrédulité religieuse. A l'abri de sa puissance toute militaire, le mépris du christianisme et le mépris des institutions monarchiques s'étaient librement propagés. Les forces morales n'étaient rien pour ce prince matérialiste. Les baïonnettes étaient, à ses yeux, tout le droit des princes, l'insurrection tout le droit des peuples, les victoires ou les défaites tout le droit public. Sa fortune, toujours heureuse, avait été complice de son immoralité. Il avait reçu la récompense de chacun de ses vices, parce que ses vices étaient grands. En mourant, il avait laissé son génie pervers à Berlin. C'était la ville corruptrice de l'Allemagne. Des militaires nourris à l'école de Frédéric, des académies modelées sur le génie de Voltaire, des colonies de juifs enrichis par la guerre et de Français réfugiés, peuplaient Berlin et en formaient l'esprit public. Cet esprit public, léger, sceptique, insolent et railleur, intimidait le reste de l'Allemagne. L'affaiblissement de l'esprit allemand date de Frédéric II. Il fut le corrupteur de l'empire. Il conquit l'Allemagne à l'esprit français; il fut un héros de décadence.

Berlin le continuait après sa mort. Les grands hommes laissent toujours leur impulsion à leur pays. Le règne de Frédéric avait eu un résultat permanent. La tolérance religieuse était née en Allemagne du mépris même où Frédéric avait tenu les religions. A l'ombre de cette tolérance, l'esprit philosophique avait organisé des associations occultes à l'image de la franc-maçonnerie. Les princes allemands se faisaient initier. On croyait faire acte d'esprit supérieur en pénétrant dans ces ombres, qui au fond ne renfermaient rien que quelques principes généraux d'humanité et de vertu, sans application immédiate aux institutions civiles. Frédéric, dans sa jeunesse, y avait été initié lui-même, à Brunswick, par le major Bielfeld. L'empereur Joseph II, ce souverain novateur plus hardi que son temps, avait voulu aussi subir ces épreuves à Vienne sous la direction du baron de Born, chef des francs-maçons d'Autriche. Ces sociétés, qui n'avaient aucune portée politique en Angleterre, parce que la liberté y conspirait tout haut dans le parlement et dans la presse, avaient un autre sens dans le continent. C'étaient les conciliabules occultes de la pensée indépendante; la pensée, s'échappant des livres, passait à l'action. Entre les initiés et les institutions établies, la guerre était sourde, mais plus mortelle.

Les moteurs cachés de ces sociétés avaient évidemment pour but de créer un gouvernement de l'opinion du genre humain en opposition avec les gouvernements de préjugés. Ils voulaient réformer la société religieuse, politique et civile, en commençant par l'esprit des classes éclairées. Ces loges étaient les catacombes d'un culte nouveau. La secte des illuminés, fondée et dirigée par Weisshaupt, se propageait en Allemagne, en concurrence avec les francs-maçons et les rose-croix. Les théosophes créaient, de leur côté, les symboles de perfectionnement surnaturel, et enrôlaient toutes les âmes tendres et toutes les imaginations ardentes autour de dogmes pleins d'amour et d'infini. Les théosophes, les swedenborgiens, disciples du sublime mais obscur Swedenborg, ce saint Martin de l'Allemagne, prétendaient achever l'Évangile et transformer l'humanité en supprimant la mort et les sens. Tous ces dogmes se confondaient dans un égal mépris pour les institutions existantes, dans une même aspiration au renouvellement de l'esprit et des choses. Tous étaient démocratiques dans leur dernière conclusion; car tous étaient inspirés par l'amour des hommes, sans distinction de classes.

Les affiliations se multiplièrent à l'infini. Le prestige, comme il arrive toujours quand le zèle brûle, s'ajouta frauduleusement à la vérité, comme si l'erreur ou le mensonge étaient l'alliage inévitable des vérités et des vertus même de l'esprit humain. On évoqua les siècles, on fit apparaître les ombres, on entendit parler les morts. Les visions furent le dernier secret ; les apparitions, le dernier miracle de ces sectaires. Ils hallucinèrent l'imagination complaisante des princes par des transitions rapides de la terreur à l'enthousiasme. La science fantasmagorique, peu connue alors, servit d'auxiliaire à ces séductions. A la mort de Frédéric II, son successeur se soumit à ces épreuves et fut subjugué par ces prestiges. Les rois conspiraient contre les trônes. Les princes de Gotha donnèrent asile à Weisshaupt. Auguste de Saxe, le prince Ferdinand de Brunswick, le prince de Neuwied, les coadjuteurs, tous les souverains même des électorats ecclésiastiques des bords du Rhin, ceux de Mayence et de Cologne, l'évêque de Constance, se signalèrent par leur ardeur pour les doctrines mystérieuses de la franc-maçonnerie ou de l'illuminisme. Cagliostro étonnait Strasbourg. Le cardinal de Rohan se ruinait et s'avilissait à sa voix. Comme à la chute des grands empires, comme au berceau des grandes choses, des signes apparaissaient partout. Le plus infaillible était l'ébranlement général des imaginations. Quand une foi s'écroule, tout l'homme tremble.

Les grands génies de l'Allemagne et de l'Italie chantaient déjà l'ère nouvelle dans leurs vers aux enfants de la Germanie. Gœthe, le poëte sceptique, Schiller, le poëte républicain, Klopstock, le poëte sacré, enivraient de leurs strophes les universités et les théâtres ; chaque secousse des événements de Paris avait son contre-coup et son écho sonore, multiplié par ces écrivains sur toutes les rives du Rhin. La poésie est le souvenir et le pressentiment des choses ; ce qu'elle célèbre n'est pas encore mort, ce qu'elle chante existe déjà. La poésie chantait partout alors les espérances confuses mais passionnées des peuples. C'était un augure certain. L'enthousiasme était là, puisque sa voix s'y faisait entendre. La science, la poésie, l'histoire, la philosophie, le théâtre, le mysticisme, les arts, le génie européen sous toutes les formes avait passé du côté de la Révolution. On ne pouvait pas citer un homme de gloire dans l'Europe entière qui restât au parti du passé. Le passé était vaincu, puisque l'esprit humain s'en retirait. Où va l'esprit, là va la vie. Les médiocrités restaient seules sous l'abri des vieilles institutions. Il y avait un mirage général à l'horizon de l'avenir, et soit que les petits y vissent leur salut, soit que les grands y vissent un abîme, tout se précipitait aux nouveautés.

XII

Telle était la disposition des esprits en Europe quand les princes frères de Louis XVI et les gentilshommes émigrés se répandirent en Savoie, en Suisse, en Italie et en Allemagne, pour aller demander secours et vengeance aux puissances et aux aristocraties contre la Révolution. Jamais, depuis les grandes migrations des peuples antiques fuyant les invasions romaines, on n'avait vu un mouvement de terreur et de perturbation pareil jeter hors du territoire tout le clergé et toute l'aristocratie d'une nation. Il se fit un vide immense en France : d'abord sur les marches mêmes du trône, puis dans la cour, dans les châteaux, dans les dignités ecclésiastiques, et enfin dans les rangs de l'armée. Les officiers, tous nobles, émigrèrent en masse; la marine suivit un peu plus tard l'exemple de l'armée de terre, mais elle quitta aussi le drapeau. Ce n'est pas que le clergé, la noblesse, les officiers de terre et de mer fussent plus séquestrés que les autres classes du mouvement d'idées révolutionnaires qui avait soulevé la nation en 1789 ; au contraire, le mouvement avait commencé par eux. La philosophie avait d'abord éclairé la cime de la nation. La pensée du siècle était surtout dans les classes élevées; mais ces classes, qui voulaient une réforme, ne voulaient pas une désorganisation. Quand elles avaient vu l'agitation morale des idées se transformer en insurrection du peuple, elles avaient tremblé. Les rênes du gouvernement violemment arrachées au roi par Mirabeau et La Fayette au Jeu de Paume, les attentats des 5 et 6 octobre, les priviléges supprimés sans compensation, les titres abolis, l'aristocratie livrée à l'exécration, au pillage, aux incendies et même aux meurtres dans les provinces, la religion dépossédée et contrainte de se nationaliser par un serment constitutionnel, enfin la fuite du roi, son emprisonnement dans son palais, les menaces de mort que la presse patriotique ou que la tribune des sociétés populaires vomissaient contre les aristocraties, les émeutes triomphantes dans les villes, la défection des gardes-françaises à Paris, la révolte des Suisses de Châteauvieux à Nancy, les excès des soldats insurgés et impunis à Caen, à Brest, partout, avaient changé en horreur et en haine la faveur de la noblesse pour le mouvement des idées. Elle voyait que le premier acte du peuple était de dégrader les supériorités. L'esprit de caste poussait les nobles à émigrer, l'esprit de corps y poussait les officiers, l'esprit de cour faisait une honte de rester sur un sol souillé de tant d'outrages à la royauté. Les femmes, qui faisaient alors l'opinion en France, et dont l'imagination mobile et tendre passe promptement du côté des victimes, étaient toutes du parti du trône et de l'aristocratie. Elles méprisaient ceux qui n'allaient pas leur chercher des vengeurs à l'étranger. Les jeunes gens partaient à leur voix, ceux qui ne partaient pas n'osaient se montrer. On leur envoyait des quenouilles, symbole de lâcheté!

Mais ce n'était pas seulement la honte qui chassait les officiers et les nobles dans les rangs des émigrés, c'était aussi l'apparence d'un devoir. La principale vertu de la noblesse française, c'était une fidélité religieuse au trône. Son honneur, sa seconde et presque sa seule religion, était de mourir pour le roi. L'attentat à la royauté lui paraissait un attentat contre Dieu même. La chevalerie, ce code des mœurs aristocratiques, avait propagé et conservé ce noble préjugé en Europe. Le roi, pour la noblesse, c'était la patrie. Ce sentiment, un moment éclipsé par les hontes de la régence, par les scandales de Louis XV, par les maximes plus mâles de la philosophie de Rousseau, se retrouvait tout entier dans le cœur des gentilshommes, au spectacle de l'avilissement et des périls du roi et de la reine. L'Assemblée nationale n'était à leurs yeux qu'une bande de sujets révoltés qui tenait son souverain captif. Les actes les plus libres du roi leur étaient suspects. Sous les paroles constitutionnelles, ils croyaient, entendaient d'autres paroles toutes contraires. Les ministres de Louis XVI n'étaient que ses geôliers. De secrètes intelligences existaient entre ces gentilshommes et le roi. Des conciliabules intimes se tenaient dans les appartements écartés des Tuileries. Le roi tantôt encourageait, tantôt défendait l'émigration. Ses ordres variaient avec les jours et les circonstances : tantôt constitutionnels et patriotiques, quand il espérait, de bonne foi, pouvoir établir et modérer la constitution au dedans; tantôt désespérés et coupables, quand le salut de la reine et de ses enfants ne lui paraissait plus pouvoir venir que de l'étranger. Pendant qu'il écrivait par la main de son ministre des affaires étrangères, à ses frères émigrés et au prince de Condé, des lettres officielles pour les rappeler à lui et leur représenter le devoir de tout citoyen envers sa patrie, le baron de Breteuil, son ministre confidentiel auprès des puissances, transmettait au roi de Prusse des lettres où respirait la pensée secrète du roi. La lettre suivante au roi de Prusse, datée du 3 décembre 1790, retrouvée dans les archives de la chancellerie de Berlin, ne laisse aucun doute sur cette double diplomatie du malheureux monarque. Louis XVI écrivait :

« Monsieur mon frère,

« J'ai appris par M. de Moustier l'intérêt que Votre Majesté avait témoigné non-seulement pour ma personne, mais pour le bien de mon royaume. Les dispositions de Votre Majesté à m'en donner des témoignages dans tous les cas où cet intérêt peut être utile pour le bien de mon peuple ont excité vivement ma sensibilité. Je le réclame avec confiance dans ce moment-ci, où, malgré l'acceptation que j'ai faite de la nouvelle constitution, les factieux montrent ouvertement le projet de détruire le reste de la monarchie. Je viens de m'adresser à l'empereur, à l'impératrice de Russie, aux rois d'Espagne et de Suède, et je leur présente l'idée d'un congrès des principales puissances de l'Europe, *appuyé d'une force armée*, comme la meilleure mesure pour arrêter ici les factieux, donner le moyen d'établir un ordre de choses plus désirable, et d'empêcher que le mal qui nous travaille puisse gagner les autres États de l'Europe. J'espère que Votre Majesté approuvera mes idées, et qu'*elle me gardera le secret le plus absolu sur la démarche que je fais auprès d'elle.* Elle sentira aisément que les circonstances où je me trouve m'obligent à la plus grande circonspection. C'est ce qui fait qu'il n'y a que le baron de Breteuil qui soit instruit de mon secret. Votre Majesté peut lui faire passer ce qu'elle voudra. »

XIII

Cette lettre, rapprochée de la lettre de Louis XVI à M. de Bouillé pour lui annoncer que l'empereur Léopold, son beau-frère, allait faire marcher un corps de troupes sur Longwy, afin de motiver un rassemblement de troupes françaises sur cette frontière, et de favoriser ainsi sa fuite de Paris, sont des preuves irrécusables des intelligences contre-révolutionnaires qui existaient entre le roi et les puissances étrangères, non moins qu'entre le roi et les chefs de l'émigration. Les Mémoires de l'émigration sont pleins de ces indices. La nature même les atteste. La cause des rois, des aristocraties et des institutions ecclésiastiques, était solidaire. L'empereur Léopold était frère de la reine de France; les dangers du roi étaient les dangers de tous les princes. L'exemple du triomphe d'un peuple était contagieux pour tous les peuples. Les émigrés étaient les amis de la monarchie et les défenseurs du roi. On ne se serait pas parlé qu'on se serait entendu par les mêmes pensées, par les mêmes intérêts. Mais, de plus, on s'entendait par des communications concertées. Les soupçons du peuple n'étaient point tous des chimères; ils étaient le juste pressentiment des complots de ses ennemis.

La conjuration de la cour avec toutes les cours, des aristocraties du dehors avec toutes les aristocraties du dedans, des émigrés avec leurs parents, du roi avec ses frères, n'avait pas besoin d'être écrite. Louis XVI lui-même, le plus sincèrement révolutionnaire de tous les hommes qui ont occupé un trône, n'avait pas une pensée perverse de trahison envers la Révolution, ni de trahison envers son peuple, en implorant le secours ou des démonstrations armées des puissances. Cette pensée d'un appel aux forces étrangères ou même aux forces de l'émigration n'était pas le fond de son âme. Il craignait l'intervention des ennemis de la France, il désapprouvait l'émigration, il n'était pas sans ombrage contre ses propres frères intriguant au dehors, quelquefois en son nom, mais souvent contre son gré. Il lui répugnait de passer aux yeux de l'Europe pour un prince en tutelle, dont les frères ambitieux prenaient les droits en prenant sa cause, et stipulaient les intérêts sans son intervention. On parlait tout haut de régence à Coblentz; on la décernait au comte de Provence, l'aîné des frères de Louis XVI. Cette régence, dévolue à un prince du sang par l'émigration, pendant que le roi luttait à Paris, humiliait profondément Louis XVI et la reine. Cette usurpation des droits de leur souveraineté, bien qu'elle se revêtît des prétextes du dévouement et de la tendresse, leur paraissait plus amère peut-être que les outrages de l'Assemblée et du peuple. On craint plus ce qui est plus près de soi. L'émigration triomphante ne leur promettait qu'un trône disputé par le régent qui l'aurait relevé. Cette reconnaissance leur paraissait une honte. Ils ne savaient s'ils devaient plus craindre qu'espérer des émigrés.

La reine, dans ses conversations les plus intimes, parlait d'eux avec plus d'amertume que de confiance. Le roi gémissait tout haut de la désobéissance de ses frères, et déconseillait la fuite à tous ceux de ses serviteurs qui le consultaient. Mais ces conseils étaient flottants comme les circonstances. Comme tous les hommes placés entre l'espérance et la crainte, il fléchissait ou se relevait sous les événements. Le fait était coupable, l'intention n'était pas criminelle. Ce n'était pas le roi qui conspirait, c'était l'homme, le mari, le père qui cherchait dans l'appui de l'étranger le salut de sa femme et de ses enfants. Il ne devenait coupable que quand il était désespéré. Les négociations entrecroisées se brisaient et se renouaient sans cesse. Ce qui était arrêté la veille était désavoué le lendemain. Les négociateurs secrets de ces trames, munis de pouvoirs révoqués, s'en servaient encore, malgré le roi, pour continuer en son nom des démarches désavouées. Les contre-ordres n'étaient pas obéis. Le prince de Condé, le comte de Provence et le comte d'Artois avaient chacun leur diplomatie et leur cour. Ils abusaient du nom du roi pour faire prévaloir leur crédit et leur politique. De là tant de difficultés, pour les historiens de cette époque, à discerner la main du roi dans toutes ces trames ourdies en son nom, et à se prononcer entre sa complète innocence et ses connivences avec l'étranger. Il ne trahit point son pays; il ne vendit point son peuple, mais il ne tint pas ses serments à la constitution. Honnête homme, mais roi persécuté, il crut que des serment arrachés par la violence et éludés par la peur n'étaient pas des parjures. On manquait tous les jours à ceux qu'on lui avait prêtés; il pensa, sans doute, que les excès du peuple le relevaient de sa parole. Élevé dans le préjugé de sa souveraineté personnelle, il chercha de bonne foi, au milieu de ces partis qui se disputaient l'empire, où était la nation, et ne la voyant nulle part, il se crut permis de la voir en lui. Sa faute ne fut jamais dans sa volonté, mais dans sa naissance, sa situation, ses malheurs.

XIV

Le baron de Breteuil, ancien ministre et ancien ambassadeur, homme inaccessible aux concessions, conseiller de force et de rigueur, était sorti de France au commencement de 1790, chargé des pleins pouvoirs secrets du roi auprès de toutes les puissances. Il était à lui seul, au dehors, le ministère entier de Louis XVI. Il était de plus le ministre absolu : car une fois investi de la confiance et du mandat illimité du roi, qui ne pouvait le révoquer sans trahir l'existence de sa diplomatie occulte, il était maître d'en abuser et d'interpréter les intentions de Louis XVI au gré de ses propres vues. Le baron de Breteuil en abusa, dit-on, non par ambition personnelle, mais par excès de zèle pour le salut et pour la dignité de son maître. Ses négociations auprès de Catherine, de Gustave, de Frédéric et de Léopold, furent une incitation constante à une croisade contre la Révolution en France.

Le comte de Provence (depuis Louis XVIII) et le comte d'Artois (depuis Charles X), après différentes excursions dans les cours du Midi et du Nord, s'étaient réunis à Coblentz. Louis Wenceslas, électeur de Trèves, oncle de ces princes par leur mère, leur fit un accueil plus cordial que politique. Coblentz devint le Paris de l'Allemagne, le centre de la conspiration contre-révolutionnaire, le quartier général de la noblesse française rassemblée autour de ses chefs naturels, les deux frères du roi prisonnier. Pendant qu'ils y tenaient leur cour errante et qu'ils y nouaient les premiers fils de la coalition de Pilnitz, le prince de Condé, plus militaire de cœur et de race, y formait les cadres de l'armée des princes. Cette armée avait huit ou dix mille officiers et point de soldats. C'était la tête de l'armée séparée du tronc. Noms historiques, dévouement antique, ardeur de jeunesse, héroïque bravoure, fidélité, confiance dans ses droits, certitude de vaincre, rien ne manquait à cette armée de Coblentz, si ce n'est l'intelligence de son pays et de son temps. Si la noblesse française émigrée eût employé à servir, en régularisant la Révolution, la moitié des efforts et des vertus qu'elle déployait pour la combattre, la Révolution, en changeant les lois, n'aurait point changé la monarchie. Mais il ne faut jamais demander aux institutions de comprendre ce qui les transforme. Le roi, les nobles et le clergé ne pouvaient comprendre une révolution qui détruirait la noblesse, le clergé et le trône. Il fallait lutter, et le sol leur manquant en France, ils prirent pied à l'étranger.

XV

Pendant que l'armée des princes grossissait à Coblentz, la diplomatie contre-révolutionnaire touchait au premier grand résultat qu'elle pût obtenir dans l'état présent de l'Europe. Les conférences de Pilnitz s'ouvrirent. Le comte de Provence venait d'envoyer de Coblentz au roi de Prusse le baron de Rol, pour lui demander, au nom de Louis XVI et du rétablissement de l'ordre en France, le concours de ses forces. Le roi de Prusse, avant de se décider, voulut interroger sur l'état de la France un homme que ses talents militaires et son attachement dévoué à la monarchie avaient signalé à la confiance des cours étrangères, le marquis de Bouillé. Il lui assigna pour rendez-vous le château de Pilnitz, et le pria d'apporter un plan d'opérations des armées étrangères sur les différentes frontières de France. Le 24 août, Frédéric-Guillaume, accompagné de son fils, de ses principaux généraux et de ses ministres intimes, arriva au château de Pilnitz, résidence d'été de la cour de Saxe. L'empereur l'y avait précédé.

L'archiduc François, depuis empereur François II, le feld-maréchal Lacy, le baron de Spielman et une cour nombreuse entouraient l'empereur. Les deux souverains rivaux en Allemagne semblèrent oublier un moment leur rivalité pour ne s'occuper que du salut de tous les trônes. Cette fraternité de la grande famille des monarques prévalut sur tout autre sentiment. Ils traitèrent en frères plus qu'en souverains. L'électeur de Saxe, leur hôte, consacra cette conférence par des fêtes splendides.

Au milieu d'un banquet, on annonça l'arrivée inattendue du comte d'Artois à Dresde. Le roi de Prusse sollicita de l'empereur pour le prince français la permission de paraître. L'empereur l'accorda ; mais, avant d'admettre le comte d'Artois aux conférences officielles, les deux monarques eurent un entretien secret. Deux de leurs plus intimes confidents y assistèrent seuls. L'empereur penchait pour la paix ; l'inertie du corps germanique pesait sur ses résolutions ; il sentait la difficulté d'imprimer à cette fédération vassale de l'empire l'unité et l'énergie nécessaires pour attaquer la France dans la primeur de sa révolution. Les généraux, le maréchal de Lacy lui-même, hésitaient devant des frontières réputées inexpugnables. L'empereur craignait pour les Pays-Bas et pour l'Italie. Les maximes françaises avaient passé le Rhin, et pouvaient faire explosion dans les États allemands au moment où on demanderait aux princes et aux peuples de se lever contre la France. La diète des peuples pouvait l'emporter sur la diète des souverains. Des mesures mixtes et dilatoires auraient le même effet d'intimidation sur le génie révolutionnaire, sans offrir les mêmes dangers pour l'Allemagne; n'était-il pas plus sage de former une ligue générale de toutes les puissances de l'Europe, d'entourer la France d'un cercle de baïonnettes, et de sommer le parti triomphant de rendre la liberté au roi, la dignité au trône et la sécurité au continent? « Si la nation française s'y refuse, ajouta l'empereur, eh bien, nous la menacerons, dans un manifeste, d'une invasion générale, et, si cela devient nécessaire, nous l'écraserons sous la masse irrésistible de toutes les forces de l'Europe réunies. » Tels étaient les conseils de ce génie temporisateur de l'empire, qui attend toujours la nécessité, qui ne la devance jamais, et qui veut tout assurer sans rien risquer.

XVI

Le roi de Prusse, plus impatient et plus menacé, avoua à l'empereur qu'il ne croyait pas à l'effet de ces menaces. « La prudence, dit-il à l'empereur, est une arme insuffisante contre l'audace. La défensive est une position timide devant la révolution. Il faut l'attaquer dans son berceau. Donner du temps aux principes français, c'est leur donner de la force. Parlementer avec l'insurrection des peuples, c'est montrer qu'on la craint et qu'on est disposé à pactiser avec elle. Il faut surprendre la France en flagrant délit d'anarchie, et ne lancer le manifeste européen qu'après que les armées auront franchi les frontières et que les armes déjà triomphantes auront donné de l'autorité aux paroles. »

L'empereur parut ébranlé ; il insista néanmoins sur les dangers qu'une brusque invasion ferait à courir à Louis XVI ; il montra des lettres de ce prince ; il confia que le marquis de Noailles et M. de Montmorin, l'un ambassadeur de France à Vienne, l'autre ministre des affaires étrangères à Paris, tous deux dévoués au roi, faisaient espérer à la cour de Vienne le prompt rétablissement de l'ordre et des modifications monarchiques à la constitution en France. Il demanda de suspendre toute décision jusqu'au mois de septembre, en préparant néanmoins jusque-là tous les moyens militaires des deux puissances.

La scène changea le lendemain à l'arrivée du comte d'Artois. Ce jeune prince avait reçu de la nature tout l'extérieur d'un chevalier. Il parlait à des souverains au nom des trônes ; il parlait à l'empereur au nom d'une sœur détrônée et outragée par ses sujets. L'émigration tout entière, avec ses malheurs, sa noblesse, sa valeur et ses illusions, semblait personnifiée en lui. Le marquis de Bouillé, M. de Calonne, le génie de la guerre et le génie de l'intrigue, l'avaient suivi à ces conférences. Il obtint plusieurs audiences des deux souverains. Il parla avec force et avec respect contre le système de temporisation de l'empereur. Il fit violence à la lenteur germanique. L'empereur et le roi de Prusse autorisèrent le baron de Spielman pour l'Autriche, le baron de Bischofswerder pour la Prusse, et M. de Calonne pour la France, à se réunir le soir même et à concerter un projet de déclaration qui serait présenté à la signature des monarques.

Le baron de Spielman, sous l'inspiration directe de l'empereur, fut le rédacteur de cette pièce. M. de Calonne, au nom du comte d'Artois, combattit en vain des réserves qui déconcertaient l'impatience des émigrés. Le lendemain, au retour d'une course à Dresde, les deux souverains, le comte d'Artois, M. de Calonne, le maréchal de Lacy et les deux négociateurs se rendirent dans l'appartement de l'empereur. On lut, on discuta la déclaration, on en pesa tous les termes; on en modifia quelques expressions; et, sur la proposition de M. de Calonne et sur les insistances du comte d'Artois, l'empereur et le roi de Prusse consentirent à l'insertion de la dernière phrase, où la guerre se montrait suspendue sur la Révolution.

Voici cette pièce, qui fut la date d'une guerre de vingt-deux ans.

« L'empereur et le roi de Prusse, ayant entendu les désirs et les représentations de Monsieur et de M. le comte d'Artois, déclarent conjointement qu'ils regardent la situation où se trouve maintenant le roi de France comme un objet d'un intérêt commun à tous les souverains de l'Europe. Ils espèrent que cet intérêt ne peut manquer d'être reconnu par les puissances dont le concours est réclamé, et qu'en conséquence elles ne refuseront pas d'employer conjointement avec l'empereur et le roi de Prusse les moyens les plus efficaces, proportionnés à leurs forces, pour mettre le roi de France en état d'affermir, dans la plus parfaite liberté, les bases d'un gouvernement monarchique également convenable aux droits des souverains et au bien-être des Français. Alors, et dans ce cas, Leurs dites Majestés sont décidées à agir promptement et d'un mutuel accord avec les forces nécessaires pour atteindre le but proposé et commun. En attendant, elles donneront à leurs troupes les ordres convenables pour qu'elles soient prêtes à se mettre en activité. »

On voit que cette déclaration, à la fois menaçante et timide, était trop pour la paix, trop peu pour la guerre. De telles paroles attisaient la révolution sans l'étouffer. On y sentait à la fois l'impatience de l'émigration, la résolution du roi de Prusse, l'hésitation des puissances, la temporisation de l'empereur. C'était une concession à la force, à la faiblesse, à la guerre et à la paix. L'état de l'Europe s'y trahissait tout entier. C'était la déclaration de l'incertitude et de l'anarchie de ses conseils.

XVII

Après cet acte imprudent et insuffisant à la fois, les deux souverains se séparèrent. Léopold alla se faire couronner à Prague. Le roi de Prusse retourna à Berlin et mit son armée sur le pied de guerre. Les émigrés, triomphants de l'engagement qu'ils avaient obtenu, grossirent leurs rassemblements. Les cours de l'Europe, à l'exception de l'Angleterre, envoyèrent des adhésions équivoques aux cours de Berlin et de Vienne. Le bruit de la déclaration de Pilnitz vint éclater et mourir à Paris, au sein des fêtes données pour l'acceptation de la constitution.

Cependant Léopold, depuis les conférences de Pilnitz, était plus empressé que jamais de trouver des prétextes à la paix. Le prince de Kaunitz, son ministre, craignait toutes les secousses violentes qui pouvaient déranger le vieux mécanisme diplomatique dont il connaissait les rouages. Louis XVI lui envoya secrètement le comte de Fersen pour lui développer les motifs de son acceptation de la constitution, et pour le supplier de ne pas irriter, par l'appareil des armes, les dispositions de la Révolution, qui semblait s'assoupir dans son triomphe.

Les princes émigrés, au contraire, faisaient retentir dans toutes les cours les paroles données à leur cause dans la déclaration de Pilnitz. Ils écrivirent à Louis XVI une lettre publique dans laquelle ils protestaient contre le serment du roi à la constitution, arraché, disaient-ils, à sa faiblesse et à sa captivité. Le roi de Prusse, en recevant la circulaire du cabinet français où l'acceptation de la constitution était notifiée, s'écria : « Je vois la paix de l'Europe assurée! » Les cours de Vienne et de Berlin feignirent de croire que tout était fini en France par ces concessions mutuelles du roi et de l'Asssemblée. Ils se résignèrent à y voir le trône de Louis XVI abaissé, pourvu que la Révolution consentît à se laisser dominer par le trône.

La Russie, la Suède, l'Espagne et la Sardaigne ne s'apaisèrent pas si aisément. Catherine II et Gustave III, l'une par l'orgueilleux sentiment de sa puissance, l'autre par un généreux dévouement à la cause des rois, se concertaient pour envoyer 40,000 Russes et Suédois au secours de la monarchie. Ce corps d'armée, soldé par un subside de 15 millions de l'Espagne, et commandé par Gustave en personne, devait débarquer sur les côtes de France et marcher sur Paris, tandis que les forces de l'Empire franchiraient le Rhin.

Ces plans hardis des deux cours du Nord déplaisaient à

Léopold et au roi de Prusse. Ils reprochaient à Catherine de ne pas tenir ses promesses en faisant la paix avec les Turcs. L'empereur pouvait-il porter ses troupes sur le Rhin pendant que les combats des Russes et des Ottomans continuaient sur le Danube et menaçaient les derrières de son empire? Catherine et Gustave n'en continuaient pas moins leur protection avouée à l'émigration. Ces deux souverains accréditèrent des ministres plénipotentiaires auprès des princes français à Coblentz. C'était déclarer la déchéance de Louis XVI et même la déchéance de la France; c'était reconnaître que le gouvernement du royaume n'était plus à Paris, mais à Coblentz. Ils contractèrent, de plus, un traité d'alliance offensive et défensive, entre la Suède et la Russie, dans l'intérêt commun du rétablissement de la monarchie.

Louis XVI, désirant alors de bonne foi le désarmement, envoya à Coblentz le baron de Vioménil et le chevalier de Coigny, pour ordonner à ses frères et au prince de Condé la dispersion et le désarmement des émigrés. On reçut ses ordres comme ceux d'un captif; on y désobéit sans lui répondre. La Prusse et l'Empire montrèrent plus de déférence aux intentions du roi. Ces deux cours dispersèrent le rassemblement de l'armée des princes, et firent punir dans leurs États les insultes faites à la cocarde tricolore. Mais au moment même où l'empereur donnait ainsi des gages de son désir de maintenir la paix, la guerre allait l'entraîner malgré lui. Ce que la sagesse humaine refuse quelquefois aux plus grandes causes, elle se voit contrainte de l'accorder aux plus petites. Telle fut la situation de Léopold. Il avait refusé la guerre aux grands intérêts de la monarchie et aux grands sentiments de famille qui la lui demandaient; il allait l'accorder aux intérêts insignifiants de quelques princes de l'Empire, possessionnés en Alsace et en Lorraine, et dont la nouvelle constitution française violait les droits personnels. Il avait refusé secours à sa sœur, il allait l'accorder à quelques vassaux. L'influence de la diète et ses devoirs comme chef de l'Empire l'entraînèrent à des démarches où sa résolution personnelle n'avait pu le porter. Par sa lettre du 3 décembre 1791, il annonça au cabinet des Tuileries la résolution formelle de sa part « de porter secours aux princes possessionnés en France, s'ils n'obtenaient pas leur réintégration entière dans tous les droits qui leur appartenaient par traité. »

XVIII

Cette lettre menaçante, communiquée secrètement à Paris, avant son envoi officiel, par l'ambassadeur de France à Vienne, fut reçue avec effroi par le roi, avec joie par quelques-uns de ses ministres et par le parti politique de l'Assemblée. La guerre tranche tout. Ils l'accueillaient comme une solution aux difficultés dont ils se sentaient écrasés. Quand il n'y a plus d'espoir dans l'ordre régulier des événements, il y en a dans l'inconnu. La guerre paraissait à ces esprits aventureux une diversion nécessaire à la fermentation universelle, une carrière à la Révolution, un moyen pour le roi de ressaisir le pouvoir en s'emparant de l'armée. Ils espéraient changer le fanatisme de la liberté en fanatisme de gloire, et tromper l'esprit du siècle en l'enivrant par des conquêtes, au lieu de le satisfaire par des institutions.

Les députés girondins étaient de ce parti. Brissot les inspirait. Flattés de ce titre d'homme d'État, qu'ils prenaient déjà par vanité et qu'on leur jetait par ironie, ils voulaient justifier leur prétention par un coup d'audace qui changeât la scène et qui déconcertât à la fois le roi, le peuple et l'Europe. Ils avaient étudié Machiavel, et regardaient le dédain du juste comme une preuve de génie. Peu leur importait le sang du peuple, pourvu qu'il cimentât leur ambition.

Le parti jacobin, à l'exception de Robespierre, demandait aussi la guerre à grands cris; son fanatisme lui faisait illusion sur sa faiblesse. La guerre, pour ces hommes, était un apostolat armé, qui allait propager leur philosophie sociale par tout l'univers. Le premier coup de canon tiré au nom des droits de l'homme devait ébranler tous les trônes. Enfin, un troisième parti espérait dans la guerre : c'était le parti des constitutionnels modérés. Il se flattait de rendre quelque énergie au pouvoir exécutif, par la nécessité de concentrer l'autorité militaire dans les mains du roi, au moment où la nationalité serait menacée. Toute guerre extrême donne la dictature au parti qui la fait. Ils espéraient pour le roi et pour eux cette dictature de la nécessité.

XIX

Une femme jeune, mais déjà influente, prêtait à ce dernier parti le prestige de sa jeunesse, de son génie et de sa passion : c'était madame de Staël. Fille de Necker, elle avait respiré la politique en naissant. Le salon de sa mère avait été le cénacle de la philosophie du dix-huitième siècle. Voltaire, Rousseau, Buffon, d'Alembert, Diderot, Raynal, Bernardin de Saint-Pierre, Condorcet, avaient joué avec cette enfant et attisé ses premières pensées. Son berceau était celui de la Révolution. La popularité de son père avait caressé ses lèvres et lui avait laissé une soif de gloire qui ne s'éteignit plus. Elle la cherchait jusque dans les orages populaires, à travers la calomnie et la mort. Son génie était grand, son âme était pure, son cœur passionné. Homme par l'énergie, femme par la tendresse, pour que son idéal d'ambition fût satisfait, il fallait que la destinée associât pour elle, dans un même rôle, le génie, la gloire et l'amour.

La nature, l'éducation et la fortune lui rendaient possible ce triple rêve d'une femme, d'un philosophe et d'un héros. Née dans une république, élevée dans une cour, fille de ministre, femme d'ambassadeur, tenant au peuple par l'origine, aux hommes de lettres par le talent, à l'aristocratie par le rang, les trois éléments de la Révolution se mêlaient ou se combattaient en elle. Son génie était comme le chœur antique, où toutes les grandes voix du drame se confondaient dans un orageux accord. Penseur par l'inspiration, tribun par l'éloquence, femme par l'attrait, sa beauté, invisible à la foule, avait besoin de l'intelligence pour être comprise et de l'admiration pour être sentie. Ce n'était pas la beauté des traits et des formes, c'était l'inspiration visible et la passion manifestée. Attitude, geste, son de voix, regard, tout obéissait à son âme pour lui composer son éclat. Ses yeux noirs, avec des teintes de feu sur la prunelle, laissaient jaillir à travers de longs cils autant de tendresse que de fierté. On suivait son regard souvent perdu dans l'espace, comme si l'on eût dû y rencontrer avec elle l'inspiration qu'elle y poursuivait. Ce regard, ouvert et profond comme son âme, avait autant de sérénité qu'il avait d'éclairs. On sentait que la lueur de son génie n'était que la réverbération d'un foyer de tendresse au cœur. Aussi y avait-il un secret amour dans toute admiration qu'elle excitait, et, elle-même, dans l'admiration, n'estimait que l'amour. L'amour, pour elle, n'était que de l'admiration allumée.

Les événements mûrissent vite. Les idées et les choses s étaient pressées dans sa vie; elle n'avait point eu d'enfance. A vingt-deux ans, elle avait la maturité de la pensée avec la grâce et la séve des jeunes années. Elle écrivait comme Rousseau, elle parlait comme Mirabeau. Capable de conceptions hardies et de desseins suivis, elle pouvait contenir à la fois dans son sein une grande pensée et un grand sentiment. Comme les femmes de Rome, qui au déclin de la république agitaient le monde du mouvement de leur cœur, ou qui donnaient et retiraient l'empire avec leur faveur, elle voulait que sa passion se confondît avec sa politique, et que l'élévation de son génie servît à élever celui qu'elle préférait. Son sexe lui interdisait cette action directe, que la place publique, la tribune ou l'armée n'accordent qu'aux hommes dans les gouvernements de publicité. Elle devait rester invisible dans les événements qu'elle voulait diriger. Être la destinée voilée d'un grand homme, agir par sa main, grandir dans son sort, briller sous son nom, c'était la seule ambition qui lui fût permise; ambition tendre et dévouée qui séduit la femme, comme elle suffit au génie désintéressé. Elle ne pouvait être d'un homme politique que sa conscience et son inspiration ; elle cherchait cet homme, son illusion lui fit croire qu'elle l'avait trouvé.

XX

Il y avait alors à Paris un jeune officier général d'une race illustre, d'une beauté séduisante, d'un esprit gracieux, flexible, étincelant. Bien qu'il portât le nom d'une des familles les plus accréditées à la cour, un nuage planait sur sa naissance : un sang royal coulait, dit-on, dans ses veines; ses traits rappelaient ceux de Louis XV. La tendresse de Mesdames, tantes de Louis XVI, pour cet enfant élevé sous leurs yeux, attaché à leurs personnes, et porté par leur faveur aux plus hauts emplois de la cour et de l'armée, appuyait ce bruit.

Ce jeune homme était le comte Louis de Narbonne. Sorti de ce berceau, nourri dans cette cour, courtisan de naissancé, gâté par ces mains féminines, célèbre seulement par sa figure, par ses légèretés et par ses saillies, on ne pouvait attendre d'un tel homme la foi ardente qui précipite au sein des révolutions, et l'énergie stoïque qui fait qu'on les accomplit et qu'on les dirige. Il n'avait qu'une demi-foi dans la liberté. Il ne voyait dans le peuple qu'un souverain plus exigeant et plus capricieux que les autres, envers lequel il fallait déployer plus d'habileté pour le séduire et plus de politique pour le manier. Il se sentait la flexibilité nécessaire à ce rôle : il osa le tenter. Dépourvu de grande conviction, mais non d'ambition et de courage, la circonstance n'était à ses yeux qu'un drame comme la Fronde, où les plus habiles acteurs pouvaient grandir leurs espérances aux proportions des faits et diriger le dénoûment. Il ignorait qu'en révolution il n'y a qu'un acteur sérieux : la passion. Il n'en avait pas. Il balbutia les mots de la langue révolutionnaire; il prit le costume du temps, il n'en prit pas l'âme.

Le contraste de cette nature et de ce rôle, ce favori des cours se jetant dans la foule pour servir la nation, cette élégance aristocratique masquée en patriotisme de tribune, plurent un moment à l'opinion. On applaudit à cette transformation comme à une difficulté vaincue. Le peuple était flatté d'avoir de grands seigneurs avec lui. C'était un témoignage de sa puissance. Il se sentait roi en se voyant des courtisans. Il pardonnait à leur rang en faveur de leur complaisance.

Madame de Staël fut séduite, autant de cœur que d'esprit, par M. de Narbonne. Sa mâle et tendre imagination prêta au jeune militaire tout ce qu'elle lui désirait. Ce n'était qu'un homme brillant, actif et brave. Elle en fit un politique et un héros. Elle le grandit de tous ses rêves pour qu'il fût à la hauteur de son idéal. Elle lui enrôla des prôneurs, elle l'entoura d'un prestige, elle lui créa une renommée, elle lui traça un rôle. Elle en fit le type vivant de sa politique. Dédaigner la cour, séduire le peuple, commander l'armée, intimider l'Europe, entraîner l'Assemblée par son éloquence, servir la liberté, sauver la nation, et devenir, par sa seule popularité, l'arbitre du trône et du peuple, les réconcilier dans une constitution à la fois libérale et monarchique; telle était la perspective qu'elle ouvrait à elle-même et à M. de Narbonne.

Elle alluma son ambition à ses pensées. Il se crut capable de ces destinées, puisqu'elle les rêvait pour lui. Le drame de la Révolution se concentra dans ces deux intelligences, et leur conjuration fut quelque temps toute la politique de l'Europe.

Madame de Staël, M. de Narbonne et le parti constitutionnel voulaient la guerre; mais ils voulaient une guerre partielle et non une guerre désespérée, qui, en remuant la nationalité jusque dans ses fondements, emporterait le trône et jetterait la France dans la république. Ils parvinrent, par leur influence, à renouveler tout le personnel de la diplomatie exclusivement dévoué aux émigrés ou au roi. Ils remplirent les cours étrangères de leurs affidés. M. de Marbois fut envoyé auprès de la diète de Ratisbonne, M. Barthélemy en Suisse, M. de Talleyrand à Londres, M. de Ségur à Berlin. La mission de M. de Talleyrand était de faire fraterniser le principe aristocratique de la constitution anglaise avec le principe démocratique de la constitution française, qu'on croyait pouvoir pondérer et modérer par une chambre haute. On espérait intéresser les hommes d'État de la Grande-Bretagne à une révolution imitée de la leur, qui, après avoir remué le peuple, viendrait s'assouplir dans la main d'une aristocratie intelligente. Cette mission était facile, si la Révolution se fût régularisée quelques mois à Paris. Les idées françaises avaient la popularité à Londres. L'opposition était révolutionnaire. Fox et Burke, amis alors, passionnaient l'opinion pour la liberté du continent. Il faut rendre cette justice à l'Angleterre, que le principe moral et populaire caché dans les bases de sa constitution ne s'est jamais renié lui-même en combattant les efforts des autres peuples pour se donner un gouvernement libre. Elle s'est assimilé la liberté partout.

XXI

La mission de M. de Ségur à Berlin était plus délicate. Il s'agissait de détacher le roi de Prusse de son alliance avec l'empereur Léopold, qu'on ne croyait pas encore couronné, et d'entraîner le cabinet de Berlin dans une alliance avec la France révolutionnaire. Cette alliance promettait à la Prusse, avec sa sécurité sur le Rhin, tout l'ascendant des idées nouvelles en Allemagne ; c'était une idée machiavélique qui devait sourire au génie agitateur du grand Frédéric. Il avait fait de la Prusse la puissance corrosive de l'Empire.

M. de Ségur ne voulut partir qu'après avoir emporté

l'assentiment du roi et de la reine aux efforts pacifiques qu'il allait tenter. Cette adhésion fut complète, et cependant il n'était point arrivé à Berlin que déjà une prétendue copie de ses instructions, venant de Paris, était dans les mains du roi de Prusse. Ces deux mots : séduire et corrompre, en étaient l'esprit. Le roi de Prusse avait des favoris et des maîtresses. Mirabeau avait écrit en 1786 : « Il ne peut y avoir à Berlin de secrets pour l'ambassadeur de France, que faute d'argent et d'habileté ; ce pays est cupide et pauvre, il n'y a pas de secret d'État qu'on ne puisse y acheter avec trois mille louis. » M. de Ségur devait donc s'attacher avant tout à capter les deux favorites. L'une était fille d'Élie Enka, attaché comme musicien à la chapelle du feu roi. Belle et spirituelle, elle avait fixé, à l'âge de douze ans, l'attention du roi, alors prince royal. Il l'avait, dès cet âge si tendre, comme prédestinée à ses amours ; il l'avait fait élever avec tous les soins et tout le luxe d'une éducation royale. Elle avait voyagé en France et en Angleterre ; elle savait les langues de l'Europe ; elle avait poli son génie naturel au contact des hommes de lettres et des artistes de l'Allemagne. Un mariage simulé avec Rietz, valet de chambre du roi, motivait sa résidence à la cour et lui permettait de réunir autour d'elle ce que Berlin avait d'hommes supérieurs dans la politique ou dans les lettres. Gâtée par une fortune précoce, et insouciante à la retenir, elle avait laissé deux rivales lui disputer le cœur du roi. L'une, la jeune comtesse d'Ingenheim, venait de mourir à la fleur de ses années ; l'autre, la comtesse de Lichtenau, avait donné deux enfants au roi et se flattait en vain de l'arracher à l'empire de madame Rietz.

Le baron de Roll, au nom du comte d'Artois, et le vicomte de Caraman, au nom de Louis XVI, s'étaient emparés de toutes les avenues de ce cabinet. Le comte de Goltz, ambassadeur de Prusse à Paris, avait informé sa cour de l'objet de la mission de M. de Ségur. Le bruit courait parmi les hommes bien informés que cet envoyé emportait quelques millions destinés à payer la faiblesse ou la trahison du cabinet de Berlin.

Les instructions supposées arrivèrent à Berlin deux heures avant M. de Ségur. Elles révélaient au roi tout un plan de séductions et de vénalités que l'agent de la France devait pratiquer sur ses favoris et sur ses maîtresses; leur caractère, leur ambition, leurs rivalités, leurs faiblesses vraies ou supposées, les moyens d'agir par eux sur l'esprit du roi, y étaient notés avec la sécurité de la confidence. Il y avait un tarif pour toutes les consciences, un prix pour toutes les perfidies. L'aide de camp favori du roi, Bischofwerder, alors très-puissant, devait être tenté par des offres irrésistibles, et, dans le cas où sa connivence serait découverte, un splendide établissement en France devait le garantir contre toute éventualité.

On avait fait tomber ces instructions aux mains de ceux mêmes dont la fidélité devait être marchandée. Ils les remirent au roi avec l'assurance de consciences odieusement calomniées. Le roi rougit pour lui-même de l'empire qu'on attribuait à l'amour ou à l'intrigue sur sa politique. Il s'indigna de la fidélité tentée de ses serviteurs. Toute négociation fut ainsi déjouée avant l'arrivée du négociateur. M. de Ségur fut reçu avec une froide ironie. Frédéric-Guillaume affecta de ne pas lui parler à son cercle. Il demanda tout haut, devant lui, à l'envoyé de l'électeur de Mayence, des nouvelles du prince de Condé. L'envoyé lui répondit que ce prince se rapprochait avec son armée des frontières de France : « Il fait bien, dit le roi, car il est sur le point d'y entrer. » M. de Ségur, accoutumé aux succès pendant son long séjour et sa faveur intime à la cour de Catherine, entraîna, dit-on, la comtesse d'Ashkof et le prince Henri de Prusse dans le parti de la paix. Il fit plus; instruit enfin de l'existence dans le cabinet du roi de ces instructions supposées, il parvint à s'en faire livrer une copie et à en démontrer la fausseté au roi Frédéric-Guillaume. Ce succès même fut un piége pour sa négociation. D'autres intrigues l'emportèrent. Le roi, concertant sa conduite avec l'empereur, affecta quelque temps d'incliner vers la France, de se plaindre des exigences de l'émigration, et de caresser l'ambassadeur. Celui-ci crut à ces démonstrations, et rassura le cabinet français sur les intentions de la Prusse. Mais la disgrâce subite de la comtesse d'Ashkof, et les offres d'alliance avec la France injurieusement repoussées, déconcertèrent les efforts et renversèrent les espérances de M. de Ségur. Il demanda son rappel. La perspective des malheurs de son pays et de la combustion de l'Europe portèrent, dit-on, sa tristesse jusqu'au désespoir. Le bruit courut qu'il avait attenté à ses jours. Ce bruit n'avait d'autre fondement qu'un accident qui lui arriva dans un violent accès de fièvre, dont il fut saisi à la vue de l'abîme qu'il n'avait pu fermer et dans lequel allaient en effet se perdre, avec la famille royale, les dernières espérances du parti constitutionnel.

XXII

Le même parti tenta, vers le même temps, de conquérir à la France un souverain dont la renommée pesait autant qu'un trône dans l'opinion de l'Europe. C'était le duc de Brunswick, élève du grand Frédéric, héritier présumé de sa science et de ses inspirations militaires, et proclamé d'avance par la voix publique généralissime dans la guerre future contre la France. Enlever à l'empereur et au roi de Prusse ce chef de leurs armées, c'était enlever à l'Allemagne la confiance et la victoire.

Le nom du duc de Brunswick était un prestige qui couvrait l'Allemagne d'une sorte de terreur et d'inviolabilité. Madame de Staël et son parti le tentèrent. Cette négociation secrète fut concertée entre madame de Staël, M. de Narbonne, M. de La Fayette et M. de Talleyrand. M. de Custine, fils du général de ce nom, fut choisi pour porter au duc de Brunswick les paroles du parti constitutionnel. Le jeune négociateur était heureusement préparé pour cette mission. Spirituel, séduisant, instruit, fanatique d'admiration pour la tactique prussienne et pour le duc de Brunswick, dont il était allé prendre les leçons à Berlin, il inspirait d'avance confiance à ce prince. Il lui porta l'offre du titre de généralissime des armées françaises, d'un traitement de trois millions et d'un établissement en France équivalent à ses possessions et à son rang dans l'Empire.

La lettre qui contenait ces engagements était signée du ministre de la guerre et de Louis XVI lui-même.

M. de Custine partit pour Brunswick au mois de janvier. A son arrivée il fit remettre sa lettre au duc. Quatre jours s'écoulèrent avant qu'un entretien lui fût accordé. Le cinquième jour, le duc l'admit à une audience particulière. Il exprima à M. de Custine, avec une franchise militaire, l'orgueil et la reconnaissance que le prix attaché à son mérite par la France était fait pour lui inspirer. « Mais, ajouta-t-il, mon sang est à l'Allemagne et ma foi est à la Prusse. Mon ambition est satisfaite d'être la seconde personne de cette monarchie qui m'a adopté. Je ne changerai pas, pour une gloire aventureuse sur le théâtre mouvant des révolutions, la haute et solide position que ma naissance, mon devoir et quelque gloire acquise me font dans mon pays. » A la fin de cette conversation, M. de Custine, trouvant le prince inébranlable, découvrit son ultimatum et fit briller à ses yeux l'éventualité de la couronne de France, si elle venait à tomber du front de Louis XVI, ramassée par les mains d'un général victorieux. Le duc parut ébloui, et congédia M. de Custine sans lui ôter tout espoir d'accéder à un pareil prix. Le négociateur partit triomphant. Cependant quelque temps après, le duc, soit duplicité, soit repentir, soit prudence, répondit par un refus formel à l'une et à l'autre de ces propositions. Il adressa sa réponse à Louis XVI et non au ministre, et cet infortuné roi connut ainsi le dernier mot du parti constitutionnel, et combien tenait peu sur sa tête une couronne qu'on offrait déjà en perspective à l'ambition d'un ennemi.

LIVRE SIXIÈME

Aspect de l'Assemblée législative à ses premières séances. — Le cérémonial de la royauté y est mis en question. — Le roi se présente à l'Assemblée. — Il y est reçu avec applaudissements. — — Difficultés de l'Assemblée. — Le clergé, l'émigration, la guerre. — Une partie du clergé se déclare contre le serment civil. — Discours de Fauchet, prêtre assermenté. — Réponse de Torné, évêque constitutionnel de Bourges. — Ducos demande l'impression de ce discours. — Gensonné conseille la tolérance. — Isnard la combat, aux applaudissements des Girondins. — Décret contre les prêtres non assermentés. — Discours de Brissot contre les puissances et contre les émigrés. — Discours de Condorcet dans le même sens. — Vergniaud monte à la tribune. — Son portrait. — Discours de Vergniaud. — Discours d'Isnard. — Décret contre les émigrés. — Ces deux décrets consternent le roi et son conseil. — Lettre d'André Chénier sur la liberté des cultes. — Lutte des journaux girondins et jacobins contre les Feuillants. — La Fayette résigne le commandement de la garde nationale. — Bailly, maire de Paris, se retire à la même époque. — Pétion est nommé à sa place. — Danton, comme substitut du procureur de la commune, commence sa fortune populaire.

I

Telles étaient les dispositions réciproquement menaçantes de la France et de l'Europe, au moment où l'Assemblée constituante, après avoir proclamé les principes, laissait à d'autres le soin de les défendre et de les appliquer. C'était comme le législateur qui se retirait dans son repos, pour contempler ses lois en activité. La grande pensée de la France abdiquait, pour ainsi dire, avec l'Assemblée constituante. Le gouvernement tombait de haut entre les mains de l'inexpérience ou de la passion d'un nouveau peuple. Du 29 septembre au 1ᵉʳ octobre, il y eut comme un changement de règne. L'Assemblée législative se trouva, ce jour-là, face à face avec un roi sans autorité, au-dessus d'un peuple sans modération. On sentit, dès sa première séance, l'oscillation désordonnée d'un pouvoir sans tradition et sans contre-poids, qui cherche son aplomb dans sa propre sagesse, et qui, flottant de l'insulte au repentir, se blesse lui-même avec l'arme qu'on lui a mise dans la main.

II

Une foule immense s'était portée à ses premières séances. L'aspect extérieur de l'Assemblée était changé. Presque tous les cheveux blancs avaient disparu. On eût dit que la France avait rajeuni dans une nuit. L'expression des physionomies, les traits, les gestes, les costumes, l'attitude des membres de l'Assemblée, n'étaient plus les mêmes. Cette fierté de la noblesse française empreinte dans le regard et sensible dans les manières, cette dignité du clergé et de la magistrature, cette gravité austère des premiers députés du tiers état, avaient tout à coup fait place aux représentants d'un peuple nouveau, dont la confusion et la turbulence annonçaient l'invasion au pouvoir plutôt que l'habitude et la possession du gouvernement. L'extrême jeunesse s'y faisait remarquer en foule. Quand le président d'âge, pour former le bureau provisoire, somma les députés qui n'avaient pas encore accompli leur vingt-sixième année de se présenter, soixante jeunes gens se pressèrent autour de la tribune et se disputèrent le rôle de secrétaires de l'Assemblée. Cette jeunesse des représentants de la nation inquiéta les uns, réjouit les autres. Si, d'un côté, une telle représentation n'offrait rien de cette maturité calme et de cette autorité du temps que les législateurs antiques recherchaient dans les conseils des peuples ; d'un autre côté, ce rajeunissement soudain de la représentation nationale était comme un symptôme du rajeunissement complet des institutions. On sentait que cette nouvelle génération avait rompu avec toutes les traditions et tous les préjugés de l'ancien ordre de choses. Son âge même était une garantie, à l'inverse des civilisations assises, où l'on demande aux législateurs de donner par leurs années des gages au passé. On demandait à ceux-ci de donner des gages à l'avenir. Leur inexpérience était un mérite, leur jeunesse était un serment. Les temps calmes veulent des vieillards, les révolutions veulent des jeunes gens.

A peine l'Assemblée était-elle constituée, que le double esprit qui allait s'en disputer les actes, l'esprit monarchique et l'esprit républicain, s'y livra, sous un frivole prétexte, une lutte puérile en apparence, sérieuse au fond, et y fut tour à tour vaincu et vainqueur en deux jours. La députation qui s'était rendue près du roi pour lui annoncer la constitution de l'Assemblée rendit compte de sa mission par l'organe du député Ducastel, président de cette députation : « Nous avons hésité, dit-il, sur les formes du langage à adopter en parlant au roi. Nous avons craint de blesser ou la dignité nationale ou la dignité royale. Nous sommes convenus de lui dire : « Sire, l'Assemblée est con- » stituée ; elle nous a députés pour en informer Votre Ma- » jesté. » Nous nous sommes rendus aux Tuileries. Le ministre de la justice est venu nous annoncer que le roi ne pouvait nous recevoir qu'aujourd'hui à une heure. Nous avons pensé que le salut de la chose publique exigeait que nous fussions admis sur-le-champ, et nous avons insisté. Le roi alors nous a fait dire qu'il nous recevrait à neuf heures. Nous y sommes allés. A quatre pas du roi, je l'ai salué ; j'ai prononcé les mots convenus. Le roi m'a demandé le nom de mes collègues ; je lui ai répondu que je ne les connaissais pas. Nous allions nous retirer, lorsqu'il nous a arrêtés en nous disant : « Je ne pourrai vous voir que vendredi. »

Une sourde agitation, qui courait déjà dans les rangs de l'Assemblée, éclate à ces dernières paroles. « Je demande, s'écrie un député, qu'on ne se serve plus de ce titre de Majesté. — Je demande, ajoute un autre, qu'on répudie ce titre de Sire, qui est une abréviation de seigneur, et qui reconnaît une souveraineté dans celui à qui on le donne. — Je demande, dit le député Becquet, que nous ne soyons pas comme des automates, assis ou debout quand il plaira au roi de se tenir debout ou de s'asseoir. » Couthon éleva la voix pour la première fois, et sa première parole fut une menace à la royauté. « Il n'y a plus d'autre Majesté ici que celle de la loi et du peuple, dit-il; ne laissons au roi d'autre titre que celui de roi des Français! Faites retirer ce fauteuil scandaleux, ce siége doré qu'on lui a apporté la dernière fois qu'il a paru dans cette salle : qu'il s'honore de s'asseoir sur le simple fauteuil du président d'un grand peuple ; que le cérémonial entre lui et nous soit celui de l'égalité ; soyons debout et découverts quand il sera découvert et debout ; restons couverts et assis quand il s'assoira et se couvrira. — Le peuple, reprit Chabot, vous a envoyés ici pour faire respecter sa dignité. Souffrirez-vous que le roi vous dise : « Je viendrai à trois heures? » comme si vous ne pouviez pas lever la séance sans l'attendre! »

On décréta que chacun pourrait s'asseoir et se couvrir devant le roi. « Cet article, fit observer Garran de Coulon, pourrait établir une sorte de confusion dans l'Assemblée. Cette faculté laissée à tous donnerait aux uns l'occasion de montrer de la fierté, aux autres de l'idolâtrie. — Tant mieux, s'écria une voix, s'il y a des flatteurs, il faut les connaître. » On décréta aussi qu'il n'y aurait au bureau que deux fauteuils pareils placés sur la même ligne : un pour le président, un pour le roi ; enfin qu'on ne donnerait plus au roi d'autre titre que celui de roi des Français.

III

Ces décrets humilièrent le roi, consternèrent les constitutionnels, agitèrent le peuple. On avait espéré le rétablissement de l'harmonie entre les pouvoirs, elle se brisait au début. La constitution trébuchait au premier pas. Cette déchéance de ses titres paraissait un plus grand abaissement de la royauté que la déchéance de son pouvoir absolu.

« N'avons-nous donc gardé un roi, disait-on, que pour le livrer aux outrages et à la risée des représentants du peuple? Une nation qui ne se respecte pas dans son chef héréditaire se respectera-t-elle jamais dans ses représentants élus? Est-ce par des outrages semblables que la liberté se fera accepter du trône? Est-ce en semant des ressentiments pareils dans le cœur du roi qu'on lui fera chérir la constitution et qu'on s'assurera son loyal concours au maintien des droits du peuple et au salut de la nation? Si le pouvoir exécutif est une réalité nécessaire, il faut le respecter dans le roi : si ce n'est qu'une ombre, il faut encore l'honorer. » Le conseil des ministres s'assembla. Le roi déclara avec amertume qu'il n'était point condamné par la constitution à aller livrer, dans sa personne, la majesté royale aux outrages de l'Assemblée, et qu'il ferait ouvrir le Corps législatif par les ministres.

Ce bruit répandu dans Paris amena une réaction soudaine en faveur du roi. L'Assemblée, encore hésitante, en ressentit le contre-coup. La popularité qu'elle avait cherchée lui manquait sous la main. Elle fléchit. « Qu'est-il résulté du décret d'hier? dit le député Vosgien à l'ouverture de la séance du 6 octobre. Une nouvelle espérance des ennemis du bien public, l'agitation du peuple, la baisse du crédit, l'inquiétude générale. Rendons au représentant héréditaire du peuple ce qui lui appartient dans nos respects. Ne lui laissons pas croire qu'il sera le jouet de chaque législation qui s'ouvrira. Il est temps de jeter l'ancre de la constitution. »

Vergniaud, l'orateur encore inconnu de la Gironde, révéla, dès les premiers mots, ce caractère à la fois audacieux et indécis qui fut le type de sa politique. Sa parole flotta comme son âme. Il parla pour un parti et conclut pour l'autre. « On paraît d'accord, dit-il, que si le décret est de police intérieure, il est exécutable sur-le-champ ; or il est évident, pour moi, que le décret est de police intérieure, car il n'y a pas là de relation d'autorité entre le corps législatif et le roi. Il ne s'agit que de simples égards que l'on réclame en faveur de la dignité royale. Je ne sais pourquoi on paraît désirer le rétablissement de ces titres de *Sire* et de *Majesté* qui nous rappellent la féodalité. Le roi doit s'honorer du nom de roi des Français. Je demande si le roi vous a demandé un décret pour régler le cérémonial de sa maison quand il reçoit vos députations ! Cependant, pour dire franchement mon avis, je pense que si le roi, par égard pour l'Assemblée, se tient debout et découvert, l'Assemblée, par égard pour le roi, doit se tenir découverte et debout. »

Hérault de Séchelles demanda que le décret fût rapporté. Champion, député du Jura, reprocha à ses collègues d'employer leurs premières séances à de si puérils débats. « Je ne crains pas l'idolâtrie du peuple pour un fauteuil d'or ; mais ce que je crains, c'est une lutte entre les deux pouvoirs. Vous ne voulez pas des mots *Sire* et *Majesté* ; vous ne voulez pas même qu'il soit donné au roi des applaudissements, comme s'il était possible d'interdire au peuple les manifestations de sa reconnaissance quand le roi les aura méritées ! Ne nous déshonorons pas, Messieurs, par une ingratitude coupable envers l'Assemblée nationale, qui a conservé au roi ces signes de respect. Les fondateurs de la liberté n'ont pas été des esclaves! Avant de fixer les prérogatives de la royauté, ils ont établi les droits du peuple. C'est la nation qui est honorée dans la personne de son représentant héréditaire. C'est elle qui, après avoir créé la royauté, l'a revêtue d'un éclat qui remonte à sa source et rejaillit sur elle. »

Le président de la députation envoyée au roi, Ducastel, parla dans le même sens. Mais s'étant servi, par inadvertance, du mot de souverain en désignant le roi, et ayant ajouté que le pouvoir législatif résidait dans l'Assemblée et dans le roi, ce blasphème et cette hérésie involontaire excitèrent un terrible orage dans la salle. Tout mot malsonnant paraissait une intention contre-révolutionnaire. On était si près du régime aboli qu'on craignait d'y glisser à chaque pas. Le peuple était un affranchi d'hier que le moindre son de chaînes faisait tressaillir. Cependant le décret blessant pour la majesté royale fut rapporté. Cette rétractation fut accueillie avec transport par les royalistes et par la garde nationale. Les constitutionnels y virent l'augure d'une harmonie renaissante entre les pouvoirs de l'État. Le roi y vit un triomphe d'une fidélité mal éteinte, mais que toute tentative d'outrage contre sa personne ravivait dans les cœurs.

Ils se trompaient tous; ce n'était qu'un mouvement de générosité succédant à un mouvement de rudesse : l'hésitation du peuple qui n'ose briser du premier coup ce qu'il a longtemps adoré.

Cependant les royalistes abusaient, dans leurs journaux, de ce retour à la modération : « La Révolution est lâche, s'écriaient-ils, c'est qu'elle se sent faible. Ce sentiment de sa faiblesse est une défaite anticipée. Voyez combien, en deux jours, elle se donne à elle-même de honteux démentis! Toute autorité qui mollit est perdue, à moins qu'elle n'ait l'art de masquer sa retraite et de reculer à pas lents et insensibles, et de faire oublier ses lois plutôt que de les rétracter. L'obéissance n'a que deux ressorts : le respect et la crainte. Tous deux sont brisés à la fois par une rétrogradation brusque et violente comme celle de l'Assemblée. Peut-on respecter ou craindre un pouvoir qui plie sous l'effroi de sa propre audace? L'Assemblée a abdiqué en n'achevant pas tout ce qu'elle a osé. Toute révolution qui n'avance pas recule, et le roi est vainqueur sans avoir combattu. »

De son côté le parti révolutionnaire, rassemblé le soir aux Jacobins, déplorait sa défaite, accusait tout le monde et récriminait. « Voyez, disaient les orateurs, quel travail souterrain s'est fait dans une nuit! quelle victoire de la corruption et de la peur! Les membres de l'ancienne Assemblée, mêlés dans la salle aux nouveaux députés, ont été vus soufflant à l'oreille de leurs successeurs toutes les condescendances qui les ont déshonorés. Répandus, le soir, après la séance, dans les groupes du Palais-Royal, ils ont semé l'alarme, parlé d'un second départ du roi, pronostiqué le trouble et l'anarchie, et fait craindre à ce peuple de Paris, qui préfère sa fortune privée à la liberté publique, la disparition de la confiance, la rareté du numéraire, la baisse des fonds publics. Cette race vénale résiste-t-elle jamais à de tels arguments? »

L'âme de Paris respirait tout entière le lendemain dans l'attitude et dans le discours de l'Assemblée. « A l'ouverture de la séance, je me plaçai, dit un jacobin, parmi les députés qui s'entretenaient des moyens d'obtenir la révocation. Je leur dis que le décret ayant été rendu la veille presque à l'unanimité, il paraissait impossible de compter sur un retour si subit et si scandaleux d'opinion. « Nous » sommes sûrs de la majorité, » répondirent-ils. Je quittai alors la place et j'allai en prendre une autre. J'y entendis les mêmes propos. Je me réfugiai alors dans cette partie de la salle qui fut si longtemps le sanctuaire du patriotisme. Mêmes discours, même apostasie. La nuit avait tout acheté. La preuve que ce travail de corruption s'était accompli avant la délibération, c'est que tous les orateurs qui ont pris la parole contre les décrets avaient à la main leurs discours écrits ! D'où vient cette surprise des patriotes ? C'est que les membres purs de la législature ne se connaissaient pas entre eux. C'est qu'ils ne se sont pas encore rencontrés ni comptés ici. Vous leur avez, il est vrai, ouvert vos portes, ils sont entrés pour examiner votre contenance et sonder vos forces, mais ils ne sont pas encore affiliés et ils n'ont pas puisé encore dans votre fréquentation et dans vos discours cette confiance et ce patriotisme qui sont la seconde âme du citoyen ! »

Le peuple, qui aspirait au repos après tant de journées d'agitation, qui manquait de travail, d'argent et de pain, intimidé de plus par les approches d'un hiver sinistre, vit avec indifférence la tentative et la rétractation de l'Assemblée. Il laissa impunément outrager les députés qui avaient soutenu les décrets. Goupilleau, Couthon, Basire, Chabot, furent menacés au sein de l'Assemblée même par des officiers de la garde nationale. « Prenez garde à vous ! leur disaient ces soldats du peuple gagnés au trône. Nous ne voulons pas que la Révolution fasse un pas de plus. Nous vous connaissons, nous aurons les yeux sur vous ; nous vous ferons hacher par nos baïonnettes! » Ces députés, secondés par Barère, vinrent dénoncer ces outrages au club des Jacobins; mais rien ne s'émut hors de la salle, et ils n'emportèrent que de stériles indignations.

IV

Le roi, rassuré par ces dispositions de l'esprit public, se rendit le 7 à l'Assemblée. Sa présence fut le signal d'unanimes applaudissements. Les uns applaudissaient en lui le roi; les autres, dans le roi, applaudissaient la constitution. Elle inspirait alors un fanatisme réel à cette masse inerte qui ne juge des choses que par les mots et qui croit impérissable tout ce que la loi proclame sacré. On ne se contenta pas de crier : « Vive le roi! » On cria aussi : « Vive Sa Majesté! » Les acclamations d'une partie du peuple vengeaient les offenses de l'autre et faisaient ainsi revivre ces titres qu'un décret avait tenté d'effacer. On applaudit jusqu'à la réinstallation du fauteuil royal à côté de celui du président. Il semblait aux royalistes que ce fauteuil fût un trône où la nation rasseyait la monarchie. Le roi parla debout et découvert. Son discours fut rassurant pour les esprits, touchant pour les cœurs. S'il n'avait pas l'accent de l'enthousiasme, il avait l'accent de la bonne foi. « Pour que nos travaux, dit-il, produisent le bien qu'on doit en attendre, il faut qu'entre le corps législatif et le roi il règne une constante harmonie et une confiance inaltérable. Les ennemis de notre repos ne chercheront que trop à nous désunir ; mais que l'amour de la patrie nous rallie et que l'intérêt public nous rende inséparables ! Ainsi la puissance publique se déploiera sans obstacle ; l'administration ne sera pas tourmentée par de vaines terreurs ; les propriétés et la croyance de chacun seront également protégées. Il ne restera plus à personne de prétexte pour vivre éloigné d'un pays où les lois seront en vigueur et où tous les droits seront respectés. » Cette allusion aux émigrés et cet appel indirect aux frères du roi firent courir dans tous les rangs un frémissement de joie et d'espérance.

Le président Pastoret, constitutionnel modéré, homme agréable à la fois au roi et au peuple, parce qu'avec les doctrines du pouvoir il avait l'habileté du diplomate et le langage de la constitution, répondit : « Sire, votre présence au milieu de nous est un nouveau serment que vous prêtez à la patrie. Les droits du peuple étaient oubliés et tous les pouvoirs confondus. Une constitution est née, et avec elle la liberté française : vous devez la chérir comme citoyen ; comme roi vous devez la maintenir et la défendre. Loin d'ébranler votre puissance, elle l'a affermie. Elle vous a donné des amis dans tous ceux qu'on appelait autrefois vos sujets. Vous avez besoin d'être aimé des Français ! disiez-vous il y a quelques jours dans ce temple de la patrie. Et nous aussi nous avons besoin d'être aimés de vous. La constitution vous a fait le premier monarque du monde, votre amour pour elle placera Votre Majesté au rang des rois les plus chéris. Forts de notre union, nous en sentirons bientôt l'influence salutaire. Épurer la législation, ranimer le crédit public, comprimer l'anarchie, tel est notre devoir, tels sont nos vœux, tels sont les vôtres, Sire : les bénédictions des Français en seront le prix. »

Cette journée rouvrit le cœur du roi et de la reine à l'espérance : ils crurent avoir retrouvé un peuple. La Révolution crut avoir retrouvé son roi. Les souvenirs de Varennes parurent ensevelis. La popularité eut un de ces souffles d'un jour qui purifient le ciel un moment et qui trompent ceux-là mêmes qui ont tant appris à s'en défier. La famille royale voulut du moins en jouir et en faire jouir surtout le Dauphin et Madame : ces deux enfants ne connaissaient du peuple que sa colère; ils n'avaient aperçu la nation qu'à travers les baïonnettes du 6 octobre, sous les haillons de l'émeute ou dans la poussière du retour de Varennes. Le roi voulait qu'ils la vissent dans son calme et dans son amour, car il élevait son fils pour aimer ce peuple, et non pour venger ses offenses. Dans son supplice de tous les jours, ce qui le faisait le plus souffrir, c'étaient moins ses propres humiliations que l'ingratitude et les torts du peuple. Être méconnu de la nation lui paraissait plus dur que d'être persécuté par elle. Un moment de justice de la part de l'opinion lui faisait oublier deux ans d'outrages. Il alla le soir au Théâtre-Italien avec la reine, Madame Élisabeth et ses enfants. Les espérances du jour, ses paroles du matin, ses traits empreints de confiance et de bonté, la beauté des deux princesses, la grâce naïve des enfants, produisirent sur les spectateurs une de ces impressions où la pitié se mêle au respect, et où l'enthousiasme amollit le cœur jusqu'à l'attendrissement.

La salle retentit d'applaudissements à plusieurs reprises, quelquefois de sanglots; tous les regards tournés vers la loge royale semblaient vouloir porter au roi et aux princesses les muettes réparations de tant d'insultes. La foule ne résiste jamais à la vue des enfants ; il y a des mères dans toutes les foules. Le Dauphin, enfant charmant, assis sur les genoux de la reine et absorbé par le jeu des acteurs, répétait naïvement leurs gestes à sa mère, comme pour lui faire comprendre la pièce. Ce calme insouciant de l'innocence entre deux orages, ces jeux d'enfant au pied d'un trône si près de devenir un échafaud, ces épanouissements du cœur de la reine si longtemps fermé à toute joie et à toute sécurité, tout cela faisait monter des larmes à toutes les paupières : le roi lui-même en versa. Il y a des moments en révolution où la foule la plus irritée devient douce et miséricordieuse : c'est quand elle laisse parler en elle la nature et non la politique, et qu'au lieu de se sentir peuple elle se sent homme! Paris eut alors un de ces moments : il dura peu.

V

L'Assemblée était pressée de ressaisir la passion publique, qu'un attendrissement passager lui enlevait. Elle rougissait déjà de sa modération d'un jour, et cherchait à semer de nouveaux ombrages entre le trône et la nation. Un parti nombreux dans son sein voulait pousser les choses à leurs conséquences et tendre la situation jusqu'à ce qu'elle se rompît. Ce parti avait besoin pour cela d'agitation ; le calme ne convenait pas à ses desseins. Il avait des ambitions élevées comme ses talents, ardentes comme sa jeunesse, impatientes comme sa soif de situation. L'Assemblée constituante, composée d'hommes mûrs, assis dans l'État, classés dans la hiérarchie sociale, n'avait eu que l'ambition des idées de la liberté et de la gloire; l'Assemblée nouvelle avait celle du bruit, de la fortune et du pouvoir. Formée d'hommes obscurs, pauvres et inconnus, elle aspirait à conquérir tout ce qui lui manquait.

Ce dernier parti, dont Brissot était le publiciste, Pétion la popularité, Vergniaud le génie, les Girondins le corps, entrait en scène avec l'audace et l'unité d'une conjuration. C'était une bourgeoisie triomphante, envieuse, remuante, éloquente, l'aristocratie du talent, voulant conquérir et exploiter à elle seule la liberté, le pouvoir et le peuple. L'Assemblée se composait par portions inégales de trois éléments : les constitutionnels, parti de la liberté et de la monarchie modérée; les Girondins, parti du mouvement continué jusqu'à ce que la Révolution tombât dans leurs mains; les Jacobins, parti du peuple et d'une impitoyable utopie : le premier, transaction et transition; le second, audace et intrigue; le troisième, fanatisme et dévouement. De ces deux derniers partis, le plus hostile au roi n'était pas le parti jacobin. L'aristocratie et le clergé détruits, ce parti ne répugnait pas au trône; il avait à un haut degré l'instinct de l'unité du pouvoir : ce n'est pas lui qui demanda le premier la guerre et qui prononça le premier le mot de république; mais il prononça le premier et souvent le mot dictature; le mot république appartient à Brissot et aux Girondins. Si les Girondins, à leur avènement à l'Assemblée, s'étaient joints au parti constitutionnel pour sauver la constitution en la modérant, et la Révolution en ne poussant pas à la guerre, ils auraient sauvé leur parti et dominé le trône. L'honnêteté, qui manquait à leur chef, manqua à leur conduite; l'intrigue les entraîna. Ils se firent les agitateurs d'une assemblée dont ils pouvaient être les hommes d'État. Ils n'avaient pas la foi à la république, ils en simulèrent la conviction. En révolution, les rôles sincères sont les seuls rôles habiles. Il est beau de mourir victime de sa foi, il est triste de mourir dupe de son ambition.

VI

Trois causes de trouble agitaient les esprits au moment où l'Assemblée prenait les affaires : le clergé, l'émigration, la guerre imminente.

L'Assemblée constituante avait fait une grande faute en s'arrêtant à une demi-mesure dans la réforme du clergé en France. Mirabeau lui-même avait faibli dans cette question. La Révolution n'était, au fond, que l'insurrection légitime de la liberté politique contre le despotisme et de la liberté religieuse contre la domination légale du catholicisme, devenu en France une sorte d'institution politique. La constitution avait émancipé le citoyen; il fallait émanciper le fidèle et arracher les consciences à l'État pour les rendre à elles-mêmes et à Dieu. C'est ce que voulait la philosophie, qui n'est que l'expression rationnelle du génie.

Les philosophes de l'Assemblée constituante reculèrent

devant les difficultés de cette œuvre. Au lieu d'une émancipation, ils firent une transaction avec la puissance du clergé, les influences redoutées de la cour de Rome, et les habitudes invétérées du peuple. Ils se contentèrent de relâcher le lien qui enchaînait l'État à l'Église : leur devoir était de le rompre. Le trône était enchaîné à l'autel, ils voulurent enchaîner l'autel au trône. Ce n'était que déplacer la tyrannie, faire opprimer la conscience par la loi, au lieu de faire opprimer la loi par la conscience.

La constitution civile du clergé fut l'expression de cette fausse situation réciproque. Le clergé fut dépouillé de ces dotations en biens inaliénables qui décimaient la propriété et la population en France. On lui enleva ses bénéfices, ses abbayes et ses dîmes, féodalité de l'autel. Il reçut en échange une dotation en traitements prélevés sur l'impôt. Comme condition de ce pacte, qui laissait au clergé fonctionnaire une existence, une influence et un personnel puissant de ministres du culte salariés par l'État, on lui demanda de prêter serment à la constitution. Cette constitution renfermait des articles qui attentaient à la suprématie spirituelle et aux priviléges administratifs de la cour de Rome : le catholicisme s'inquiéta, protesta. Les consciences furent froissées. La Révolution, jusque-là exclusivement politique, devint schisme aux yeux d'une partie du clergé et des fidèles. Parmi les évêques et parmi les prêtres, les uns prêtèrent le serment civil, qui leur garantissait leur existence ; les autres le refusèrent, ou, après l'avoir prêté, le rétractèrent. De là, trouble dans les esprits, agitation dans les consciences, division dans les temples. La plupart des paroisses eurent deux ministres : l'un, prêtre constitutionnel, salarié et protégé par le gouvernement ; l'autre, réfractaire, refusant le serment, privé du traitement, chassé de l'église, et élevant autel contre autel, dans quelque chapelle clandestine ou en plein champ. Ces deux ministres du même culte s'excommuniaient l'un l'autre : l'un au nom de la constitution, l'autre au nom du pape et de l'Église. La population se partageait entre eux, selon l'esprit plus ou moins révolutionnaire de la province. Dans les villes et dans les pays possédés de l'esprit nouveau, le culte constitutionnel s'exerçait presque sans partage. Dans les campagnes et dans les départements dévoués aux traditions, le prêtre non assermenté devenait un tribun sacré, qui, du pied de l'autel ou du haut de la chaire, agitait le peuple et lui soufflait, avec l'horreur du sacerdoce constitutionnel et schismatique, la haine du gouvernement qui le protégeait. Ce n'était encore ni la persécution ni la guerre civile, mais c'étaient leurs préludes certains.

Le roi avait signé avec répugnance, et comme contraint, la constitution civile du clergé; mais il l'avait fait uniquement comme roi, et en réservant sa liberté et la foi de sa conscience. Il était chrétien et catholique dans toute la simplicité de l'Évangile et dans toute l'humilité de l'obéissance à l'Église. Les reproches qu'il avait reçus de Rome, pour avoir ratifié par sa faiblesse le schisme en France, déchiraient sa conscience et agitaient son esprit. Il n'avait pas cessé de négocier officiellement ou secrètement avec le pape, pour obtenir du chef de l'Église ou une indulgente concession aux nécessités de la religion en France, ou de prudentes temporisations. Il ne pouvait qu'à ce prix retrouver la paix de son âme. Rome n'avait pu lui concéder que sa pitié. Des bulles fulminantes circulaient, par la main des prêtres non assermentés, sur la tête des populations, et ne s'arrêtaient qu'au pied du trône. Le roi tremblait de les voir éclater un jour sur sa propre tête.

D'un autre côté, il sentait que la Révolution ne lui pardonnerait pas de la sacrifier à ses scrupules religieux. Placé ainsi entre les menaces du ciel et les menaces de son peuple, il ajournait de tous ses efforts les condamnations de Rome ou les résolutions de l'Assemblée. L'Assemblée constituante avait compris cette anxiété de la conscience du roi et les dangers de la persécution. Elle avait donné du temps au roi et de la longanimité aux consciences; elle n'avait pas mis la main dans la foi du simple fidèle. Chacun était libre de prier avec le prêtre de son choix. Le roi avait usé le premier de cette liberté, et il n'avait point ouvert la chapelle des Tuileries au culte constitutionnel. Le choix de son confesseur indiquait assez le choix de sa conscience. L'homme protestait en lui contre les nécessités politiques que subissait le roi. Les Girondins voulaient le contraindre à se prononcer. S'il leur cédait, il perdait de sa dignité; s'il leur résistait, il perdait les derniers restes de sa popularité. Le contraindre à se décider était un bénéfice pour les Girondins.

La passion publique servait leurs desseins. Les troubles religieux commencèrent à prendre un caractère politique. Dans l'ancienne Bretagne, les prêtres assermentés devinrent l'objet de l'horreur du peuple. Leurs prières passèrent pour des malédictions. On fuyait leur contact. Les prêtres réfractaires retenaient tout leur troupeau. On voyait des attroupements de plusieurs milliers d'âmes suivre, le dimanche, leur ancien pasteur, et aller chercher dans des chapelles situées à deux ou trois lieues des habitations, ou dans des ermitages reculés, des sanctuaires qui ne fussent pas souillés par les cérémonies du culte constitutionnel. A Caen, le sang avait coulé dans la cathédrale même où le prêtre réfractaire disputait l'autel au prêtre assermenté. Les mêmes désordres menaçaient de se propager dans tout le royaume. Partout deux pasteurs et un troupeau divisé. Les haines, qui allaient déjà jusqu'aux insultes, devaient bientôt aller jusqu'au sang. La moitié du peuple, inquiète dans sa foi, revenait à l'aristocratie par amour pour son culte. L'Assemblée pouvait s'aliéner ainsi l'élément populaire, qui l'avait fait triompher de la royauté. Il fallait pourvoir à ce péril inattendu.

Il n'y avait que deux moyens d'éteindre cet incendie dans son foyer : ou une liberté des consciences fortement maintenue par le pouvoir exécutif, ou la persécution contre les ministres de l'ancien culte. L'Assemblée indécise flottait entre ces deux partis. Sur un rapport de Gallois et de Gensonné, envoyés comme commissaires civils dans les départements de l'Ouest pour y étudier les causes de l'agitation et l'esprit du peuple, la discussion s'ouvrit. Fauchet, prêtre assermenté, prédicateur célèbre, depuis évêque constitutionnel du Calvados, prit le premier la parole. C'était un de ces hommes qui sous l'habit ecclésiastique cachaient le cœur d'un philosophe. Novateurs par l'esprit, prêtres par état, sentant la contradiction profonde entre leur opinion et leur caractère, une religion nationale, un christianisme révolutionnaire, était le seul moyen qui leur restait pour concilier leur intérêt et leur politique. Leur foi, tout académique, n'était qu'une bienséance religieuse. Ils voulaient transformer insensiblement le catholicisme en code de morale où le dogme ne fût plus qu'un symbole contenant pour le peuple de saintes vérités, et qui, dépouillé de plus en plus des fictions sacrées, fît passer insensiblement l'esprit humain à un déisme symbolique, dont le temple ne serait plus que la chaire, et dont le Christ ne serait plus que le Platon divinisé. Fauchet avait l'esprit hardi d'un sectaire et l'intrépidité d'un homme de résolution.

VII

« On nous accuse de vouloir persécuter. On nous calomnie. Point de persécution. Le fanatisme en est avide, la vraie religion la repousse, la philosophie en a horreur. Gardons-nous d'emprisonner les réfractaires, de les exiler, même de les déplacer. Qu'ils pensent, disent, écrivent tout ce qu'ils voudront contre nous. Nous opposerons nos pensées à leurs pensées, nos vérités à leurs erreurs, notre charité à leur haine. Le temps fera le reste. Mais, en attendant son infaillible triomphe, il faut trouver un moyen efficace et prompt pour les empêcher de soulever les esprits faibles et de souffler la contre-révolution. Une contre-révolution! Ce n'est pas là une religion, messieurs! Le fanatisme n'est pas compatible avec la liberté. Voyez plutôt les ministres. Ils voudraient nager dans le sang des patriotes. Ce sont là leurs expressions. En comparaison de ces prêtres, les athées sont des anges. (On applaudit.) Cependant, je le répète, tolérons-les, mais ne les payons pas. Ne les payons pas pour déchirer la patrie. C'est à cette seule mesure qu'il faut nous borner. Supprimez toute pension sur le trésor national aux prêtres non assermentés. Il ne leur est rien dû qu'à titre de service à l'Église. Quel service rendent-ils? Ils invoquent la ruine de nos lois. Ils suivent, disent-ils, leur conscience! Faut-il solder des consciences qui les poussent aux derniers crimes contre la nation? La nation les supporte; n'est-ce pas assez? Ils invoquent l'article de la constitution qui dit : « Les traitements des ministres du culte catholique font » partie de la dette nationale. » Sont-ils ministres du culte catholique? Est-ce que l'État reconnaît d'autre catholicisme que le sien? S'ils veulent en pratiquer un autre, libre à eux et à leurs sectateurs! La nation permet tous les cultes, mais elle n'en paye qu'un. Et quelle fortune pour la nation de se libérer de trente millions de rente qu'elle paye follement à ses plus implacables ennemis! (Bravos.) Pourquoi ces phalanges de prêtres qui ont abjuré leur ministère, ces légions de chanoines et de moines, ces cohortes d'abbés, de prieurs, bénéficiers de toute espèce, qui n'étaient remarquables autrefois que par leur afféterie, leur inutilité, leurs intrigues, leur vie licencieuse; qui ne le sont aujourd'hui que par une fureur active, par leurs complots, par leur haine infatigable contre la Révolution? Pourquoi payerions-nous cette armée de servitude sur les fonds de la nation? Que font-ils? Ils prêchent l'émigration, ils exportent le numéraire, ils fomentent les conjurations du dedans et du dehors contre nous. « Allez, disent-ils aux nobles, combinez vos attaques » avec l'étranger; que tout nage dans le sang, pourvu que » nous recouvrions nos priviléges! » Voilà leur Église! Si l'enfer en avait une sur la terre, c'est ainsi qu'elle parlerait. Qui osera dire qu'il faut la soudoyer?... »

Torné, évêque constitutionnel de Bourges, répondit à l'abbé Fauchet comme Fénelon aurait répondu à Bossuet. Il démontra que dans la bouche de son adversaire la tolérance avait aussi son fanatisme et sa cruauté : « On vous propose des remèdes violents à des maux que la colère ne peut qu'envenimer, c'est une condamnation à la faim qu'on vous demande contre nos confrères non assermentés. De simples erreurs religieuses doivent rester étrangères au législateur. Les prêtres ne sont pas coupables, ils sont égarés. Quand l'œil de la loi tombe sur ces erreurs de la conscience, elle les envenime ; le meilleur moyen de les guérir, c'est de ne pas les voir. Punir par le supplice de la faim de simples et innocentes erreurs, ce serait un opprobre en législation, une horreur en morale ; le législateur laisse à Dieu le soin de venger sa gloire, s'il la croit violée par un culte indécent. Voudriez-vous, au nom de la tolérance, recréer une inquisition qui n'aurait pas même comme l'autre l'excuse du fanatisme ? Quoi ! messieurs, vous transformerez en proscripteurs arbitraires les fondateurs de la liberté ? Vous jugerez, vous exilerez, vous emprisonnerez en masse des hommes parmi lesquels, s'il y a quelques coupables, il y a encore plus d'innocents ? Les crimes ne sont plus individuels, et l'on sera coupable par catégorie ; mais fussent-ils tous et tous également coupables, auriez-vous la cruauté de frapper à la fois cette multitude de têtes, quand, en pareil cas, les despotes les plus cruels se contentent de décimer ? Qu'avez-vous donc à faire ? Une seule chose : être conséquents et fonder par la tolérance la liberté pratique, la coexistence paisible des cultes différents. Pourquoi nos confrères ne jouiraient-ils pas de la faculté d'adorer, à côté de nous, le même Dieu, pendant que dans nos villes, où nous leur refuserions le droit de célébrer nos saints mystères, nous permettrions aux païens de célébrer les mystères d'Isis et d'Osiris, au mahométan d'invoquer son prophète, au rabbin d'offrir ses holocaustes? Jusqu'où, me direz-vous, ira cette étrange tolérance? Et jusqu'où, vous dirai-je à mon tour, porterez-vous l'arbitraire et la persécution? Quand la loi aura réglé les rapports des actes civils, la naissance, le mariage, les sépultures, avec les actes religieux par lesquels le chrétien les consacre, quand la loi permettra sur les deux autels le même sacrifice, par quelle inconséquence n'y laisserait-elle pas couler la vertu des mêmes sacrements! Ces temples, dira-t-on encore, seront les conciliabules des factieux! Oui, s'ils sont clandestins comme les persécuteurs voudraient les faire; mais si ces temples sont ouverts et libres, l'œil de la loi y pénétrera comme partout; ce ne sera plus la foi, ce sera le crime qu'elle y surveillera et qu'elle y atteindra; et que craignez-vous? Le temps est pour vous; cette classe des non assermentés s'éteindra sans se renouveler; un culte salarié par des individus et non par l'État tend à s'affaiblir constamment; les factions du moins qu'anime au commencement la divinité des croyances s'adoucissent et se concilient dans la liberté. Voyez l'Allemagne! voyez la Virginie, où des cultes opposés s'empruntent mutuellement les mêmes sanctuaires, et où les sectes différentes fraternisent dans le même patriotisme! Voilà à quoi il faut tendre, c'est de ces principes qu'il faut graduellement inonder le peuple. La lumière doit être le grand précurseur de la loi. Laissons au despotisme de préparer par l'ignorance ses esclaves à ses commandements. »

VIII

Ducos, jeune et généreux Girondin, chez qui l'enthousiasme de l'honnête l'emportait sur les tendances de son parti, demanda l'impression de ce discours. Sa voix se perdit au milieu des applaudissements et des murmures, témoignage de l'indécision et de la partialité des esprits. Fauchet répliqua à la séance suivante et démontra la connexité des troubles civils et des querelles religieuses. « Les prêtres, dit-il, sont une tyrannie dépossédée et qui tient encore dans les consciences les fils mal rompus de sa puissance. C'est une faction irritée et non désarmée ! C'est la plus dangereuse des factions. »

Gensonné parla en homme d'État et conseilla la tolérance envers les prêtres consciencieux, la répression sévère, mais légale, envers les prêtres perturbateurs. Pendant cette discussion, les courriers arrivés des départements apportaient chaque jour la nouvelle de nouveaux désordres. Partout les prêtres constitutionnels étaient insultés, chassés, massacrés au pied des autels ; les églises des campagnes, fermées par ordre de l'Assemblée nationale, étaient enfoncées à coups de hache ; les prêtres réfractaires y entraient, portés par le fanatisme du peuple. Trois villes étaient assiégées et sur le point d'être incendiées par les habitants des campagnes. La guerre civile, menaçante, semblait préluder à la contre-révolution. « Voilà, s'écria Isnard, où vous conduisent la tolérance et l'impunité qu'on vous prêche ! »

Isnard, député de la Provence, était le fils d'un parfumeur de Grasse. Son père l'avait élevé pour les lettres et non pour le commerce : il avait fait dans l'antiquité grecque et romaine l'étude de la politique. Il avait dans l'âme l'idéal d'un Gracque, il en avait le courage dans le cœur et l'accent dans la voix ; très-jeune encore, son éloquence avait les bouillonnements de son sang ; sa parole n'était que le feu de sa passion, coloré par une imagination du Midi ; son langage se précipitait comme les pulsations rapides de l'impatience. C'était l'élan révolutionnaire personnifié. L'Assemblée le suivait haletante, et arrivait avec lui à la fureur avant d'arriver à la conviction. Ses discours étaient des odes magnifiques qui élevaient la discussion jusqu'au lyrisme et l'enthousiasme jusqu'à la convulsion ; ses gestes tenaient du trépied plus que de la tribune : il était le Danton de la Gironde, dont Vergniaud devait être le Mirabeau.

IX

C'était la première fois qu'il se levait dans l'Assemblée : « Oui, dit-il, voilà où vous conduit l'impunité ; elle est toujours la source des grands crimes, et aujourd'hui elle est la seule cause de la désorganisation sociale où nous sommes plongés. Les systèmes de tolérance qu'on vous a proposés seraient bons pour des temps de calme ; mais doit-on tolérer ceux qui ne veulent tolérer ni la constitution ni les lois? Sera-ce quand le sang français aura teint les flots de la mer que vous sentirez enfin les dangers de l'indulgence? Il est temps que tout se soumette à la volonté de la nation ; que tiares, diadèmes et encensoirs cèdent enfin au sceptre des lois. Les faits qui viennent de vous être exposés ne sont que le prélude de ce qui va se passer dans le reste du royaume: Considérez les circonstances de ces troubles, et vous verrez qu'ils sont l'effet d'un système désorganisateur contemporain de la constitution : ce système est né là. (Il montre du geste le côté droit.) Il est sanctionné à la cour de Rome. Ce n'est pas un véritable fanatisme que nous avons à démasquer, ce n'est que l'hypocrisie! Les prêtres sont des perturbateurs privilégiés qui doivent être punis de peines plus sévères que les simples particuliers. La religion est un instrument tout-puissant. Le prêtre, dit Montesquieu, prend l'homme au berceau et l'accompagne jusqu'à la tombe, est-il étonnant qu'il ait tant d'empire sur l'esprit du peuple, et qu'il faille faire des lois pour que, sous prétexte de religion, il ne trouble pas la paix publique? Or, quelle peut être cette loi? Je soutiens qu'il n'y en a qu'une efficace : c'est l'exil hors du royaume. (Les tribunes couvrent ces mots de longs applaudissements.) Ne voyez-vous pas qu'il faut séparer le prêtre factieux du peuple qu'il égare, et renvoyer ces pestiférés dans les lazarets de l'Italie et de Rome? Cette mesure, me dit-on, est trop sévère. Quoi! vous êtes donc aveugles et sourds à tout ce qui se passe? Ignorez-vous qu'un prêtre peut faire plus de mal que tous vos ennemis? On répond : Il ne faut pas persécuter. Je réplique que punir n'est pas persécuter. Je réponds encore à ceux qui répètent ce que j'ai entendu dire ici à l'abbé Maury; que rien n'est plus dangereux que de faire des martyrs : ce danger n'existe que quand vous avez à frapper des fanatiques de bonne foi ou des hommes vraiment saints qui pensent que l'échafaud est le marchepied du ciel. Ici ce n'est pas le cas ; car s'il existe des prêtres qui, de bonne foi, réprouvent la constitution, ceux-là ne troublent pas l'ordre public. Ceux qui le troublent sont des hommes qui ne pleurent sur la religion que pour recouvrer leurs priviléges perdus ; ce sont ceux-là qu'il faut punir sans pitié, et certes ne craignez pas d'augmenter par là la force des émigrants : car on sait que le prêtre est lâche, aussi lâche qu'il est vindicatif ; qu'il ne connaît d'autre arme que celle de la superstition, et qu'accoutumé à combattre dans l'arène mystérieuse de la confession, il est nul sur tout autre champ de bataille. Les foudres de Rome s'éteindront sur le bouclier de la liberté. Les ennemis de votre régénération ne se lasseront pas ; non, ils ne se lasseront pas de crimes tant que vous leur en laisserez les moyens. Il faut que vous les vainquiez ou que vous soyez vaincus par eux : quiconque ne voit pas cela est aveugle. Ouvrez l'histoire, vous verrez les Anglais soutenir pendant cinquante ans une guerre désastreuse pour défendre leur révolution. Vous verrez en Hollande des flots de sang couler dans la guerre contre Philippe d'Espagne. Quand, de nos jours, les Philadelphiens ont voulu être libres, n'avez-vous pas vu aussitôt la guerre dans les deux mondes? Vous avez été témoins des malheurs récents du Brabant. Et vous croyez que votre révolution qui a enlevé au despotisme son sceptre, à l'aristocratie ses priviléges, à la noblesse son orgueil, au clergé son fanatisme, une révolution qui a tari tant de sources d'or sous la main du prêtre, déchiré tant de frocs, abattu tant de théories, qu'une telle révolution, dis-je, vous pardonnera? Non, non! il faut un dénoûment à cette révolution! Je dis que, sans le provoquer, il faut marcher vers ce dénoûment avec intrépidité. Plus vous tarderez, plus votre triomphe sera difficile et arrosé de sang. (De violents murmures s'élèvent dans une partie de la salle.)

» Mais ne voyez-vous pas, reprend Isnard, que tous les contre-révolutionnaires se tiennent et ne vous laissent d'autre parti que celui de les vaincre? Il vaut mieux avoir à les combattre pendant que les citoyens sont encore en haleine et qu'ils se souviennent des dangers qu'ils ont courus, que de laisser le patriotisme se refroidir! N'est-il pas vrai que nous ne sommes déjà plus ce que nous étions dans la première année de la liberté? (Une partie de la salle applaudit, l'autre se soulève.) Alors, si le fanatisme eût levé la tête, la loi l'aurait abattu! Votre politique doit être de forcer la victoire à se prononcer. Poussez à bout vos ennemis, vous les ramènerez par la crainte ou vous les soumettrez par le glaive. Dans les grandes circonstances, la prudence est une faiblesse. C'est surtout à l'égard des révoltés qu'il faut être tranchant. Il faut les écraser dès qu'ils se lèvent. Si on les laisse se rassembler et se faire des partisans, alors ils se répandent dans l'empire comme un torrent que rien ne peut plus arrêter. C'est ainsi qu'agit le despotisme, et voilà comment un seul individu retient sous son joug tout un peuple. Si Louis XVI eût employé ces grands moyens pendant que la Révolution n'était encore éclose que dans les pensées, nous ne serions pas ici. Cette rigueur est un crime dans un despote, elle est une vertu dans une nation. Les législateurs qui reculent devant ces moyens extrêmes sont lâches et coupables ; car, quand il s'agit d'attentat à la liberté politique, pardonner le crime c'est le partager. (On applaudit de nouveau.)

» Une pareille rigueur fera peut-être couler le sang, je le sais! Mais, si vous ne l'employez pas, n'en coulera-t-il pas bien plus encore? La guerre civile n'est-elle pas un plus grand désastre? Coupez le membre gangrené pour sauver le corps. L'indulgence est un piége où l'on vous pousse. Vous vous trouverez abandonnés par la nation pour n'avoir pas osé la soutenir ni su la défendre. Vos ennemis ne vous haïront pas moins; vos amis perdront confiance en vous. La loi, c'est mon dieu ; je n'en ai pas d'autre. Le bien public, voilà mon culte! Vous avez déjà frappé les émigrants ; encore un décret contre les prêtres perturbateurs, et vous aurez conquis dix millions de bras! Mon décret est en deux mots : Assujettissez tout Français, prêtre ou non, au serment civique, et décidez que tout homme qui ne signera pas sera privé de tout traitement et de toute pension. En saine politique, on peut ordonner de sortir du royaume à celui qui ne signe pas le contrat social. Qu'est-il besoin de preuves contre le prêtre ! S'il y a plainte seulement contre lui de la part des citoyens avec lesquels il demeure, qu'il soit à l'instant chassé! Quant à ceux contre lesquels le Code pénal prononcerait des peines plus sévères que l'exil, il n'y a qu'une mesure à leur appliquer : *la mort!* »

X

Ce discours, qui poussait un faux patriotisme jusqu'à l'impiété et qui faisait du salut public je ne sais quel dieu implacable à qui il fallait sacrifier même l'innocent, excita un frénétique enthousiasme dans les rangs du parti girondin, une sévère indignation dans les rangs du parti modéré.

« Demander l'impression d'un pareil discours, dit Lecoz, évêque constitutionnel, c'est demander l'impression d'un code d'athéisme. Il est impossible qu'une société existe si elle n'a pas une morale immuable dérivant de l'idée d'un Dieu. » Les rires et les murmures accueillirent cette religieuse protestation. Le décret contre les prêtres, présenté par François de Neufchâteau et adopté par le comité de législation, fut enfin porté en ces termes :

« Tout ecclésiastique non assermenté est tenu de se présenter dans la huitaine par-devant sa municipalité et d'y prêter le serment civique.

» Ceux qui s'y refuseront ne pourront désormais toucher aucun traitement ou pension sur le trésor public.

» Il sera composé tous les ans une masse des pensions dont ces ecclésiastiques auront été privés. Cette somme sera répartie entre les quatre-vingt-trois départements pour être employée en travaux de charité et en secours aux indigents invalides.

» Ces prêtres seront, en outre, par le seul fait du refus

de serment, réputés suspects de révolte, et particulièrement surveillés.

» On pourra, en conséquence, les éloigner de leur domicile et leur en assigner un autre.

» S'ils se refusent à ce changement imposé de domicile, ils seront emprisonnés.

» Les églises employées au culte salarié par l'État ne pourront servir à aucun autre culte. Les citoyens pourront louer les autres églises ou chapelles et y faire pratiquer leur culte. Mais cette faculté est interdite aux prêtres non assermentés et suspects de révolte. »

XI

Ce décret, qui créait plus de fanatisme qu'il n'en étouffait, et qui distribuait la liberté des cultes non comme un droit, mais comme une faveur, porta la tristesse dans le cœur des fidèles, la révolte dans la Vendée, la persécution partout. Suspendu comme une arme terrible sur la conscience du roi, il fut envoyé à son acceptation.

Les Girondins se réjouirent de tenir ainsi le malheureux prince entre leur loi et sa foi : schismatique s'il acceptait le décret, traître à la nation s'il le refusait. Triomphants de cette victoire, ils marchèrent à une autre.

Après avoir forcé la main du monarque à frapper sur la religion de sa conscience, ils voulurent le forcer à frapper sur la noblesse et sur ses propres frères. Ils soulevèrent la question des émigrés. Le roi et les ministres les avaient prévenus. Aussitôt après l'acceptation de la constitution, Louis XVI avait formellement renoncé à toute conjuration intérieure ou extérieure pour recouvrer sa puissance. La toute-puissance de l'opinion l'avait convaincu de la vanité de tous les plans qu'on lui présentait pour la vaincre. Le calme momentané des esprits après tant de secousses, l'accueil dont il avait été l'objet à l'Assemblée, au Champ de Mars, au théâtre ; la liberté et les honneurs qu'on lui avait rendus dans son palais, l'avaient persuadé que si la constitution avait des fanatiques, la royauté n'avait pas d'implacables ennemis dans son royaume. Il croyait la constitution exécutable dans beaucoup de ses dispositions, impraticable dans quelques autres. Le gouvernement qu'on lui imposait lui semblait une expérience pour ainsi dire philosophique que la nation voulait faire avec son roi. Il n'oubliait qu'une chose : c'est que les expériences des peuples sont des catastrophes. Un roi qui accepte des conditions de gouvernement impossibles accepte d'avance son renversement. L'abdication réfléchie et volontaire est plus royale que cette abdication journalière à subir par la dégradation du pouvoir. Un roi y sauve, sinon sa vie, du moins sa dignité. Il est plus séant à la majesté royale de descendre que d'être précipitée. Du moment qu'on n'y est plus roi, le trône est la dernière place du royaume.

Quoi qu'il en soit, le roi témoigna franchement à ses ministres l'intention d'exécuter loyalement la constitution et de s'associer sans aucune réserve ni arrière-pensée aux volontés et aux destinées de la nation. La reine elle-même, par un de ces retours imprévus et fugitifs du cœur des femmes, se jeta avec la confiance du désespoir dans le parti de la constitution. « Allons, dit-elle à M. Bertrand de Molleville, ministre et confident du roi, du courage! j'espère qu'avec de la patience, de la fermeté et de la suite, tout n'est pas encore perdu. »

Le ministre de la marine, Bertrand de Molleville, écrivit, par les ordres du roi, aux commandants des ports une lettre signée par le roi. « Je suis informé, disait le roi dans cette circulaire, que les émigrations se multiplient dans le corps de la marine; comment se peut-il que des officiers d'un corps dont la gloire me fut toujours si chère, et qui m'ont donné dans tous les temps des preuves de leur attachement, s'égarent au point de perdre de vue ce qu'ils doivent à la patrie, à moi, à eux-mêmes? Ce parti extrême eût paru moins étonnant il y a quelque temps, quand l'anarchie était au comble et qu'on n'en apercevait pas le terme; mais aujourd'hui que la nation veut le retour à l'ordre et la soumission aux lois, est-il possible que de généreux et fidèles marins songent à se séparer de leur roi? Dites-leur qu'ils restent où la patrie les appelle. L'exécution exacte de la constitution est aujourd'hui le moyen le plus sûr d'apprécier ses avantages et de connaître ce qui peut manquer à sa perfection. C'est votre roi qui vous demande de rester à votre poste, comme il reste au sien. Vous auriez regardé comme un crime de résister à ses ordres, vous ne vous refuserez pas à ses prières. »

Il écrivit aux officiers généraux et aux commandants des troupes de terre : « En acceptant la constitution, j'ai promis de la maintenir au dedans et de la défendre contre les ennemis du dehors; cet acte solennel doit bannir toute incertitude. La loi et le roi sont désormais confondus. L'ennemi de la loi devient celui du roi. Je ne puis regarder comme sincèrement dévoués à ma personne ceux qui abandonnent leur patrie dans le moment où elle a le plus besoin de leurs services. Ceux-là seuls me sont attachés qui suivent mon exemple et qui se confédèrent avec moi pour opérer le salut public, et qui restent inséparables de la destinée de l'empire! »

Enfin il ordonna au ministre des affaires étrangères, de Lessart, de publier la proclamation suivante adressée aux Français émigrés : « Le roi, y disait-il, informé qu'un grand nombre de Français émigrés se retirent sur les terres étrangères, ne peut voir sans en être affecté une émigration si considérable. Bien que la loi permette à tous les citoyens la libre sortie du royaume, le roi doit les éclairer sur leurs devoirs et sur les regrets qu'ils se préparent. S'ils croient me donner par là une preuve de leur affection, qu'ils se détrompent. Mes vrais amis sont ceux qui se réunissent à moi pour faire exécuter les lois, rétablir l'ordre et la paix dans le royaume. Quand j'ai accepté la constitution, j'ai voulu faire cesser les discordes civiles; je devais croire que tous les Français seconderaient mes desseins. Cependant c'est à ce moment même que les émigrations se multiplient. Quelques-uns s'éloignent à cause des désordres qui ont menacé leurs propriétés et leur vie. Ne doit-on rien pardonner aux circonstances? N'ai-je pas eu, moi-même, mes chagrins? Et quand je les oublie, quelqu'un peut-il se souvenir de ses périls? Comment l'ordre se fondera-t-il, si les intéressés à l'ordre l'abandonnent en s'abandonnant eux-mêmes? Revenez dans le sein de votre patrie, venez donner aux lois l'appui des bons citoyens. Pensez aux chagrins que votre obstination donnerait au cœur du roi. Ils seraient pour lui les plus pénibles de tous. »

L'Assemblée ne se trompa pas à ces manifestations. Elle y vit un dessein secret d'éluder des mesures plus sévères. Elle voulait y contraindre le roi, disons plus, la nation et le salut public le voulaient avec elle.

XII

Mirabeau avait traité la question de l'émigration à l'Assemblée constituante plutôt en philosophe qu'en homme d'État. Il avait contesté au législateur le droit de faire des lois contre l'émigration. Il se trompait. Toutes les fois qu'une théorie est en contradiction avec le salut d'une société, c'est que cette théorie est fausse ; car la société est la vérité suprême.

Sans doute, dans les temps ordinaires, l'homme n'est point emprisonné par la nature et ne doit point l'être par la loi dans les frontières de son pays ; et, sous ce rapport, les lois contre l'émigration ne doivent être que des lois exceptionnelles. Mais ces lois sont-elles injustes parce qu'elles sont exceptionnelles? Évidemment non. Le péril public a ses lois propres, aussi nécessaires et aussi justes que les lois des temps de sécurité. L'état de guerre n'est point l'état de paix. Vous fermez vos frontières aux étrangers en temps de guerre, vous pouvez les fermer à vos citoyens. On met légitimement une ville en état de siége en cas de sédition ; on peut mettre la nation en état de siége en cas de danger extérieur compliqué de conjuration intérieure. Par quel absurde abus de la liberté un État serait-il contraint de tolérer sur le territoire étranger des rassemblements de citoyens armés contre l'État même, qu'il ne tolérerait pas dans le pays? Et si ces rassemblements sont coupables au dehors, pourquoi serait-il interdit à l'État de fermer les chemins qui conduisent les émigrés à ces rassemblements? Une nation se défend de ses ennemis étrangers par les armes, de ses ennemis intérieurs par les lois. Agir autrement, ce serait consacrer hors de la patrie l'inviolabilité des conjurations que l'on punirait au dedans; ce serait proclamer la légitimité de la guerre civile, pourvu qu'elle se compliquât de la guerre étrangère et qu'elle couvrît la sédition par la trahison. De semblables maximes ruinent la nationalité de tout un peuple, pour protéger un abus de liberté de quelques citoyens. L'Assemblée constituante eut le tort de les sanctionner. Si elle eût proclamé, dès le principe, des lois répressives de l'émigration, en temps de troubles, de révolution et de guerre imminente, elle eût proclamé une vérité nationale et prévenu un des grands dangers, une des principales causes des excès de la Révolution. La question aujourd'hui n'allait plus se traiter avec des raisons, mais avec des passions. L'imprudence de l'Assemblée constituante avait laissé cette arme dangereuse entre les mains des partis; ils allaient la tourner contre le roi.

XIII

Brissot, l'inspirateur de la Gironde, l'homme d'État dogmatique d'un parti qui avait besoin d'idées et de chef, monta à la tribune au milieu des applaudissements anticipés qui signalaient son importance dans la nouvelle Assemblée. Il demanda la guerre comme la plus efficace des lois.

« Si l'on veut parvenir sincèrement à arrêter l'émigration, dit-il, il faut surtout punir les grands coupables qui établissent dans les pays étrangers un foyer de contre-révolution ; il faut distinguer trois classes d'émigrants : les frères du roi, indignes de lui appartenir ; les fonctionnaires publics désertant leurs postes et débauchant les citoyens ; enfin les simples citoyens entraînés par l'imitation, par la faiblesse ou par la peur. Vous devez haine et punition aux premiers, pitié et indulgence aux autres. Comment les citoyens vous craindraient-ils, quand l'impunité de leurs chefs leur assure la leur? Avez-vous donc deux poids et deux mesures? Que peuvent penser les émigrants quand ils voient un prince, après avoir prodigué quarante millions en dix ans, recevoir encore de l'Assemblée nationale des millions pour payer son faste et ses dettes?... Divisez les intérêts des révoltés en effrayant les grands coupables. On n'a cessé d'amuser les patriotes par de vains palliatifs contre l'émigration ; les partisans de la cour se sont joués ainsi de la crédulité du peuple, et vous avez vu Mirabeau, tournant ces lois en dérision, vous dire qu'on ne les exécuterait jamais, parce qu'un roi ne se ferait pas lui-même l'accusateur de sa famille. Trois années d'insuccès, une vie errante et malheureuse, leurs intrigues déjouées, leurs conspirations avortées : toutes ces défaites n'ont pas corrigé les émigrés; ils ont le cœur corrompu de naissance. Voulez-vous arrêter cette révolte, c'est au delà du Rhin qu'il faut frapper, ce n'est pas en France : c'est par de pareilles mesures que les Anglais empêchèrent Jacques II de traverser l'établissement de leur liberté. Ils ne s'amusèrent pas à faire de petites lois contre les émigrations, mais ils ordonnèrent aux princes étrangers de chasser les princes anglais de leurs États. (On applaudit.) On avait senti ici d'abord la nécessité de cette mesure. Les ministres vous parlèrent de considérations d'État, de raisons de famille; ces considérations, ces faiblesses étaient un crime contre la liberté : le roi d'un peuple libre n'a pas de famille. Encore une fois, ne vous en prenez qu'aux chefs; qu'on ne dise plus : « Ces mécontents » sont donc bien forts, ces vingt-cinq millions d'hommes » sont donc bien faibles puisqu'ils les ménagent! »

» C'est aux puissances étrangères surtout qu'il faut adresser vos prescriptions et vos menaces. Il est temps de montrer à l'Europe ce que vous êtes, et de lui demander compte des outrages que vous en avez reçus. Je dis qu'il faut forcer les puissances à nous répondre. De deux choses l'une, ou elles rendront hommage à notre constitution, ou elles se déclareront contre elle. Dans le premier cas, celles qui favorisent actuellement les émigrants seront forcées de les expulser; dans le second cas, vous n'avez pas à balancer, il faudra attaquer vous-mêmes les puissances qui oseront vous menacer. Dans le dernier siècle, quand le

Portugal et l'Espagne prêtèrent asile à Charles II, l'Angleterre attaqua l'un et l'autre. Ne craignez rien, l'image de la liberté, comme la tête de Méduse, effrayera les armées de nos ennemis; ils craignent d'être abandonnés par leurs soldats, voilà pourquoi ils préfèrent le parti de l'expectation et d'une médiation armée. La constitution anglaise et une liberté aristocratique seront les bases des réformes qu'ils vous proposeront; mais vous seriez indignes de toute liberté si vous acceptiez la vôtre des mains de vos ennemis. Le peuple anglais aime votre révolution; l'empereur craint la force de vos armes; quant à cette impératrice de Russie, dont l'aversion contre la constitution française est connue, et qui ressemble par quelque côté à Élisabeth, elle ne doit pas attendre plus de succès qu'Élisabeth n'en a eu contre la Hollande. A peine subjugue-t-on des esclaves à quinze cents lieues, on ne soumet pas des hommes libres à cette distance. Je dédaigne de parler des autres princes; ils ne sont pas dignes d'être comptés au nombre de vos ennemis sérieux. Je crois donc que la France doit élever ses espérances et son attitude. Sans doute, vous avez déclaré à l'Europe que vous n'entreprendriez plus de conquêtes, mais vous avez le droit de lui dire : Choisissez entre quelques rebelles et une nation. »

XIV

Ce discours, bien que contradictoire dans plusieurs de ses parties, dénotait chez Brissot l'intention de prendre trois rôles dans un seul et de capter à la fois les trois partis de l'Assemblée. Dans ses principes philosophiques, il affectait le langage de modérateur, et répétait les axiomes de Mirabeau contre les lois relatives à l'expatriation. Dans son attaque aux princes, il découvrait le roi et le désignait aux soupçons du peuple. Enfin, dans sa dénonciation de la diplomatie des ministres, il poussait à une guerre extrême, et montrait par là l'énergie d'un patriote et la prévision d'un homme d'État; car, en cas de guerre, ils ne se dissimulait pas les ombrages de la nation contre la cour, et il savait que le premier acte de la guerre serait de déclarer le roi traître à la patrie.

Ce discours plaça Brissot à la tête des conspirateurs de l'Assemblée. Il apportait à la Gironde jeune et inexpérimentée sa réputation d'écrivain, de publiciste, d'homme rompu depuis dix ans au manége des factions. L'audace de cette politique flattait leur impatience, et l'austérité du langage leur faisait croire à la profondeur des desseins.

Condorcet, ami de Brissot, dévoré comme lui d'une ambition sans scrupule, lui succéda à la tribune et ne fit que commenter le premier discours. Il conclut, comme Brissot, à sommer les puissances de se prononcer pour ou contre la constitution, et demanda le renouvellement du corps diplomatique.

Le concert était visible dans ces discours. On sentait qu'un parti tout formé prenait possession de la tribune et allait affecter la domination de l'Assemblée. Brissot en était le conspirateur, Condorcet le philosophe, Vergniaud l'orateur. Vergniaud monta à la tribune entouré du prestige de sa merveilleuse éloquence, dont le bruit l'avait devancé de loin. Les regards de l'Assemblée, la faveur des tribunes, le silence sur tous les bancs, annonçaient assez en lui un de ces grands acteurs du drame des révolutions qui ne paraissent sur la scène que pour s'enivrer de popularité, pour être applaudis et pour mourir.

XV

Vergniaud, né à Limoges et avocat à Bordeaux, n'avait alors que trente-trois ans. Le mouvement l'avait saisi et emporté tout jeune. Ses traits majestueux et calmes annonçaient le sentiment de sa puissance. Aucune tension ne les contractait. La facilité, cette grâce du génie, assouplissait tout en lui, talent, caractère, attitude. Une certaine nonchalance annonçait qu'il s'oubliait aisément lui-même, sûr de se retrouver avec toute sa force au moment où il aurait besoin de se recueillir. Son front était serein, son regard assuré, sa bouche grave et un peu triste; les pensées sévères de l'antiquité se fondaient dans sa physionomie avec les sourires et l'insouciance de la première jeunesse. On l'aimait familièrement au pied de la tribune. On s'étonnait de l'admirer et de le respecter dès qu'il y montait. Son premier regard, son premier mot mettait une distance immense entre l'homme et l'orateur. C'était un instrument d'enthousiasme qui ne prenait sa valeur et sa place que dans l'inspiration. Cette inspiration, servie par une voix grave et par une élocution intarissable, s'était nourrie des plus purs souvenirs de la tribune antique. Sa phrase avait les images et l'harmonie des plus beaux vers. S'il n'avait pas été l'orateur d'une démocratie, il en eût été le philosophe et le poëte. Son génie tout populaire lui défendait de descendre au langage du peuple, même en le flattant. Il n'avait que des passions nobles comme son langage. Il adorait la Révolution comme une philosophie sublime qui devait ennoblir la nation tout entière sans faire d'autres victimes que les préjugés et les tyrannies. Il avait des doctrines et point de haines, des soifs de gloire et point d'ambitions. Le pouvoir même lui semblait quelque chose de trop réel, de trop vulgaire pour y prétendre. Il le dédaignait pour lui-même, et ne le briguait que pour ses idées. La gloire et la postérité étaient les deux seuls buts de sa pensée. Il ne montait à la tribune que pour les voir de plus haut; plus tard il ne vit qu'elles du haut de l'échafaud, et il s'élança dans l'avenir, jeune, beau, immortel dans la mémoire de la France, avec tout son enthousiasme et quelques taches déjà lavées dans son généreux sang. Tel était l'homme que la nature avait donné aux Girondins pour chef. Il ne daigna pas l'être, bien qu'il eût l'âme et les vues d'un homme d'État; trop insouciant pour un chef de parti, trop grand pour être le second de personne. Il fut Vergniaud. Plus glorieux qu'utile à ses amis, il ne voulut pas les conduire; il les immortalisa.

Nous peindrons avec plus de détails cette grande figure au moment où son talent le placera plus dans la lumière.

« Est-il des circonstances, dit-il, dans lesquelles les droits naturels de l'homme puissent permettre à une nation de prendre une mesure quelconque contre les émigrations? » Vergniaud se prononce contre ces prétendus droits naturels, et reconnaît, au-dessus de tous les droits de l'individu, le droit de la société, qui les résume tous et qui les domine comme le tout domine la partie. Il restreint la liberté politique au droit du citoyen de tout faire, pourvu qu'il ne nuise pas à la patrie; mais il l'arrête là. L'homme, sans doute, peut matériellement user de ce droit d'abdiquer la patrie où il est né, et à laquelle il se doit comme le membre se doit au corps; mais cette abdication est une trahison. Elle rompt le pacte entre la nation et lui. La nation ne doit plus de protection ni à sa propriété ni à sa personne. Après avoir, d'après ces principes, renversé la puérile distinction entre l'émigré fonctionnaire et les simples émigrés, il démontre qu'une société tombe en décadence si elle se refuse à elle-même le droit de retenir ceux qui la désertent dans ses périls. En lui donnant l'univers pour patrie, elle lui ôte celle qui l'a vu naître; mais que sera-ce si l'émigré, cessant d'être un fugitif, devient un ennemi, et si les rassemblements de ses pareils entourent la nation d'une ceinture de conspirateurs? Quoi! l'attaque sera-t-elle licite aux émigrés, la défense interdite aux bons citoyens?

XVI

« Mais la France, poursuit-il, est-elle dans ce cas? A-t-elle quelque chose à craindre de ces hommes qui vont implorer les haines des cours étrangères contre nous? Non, sans doute; bientôt on verra ces superbes mendiants qui vont recevoir les roubles de Catherine et les millions de la Hollande expier, dans la misère et dans la honte, les crimes de leur orgueil. D'ailleurs les rois étrangers hésitent à nous affronter; ils savent qu'il n'y a pas de Pyrénées pour l'esprit philosophique qui nous a soufflé la liberté; ils frémissent d'envoyer leurs soldats toucher du pied une terre brûlante de ce feu sacré; ils tremblent qu'un jour de bataille les hommes libres de tous les climats ne se reconnaissent, et ne fassent des deux armées prêtes à combattre un peuple de frères réuni contre ses tyrans. Mais si enfin il fallait se mesurer, nous nous souviendrions qu'un millier de Grecs combattant pour la liberté triomphèrent d'un million de Perses!

» On nous dit : « Les émigrés n'ont aucun mauvais des-
» sein contre leur patrie : ce n'est qu'un simple voyage. Où
» sont les preuves légales des faits que l'on avance contre
» eux? Quand vous les produirez, il sera temps de punir les
» coupables... » O vous qui tenez ce langage! que n'étiez-vous dans le sénat de Rome lorsque Cicéron dénonça Catilina, vous qui auriez demandé aussi la preuve légale! J'imagine qu'il eût été confondu. Pendant qu'il eût cherché ses preuves, Rome eût été saccagée, et Catilina et vous vous auriez régné sur des ruines. Des preuves légales? Et avez-vous compté le sang qu'elles vous coûteront? Non, non, prévenons nos ennemis, prenons des mesures rigoureuses; débarrassons la nation de ce bourdonnement continuel d'insectes avides de son sang qui l'inquiètent et qui la fatiguent. Mais quelles doivent être ces mesures? D'abord frapper les propriétés des absents. Cette mesure est petite, s'écrie-t-on. Qu'importe sa grandeur ou sa petitesse? c'est de sa justice qu'il s'agit. Quant aux officiers déserteurs, leur sort est écrit dans le Code pénal : c'est la mort et l'infamie!

Les princes français sont plus coupables encore. La sommation de rentrer dans leur patrie, qu'on vous propose de leur adresser, ne suffit ni à votre honneur ni à votre sécurité. Leurs attentats sont avérés; il faut qu'ils tremblent devant vous ou que vous trembliez devant eux, il faut opter! On parle de la douleur profonde dont sera pénétré le cœur du roi. Brutus immola des enfants criminels à sa patrie! Le cœur de Louis XVI ne sera pas mis à une si rude épreuve. Si ces princes, mauvais frères et mauvais citoyens, refusent de l'entendre, qu'il s'adresse au cœur des Français; il y trouvera de quoi se dédommager de ses pertes. » (On applaudit.)

Pastoret, qui parla après Vergniaud, cita le mot de Montesquieu : *Il est un temps où il faut jeter un voile sur la liberté, comme on cache les statues des dieux.* Veiller toujours et ne craindre jamais doit être la conduite d'un peuple libre. Il proposa des mesures répressives, mais modérées et progressives, contre les absents.

XVII

Isnard déclara que les mesures proposées jusque-là satisfaisaient à la prudence, mais non à la justice et à la vengeance qu'une nation outragée se devait à elle-même. « Si vous me laissiez dire la vérité, ajouta-t-il, je dirais que, si nous ne punissons pas tous ces chefs de rebelles, ce n'est pas que nous ne sachions au fond du cœur qu'ils sont coupables, mais c'est qu'ils sont princes, et, bien que nous ayons détruit la noblesse et les distinctions du sang, ces vains fantômes épouvantent encore nos âmes. Ah! il est temps que ce grand niveau d'égalité qui a passé sur la France prenne enfin son aplomb! Ce n'est qu'alors qu'on croira à l'égalité. Craignez de porter par ce spectacle de l'impunité le peuple à des excès. La colère du peuple n'est que trop souvent le supplément au silence des lois. Il faut que la loi entre dans le palais des grands comme dans la chaumière du pauvre, et qu'aussi inexorable que la mort, lorsqu'elle tombe sur les coupables, elle ne distingue ni les rangs ni les titres. On veut vous endormir. Moi, je vous dis que la nation doit veiller sans cesse. Le despotisme et l'aristocratie ne dorment pas, et, si les nations s'endorment un seul instant, elles se réveillent enchaînées. Si le feu du ciel était au pouvoir des hommes, il faudrait en frapper ceux qui attentent à la liberté des peuples. Aussi, jamais les peuples ne pardonnèrent-ils aux conspirateurs contre leur liberté. Quand les Gaulois escaladaient le Capitole, Manlius s'éveille, vole à la brèche, sauve la république; le même Manlius, accusé plus tard de conspirer contre la liberté publique, comparaît devant les tribuns. Il présente les bracelets, les javelots, douze couronnes civiques, trente dépouilles d'ennemis vaincus et sa poitrine criblée de blessures; il rappelle qu'il a sauvé Rome : pour toute réponse, il est précipité du même rocher d'où il a précipité les Gaulois! Voilà, messieurs, un peuple libre!

« Et nous, depuis le jour de la conquête de notre liberté, nous ne cessons de pardonner à nos patriciens leurs complots; nous ne cessons de récompenser leurs forfaits en leur envoyant des chariots d'or. Quant à moi, si je votais de pareils dons, j'en mourrais de remords. Le peuple nous regarde et nous juge; de ce premier décret dépend le sort de nos travaux. Lâches, nous perdons la confiance publique: fermes, nos ennemis seront déconcertés. Ne souillez pas la sainteté du serment en le déférant à des bouches affamées de notre sang. Nos ennemis jureront d'une main, de l'autre ils aiguiseront leurs épées contre nous! »

Chaque violence de ces paroles provoquait dans l'Assemblée et dans les tribunes ces contre-coups de la passion publique qui éclatent en battements de mains. On sentait que la seule politique serait désormais la colère de la nation, que le temps de la philosophie à la tribune était passé, et que l'Assemblée ne tarderait pas à écarter les principes pour recourir aux armes!

Les Girondins, qui n'auraient pas voulu lancer Isnard si loin, sentirent qu'il fallait le suivre jusqu'où la popularité le suivait. En vain Condorcet défendit son projet de décret dilatoire. L'Assemblée, sur le rapport de Ducastel, adopta le décret de son comité de législation. Ses principales dispositions portaient que les Français rassemblés au delà des frontières seraient, dès ce moment, déclarés suspects de conjuration contre la France, qu'ils seraient déclarés conspirateurs s'ils ne rentraient avant le 1ᵉʳ janvier 1792, et, comme tels, punis de mort; que les princes français, frères du roi, seraient punis de mort comme de simples émigrés, s'ils n'obéissaient pas à la sommation qui leur était faite; que leurs revenus seraient, dès à présent, séquestrés; qu'enfin les officiers des armées de terre et de mer qui abandonneraient leur poste sans congé ou sans démission acceptée seraient assimilés aux soldats déserteurs, et punis de mort.

XVIII

Ces deux décrets portèrent la douleur dans le cœur du roi et la consternation dans son conseil. La constitution lui donnait le droit de les suspendre par le *veto* royal; mais suspendre les effets de la colère publique contre les ennemis armés de la Révolution, c'était l'appeler sur lui-même. Les Girondins fomentaient artificieusement ces éléments de discorde entre l'Assemblée et le roi. Ils attendirent avec impatience que le refus de sanctionner les décrets portât l'irritation au comble et forçât le roi à fuir ou à se remettre dans leurs mains.

L'esprit, plus monarchique, de l'Assemblée constituante régnait encore dans le directoire du département de Paris. Desmeuniers, Baumetz, Talleyrand-Périgord, La Rochefoucauld, en étaient les principaux membres. Ils rédigèrent une adresse au roi pour supplier ce prince de refuser sa sanction au décret contre les prêtres non assermentés. Cette adresse, où l'Assemblée législative était traitée avec hauteur, respirait les vrais principes de gouvernement en matière religieuse. Elle se résumait par cet axiome qui est ou qui doit être le code des consciences : « Puisque aucune religion n'est une loi, qu'aucune religion ne soit un crime! »

XIX

Un jeune écrivain, dont le nom déjà célèbre devait conquérir plus tard la consécration du martyre, André Chénier, considérant la question des hauteurs de la philosophie, publia sur le même sujet une lettre digne de la postérité. C'est le propre du génie de ne pas laisser obscurcir ses vues par les préjugés du moment. Il voit de trop haut pour que les erreurs vulgaires lui dérobent l'éclat permanent de la vérité. Il a d'avance dans ses jugements l'impartialité de l'avenir.

« Tous ceux, dit André Chénier, qui ont conservé la liberté de leur raison et en qui le patriotisme n'est pas un violent désir de dominer voient avec beaucoup de chagrin que les dissensions des prêtres aient pu occuper les premiers moments de l'Assemblée nationale. Il serait temps que l'esprit public s'éclairât enfin sur cette matière. L'Assemblée constituante elle-même s'y est trompée. Elle a prétendu faire une constitution civile de la religion, c'est-à-dire qu'elle a eu l'idée de faire un clergé après en avoir détruit un autre. Qu'importe qu'une religion diffère d'une autre? Est-ce à l'Assemblée nationale à réunir les sectes divisées et à peser leurs différends? Les politiques sont-ils des théologiens?... Nous ne serons délivrés de l'influence de ces hommes que quand l'Assemblée nationale aura maintenu à chacun la liberté entière de suivre ou d'inventer telle religion qui lui plaira, quand chacun payera le culte qu'il voudra suivre et n'en payera point d'autre, et quand l'impartialité des tribunaux, en pareille matière, punira également les persécuteurs ou les séditieux de tous les cultes... Et les membres de l'Assemblée nationale disent encore que tout le peuple français n'est point encore assez mûr pour cette doctrine. Il faut lui répondre : « Cela se » peut; mais c'est à vous à nous mûrir par vos paroles, par » vos actes, par vos lois! » Les prêtres ne troublent point les États quand on ne s'y occupe pas d'eux. Souvenons-nous que dix-huit siècles ont vu toutes les sectes chrétiennes déchirées et ensanglantées par des inepties théologiques, et les inimitiés sacerdotales finir toujours par s'armer de la puissance publique!... »

Cette lettre passa par-dessus la tête des partis qui se disputaient la conscience du peuple; mais la pétition du directoire de Paris, qui demandait le *veto* du roi contre les décrets de l'Assemblée, suscita des pétitions violentes dans un sens contraire. On vit apparaître pour la première fois Legendre, boucher de Paris, à la barre de l'Assemblée. Il y vociféra en langage oratoire les imprécations du peuple contre les ennemis du peuple et les traîtres couronnés. Legendre dorait de grands mots la trivialité. De cet accouplement de sentiments vulgaires avec les ambitieuses expressions de la tribune, naquit cette langue bizarre, où les haillons de la pensée se mêlaient au clinquant des mots, et qui fait ressembler l'éloquence populaire du temps au luxe indigent d'un parvenu. La populace était fière de dérober sa langue à l'aristocratie, même pour la combattre; mais en la dérobant, elle la souillait. « Représentants, disait Legendre, ordonnez que l'aigle de la Victoire et la Renommée

planent sur vos têtes et sur les nôtres; dites aux ministres :
« Nous aimons le peuple; que votre supplice commence !
» Les tyrans vont mourir ! »

XX

Camille Desmoulins, l'Aristophane de la Révolution, emprunta ensuite la voix sonore de l'abbé Fauchet pour se faire entendre. Camille Desmoulins était le Voltaire de la rue; il frappait ses passions en sarcasmes. « Représentants, disait-il, les applaudissements du peuple sont sa liste civile, l'inviolabilité du roi est une chose infiniment juste, car il doit par nature être toujours en opposition avec la volonté générale et avec nos intérêts. On ne tombe pas volontairement de si haut. Prenons exemple de Dieu, dont les *commandements ne sont jamais impossibles;* n'exigeons pas du ci-devant souverain un *amour impossible* de la souveraineté nationale; trouvons tout simple qu'il apporte son *veto* aux meilleurs décrets! Mais que les magistrats du peuple, que le directoire de Paris, que les mêmes hommes qui ont fait fusiller, il y a quatre mois, au Champ de Mars, les citoyens signataires d'une pétition individuelle contre un décret qui n'était pas rendu, inondent l'empire d'une pétition qui n'est évidemment que le premier feuillet d'un grand registre de contre-révolution, une souscription à la guerre civile, envoyée par eux à la signature de tous les fanatiques, de tous les idiots, de tous les esclaves, de tous les voleurs des quatre-vingt-trois départements, en tête desquels sont les noms exemplaires des membres du directoire de Paris; pères de la patrie! il y a là une telle complication d'ingratitude et de fourberie, de prévarication et de perversité, d'hypocrite philosophie et de modération perfide, que nous nous rallions à l'instant autour des décrets et autour de vous! Continuez, fidèles mandataires! et si on s'obstine à ne pas vous permettre de sauver la nation, eh bien, sauvons-nous nous-mêmes! Car enfin la puissance du *veto* royal aura un terme; et on n'empêche pas avec un *veto* la prise de la Bastille.

» Il y a longtemps que nous avons la mesure du civisme de notre directoire : quand nous l'avons vu par une proclamation incendiaire, non pas rouvrir les chaires évangéliques à des prêtres, mais des tribunes séditieuses à des conjurés en soutane! Leur adresse est un écrit tendant à avilir les pouvoirs constitués; c'est une pétition collective, c'est une incitation à la guerre civile et au renversement de la constitution. Certes, nous ne sommes pas les admirateurs du gouvernement représentatif, sur lequel nous pensons comme Jean-Jacques Rousseau; mais si nous en aimons peu certains articles, nous aimons encore moins la guerre civile. Autant de motifs d'accusation! La forfaiture de ces hommes est établie. Frappez-les! Mais si la tête sommeille, comment le bras agira-t-il? Ne levez plus ce bras; ne levez plus la massue nationale pour écraser des insectes. Un Varnier! un de Lâtre! Caton et Cicéron faisaient-ils le procès à Céthégus ou à Catilina? Ce sont les chefs qu'il faut poursuivre! Frappez à la tête. »

Cette verve d'ironie et d'audace, applaudie moins par des battements de mains que par des éclats de rire, ravit les tribunes. On vota l'envoi du procès-verbal de la séance à tous les départements. C'était élever législativement le pamphlet à la dignité d'acte public, et distribuer l'injure toute faite aux citoyens, pour qu'ils n'eussent qu'à la jeter aux pouvoirs publics. Le roi trembla devant le pamphlétaire ; il sentit par ce premier usage de sa prérogative bafouée que la constitution se briserait dans sa main chaque fois qu'il oserait s'en servir.

Le lendemain, le parti constitutionnel, plus en force à la séance, fit rapporter l'envoi aux départements. Brissot s'en indigna dans sa feuille, le *Patriote français.* C'était là et aux Jacobins, plus qu'à la tribune, qu'il donnait le mot d'ordre à son parti, et qu'il laissait échapper sa pensée républicaine. Brissot n'avait pas les proportions d'un orateur ; son esprit obstiné, sectaire et dogmatique, était plus propre à la conjuration qu'à l'action ; le feu de son âme était ardent, mais il était concentré. Il ne jetait ni ces lueurs ni ces flammes qui allument l'enthousiasme, cette explosion des idées. C'était la lampe de la Gironde, ce n'était ni sa torche ni son flambeau.

XXI

Les Jacobins, un moment appauvris par le grand nombre de leurs principaux membres élus à l'Assemblée législative, flottèrent quelque temps sans direction, comme une armée licenciée par la victoire. Le club des Feuillants, composé des débris du parti constitutionnel dans l'Assemblée constituante, s'efforçait de ressaisir la direction de l'esprit public. Barnave, Lameth, Duport, étaient les meneurs de ce parti. Effrayés du peuple, convaincus qu'une seule assemblée sans contre-poids absorberait inévitablement le peu qui resterait de la royauté, ce parti voulait deux chambres et une constitution pondérée. Barnave, qui portait son repentir dans ce parti, était resté à Paris et avait des entretiens secrets avec Louis XVI. Ses conseils, comme ceux de Mirabeau à ses derniers jours, ne pouvaient plus être que de vains regrets. La Révolution avait dépassé tous ces hommes. Elle ne les voyait plus. Cependant ils gardaient un reste d'influence sur les corps constitués de Paris et sur les résolutions du roi. Ce prince ne pouvait se figurer que des hommes si puissants hier contre lui fussent déjà si dénués de force. Ils étaient son dernier espoir contre les ennemis nouveaux qu'il voyait surgir dans les Girondins.

La garde nationale, le directoire du département de Paris, le maire de Paris lui-même, Bailly, et enfin la partie de la nation intéressée à l'ordre, les appuyaient encore ; c'était le parti de tous les repentirs et de toutes les terreurs. M. de La Fayette, madame de Staël et M. de Narbonne avaient de secrètes intelligences avec les Feuillants. Une partie de la presse leur appartenait. Ces journaux popularisaient M. de Narbonne et le poussaient au ministère de la guerre. Les journaux girondins ameutaient déjà le peuple contre ce parti. Brissot semait contre eux les soupçons et les calomnies ; il les désignait à la haine du peuple. « Comptez-les, nommez-les, disait-il. Leurs noms les dénoncent ; ce sont les restes de l'aristocratie détrônée qui veulent ressusciter une noblesse constitutionnelle, établir une seconde chambre législative, un sénat de nobles, et qui implorent, pour arriver à leur but, une intervention armée des puissances! Ils sont vendus au château des Tuileries, et ils lui vendent un grand nombre de membres de l'Assemblée. Ils n'ont parmi eux ni hommes de génie, ni hommes de résolution. Leurs talents, c'est la trahison ; leur génie, c'est l'intrigue. »

C'est ainsi que les Girondins et les Jacobins, alors confondus, préparaient contre les Feuillants les émeutes qui ne devaient pas tarder à disperser ce club.

Pendant que les Girondins agissaient ainsi, les royalistes purs ne cessaient pas, dans leurs feuilles, de pousser aux excès, pour trouver, disaient-ils, le remède dans le mal même. Ainsi on les voyait exalter les Jacobins contre les Feuillants, et verser à pleines mains le ridicule et l'injure sur les hommes du parti constitutionnel, qui tentaient de sauver un reste de monarchie. Ce qu'ils détestaient avant tout, c'était le succès de la Révolution. Leur doctrine de pouvoir absolu recevait un démenti moins humiliant pour eux du renversement de l'empire et du trône que d'une monarchie constitutionnelle préservant à la fois le roi et la liberté. Depuis que l'aristocratie était dépossédée du pouvoir, sa seule ambition et sa seule tactique étaient de le voir tomber aux mains des plus scélérats. Impuissante à se relever par sa propre force, elle chargeait le désordre de la relever. Depuis le premier jour de la Révolution jusqu'au dernier, ce parti n'a pas eu d'autre instinct. C'est ainsi qu'il s'est perdu lui-même en perdant la monarchie. Il a poussé la haine de la Révolution jusqu'à la perversité. Il n'a pas la main dans les crimes de la Révolution, mais il y participe par ses vœux. Il n'y a pas un des excès du peuple qui n'ait été une espérance pour ses ennemis. C'est la politique du désespoir. Elle est aveugle et criminelle comme lui.

XXII

On en vit, en ce moment, un exemple. La Fayette résigna le commandement de la garde nationale entre les mains du conseil général de la commune. Il respira dans cette séance un dernier souffle de la faveur publique : après qu'il fut sorti de la salle, on délibéra sur le témoignage de reconnaissance et de regrets que lui donnerait la ville de Paris. Le général adressa une lettre d'adieu à l'armé civique. Il feignait de croire que la constitution achevée fermait l'ère de la Révolution, et le rendait comme Washington au rôle de simple citoyen d'un pays libre et pacifié. « Les jours de la Révolution, disait-il dans cette lettre, font place à ceux d'une organisation régulière, à cause de la liberté et de la prospérité qu'elle garantit. Je dois maintenant à ma patrie de lui remettre, sans réserve, tout ce qu'elle m'a donné de force et d'influence pour la défendre pendant les convulsions qui l'ont agitée : c'est ma seule ambition. Gardez-vous cependant de croire, ajouta-t-il en finissant, que tous les genres de despotisme soient détruits. » Et il signalait quelques-uns des excès et des périls où la liberté pouvait tomber à ses premiers pas.

Cette lettre fut accueillie avec un reste d'enthousiasme

plus simulé que sincère par la garde nationale. Elle voulut faire un dernier acte de force contre les factions en adhérant avec éclat aux pensées de son général. On lui vota une épée forgée avec le fer des verrous de la Bastille, et la statue en marbre de Washington. La Fayette se hâta de jouir de ce triomphe prématuré : il déposait la dictature au moment même où une dictature eût été le plus nécessaire à son pays. Rentré dans ses terres d'Auvergne, il y reçut la députation de la garde nationale qui lui apportait le procès-verbal de sa délibération. « Vous me voyez rendu aux lieux qui m'ont vu naître, leur dit-il ; je n'en sortirai que pour défendre ou consolider notre liberté commencée, si quelqu'un osait y porter atteinte. »

Les jugements divers des partis suivirent La Fayette dans sa retraite. « A présent, dit le Journal de la Révolution, que le héros des deux mondes a fini son rôle à Paris, il serait curieux de savoir si l'ex-général a fait plus de bien que de mal à la Révolution. Pour résoudre cette question, cherchons l'homme dans ses actes : on le verrait d'abord, le fondateur de la liberté américaine, n'oser en Europe se rendre au vœu du peuple qu'après en avoir demandé la permission au monarque : on le verrait pâlir au 5 octobre à la vue de l'armée parisienne en route pour Versailles, se ménageant le peuple et le roi ; disant à l'armée : « Je vous » livre le roi ; » au roi : « Je vous amène mon armée. » On le verrait rentrer dans Paris traînant à sa suite, les mains liées derrière le dos, de braves citoyens dont tout le crime était d'avoir voulu faire du donjon de Vincennes ce qu'on avait fait de la Bastille : on le verrait, le lendemain de la journée des poignards, toucher cordialement la main de ceux-là mêmes qu'il avait dénoncés la veille à l'indignation publique : enfin, on le voit aujourd'hui quitter la partie en vertu d'un décret sollicité par-dessous main par lui-même, et s'éclipser un moment en Auvergne pour reparaître sur nos frontières. Cependant il nous a rendu aussi des services, reconnaissons-les ; nous lui devons d'avoir dressé nos gardes nationales aux cérémonies civiques et religieuses, aux fatigues des évolutions du matin aux Champs-Élysées, aux serments patriotiques, aux repas de corps. Faisons-lui donc aussi nos adieux ! La Fayette, pour consommer la plus grande révolution qu'un peuple ait jamais tentée, il nous fallait un chef dont le caractère fût au niveau de l'événement, nous t'acceptâmes ; les muscles souples de ta physionomie, tes discours étudiés, tes axiomes longtemps médités, tous ces produits de l'art désavoués par la nature, parurent suspects aux patriotes clairvoyants. Les plus fermes s'attachèrent à tes pas, te démasquèrent et s'écrièrent : « Citoyens, ce héros n'est qu'un courtisan, ce sage » n'est qu'un charlatan ! » En effet, grâce à tes soins, la Révolution ne peut plus faire de mal au despotisme ; tu as limé les dents du lion. Le peuple n'est plus à craindre pour ses conducteurs. Ils ont repris la verge et l'éperon, et tu pars. Que les couronnes civiques pleuvent sur ta route, quand nous restons ; mais où trouverons-nous un Brutus ? »

XXIII

Bailly, maire de Paris, se retirait à la même époque, abandonné de cette opinion dont il avait été l'idole et dont il commençait à être la victime. Mais ce philosophe estimait plus le bien fait au peuple que sa faveur. Plus ambitieux de le servir que de le gouverner, il montrait déjà contre les calomnies de ses ennemis l'impassibilité héroïque qu'il montra plus tard contre la mort.

Cette voix du philosophe se perdit dans le tumulte des prochaines élections municipales. Deux hommes se disputaient les suffrages pour cette place de maire de Paris. A mesure que l'autorité royale baissait et que l'autorité de la constitution s'anéantissait dans les troubles du royaume, le maire de Paris pouvait devenir le véritable dictateur de la capitale.

Ces deux hommes étaient La Fayette et Pétion : La Fayette, porté par le parti constitutionnel et par les citoyens de la garde nationale; Pétion, porté par les Girondins et par les Jacobins à la fois. Le parti royaliste, en se prononçant pour ou contre un de ces deux hommes, était maître de l'élection. Le roi n'avait plus l'influence du gouvernement, qu'il avait laissée échapper de ses mains, mais il avait encore l'influence occulte de la corruption sur les meneurs des différents partis. Une partie des vingt-cinq millions de son revenu était employée par M. de Laporte, intendant de la liste civile, et par MM. Bertrand de Molleville et de Montmorin, ses ministres, à acheter des voix dans les élections, des motions dans les clubs, des applaudissements ou des huées dans les tribunes de l'Assemblée. Ces subsides secrets, qui avaient commencé par Mirabeau, descendaient très-bas dans la lie des factions. Ils soldaient la presse royaliste et se glissaient même dans les mains des orateurs et des journalistes en apparence les plus acharnés contre la cour. Beaucoup de fausses manœuvres, conseillées au peuple par ses flatteurs, n'avaient pas d'autre source. Il y avait un ministère de la corruption administré par la perfidie. Beaucoup y puisaient, sous prétexte de servir la cour, de modérer le peuple ou de le trahir; puis, dominés par la crainte de voir leur trahison découverte, ils la couvraient d'une seconde trahison et tournaient contre le roi même les motions qu'il avait payées. Danton fut de ce nombre. Quelquefois, dans des intérêts d'ordre et de bienfaisance, le roi donnait des sommes mensuelles pour être distribuées utilement, soit dans les rangs de la garde nationale, soit dans les quartiers dont on redoutait l'insurrection. M. de La Fayette et Pétion lui-même touchèrent souvent, pour cet usage, des secours du roi. Ce prince pouvait donc, en se servant alors de ce moyen de diriger l'élection du maire de Paris et en se joignant au parti constitutionnel, déterminer le choix de Paris en faveur de M. de La Fayette.

M. de La Fayette était un des premiers auteurs de cette révolution qui avait abaissé le trône. Son nom était dans toutes les humiliations de la cour, dans tous les ressentiments de la reine, dans toutes les terreurs du roi. Il avait été d'abord leur effroi, puis leur protecteur, enfin leur gardien. Pouvait-il être désormais leur espérance? Cette place de maire de Paris, ce grand pouvoir civil et populaire, après cette longue dictature armée dans la capitale, ne seraient-ils pas pour M. de La Fayette un second marchepied qui l'élèverait plus haut que le trône et qui jetterait le roi et la constitution dans l'ombre? La Fayette, avec des idées théoriques libérales, avait de bonnes intentions; il voulait dominer plus que régner; mais pouvait-on se fier à de bonnes intentions si souvent vaincues? N'était-ce pas le cœur plein de ces bonnes intentions qu'il avait usurpé le commandement de la milice civile? renversé la Bastille avec les gardes-françaises insurgées? marché à Versailles, à la tête de la populace de Paris? laissé forcer le château le 6 octobre? arrêté la famille royale à Varennes et gardé le roi prisonnier dans son palais? Résisterait-il si le peuple lui demandait plus? S'arrêterait-il au milieu du rôle de Washington français, après en avoir accompli plus de la moitié? D'ailleurs, le cœur humain est ainsi fait, qu'on aime mieux se jeter dans les mains de ceux qui nous perdent que de chercher son salut dans les mains de celui qui nous rabaisse. La Fayette abaissait le roi et surtout la reine. Une indépendance respectueuse était l'expression habituelle de la figure de La Fayette en présence de Marie-Antoinette. On lisait dans l'attitude du général, on reconnaissait dans ses paroles, on démêlait dans son accent, sous les formes froides et polies de l'homme de cour, l'inflexibilité du citoyen. La reine préférait le factieux. Elle s'en expliquait ouvertement avec ses confidents. « M. de La Fayette, leur disait-elle, ne veut être maire de Paris que pour devenir bientôt *maire du palais*. Pétion est jacobin, républicain, mais c'est un sot incapable d'être jamais un chef de parti; ce sera un maire nul. D'ailleurs il est possible que l'intérêt qu'il sait que nous prenons à sa nomination le ramène au roi. »

Pétion était fils d'un procureur au présidial de Chartres. Compatriote de Brissot, il s'était nourri avec lui des mêmes études, de la même philosophie et des mêmes haines. C'étaient deux hommes d'un même esprit. La Révolution, qui avait été l'idéal de leur jeunesse, les avait appelés le même jour sur la scène, mais pour des rôles différents. Brissot, écrivain, aventurier politique, journaliste, était l'homme des idées; Pétion était l'homme de main. Il avait dans la figure, dans le caractère et dans le talent, cette médiocrité solennelle qui convient à la foule et qui la charme. Il était probe, du moins, vertu que le peuple apprécie au-dessus de toutes les autres dans ceux qui manient les affaires publiques. Appelé par ses concitoyens à l'Assemblée nationale, il s'y était fait un nom par ses efforts plus que par ses succès. Rival heureux de Robespierre et son ami alors, ils avaient formé à eux seuls ce parti populaire, à peine aperçu au commencement, qui professait la démocratie pure et la philosophie de Jean-Jacques Rousseau, pendant que Cazalès, Mirabeau et Maury, la noblesse, le clergé et la bourgeoisie, se disputaient seulement le gouvernement. Le despotisme d'une classe paraissait à Robespierre et à Pétion aussi odieux que le despotisme d'un roi. Le triomphe du tiers état leur importait peu, tant que le peuple entier, c'est-à-dire l'humanité, dans son acception la plus large, ne triomphait pas. Ils s'étaient donné pour tâche, non la victoire d'une classe sur une autre, mais la victoire et l'organisation d'un principe divin et absolu : l'humanité. C'était là leur faiblesse dans les premiers jours de la Révolution; ce fut plus tard leur force. Pétion commençait à la recueillir.

Il s'était insinué insensiblement par ses doctrines et par ses discours dans la confiance du peuple de Paris; il tenait aux hommes de lettres par la culture de l'esprit, au parti d'Orléans par sa liaison intime avec madame de Genlis, favorite du prince et gouvernante de ses enfants. On parlait de lui, ici comme d'un sage qui voulait porter la philosophie dans la constitution, là comme d'un conspirateur profond qui voulait saper le trône ou y faire monter avec le duc d'Orléans les intérêts et la dynastie du peuple. Cette double renommée lui profitait également. Les honnêtes gens le portaient comme honnête homme; les factieux comme factieux : la cour ne daignait pas le craindre; elle voyait en lui un innocent utopiste; elle avait pour lui cette indulgence du mépris que les aristocraties ont partout pour les hommes de foi politique; d'ailleurs Pétion la débarrassait de La Fayette. Changer d'ennemi, pour elle, c'était au moins respirer.

Ces trois éléments de succès firent triompher Pétion à une immense majorité; il fut nommé maire de Paris par plus de six mille suffrages. La Fayette n'en obtint que trois mille. Il put du fond de sa retraite momentanée mesurer à ce chiffre le déclin de sa fortune : La Fayette représentait la ville, Pétion représentait la nation. La bourgeoisie armée sortait des affaires avec l'un; le peuple y entrait avec l'autre. La Révolution marquait par un nom propre le nouveau pas qu'elle avait fait.

A peine élu, Pétion alla triompher aux Jacobins : il fut porté à la tribune sur les bras des patriotes. Le vieux Dusaulx, qui l'occupait en ce moment, balbutia quelques paroles entrecoupées de sanglots, en l'honneur de son élève : « Je regarde M. Pétion comme mon fils, s'écria-t-il; c'est bien hardi, sans doute! » Pétion attendri s'élança dans les bras du vieillard. Les tribunes applaudirent et pleurèrent.

Les autres nominations furent faites dans le même esprit. Manuel fut nommé procureur de la commune; Danton substitut : ce fut le premier degré de sa fortune populaire; il ne le dut pas, comme Pétion, à l'estime publique, mais à sa propre intrigue. Il fut nommé malgré sa réputation. Le peuple excuse trop souvent les vices qui le servent.

La nomination de Pétion à la place de maire de Paris

donnait aux Girondins un point d'appui fixe dans la capitale. Paris échappait au roi comme l'Assemblée. L'œuvre de l'Assemblée constituante s'écroulait en trois mois. Les rouages se brisaient avant de fonctionner. Tout présageait un choc prochain entre le pouvoir exécutif et le pouvoir de l'Assemblée. D'où venait cette décomposition si prompte? C'est le moment de jeter un regard sur cette œuvre de l'Assemblée constituante et sur ses auteurs.

LIVRE SEPTIÈME

Coup d'œil sur l'Assemblée constituante. — Sa composition. — Appréciation de la déclaration des droits de l'homme. — Concours de l'Assemblée constituante à une œuvre universelle. — Examen raisonné de cette œuvre. — Situation qu'elle faisait à la royauté. — Impuissance de la royauté en temps de crise. — Nécessité d'une république transitoire. — Considérations générales.

I

L'Assemblée constituante avait abdiqué dans une tempête.

Cette Assemblée avait été la plus imposante réunion d'hommes qui eût jamais représenté, non pas la France, mais le genre humain. Ce fut en effet le concile œcuménique de la raison et de la philosophie modernes. La nature semblait avoir créé exprès, et les différents ordres de la société avoir mis en réserve pour cette œuvre les génies, les caractères et même les vices les plus propres à donner à ce foyer des lumières du temps la grandeur, l'éclat et le mouvement d'un incendie destiné à consumer les débris d'une vieille société, et à en éclairer une nouvelle. Il y avait des sages comme Bailly et Mounier, des penseurs comme Sieyès, des factieux comme Barnave, des hommes d'État comme Talleyrand, des hommes époques comme Mirabeau, des hommes principes comme Robespierre. Chaque cause y était personnifiée par ce qu'un parti avait de plus haut ou de plus tranché. Les victimes aussi y étaient illustres. Cazalès, Malouet, Maury, faisaient retentir en éclats de douleur et d'éloquence les chutes successives du trône, de l'aristocratie et du clergé. Ce foyer actif de la pensée d'un siècle fut nourri, pendant toute sa durée, par le vent des plus continuels orages politiques. Pendant qu'on délibérait dedans, le peuple agissait dehors et frappait aux portes. Ces vingt-six mois de conseils ne furent qu'une sédition non interrompue. A peine une institution s'était-elle écroulée à la tribune, que la nation la déblayait pour faire place à l'institution nouvelle. La colère du peuple n'était que son impatience des obstacles, son délire n'était que sa raison passionnée. Jusque dans ses fureurs, c'était toujours une vérité qui l'agitait. Les tribuns ne l'aveuglaient qu'en l'éblouissant. Ce fut le caractère unique de cette assemblée, que cette passion pour un idéal qu'elle se sentait invinciblement poussée à accomplir. Acte de foi perpétuel dans la raison et dans la justice; sainte fureur du bien qui la possédait et qui la faisait se dévouer elle-même à son œuvre, comme ce statuaire qui, voyant le feu du fourneau où il fondait son bronze près de s'éteindre, jeta ses meubles, le lit de ses enfants, et enfin jusqu'à sa maison dans le foyer, consentant à périr pour que son œuvre ne pérît pas.

C'est pour cela que la révolution qu'a faite l'Assemblée constituante est devenue une date de l'esprit humain, et non pas seulement un événement de l'histoire d'un peuple. Les hommes de cette Assemblée n'étaient pas des Français, c'étaient des hommes universels. On les méconnaît et on les rapetisse quand on n'y voit que des prêtres, des aristocrates, des plébéiens, des sujets fidèles, des factieux ou des démagogues. Ils étaient, et ils se sentaient eux-mêmes mieux que cela : des ouvriers de Dieu, appelés par lui à restaurer la raison sociale de l'humanité, et à rasseoir le droit et la justice par tout l'univers. Aucun d'eux, excepté les opposants à la Révolution, ne renfermait sa pensée dans les limites de la France. La déclaration des droits de l'homme le prouve. C'était le décalogue du genre humain dans toutes les langues. La Révolution moderne appelait les Gentils comme les Juifs au partage de la lumière et au règne de la fraternité.

II

Aussi n'y eut-il pas un de ses apôtres qui ne proclamât la paix entre les peuples. Mirabeau, La Fayette, Robespierre lui-même, effacèrent la guerre du symbole qu'ils présentaient à la nation. Ce furent les factieux et les ambitieux qui la demandèrent plus tard ; ce ne furent pas les grands révolutionnaires. Quand la guerre éclata, la Révolution avait dégénéré. L'Assemblée constituante se serait bien gardée de placer aux frontières de la France les bornes de ses vérités et de renfermer l'âme sympathique de la Révolution française dans un étroit patriotisme. La patrie de ses dogmes était le globe. La France n'était que l'atelier où elle travaillait pour tous les peuples. Respectueuse et indifférente à la question des territoires nationaux, dès son premier mot elle s'interdit les conquêtes. Elle ne se réservait que la propriété, ou plutôt l'invention des vérités générales qu'elle mettait en lumière. Universelle comme l'humanité, elle n'eut pas l'égoïsme de s'isoler. Elle voulut donner et non dérober. Elle voulut se répandre par le droit et non par la force. Essentiellement spiritualiste, elle n'affecta d'autre empire pour la France que l'empire volontaire de l'imitation sur l'esprit humain.

Son œuvre était prodigieuse, ses moyens nuls ; tout ce que l'enthousiasme lui inspire, l'Assemblée l'entreprend et l'achève, sans roi, sans chef militaire, sans dictateur, sans armée, sans autre force que la conviction. Seule au milieu d'un peuple étonné, d'une armée dissoute, d'une aristocratie émigrée, d'un clergé dépouillé, d'une cour hostile, d'une ville séditieuse, de l'Europe en armes, elle fit ce qu'elle avait résolu : tant la volonté est la véritable puissance d'un peuple, tant la vérité est l'irrésistible auxiliaire des hommes qui s'agitent pour elle ! Si jamais l'inspiration fut visible dans le prophète ou dans le législateur antique, on peut dire que l'Assemblée constituante eut deux années d'inspiration continue. La France fut l'inspirée de la civilisation.

III

Examinons son œuvre. Le principe du pouvoir fut entièrement déplacé. La royauté avait fini par croire que le dépôt du pouvoir lui appartenait en propre. Elle avait demandé à la religion de consacrer sa domination aux yeux des peuples en leur disant que le pouvoir venait de Dieu et ne répondait qu'à Dieu. La longue hérédité des races couronnées avait fait croire qu'il y avait un droit de règne dans le sang des races royales. Le gouvernement, au lieu d'être fonction, était devenu possession ; le roi maître, au lieu d'être chef.

Ce principe déplacé déplaça tout. Le peuple devint nation, le roi magistrat couronné. La féodalité, royauté subalterne, tomba au rang de simple propriété. Le clergé, qui avait eu des institutions et des propriétés inviolables, n'était plus qu'un corps salarié par l'État pour un service sacré. Il n'y avait pas loin de là à ce qu'il ne reçût plus qu'un salaire volontaire pour un service individuel. La magistrature cessa d'être héréditaire. On lui laissa l'inamovibilité pour assurer son indépendance. C'était une exception au principe des fonctions révocables, une demi-souveraineté de la justice ; mais c'était un pas vers la vérité. Le pouvoir législatif était distinct du pouvoir exécutif. La nation, dans une assemblée librement élue, décrétait sa volonté. Le roi, héréditaire et irresponsable, l'exécutait.

Tel était tout le mécanisme de la constitution : un peuple, un roi, un ministre. Mais le roi, irresponsable et par conséquent passif, était évidemment une concession à l'habitude, une fiction respectueuse de la royauté supprimée.

IV

Il n'était plus pouvoir, car pouvoir c'est vouloir. Il n'était pas fonctionnaire, car le fonctionnaire agit et répond. Le roi ne répondait pas. Il n'était qu'une majestueuse inutilité de la constitution. Les fonctions détruites, on laissait le fonctionnaire. Il n'avait qu'une seule attribution, le *veto suspensif*, qui consistait dans le droit de suspendre, pendant trois ans, l'exécution des décrets de l'Assemblée. Il était un obstacle légal, mais impuissant, aux volontés de la nation. On sent que l'Assemblée constituante, parfaitement convaincue de la superfluité du trône dans un gouvernement national, n'avait placé un roi au sommet de son institution que pour écarter les ambitions et pour que le royaume ne s'appelât pas république. Le seul rôle d'un tel roi était d'empêcher la vérité d'apparaître et d'éclater aux yeux d'un peuple accoutumé au sceptre. Cette fiction ou cette inconséquence coûtait au peuple trente millions par an de liste civile, une cour, des ombrages continuels, et une corruption inévitable exercée par cette cour sur les organes de la nation. Voilà le vrai vice de la constitution de 1791. Elle ne fut pas conséquente. La royauté embarrassait la constitution. Tout ce qui embarrasse nuit. Mais le motif de cette inconséquence était moins une erreur de sa raison qu'une respectueuse piété pour un vieux prestige, et un généreux attendrissement pour une race longtemps couronnée. Si la race des Bourbons eût été éteinte au mois de septembre 1791, à coup sûr l'Assemblée constituante n'aurait pas inventé un roi.

V

Cependant la royauté de 91, très-peu différente de la royauté d'aujourd'hui, pouvait fonctionner un siècle aussi bien qu'un jour. L'erreur de tous les historiens est d'attribuer aux vices de la constitution le peu de durée de l'œuvre de l'Assemblée constituante. D'abord, cette œuvre n'était pas principalement de perpétuer ce rouage d'une royauté inutile, placé, par complaisance pour l'œil du peuple, dans un mécanisme qu'il ne réglait pas. L'œuvre de l'Assemblée constituante, c'était la régénération des idées et du gouvernement, le déplacement du pouvoir, la restitution du droit, l'abolition de toutes les servitudes, même de l'esprit, l'émancipation des consciences, la création de l'administration ; cette œuvre-là dure, et durera autant que le nom de la France. Le vice de l'institution de 1791 n'était ni dans telle disposition ni dans telle autre. Elle n'a pas péri parce que le *veto* du roi était suspensif au lieu d'être absolu, elle n'a pas péri parce que le droit de paix ou de guerre était enlevé au roi et réservé à la nation, elle n'a pas péri parce qu'elle ne plaçait le pouvoir législatif que dans une seule chambre au lieu de le diviser en deux ; ces prétendus vices se retrouvent dans beaucoup d'autres constitutions, et elles durent. L'amoindrissement du pouvoir royal n'était pas pour la royauté de 91 le principal danger : c'était plutôt son salut, si elle eût pu être sauvée.

VI

Plus on aurait donné de pouvoir au roi et d'action au principe monarchique, plus vite le roi et le principe seraient tombés ; car plus on se serait armé de défiance et de haine contre eux. Deux chambres, au lieu d'une, n'auraient rien préservé. Ces divisions du pouvoir n'ont de valeur qu'autant qu'elles sont consacrées. Elles ne sont consacrées qu'autant qu'elles sont la représentation de forces réelles existantes dans la nation. Une Révolution qui ne s'était pas arrêtée devant les grilles du château de Versailles aurait-elle donc respecté cette distinction métaphysique du pouvoir en deux natures ?

D'ailleurs, où étaient et où seraient encore aujourd'hui les éléments constitutifs de deux chambres, dans une nation dont la révolution tout entière n'est qu'une convulsion vers l'unité ? Si la seconde chambre est démocratique et viagère, elle n'est que la démocratie en deux personnes ; elle n'a qu'un esprit. Elle ne peut servir qu'à ralentir l'impulsion ou à briser l'unité de la volonté publique. Si elle est héréditaire et aristocratique, elle suppose une aristocratie préexistante et acceptée dans la nation. Où était cette aristocratie en 1791? Où est-elle maintenant? Un historien moderne dit : « Dans la noblesse, dans l'acceptation des inégalités sociales. » Mais la Révolution venait de se faire contre la noblesse et pour niveler les inégalités sociales héréditaires. C'était demander à la Révolution de faire elle-même la contre-révolution. D'ailleurs, ces divisions prétendues du pouvoir sont toujours des fictions; le pouvoir n'est jamais divisé réellement. Il est toujours ici ou là, en réalité et tout entier : il n'est pas divisible. Il est comme la volonté, il est *un*, ou il n'est pas. S'il y a deux chambres, il est dans l'une des deux; l'autre suit ou est dissoute. S'il y a une chambre et un roi, il est au roi ou à la chambre : au roi, s'il subjugue l'Assemblée par la force, ou s'il l'achète par la corruption ; à la chambre, si elle agite l'esprit public et intimide la cour et l'armée par l'influence de la parole et par la supériorité de l'opinion. Ceux qui ne voient pas cela se payent de mots vides. Dans cette soi-disant balance du pouvoir, il y a toujours un poids qui l'emporte; l'équilibre est une chimère. S'il existait jamais, il ne produirait que l'immobilité.

VII

L'Assemblée constituante avait donc fait une œuvre bonne, sage et aussi durable que le sont les institutions d'un peuple en travail dans un siècle de transition. La constitution de 91 avait écrit toutes les vérités du temps et rédigé toute la raison humaine à son époque. Tout était vrai dans son œuvre, excepté la royauté ; elle n'eut qu'un tort, ce fut de confier le dépôt de son Code à la monarchie.

Nous avons vu que cette faute même fut un excès de déférence. Elle recula devant la dépossession du trône pour la famille de ses rois ; elle eut la superstition du passé sans en avoir la foi ; elle voulut concilier la république et la monarchie. C'était une vertu dans ses intentions, ce fut un tort dans ses résultats ; car c'est un tort, en politique, que tenter l'impossible. Louis XVI était le seul homme de la nation à qui on ne pût pas confier la royauté constitutionnelle, puisque c'était lui à qui on venait d'arracher la monarchie absolue ; la constitution, c'était la royauté partagée, et il l'avait, quelques jours auparavant, tout entière. Pour tout autre, cette royauté eût été un présent ; pour lui seul elle était une injure.

Louis XVI eût-il été capable de cette abnégation du pouvoir suprême qui fait les héros du désintéressement (et il l'était), les partis dépossédés, dont il était le chef naturel, n'en étaient pas capables comme lui : on peut attendre un acte de désintéressement sublime d'un homme vertueux, jamais d'un parti en masse. Les partis ne sont jamais magnanimes ; ils n'abdiquent pas, on les extirpe. Les actes héroïques viennent du cœur, et les partis n'ont pas de cœur ; ils n'ont que des intérêts et des ambitions. Un corps, c'est l'égoïsme immortel.

Clergé, noblesse, cour, magistrature, les abus, les erreurs, les orgueils, les injustices de la monarchie se personnifiaient, malgré Louis XVI, dans le roi. Dégradés en lui, ils devaient vouloir ressusciter avec lui. La nation, qui avait le sentiment de cette solidarité fatale entre le roi et la contre-révolution, ne pouvait pas se confier au roi, tout en vénérant l'homme ; elle devait voir en lui le complice de toutes les conjurations contre elle. Les parvenus à la liberté sont susceptibles comme les parvenus à la fortune. Les ombrages devaient surgir, les soupçons devaient produire les injures ; les injures, les ressentiments ; les ressentiments, les factions ; les factions, les chocs et les renversements : les enthousiasmes momentanés du peuple, les concessions sincères du roi n'y pouvaient rien. Des deux côtés les situations étaient fausses.

S'il y eût eu dans l'Assemblée constituante plus d'hommes d'État que de philosophes, elle aurait senti qu'un état intermédiaire était impossible sous la tutelle d'un roi à demi détrôné. On ne remet pas aux vaincus la garde et l'administration des conquêtes. Agir comme elle agit, c'était pousser fatalement le roi ou à la trahison ou à l'échafaud. Un parti absolu est le seul parti sûr dans les grandes crises. Le génie est de savoir prendre ces partis extrêmes à leur minute. Disons-le hardiment, l'histoire à distance le dira un jour comme nous : il vint un moment où l'Assemblée constituante avait le droit de choisir entre la monarchie et la république, et où elle devait choisir la république. Là était le salut de la Révolution et sa légitimité. En manquant de résolution elle manqua de prudence.

VIII

Mais, dit-on avec Barnave, la France est monarchique par sa géographie comme par son caractère, et le débat s'élève à l'instant dans les esprits entre la monarchie et la république. Entendons-nous :

La géographie n'est d'aucun parti : Rome et Carthage n'avaient point de frontières, Gênes et Venise n'avaient point de territoires. Ce n'est pas le sol qui détermine la nature des constitutions des peuples, c'est le temps. L'objection géographique de Barnave est tombée un an après, devant les prodiges de la France en 1792. Elle a montré si une république manquait d'unité et de centralisation pour défendre une nationalité continentale. Les flots et les montagnes sont les frontières des faibles ; les hommes sont les frontières des peuples. Laissons donc la géographie ! ce ne sont pas les géomètres qui écrivent les constitutions sociales, ce sont les hommes d'État.

Or, les nations ont deux grands instincts qui leur révèlent la forme qu'elles ont à prendre, selon l'heure de la vie nationale à laquelle elles sont parvenues : l'instinct de leur conservation et l'instinct de leur croissance. Agir ou se reposer, marcher ou s'asseoir, sont deux actes entièrement différents, qui nécessitent chez l'homme des attitudes entièrement diverses. Il en est de même pour les nations. La monarchie ou la république correspondent exactement chez un peuple aux nécessités de ces deux états opposés : le repos ou l'action. Nous entendons ici ces deux mots de repos et d'action dans leur acception la plus absolue ; car il y a aussi repos dans les républiques et action sous les monarchies.

S'agit-il de se conserver, de se reproduire, de se développer dans cette espèce de végétation lente et insensible que les peuples ont comme les grands végétaux ; s'agit-il de se maintenir en harmonie avec le milieu européen, de garder ses lois et ses mœurs, de préserver ses traditions, de perpétuer les opinions et les cultes, de garantir les propriétés et le bien-être, de prévenir les troubles, les agitations, les factions, la monarchie est évidemment plus propre à cette fonction qu'aucun autre état de société. Elle protége en bas la sécurité qu'elle veut pour elle-même en haut. Elle est l'ordre par égoïsme et par essence. L'ordre est sa vie, la tradition est son dogme, la nation est son héritage, la religion est son alliée, les aristocraties sont ses barrières contre les invasions du peuple. Il faut qu'elle conserve tout cela ou qu'elle périsse. C'est le gouvernement de la prudence, parce que c'est celui de la plus grande responsabilité. Un empire est l'enjeu du monarque. Le trône est partout un gage d'immobilité. Quand on est placé si haut, on craint tout ébranlement, car on n'a qu'à perdre ou qu'à tomber.

Quand une nation a donc sa place sur un territoire suffisant, ses lois consenties, ses intérêts fixés, ses croyances consacrées, son culte en vigueur, ses classes sociales graduées, son administration organisée, elle est monarchique en dépit des mers, des fleuves, des montagnes. Elle abdique, et elle charge la monarchie de prévoir, de vouloir et d'agir pour elle. C'est le plus parfait des gouvernements pour cette fonction. Il s'appelle des deux noms de la société elle-même : *unité* et *hérédité*.

IX

Un peuple, au contraire, est-il à une de ces époques où il lui faut agir dans toute l'intensité de ses forces pour opérer en lui ou en dehors de lui une de ces transformations organiques qui sont aussi nécessaires aux peuples que le courant est nécessaire aux fleuves, ou que l'explosion est nécessaire aux forces comprimées, la république est la forme obligée et fatale d'une nation à un pareil moment. A une action soudaine, irrésistible, convulsive du corps social, il faut les bras et la volonté de tous. Le peuple devient foule, et se porte sans ordre au danger. Lui seul peut suffire à la crise. Quel autre bras que celui du peuple tout entier pourrait remuer ce qu'il a à remuer? déplacer ce qu'il veut détruire? installer ce qu'il veut fonder? La monarchie y briserait mille fois son sceptre. Il faut un levier capable de soulever trente millions de volontés. Ce levier, la nation seule le possède. Elle est elle-même la force motrice, le point d'appui et le levier.

X

On ne peut pas demander alors à la loi d'agir contre la loi, à la tradition d'agir contre la tradition, à l'ordre établi d'agir contre l'ordre établi. Ce serait demander la force à la faiblesse et le suicide à la vie. Et d'ailleurs on demanderait en vain au pouvoir monarchique d'accomplir ces changements où souvent tout périt, et le roi avant tout le monde. Une telle action est le contre-sens de la monarchie : comment le voudrait-elle ?

Demander à un roi de détruire l'empire d'une religion qui le sacre, de dépouiller de ses richesses un clergé qui les possède au même titre divin auquel lui-même possède le royaume, d'abaisser une aristocratie qui est le degré élevé de son trône, de bouleverser des hiérarchies sociales dont il est le couronnement, de saper des lois dont il est la plus haute, ce serait demander aux voûtes d'un édifice d'en saper le fondement. Le roi ne le pourrait, ni ne le voudrait. En renversant ainsi tout ce qui lui sert d'appui, il sent qu'il porterait sur le vide. Il jouerait son trône et sa dynastie. Il est responsable par sa race. Il est prudent par nature et temporisateur par nécessité. Il faut qu'il complaise, qu'il ménage, qu'il patiente, qu'il transige avec tous les intérêts constitués. Il est le roi du culte, de l'aristocratie, des lois, des mœurs, des abus et des erreurs de l'empire. Les vices mêmes de la constitution font partie de sa force. Les menacer, c'est se perdre. Il peut les haïr, il ne peut les attaquer.

XI

A de semblables crises la république seule peut suffire. Les nations le sentent et s'y précipitent comme au salut. La volonté publique devient le gouvernement. Elle écarte les timides, elle cherche les audacieux ; elle appelle tout le monde à l'œuvre, elle essaye, elle emploie, elle rejette toutes les forces, tous les dévouements, tous les héroïsmes. C'est la foule au gouvernail. La main la plus prompte ou la plus ferme le saisit, jusqu'à ce qu'un plus hardi le lui arrache. Mais tous gouvernent dans le sens de tous. Considérations privées, timidités de situation, différences de rang, tout disparaît. Il n'y a de responsabilité pour personne. Aujourd'hui au pouvoir, demain en exil ou à l'échafaud. Nul n'a de lendemain ; on est tout au jour. Les résistances sont écrasées par l'irrésistible puissance du mouvement. Tout est faible, tout plie devant le peuple. Les ressentiments des castes abolies, des cultes dépossédés, des propriétés décimées, des abus extirpés, des aristocraties humiliées, se perdent dans le bruit général de l'écroulement des vieilles choses. A qui s'en prendre ? La nation répond de tout à tous. Nul n'a de compte à lui demander. Elle ne se survit pas à elle-même, elle brave les récriminations et les vengeances ; elle est absolue, comme un élément ; elle est anonyme, comme la fatalité ; elle achève son œuvre, et, quand son œuvre est finie, elle dit : « Reposons-nous, et reprenons la monarchie. »

XII

Or, une telle forme d'action, c'est la république. C'est la seule qui convienne aux fortes époques de transformation. C'est le gouvernement de la passion, c'est le gouvernement des crises, c'est le gouvernement des révolutions. Tant que les révolutions ne sont pas achevées, l'instinct du peuple pousse à la république ; car il sent que toute autre main que la sienne est trop faible pour imprimer l'impulsion qu'il faut aux choses. Le peuple ne se fie pas, et il a raison, à un pouvoir irresponsable, perpétuel et héréditaire, pour faire ce que commandent des époques de création. Il veut faire ses affaires lui-même. Sa dictature lui paraît indispensable pour sauver la nation. Or, la dictature organisée du peuple, qu'est-ce autre chose que la république ? Il ne peut remettre ses pouvoirs qu'après que toutes les crises sont passées, et que l'œuvre révolutionnaire est incontestée, complète et consolidée. Alors il peut reprendre la monarchie et lui dire de nouveau : « Règne au nom des idées que je t'ai faites ! »

XIII

L'Assemblée constituante fut donc aveugle et faible de ne pas donner la république pour instrument naturel à la Révolution. Mirabeau, Bailly, La Fayette, Sieyès, Barnave, Talleyrand, Lameth, agissaient en cela en philosophes, et non en grands politiques. L'événement l'a prouvé. Ils crurent la Révolution achevée aussitôt qu'elle fut écrite; ils crurent la monarchie convertie aussitôt qu'elle eut juré la constitution. La Révolution n'était que commencée, et le serment de la royauté à la Révolution était aussi vain que le serment de la Révolution à la royauté. Ces deux éléments ne pouvaient s'assimiler qu'après un intervalle d'un siècle. Cet intervalle, c'était la république. Un peuple ne passe pas en un jour, ni même en cinquante ans, de l'action révolutionnaire au repos monarchique. C'est pour l'avoir oublié à l'heure où il fallait s'en souvenir, que la crise a été si terrible et qu'elle nous agite encore. Si la Révolution qui se poursuit toujours avait eu son gouvernement propre et naturel, la république, cette république eût été moins tumultueuse et moins inquiète que nos cinq tentatives de monarchie. La nature des temps où nous avons vécu proteste contre la forme traditionnelle du pouvoir. A une époque de mouvement, un gouvernement de mouvement, voilà la loi!

XIV

L'Assemblée nationale, dit-on, n'en avait pas le droit : elle avait juré la monarchie et reconnu Louis XVI ; elle ne pouvait le détrôner sans crime! L'objection est puérile, si elle vient d'esprits qui ne croient pas à la possession des peuples par les dynasties. L'Assemblée constituante, dès son début, avait proclamé le droit inaliénable des peuples et la légitimité des insurrections nécessaires. Le serment du Jeu de paume ne consistait qu'à jurer désobéissance au roi et fidélité à la nation. L'Assemblée avait ensuite proclamé Louis XVI roi des Français. Si elle se reconnaissait le pouvoir de le proclamer roi, elle se reconnaissait par là même le droit de le proclamer simple citoyen. La déchéance pour cause d'utilité nationale et d'utilité du genre humain était évidemment dans ses principes. Que fait-elle cependant? Elle laisse Louis XVI roi où elle le refait roi, non par respect pour l'institution, mais par pitié pour sa personne et par attendrissement pour une auguste décadence. Voilà le vrai. Elle craignait le sacrilége, et elle se précipite dans l'anarchie. C'était clément, beau, généreux ; Louis XVI méritait bien du peuple. Qui peut flétrir une magnanime condescendance? Avant le départ du roi pour Varennes, le droit absolu de la nation ne fut qu'une fiction abstraite, un *summum jus* de l'Assemblée. La royauté de Louis XVI resta le fait respectable et respecté. Encore une fois, c'était bien.

XV

Mais il vint un moment, et ce moment fut celui de la fuite du roi, sortant du royaume, protestant contre la volonté nationale, et allant chercher l'appui de l'armée et l'intervention étrangère, où l'Assemblée rentrait dans le droit rigoureux de disposer du pouvoir déserté. Trois partis s'offraient à elle : déclarer la déchéance et proclamer le gouvernement républicain; proclamer la suspension temporaire de la royauté, et gouverner en son nom, pendant son éclipse morale; enfin restaurer à l'instant la royauté.

L'Assemblée choisit le pire. Elle craignit d'être dure, et elle fut cruelle; car, en conservant au roi le rang suprême, elle le condamna au supplice de la colère et du dédain de son peuple. Elle le couronna de soupçons et d'outrages. Elle le cloua au trône, pour que le trône fût l'instrument de ses tortures, et enfin de sa mort.

Des deux autres partis à prendre, le premier était le plus logique et le plus absolu : proclamer la déchéance et la république.

La république, si elle eût été alors légalement établie par l'Assemblée dans son droit et dans sa force, aurait été tout autre que la république qui fut perfidement et atrocement arrachée, neuf mois après, par l'insurrection du 10 août. Elle aurait eu, sans doute, les agitations inséparables de l'enfantement d'un ordre nouveau. Elle n'aurait pas échappé aux désordres inévitables dans un pays de premier mouvement, passionné par la grandeur même de ses dangers. Mais elle serait née d'une loi, au lieu d'être née d'une sédition; d'un droit, au lieu d'une violence; d'une délibération, au lieu d'une insurrection. Cela seul changeait les conditions sinistres de son existence et de son avenir. Elle devait être remuante; elle pouvait rester pure.

Voyez combien le seul fait de sa proclamation légale et réfléchie changeait tout. Le 10 août n'avait pas lieu; les perfidies et la tyrannie de la commune de Paris, le massacre des gardes, l'assaut du palais, la fuite du roi à l'Assemblée, les outrages dont il y fut abreuvé, enfin son emprisonnement au Temple étaient écartés. La République n'aurait pas tué un roi, une reine, un enfant innocent, une princesse vertueuse. Elle n'aurait pas eu les massacres de septembre, ces Saint-Barthélemy du peuple qui tachent à jamais les langes de la liberté. Elle ne se serait pas baptisée dans le sang de trois cent mille victimes. Elle n'aurait pas mis dans la main du tribunal révolutionnaire la hache du peuple, avec laquelle il immola toute une génération pour faire place à une idée. Elle n'aurait pas eu le 31 mai. Les Girondins, arrivés purs au pouvoir, auraient eu bien plus de force pour combattre la démagogie. La République, instituée de sang-froid, aurait bien autrement intimidé l'Europe qu'une émeute légitimée par le meurtre et les assassinats. La guerre pouvait être évitée, ou, si la guerre était inévitable, elle eût été plus unanime et plus triomphante. Nos généraux n'auraient pas été massacrés par leurs soldats aux cris de trahison. L'esprit des peuples aurait combattu avec nous, et l'horreur de nos journées d'août, de septembre et de janvier, n'aurait pas repoussé de nos drapeaux les peuples attirés par nos doctrines. Voilà comment un seul changement, à l'origine de la République, changeait le sort de la Révolution.

XVI

Mais si les mœurs de la France répugnaient encore à la vigueur de cette résolution, et si l'Assemblée craignait que son enfantement de la République fût précoce, il lui restait le troisième parti : proclamer la déchéance temporaire de la royauté pendant dix ans, mettre le roi en réserve et gouverner républicainement, en son nom, jusqu'à l'affermissement incontesté et inébranlable de la constitution. Ce parti sauvait tout, même aux yeux des faibles : le respect pour la royauté, la vie du roi, les jours de la famille royale, le droit du peuple, l'innocence de la Révolution. Il était à la fois ferme et calme, efficace et légitime. C'était la dictature telle que tous les peuples en ont eu l'instinct dans les jours critiques de leur existence. Mais, au lieu de la dictature courte, fugitive, inquiète, ambitieuse d'un seul, c'était la dictature de la nation elle-même se gouvernant par son Assemblée nationale. La nation écartait révérencieusement la royauté pendant dix ans pour faire elle-même l'œuvre supérieure aux forces d'un roi. Cette œuvre faite, les ressentiments éteints, les habitudes prises, les lois en vigueur, les frontières couvertes, le clergé sécularisé, l'aristocratie soumise, la dictature pouvait cesser. Le roi ou sa dynastie pouvait remonter sans péril sur un trône dont les grands orages étaient écartés. Cette république véritable aurait repris le nom de monarchie constitutionnelle, sans rien échanger. On aurait replacé la statue de la royauté au sommet, quand le piédestal aurait été consolidé. Un tel acte eût été le consulat du peuple : bien supérieur à ce consulat d'un homme, qui ne devait finir que par le ravage de l'Europe et par la double usurpation du trône et de la Révolution.

Ou bien, si, à l'expiration de cette dictature nationale, la nation bien gouvernée eût trouvé le trône dangereux ou inutile à rétablir, qui l'empêchait de dire au monde : « Ce que j'ai assumé comme dictature, je le consacre comme gouvernement définitif. Je proclame la République française comme le seul gouvernement suffisant à l'énergie d'une époque rénovatrice ; car la république c'est la dictature perpétuée et constituée du peuple. A quoi bon un trône ? Je reste debout. C'est l'attitude d'un peuple en travail ! »

En résumé, l'Assemblée constituante, dont la pensée éclaira le globe, dont l'audace transforma en deux ans un empire, n'eut qu'un tort à la fin de son œuvre : c'est de se reposer. Elle devait se perpétuer, elle abdiqua. Une nation qui abdique après deux ans de règne et sur des monceaux de ruines lègue le sceptre à l'anarchie. Le roi ne pouvait plus régner, la nation ne voulut pas régner : les factions régnèrent. La Révolution périt non pas pour avoir trop voulu, mais pour n'avoir pas assez osé. Tant il est vrai que les timidités des nations ne sont pas moins funestes que les faiblesses des rois, et qu'un peuple qui ne sait pas prendre et garder tout ce qui lui appartient, tente à la fois la tyrannie et l'anarchie! L'Assemblée osa tout, excepté régner. Le règne de la Révolution ne pouvait s'appeler que république. L'Assemblée laissa ce nom aux factions et cette forme à la terreur. Ce fut là sa faute. Elle l'expia, et l'expiation de cette faute n'est pas finie pour la France.

LIVRE HUITIÈME

Le roi cherche à se raffermir. — Moyens qu'il emploie. — Premières réunions des patriotes républicains. — Madame Roland centre de ces réunions. — Portrait de madame Roland. — Sa vie. — Son mariage. — La Platière. — Description. — Monsieur et madame Roland à Paris. — Leurs liaisons avec les hommes du parti populaire.

I

Pendant que le roi, isolé au sommet de la constitution, cherchait son aplomb, tantôt dans de dangereuses négociations avec l'étranger, tantôt dans d'imprudentes tentatives de corruption à l'intérieur; des hommes, les uns Girondins, les autres Jacobins, mais confondus encore sous la dénomination commune de patriotes, commencèrent à se réunir et à former le noyau d'une grande opinion républicaine: c'étaient Pétion, Robespierre, Brissot, Buzot, Vergniaud,

Guadet, Gensonné, Carra, Louvet, Ducos, Fonfrède, Duperret, Sillery-Genlis, et plusieurs autres dont les noms ne sont guère sortis de l'obscurité.

Le foyer d'une jeune femme, fille d'un graveur du quai des Orfévres, fut le centre de cette réunion. Ce fut là que les deux plus grands partis de la Révolution, la Gironde et la Montagne, se rencontrèrent, s'unirent, se divisèrent, et, après avoir conquis le pouvoir et renversé ensemble la monarchie, déchirèrent de leurs dissensions le sein de leur patrie, et tuèrent la liberté en s'entre-tuant. Ce n'était ni l'ambition, ni la fortune, ni la célébrité qui avaient successivement attiré ces hommes chez cette femme, alors sans crédit, sans luxe et sans nom : c'était la conformité d'opinion ; c'était ce culte recueilli que les esprits d'élite aiment à rendre en secret comme en public à une philosophie nouvelle qui promet le bonheur aux hommes ; c'était l'attraction invisible d'une même foi, cette communion des premiers néophytes, où l'on sent le besoin d'unir ses âmes avant d'associer ses actes. Tant que les pensées communes entre les hommes politiques n'ont pas trouvé ce centre où elles se fécondent et s'organisent par le contact, rien ne s'accomplit. Les révolutions sont des idées, c'est cette communion qui fait les partis.

L'âme ardente et pure d'une femme était digne de devenir le centre où convergeraient tous les rayons de la vérité nouvelle pour s'y féconder à la chaleur de son cœur et pour y allumer le bûcher des vieilles institutions politiques. Les hommes ont le génie de la vérité, les femmes seules en ont la passion. Il faut de l'amour au fond de toutes les créations ; il semble que la vérité a deux sexes, comme la nature. Il y a une femme à l'origine de toutes les grandes choses ; il en fallait une au principe de la Révolution. On peut dire que la philosophie trouva cette femme dans madame Roland.

L'historien, entraîné par le mouvement des événements qu'il retrace, doit s'arrêter devant cette sévère et touchante figure, comme les passants s'arrêtèrent pour remarquer ses traits sublimes et sa robe blanche sur le tombereau qui conduisait des milliers de victimes à la mort. Pour la comprendre, il faut la suivre de l'atelier de son père jusqu'à l'échafaud. C'est pour la femme surtout que le germe de la vertu est dans le cœur ; c'est presque toujours dans la vie privée que repose le secret de la vie publique.

II

Jeune encore, belle, rayonnante de génie, mariée depuis quelques années à un homme austère dont l'âge dépassait la maturité, mère d'un premier enfant, madame Roland était née dans cette condition intermédiaire où les familles, à peine émancipées par le travail, sont pour ainsi dire amphibies entre le prolétariat et la bourgeoisie, et retiennent dans leurs mœurs les vertus et la simplicité du peuple, en participant déjà aux lumières de la société. A l'époque où les aristocraties tombent, c'est là que les nations se régénèrent. La séve des peuples est là. C'est là qu'était né Jean-Jacques Rousseau, le type viril de madame Roland. Un portrait de son enfance représente la jeune fille dans l'atelier de son père, tenant d'une main un livre, de l'autre un outil de graveur. Ce portrait est la définition symbolique de la condition sociale où était née madame Roland, au point précis entre le travail des mains et le travail de la pensée.

Son père, Gratien Philipon, était graveur et peintre en émail. Il joignait à ces deux professions le commerce des diamants et des bijoux. C'était un homme aspirant toujours plus haut que ses forces, un aventurier d'industrie, qui brisait sans cesse sa modeste fortune en voulant l'étendre à la proportion de ses rêves et de son ambition. Il adorait sa fille et ne se contentait pas pour elle des perspectives de l'atelier. Il lui donnait l'éducation des plus hautes fortunes, comme la nature lui avait donné le cœur des plus grandes destinées. On sait ce que des caractères comme celui de cet homme apportent à la fois de chimères, de gêne et de malheur dans leur intérieur.

La jeune fille grandissait dans cette atmosphère de luxe d'esprit et de ruine réelle. Douée d'un jugement prématuré, elle démêlait déjà ces déréglements de famille ; elle se réfugiait dans la raison de sa mère contre les illusions de son père et contre les pressentiments de l'avenir.

Marguerite Bimont, sa mère, avait apporté à son mari une beauté sereine et une âme supérieure aussi à sa destinée ; mais une piété angélique et la résignation qu'elle inspire la prémunissaient à la fois contre l'ambition et contre le désespoir. Mère de sept enfants qui tous lui avaient été arrachés du sein par la mort, elle avait concentré sur sa fille unique toute sa puissance d'aimer. Mais son amour même la garantissait de toute faiblesse dans l'éducation qu'elle donnait à son enfant. Elle tenait dans un juste équilibre son cœur et son intelligence, son imagination et sa raison. Le moule où elle jetait cette jeune âme était gracieux ; mais il était d'airain. On eût dit qu'elle prévoyait de loin les destinées de cette enfant, et qu'elle mêlait à tous les accomplissements de la jeune fille ce quelque chose de mâle qui fait les héros et les martyrs.

La nature s'y prêtait admirablement. Elle avait donné à son élève une intelligence supérieure encore à sa beauté. Cette beauté de ses premières années, dont elle a tracé elle-même les principaux traits avec une complaisance enfantine dans les pages heureuses de ses Mémoires, était loin d'avoir acquis le caractère d'énergie, de mélancolie et de majesté, que lui donnèrent plus tard l'amour contenu, les pensées viriles et le malheur.

Une taille élevée et souple, des épaules effacées, une poitrine large, soulevée par une respiration libre et forte ; une attitude modeste et décente, cette pose du cou qui caractérise l'intrépidité, des cheveux noirs et lisses, des yeux bleus brunis par l'ombre de la pensée, un regard qui passait, comme l'âme, de la tendresse à l'énergie, une bouche un peu grande, ouverte au sourire comme à la parole, des dents éclatantes, un menton relevé et arrondi donnant à l'ovale de sa figure cette grâce voluptueuse et féminine sans laquelle la beauté même ne produit pas l'amour, une peau marbrée des teintes de la vie et veinée d'un sang qui se portait à la moindre impression sur ses joues rougissantes, un son de voix qui empruntait ses vibrations aux fibres graves de la poitrine et qui se modulait profondément aux mouvements mêmes du cœur (don précieux, car le son de voix, qui est la communication de l'émotion dans la femme, est le véhicule de la persuasion dans l'orateur ; à ces deux titres la nature lui devait le charme de la voix, et elle le lui avait donné) : tel était à dix-huit ans le portrait de cette jeune fille que l'obscurité couva longtemps dans son ombre, comme pour préparer à la vie et à la mort une âme plus forte et une victime plus accomplie.

III

Son intelligence éclairait cette enveloppe d'une lueur précoce et soudaine qui ressemblait déjà à l'inspiration. Elle aspirait, pour ainsi dire, les connaissances les plus difficiles en les épelant. Ce qu'on enseigne à son âge et à son sexe ne lui suffisait pas. La mâle éducation des hommes était un attrait et un jeu pour elle. Son esprit puissant avait besoin de tous les instruments de la pensée comme d'un exercice. Religion, histoire, philosophie, musique, peinture, danse, sciences exactes, chimie, langues étrangères et langues savantes, elle apprenait tout et désirait plus. Elle formait elle-même sa pensée de tous les rayons que l'obscurité de sa condition laissait arriver jusqu'au laboratoire de son père. Elle dérobait même furtivement les livres que les jeunes apprentis apportaient et oubliaient pour elle dans l'atelier. Jean-Jacques Rousseau, Voltaire, Montesquieu, les philosophes anglais, lui tombèrent ainsi dans les mains. Mais sa véritable nourriture, c'était Plutarque.

« Je n'oublierai jamais, dit-elle, le carême de 1763, pendant lequel j'emportai tous les jours ce livre à l'église en guise de livre de prières ; c'est de ce moment que datent les impressions et les idées qui me rendirent républicaine sans que je songeasse alors à le devenir. » Après Plutarque, ce fut Fénelon qui émut le plus son cœur. Le Tasse et les poëtes vinrent ensuite. L'héroïsme, la vertu et l'amour devaient se verser de ces trois vases ensemble dans l'âme d'une femme destinée à cette triple palpitation des grandes impressions.

Au milieu de cet embrasement de son âme, sa raison restait froide et sa pureté sans tache. A peine confesse-t-elle de légères et fugitives émotions du cœur et des sens. « En les lisant derrière le paravent qui fermait ma chambre dans la salle de mon père, écrit-elle, ma respiration s'élevait, je sentais un feu subit couvrir mon visage, et ma voix altérée aurait trahi mon agitation. J'étais Eucharis pour Télémaque, Herminie pour Tancrède. Cependant, toute transformée en elles, je ne songeais pas à être moi-même quelque chose pour personne. Je ne faisais point de retour sur moi, je ne cherchais rien autour de moi ; c'était un rêve sans réveil. Cependant je me rappelle avoir vu avec beaucoup de tremblement un jeune peintre, nommé Taboral, qui venait parfois chez mon père ; il avait peut-être vingt ans, une voix douce, une figure sensible, rougissante comme une jeune fille. Lorsque je l'entendais dans l'atelier, j'avais toujours un crayon ou autre chose à y aller chercher ; mais, comme sa présence m'embarrassait autant qu'elle m'était agréable, je ressortais plus vite que je n'étais entrée, avec un battement de cœur et un tremblement que j'allais cacher dans mon petit cabinet. »

Bien que sa mère fût très-pieuse, elle n'interdisait aucune de ces lectures à sa fille. Elle voulait lui inspirer la religion et non la lui commander ; pleine de bon sens et de tolérance, elle la livrait avec confiance à sa raison, et ne voulait ni comprimer ni tarir la séve qui devait plus tard porter son fruit dans ce cœur. Une religion servile et non volontaire lui paraissait une dégradation et un esclavage que Dieu ne pouvait accepter comme un tribut digne de lui. L'âme pensive de sa fille se portait naturellement vers ces grands objets du bonheur et du malheur éternel ; elle dut plonger plus jeune et plus profondément qu'une autre dans l'infini. Le règne du sentiment s'ouvrit en elle par l'amour de Dieu. Le sublime délire de ses contemplations pieuses embellit les premières années de son adolescence, résigna les autres à la philosophie, et semblait devoir la préserver à jamais des orages des passions. Sa dévotion fut ardente ; elle prit les teintes de son âme, aspira au cloître et rêva le martyre. Entrée au couvent, elle s'y trouva un moment heureuse, donnant sa pensée au mysticisme et son cœur à de premières amitiés. La régularité monotone de cette vie endormait doucement l'activité de ses méditations. Aux heures de liberté, elle ne jouait pas avec ses compagnes ; elle se retirait sous quelque arbre pour lire et rêver. Sensible, comme Rousseau, à la beauté du feuillage, au bruissement de l'herbe, au parfum des plantes, elle admirait la main de Dieu et la baisait dans ses œuvres. Débordant de reconnaissance et de joie intérieure, elle allait l'adorer à l'église. Là, les sons majestueux de l'orgue s'associant à la voix des jeunes religieuses achevaient de la ravir en extase. La religion catholique a toutes les fascinations mystiques pour les sens, et les voluptés pour l'imagination. Une novice prit le voile pendant ce séjour au couvent. Sa présentation à la grille, son voile blanc, sa couronne de roses, les chants suaves et calmes qui la conduisaient du monde au ciel, le drap mortuaire jeté sur sa beauté ensevelie et sur ce cœur palpitant, firent tressaillir la jeune artiste et l'inondèrent de larmes. Sa destinée lui offrait l'image des grands sacrifices. Elle en pressentait d'avance en elle le courage et le déchirement.

IV

Le charme et l'habitude de ces sensations religieuses ne s'effacèrent jamais en elle. La philosophie, qui devint plus tard son seul culte, dissipa la foi, mais laissa survivre ces impressions. Elle ne pouvait assister sans attrait et sans respect aux cérémonies du culte dont elle avait répudié les mystères. Le spectacle d'hommes faibles réunis pour adorer et implorer le Père des hommes touchait sa pensée. La musique l'enlevait au ciel. Elle sortait des temples chrétiens plus heureuse et meilleure, tant les souvenirs de l'enfance se reflètent et se prolongent sur la vie la plus agitée.

Ce goût passionné de l'infini et ce sentiment pieux de la nature continuèrent à l'enivrer quand elle fut rentrée chez son père. « La situation de la maison paternelle n'avait point, dit-elle, le calme solitaire du couvent. Cependant beaucoup d'air, un grand espace, s'offraient encore du haut de notre demeure, près du Pont-Neuf, à mon imagination rêveuse et romantique. Combien de fois, de ma fenêtre exposée au nord, j'ai contemplé avec émotion les vastes déserts du ciel, sa voûte superbe, azurée, splendidement dessinée, depuis le levant bleuâtre, loin derrière le pont au Change, jusqu'au couchant doré d'une lueur de pourpre mourante, derrière les arbres des Champs-Élysées et les maisons de Chaillot ! Je ne manquais pas d'employer ainsi quelques moments à la fin d'un beau jour ; et souvent des larmes douces coulaient délicieusement de mes yeux, tandis que mon cœur, gonflé d'un sentiment inexprimable, heureux de battre et reconnaissant d'exister, offrait à l'Être des êtres un hommage pur et digne de lui. »

Hélas ! quand elle écrivait ces lignes, elle ne voyait plus que dans son âme ce pan si rétréci du ciel de Paris, et le souvenir de ces soirées resplendissantes n'éclairait que d'une illusion fugitive les murs de son cachot.

V

Mais alors elle était heureuse, entre sa tante Angélique et sa mère, dans ce qu'elle appelle ce beau quartier de l'île Saint-Louis. Sur ces quais alignés, sur ce rivage tranquille, elle prenait l'air dans les soirs d'été, contemplant le cours gracieux de la rivière et la campagne qui se dessinait au loin. Elle traversait aussi, le matin, ces quais dans un saint zèle, pour aller à l'église, sans rencontrer dans ce chemin désert aucune distraction à son recueillement. Son père, qui lui permettait de hautes études et qui s'enivrait des succès de sa fille, voulut pourtant l'initier à son art et la fit commencer à graver. Elle apprit à tenir le burin, et y réussit comme à toute chose. Elle n'en tirait pas encore de salaire ; mais, à l'époque de la fête de ses grands parents, elle leur portait pour son tribut tantôt une tête qu'elle s'était appliquée à dessiner dans cette intention, tantôt une petite plaque en cuivre sur laquelle elle avait gravé des emblèmes ou des fleurs ; on lui donnait, en retour, des bijoux ou des objets destinés à sa parure, qu'elle confesse avoir toujours recherchés.

Mais ce goût, naturel à son sexe et à son âge, ne la détachait pas des occupations les plus humbles du ménage. Elle ne rougissait pas, après avoir paru le dimanche à l'église ou à la promenade dans une toilette enviée, d'aller, dans la semaine, en robe de toile, au marché à côté de sa mère. Elle sortait même seule pour acheter, à quelque pas de la maison, du persil ou de la salade, que la ménagère avait oubliés. Bien qu'elle se sentît un peu ravalée par ces soins domestiques, qui la faisaient descendre des hauteurs de son Plutarque ou du ciel de ses rêves, elle y mettait tant de grâce associée à une dignité si naturelle, que la fruitière se faisait un plaisir de la servir avant ses autres pratiques, et que les premiers arrivés ne s'offensaient pas de ce privilége. Cette jeune fille, cette Héloïse future du dix-huitième siècle, qui lisait les ouvrages sérieux, qui expliquait les cercles de la sphère céleste, qui maniait le crayon et le burin, et qui roulait déjà des mondes de pensées hardies et de sentiments passionnés dans son âme, était souvent appelée à la cuisine pour éplucher des herbes. Ce mélange d'études graves, d'exercices élégants et de soins domestiques, ordonnés par la sagesse de sa mère, semblait la préparer de loin aux vicissitudes de sa fortune, et l'aida plus tard à les supporter. C'était encore Rousseau aux Charmettes, rangeant le bûcher de madame de Warens de la main qui devait écrire le *Contrat social,* ou Philopœmen coupant son bois.

VI

Du fond de cette vie retirée, elle apercevait quelquefois le monde supérieur qui brillait au-dessus d'elle ; les éclairs qui lui découvraient la haute société offensaient ses regards plus qu'ils ne l'éblouissaient. L'orgueil de ce monde aristocratique qui la voyait sans la compter pesait sur son âme. Une société où elle n'avait pas son rang lui semblait mal faite. C'était moins de l'envie que de la justice révoltée en elle. Les êtres supérieurs ont leur place marquée par Dieu, et tout ce qui les en écarte leur semble une usurpation. Ils trouvent la société souvent inverse de la nature ; ils se vengent en la méprisant. De là la haine du génie contre la puissance. Le génie rêve un ordre de choses où les rangs seraient assignés par la nature et par la vertu. Ils le sont presque toujours par la naissance, cette faveur aveugle de la destinée. Il y a peu de grandes âmes qui ne sentent en naissant la persécution de la fortune, et qui ne commencent par une révolte intérieure contre la société. Elles ne s'apaisent qu'en se décourageant. D'autres se résignent, par une compréhension plus haute, à la place que Dieu leur assigne. Servir humblement le monde est encore plus beau que de le dominer. Mais c'est là le comble de la vertu. La religion y conduit en un jour, la philosophie n'y conduit que par une longue vie, par le malheur et par la mort. Il y a des jours où la plus haute place du monde, c'est un échafaud.

VII

La jeune fille, allant une fois avec sa grand'mère dans une maison aristocratique dont ses humbles parents étaient, pour ainsi dire, les *affranchis*, fut violemment blessée du ton de supériorité caressante avec lequel on traita sa grand'-mère et elle-même. « Ma fierté s'étonna, dit-elle, mon sang bouillonna plus fort qu'à l'ordinaire, je me sentis rougir. Je ne me demandais pas encore pourquoi telle femme était assise sur le canapé et ma grand'mère sur le tabouret, mais j'avais le sentiment qui conduit à cette réflexion, et je vis arriver la fin de la visite comme un soulagement à quelque chose qui oppresse. »

Une autre fois, on la mena passer huit jours à Versailles, dans le palais de ce roi et de cette reine dont elle devait un jour saper le trône. Logée dans les combles, chez une femme de la domesticité du château, elle vit de près ce luxe royal qu'elle croyait payé par la misère des peuples, et cette grandeur des rois élevée sur la servilité des courtisans. Les grands couverts, les promenades, le jeu du roi, les présentations, passèrent sous ses yeux dans toute leur vanité et dans toute leur pompe. Ces superstitions du pouvoir répugnèrent à cette âme nourrie par les philosophes de vérité, de liberté et de vertu antique. Les noms obscurs, le costume bourgeois des parents qui la conduisaient à ce spectacle, ne laissaient tomber sur elle que des regards sans attention et quelques mots qui sentaient moins la faveur que la protection. Le sentiment de sa jeunesse, de sa beauté et de son mérite, inaperçus de cette foule qui n'adorait que la faveur ou l'étiquette, lui pesait sur le cœur. La philosophie, la fierté naturelle, l'imagination et la rigidité de son âme étaient également blessées dans ce séjour. « J'aimais mieux, dit-elle, les statues des jardins que les personnages du palais. » Et sa mère lui demandant si elle était contente du voyage : « Oui, répondit-elle, pourvu qu'il finisse bientôt; encore quelques jours, et je détesterais tant les gens que je vois, que je ne saurais plus que faire de ma haine. — Quel mal te font-ils? répliqua sa mère. — Sentir l'injustice et contempler l'absurdité. » En voyant ces splendeurs du despotisme de Louis XIV qui s'éteignaient dans la corruption, elle songeait à Athènes; et elle oubliait la mort de Socrate, l'exil d'Aristide, la condamnation de Phocion. « Je ne prévoyais pas, dit-elle tristement en écrivant ces lignes, que la destinée me réservait à être témoin de crimes pareils à ceux dont ils furent les victimes, et à participer à la gloire de leurs martyres après avoir professé leurs principes. »

Ainsi l'imagination, le caractère et les études de cette femme la préparaient, à son insu, pour la république. La religion seule, alors si puissante sur elle, aurait pu la retenir dans la résignation qui soumet les pensées à l'ordre de Dieu. Mais la philosophie devint sa foi : cette foi fit partie de sa politique. L'émancipation des peuples se lia dans sa pensée à l'émancipation des idées. Elle crut, en renversant les trônes, travailler pour les hommes, et, en renversant les autels, travailler pour Dieu. Telle est la confession qu'elle fait elle-même de son changement.

VIII

Cependant cette jeune fille attirait déjà de nombreux prétendants à sa main. Son père voulait la marier dans la classe à laquelle il appartenait lui-même. Il aimait, il estimait le commerce, parce qu'il le regardait comme la source de la richesse. Sa fille le méprisait, parce qu'il était à ses yeux la source de l'avarice et l'aliment de la cupidité. Les hommes de cette condition lui répugnaient. Elle voulait dans son mari des idées et des sentiments analogues aux siens. Son idéal était une âme et non une fortune. « Nourrie dès mon enfance dans le commerce des grands hommes de tous les âges, familiarisée avec les hautes idées et les grands exemples, n'aurai-je vécu avec Platon, avec tous les philosophes, avec tous les poëtes, avec tous les politiques de l'antiquité, que pour m'unir à un marchand qui ne jugera et ne sentira rien comme moi? »

Celle qui écrivait ces lignes était dans ce moment même demandée à ses parents par un riche boucher du voisinage. Elle refusait tout. « Je ne descendrai pas du monde de mes nobles chimères, répondait-elle aux instances sans cesse renouvelées de son père. Ce que je veux, ce n'est pas une condition, c'est un homme. Je mourrai dans l'isolement plutôt que de prostituer mon âme dans une union avec un être qui ne la comprendrait pas. »

Privée de sa mère par une mort prématurée, seule dans la maison d'un père où le désordre s'introduisait avec de secondes amours, la mélancolie gagnait son âme, mais ne la surmontait pas. Elle se recueillait davantage en elle-même pour rassembler ses forces contre l'isolement et contre l'infortune. La lecture de l'*Héloïse* de Rousseau, qu'on lui prêta alors, fit sur son cœur le même genre d'impression que Plutarque avait fait sur son esprit. Plutarque lui avait montré la liberté, Rousseau lui fit rêver le bonheur. L'un l'avait fortifiée, l'autre l'attendrit. Elle éprouva le besoin d'épancher son âme. La tristesse fut sa muse sévère. Elle commença à écrire pour se consoler dans l'entretien de ses propres pensées. Sans aucune intention de devenir écrivain, elle acquit par ses exercices solitaires cette éloquence dont elle anima plus tard ses amis.

IX

Ainsi mûrissait cette femme patiente et résolue à la fois envers sa destinée, quand elle crut avoir trouvé l'homme antique rêvé depuis si longtemps par son imagination. Cet homme était Roland de La Platière.

Il lui fut présenté sous les auspices d'une de ses jeunes amies d'enfance mariée à Amiens, où Roland exerçait alors les fonctions d'inspecteur des manufactures. « Tu recevras cette lettre, lui écrivait l'amie, par le philosophe dont je t'ai quelquefois parlé, M. Roland, homme éclairé, de mœurs antiques, à qui on ne peut reprocher que son culte pour les anciens, son mépris pour son siècle, et sa trop haute estime de sa propre vertu... » « Ce portrait, dit-elle, était juste et bien saisi. Je vis un homme de plus de quarante ans, haut de stature, négligé dans son attitude, avec cette espèce de roideur que donne l'habitude de l'isolement; mais ses manières étaient simples et faciles, et, sans avoir l'élégance du monde, elles alliaient la politesse de l'homme bien né à la gravité du philosophe. Une grande maigreur, le teint accidentellement jaune, le front déjà peu garni de cheveux et très-découvert, n'altéraient point des traits réguliers, mais peu séduisants. Au reste, un sourire fin et une vive expression développaient sa physionomie et la faisaient sortir comme une figure nouvelle quand il s'animait en parlant ou en écoutant. Sa voix était mâle, son parler bref comme celui d'un homme qui n'aurait pas l'haleine longue; son discours, plein de choses, parce que sa tête était remplie d'idées, occupait l'esprit plus qu'il ne flattait l'oreille. Sa diction était quelquefois piquante, mais revêche et sans harmonie. C'est un don rare et bien puissant sur les sens, ajoute-t-elle, que ce charme de la voix; il ne tient pas seulement à la qualité du son, il résulte aussi de cette délicatesse de sensibilité qui varie l'expression en modifiant l'accent. » C'était dire assez que Roland en était dépourvu.

X

Roland, né dans une famille d'honnête bourgeoisie qui occupait des emplois de magistrature et prétendait à la noblesse, était le dernier de cinq frères. On le destinait à l'Église. Pour fuir cette destinée, qui lui répugnait, il quitta à dix-neuf ans la maison paternelle et se réfugia à Nantes. Entré chez un armateur, il se préparait à passer aux Indes pour s'y adonner au commerce, quand une maladie l'arrêta au moment de s'embarquer. Un de ses parents, inspecteur des manufactures, le recueillit à Rouen et le fit entrer dans ses bureaux. Cette administration, animée de l'esprit de Turgot, touchait par les procédés des arts à toutes les sciences, et par l'économie politique aux plus hauts problèmes de gouvernement. Elle était peuplée de philosophes. Roland s'y distingua. Le gouvernement l'envoya en Italie, pour y étudier la marche du commerce.

Il s'éloigna avec peine de sa jeune amie, et lui écrivit régulièrement des lettres scientifiques destinées à servir de notes à l'ouvrage qu'il se proposait d'écrire sur l'Italie, lettres dans lesquelles le sentiment se révélait sous la science, plus semblables aux études d'un philosophe qu'aux entretiens d'un amant.

A son retour, elle revit en lui un ami : son âge, sa gravité, ses mœurs, ses habitudes laborieuses, le lui firent considérer comme un sage qui n'existait que par la raison.

Dans l'union qu'ils méditaient, et qui ressemblait moins à l'amour qu'aux associations antiques des jours de Socrate et de Platon, l'un cherchait un disciple plus qu'une femme, l'autre épousait un maître plus qu'un mari. M. Roland retourna à Amiens. Il écrivit de là au père pour lui demander la main de sa fille. Celui-ci refusa sèchement. Il craignait dans M. Roland, dont l'austérité lui répugnait, un censeur pour lui, un tyran pour sa fille. Informée de ce refus par son père, celle-ci s'indigna et se retira dans un couvent, dénuée de tout. Elle y vécut des aliments les plus grossiers, qu'elle préparait de ses mains. Elle s'y plongea dans l'étude, elle y fortifia son cœur contre l'adversité. *Elle se vengea à mériter le bonheur du sort qui ne le lui accordait pas.* Le soir, une visite d'un de ses amis; le jour, une heure de promenade dans un jardin entouré de hautes murailles; ce sentiment de force qui fait qu'on se roidit contre le sort; cette mélancolie qui attendrit l'âme sur elle-même et la nourrit de sa propre sensibilité, l'aidèrent à passer les longs mois d'hiver de sa captivité volontaire.

Un sentiment d'amertume intérieure empoisonnait cependant pour elle jusqu'à son sacrifice. Elle se disait que ce sentiment n'était pas récompensé : elle s'était flattée que M. Roland, en apprenant sa résolution et sa retraite, serait accouru pour l'arracher à son couvent et confondre leur destinée. Le temps s'écoulait, Roland ne venait pas, il écrivait à peine. Il vint enfin après six mois. Il s'enflamma de nouveau en revoyant son amie derrière une grille; il se détermina à lui offrir sa main, elle l'accepta. Mais tant de calculs, d'hésitation, de froideur, avaient enlevé le peu d'illusion qui pouvait rester à la jeune recluse et réduit les sentiments à une sévère estime. Elle se dévoua plutôt qu'elle ne se donna. Il lui parut beau de s'immoler au bonheur d'un homme de bien : mais elle accomplit ce sacrifice avec tout le sérieux de la raison et sans aucun enthousiasme de cœur. Son mariage fut pour elle un acte de vertu, dont elle jouit non parce qu'il était doux, mais parce qu'il lui parut sublime.

L'élève passionnée de Jean-Jacques Rousseau se retrouve à cette époque décisive de son existence. Le mariage de madame Roland est une imitation évidente de celui d'Héloïse épousant M. de Volmar. Mais l'amertume de la réalité ne tarde pas à percer sous l'héroïsme de son dévouement.

« A force, dit-elle elle-même, de m'occuper de la félicité de l'homme à qui je m'associai, je m'aperçus qu'il manquait quelque chose à la mienne. Je n'ai pas cessé un seul instant de voir dans mon mari un des hommes les plus estimables qui existent et auquel je pouvais m'honorer d'appartenir; mais j'ai senti souvent qu'il manquait entre nous de parité, que l'ascendant d'un caractère dominateur, joint à celui de vingt années de plus que mon âge, rendait de trop une de ces deux supériorités. Si nous vivions dans la solitude, j'avais des heures quelquefois pénibles à passer. Si nous allions dans le monde, j'y étais aimée de gens dont je m'apercevais que quelques-uns pourraient trop me toucher. Je me plongeai dans le travail de mon mari, je me fis son copiste, son correcteur d'épreuves; j'en remplissais la tâche avec une humilité sans murmures qui contrastait avec un esprit aussi libre et aussi exercé que le mien. Mais cette humilité coulait de mon cœur. Je respectais tant mon mari, que j'aimais à supposer toujours qu'il était supérieur à moi; j'avais si peur d'une ombre sur son visage, il tenait tant à ses opinions, que je n'ai acquis que bien tard la force de le contredire. Je joignais à ses travaux ceux du ménage ; m'étant aperçue que sa délicate santé ne s'accordait pas de tous les régimes, je prenais le soin de lui préparer moi-même ses aliments. Je restai avec lui quatre ans à Amiens. J'y devins mère et nourrice. Nous travaillions ensemble à l'*Encyclopédie nouvelle*, dont les articles relatifs au commerce lui avaient été confiés. Nous ne quittions ces études que pour des promenades champêtres hors de la ville. »

Roland, absolu et personnel, avait exigé, dès le commencement du mariage, que sa femme cessât de voir les compagnes qu'elle avait aimées au couvent et qui vivaient à Amiens. Il redoutait le moindre partage d'affection. Sa prudence dépassait les bornes de la raison. A une union austère comme le mariage il faut les distractions de l'amitié. Cette tyrannie d'un sentiment exclusif n'était pas rachetée par l'amour. Roland demandait tout à la complaisance de sa femme. Si rien ne chancelait dans cette âme, elle sentait ses sacrifices, et elle jouissait de l'accomplissement de ses devoirs comme le stoïcien jouit de la douleur.

XI

Après quelques années passées à Amiens, Roland obtint d'être employé dans les mêmes fonctions à Lyon, son pays natal. L'hiver il habitait la ville ; il passait le reste de l'année à la campagne, dans la maison paternelle, où vivait encore sa mère, femme respectable par son âge, mais d'un commerce inquiet et tracassier dans la vie domestique. Madame Roland, encore dans toute la fleur de sa beauté et de son génie, se trouvait ainsi reléguée et froissée entre une belle-mère implacable, un beau-frère insoumis et un mari dominateur. L'amour le plus passionné eût à peine suffi à compenser une si âpre situation. Elle n'avait pour l'adoucir que le sentiment de ses devoirs, le travail, sa philosophie et son enfant. Elle y suffit, et finit par transformer cette retraite austère en un séjour d'harmonie et de paix. On aime à la suivre dans cette solitude où son âme se trempait pour la lutte, comme on va chercher aux Charmettes la source encore fraîche de la vie et du génie de Jean-Jacques Rousseau.

XII

Il y a au pied des montagnes du Beaujolais, dans le large bassin de la Saône, en face des Alpes, une série de petites collines amoncelées comme des vagues de sable, que le vigneron patient de ces contrées a plantées de vignes, et qui forment entre elles, à leur base, d'obliques vallées, des ravins étroits et sinueux où s'étendent de petits prés verts. Ces prés ont chacun leur filet d'eau suintant des montagnes; les saules, les bouleaux et les peupliers en tracent le cours et en voilent le lit. Les flancs et les sommets de ces collines ne portent, au-dessus des vignes basses, que quelques pêchers sauvages, qui ne donnent pas d'ombre au raisin, et de gros noyers dans les vergers auprès des maisons. C'est sur le penchant d'un de ces mamelons sablonneux que s'élevait la Platière, héritage paternel de M. Roland : maison basse, assez étroite, percée de fenêtres régulières, recouverte d'un toit à tuiles rouges presque plat. Les rebords de ce toit s'avancent un peu sur le mur, pour garantir les fenêtres de la pluie l'hiver, du soleil l'été. Les murs unis et sans ornement d'architecture étaient revêtus d'un ciment de chaux blanche que le temps a éraillé et sali. On monte au vestibule par cinq marches de pierre surmontées d'une balustrade rustique en fer rouillé. Une cour entourée de granges où l'on serre la récolte, de pressoirs pour les vendanges et de celliers pour le vin, précède la maison. Derrière se nivelle un petit jardin potager, dont les carrés sont bordés de buis, d'œillets et d'arbres fruitiers taillés près de terre. Un pavillon de verdure s'élève au bout de chaque allée ; puis un grand enclos de vignes basses coupées en lignes droites par de petits sentiers verts. Voilà ce site. La vue se porte tour à tour sur l'horizon sévère, recueilli et rapproché, des montagnes de Beaujeu, tachées sur leurs flancs de noirs sapins, et entrecoupées de grandes prairies penchantes où s'engraissent les bœufs du Charolais, et sur la vallée de la Saône, immense océan de verdure surmonté çà et là de nombreux clochers. La ceinture des hautes Alpes couvertes de neiges et le dôme du mont Blanc, qui domine tout, encadrent ce vaste paysage. Il y a quelque chose de l'infini de la mer ; et si par son côté borné il porte au recueillement et à la résignation, par son côté ouvert il semble solliciter la pensée à se répandre, et emporter l'âme dans tous les lointains de l'espérance et sur tous les sommets de l'imagination.

Tel fut, pendant cinq ans, l'horizon de cette jeune femme. C'est là qu'elle se plongea dans la plénitude de cette nature qu'elle avait si souvent rêvée dans son enfance, et dont elle n'apercevait que quelques pans de ciel et quelques perspectives confuses de forêts royales, du haut de sa fenêtre, par-dessus les toits de Paris. C'est là que ses goûts simples et son âme pure trouvèrent des aliments et des exercices à sa sensibilité.

Elle y partageait sa vie entre les soins du ménage, la culture de son esprit et la charité active, cette culture du cœur ; adorée des paysans, dont elle se fit la providence, elle appliquait au soulagement de leur misère le peu de superflu que lui laissait une économie étroite, et à la guérison de leurs maladies les connaissances qu'elle avait acquises en médecine. On venait la chercher de trois et quatre lieues pour aller visiter un malade. Le dimanche, les marches du perron de sa cour étaient couvertes d'infirmes, qui venaient chercher du soulagement, ou de convalescents qui venaient lui apporter les témoignages de leur reconnaissance : les paniers de châtaignes, les fromages de leurs chèvres ou les pommes de leurs vergers. Elle jouissait de trouver le peuple des campagnes juste, sensible et reconnaissant. Elle se figurait à son image le peuple dépaysé des grandes capitales. L'incendie des châteaux, le brigandage, les massacres lui apprirent plus tard que ces mers d'hommes si calmes alors ont des tempêtes plus terribles que celles de l'Océan ; qu'il faut des institutions aux sociétés comme il faut un lit aux flots, et que la force est aussi indispensable que la justice au gouvernement des peuples.

XIII

Cependant la Révolution de 89 avait sonné, et était venue la surprendre au sein de cette retraite. Enivrée de philosophie, passionnée pour l'idéal de l'humanité, adoratrice de la liberté antique, elle s'enflamma dès la première étincelle à ce foyer d'idées nouvelles; elle crut de bonne foi que cette révolution, comme un enfantement sans douleur, allait régénérer l'espèce humaine, détruire la misère de la classe malheureuse, sur laquelle elle s'attendrissait, et renouveler la face du monde. Il y a de l'imagination jusque dans la piété des grandes âmes. L'illusion généreuse de la France à cette époque était égale à l'œuvre que la France avait à accomplir. Si elle n'avait pas tant espéré, elle n'eût rien osé. Sa foi dans une régénération sociale fut sa force.

De ce jour, madame Roland sentit s'allumer en elle un feu qui ne devait plus s'éteindre que dans son sang. Tout l'amour oisif qui sommeillait dans son âme se convertit en enthousiasme et en passion pour l'humanité. Sa sensibilité, trop ardente sans doute pour un seul homme, se répandit sur tout un peuple. Elle aima la Révolution comme une amante. Elle communiqua cette flamme à son mari et à ses amis. Toute sa passion contenue se versa dans ses opinions. Elle se vengea de sa destinée, qui lui refusait le bonheur pour elle-même, en se consumant pour le bonheur des autres. Heureuse et aimée, elle n'eût été qu'une femme ; malheureuse et isolée, elle devint un chef de parti.

XIV

Les opinions de M. et de madame Roland soulevèrent contre eux, dans le premier moment, toute l'aristocratie commerciale de Lyon, ville probe et pure, mais ville d'argent où tout se calcule, et où les idées ont la pesanteur et l'immobilité des intérêts. Les idées ont un courant irrésistible qui entraîne même les populations les plus stagnantes. Lyon fut entraîné et submergé par les opinions de l'époque. M. Roland fut porté à la municipalité par les premières élections. Il s'y prononça avec la roideur de ses principes et avec l'énergie qu'il puisait dans l'âme de sa femme. Redouté des timides, adoré des impatients, son nom devint une injure, puis un drapeau ; la faveur publique le vengea des outrages des riches. Il fut député à Paris par le conseil municipal, pour y défendre les intérêts commerciaux de Lyon auprès des comités de l'Assemblée constituante.

Les liaisons de Roland avec les philosophes et avec les économistes, qui formaient le parti pratique de la philosophie ; ses rapports obligés avec les membres influents de l'Assemblée ; ses goûts littéraires et surtout l'attrait et la séduction naturelle qui attirent et retiennent les hommes éminents autour d'une femme belle, éloquente et passionnée, firent bientôt du salon de madame Roland un foyer, peu éclatant encore, mais ardent, de la Révolution. Les noms qui s'y rencontrent révèlent, dès le premier jour, les opinions extrêmes. Pour ces opinions, la constitution de 1791 n'était qu'une halte.

Ce fut le 20 février 1791 que madame Roland rentra dans ce Paris d'où elle était sortie cinq ans auparavant jeune fille inaperçue et sans nom, et où elle revenait comme une flamme pour animer tout un parti, fonder la République, régner un moment et mourir. Elle avait dans l'âme un confus pressentiment de cette destinée. Le génie et la volonté connaissent leurs forces, ils sentent avant les autres et ils prophétisent leur mission. Madame Roland semblait d'avance emportée par la sienne au centre de l'action. Elle courut le lendemain de son arrivée aux séances de l'Assemblée. Elle vit le puissant Mirabeau, l'étonnant Cazalès, l'audacieux Maury, l'astucieux Lameth, le froid Barnave. Elle remarqua avec le dépit de la haine, dans l'attitude et le langage du côté droit, cette supériorité que donnent l'habitude de la domination et la confiance dans le respect des masses; dans l'attitude du côté gauche, l'infériorité des manières et l'insolence mêlée à la subalternité. Ainsi l'aristocratie antique survivait dans le sang et se vengeait, même après sa défaite, de la démocratie qui l'enviait en la subjuguant. L'égalité s'écrit dans les lois longtemps avant de s'établir entre les races. La nature est aristocrate; il faut une longue pratique de l'indépendance pour donner aux peuples républicains le maintien noble et la dignité polie du citoyen. En révolution même, dans le vainqueur on sent longtemps le parvenu de la liberté. Les femmes ont le tact plus sensible à ces nuances. Madame Roland les comprit; mais loin de se laisser séduire par cette supériorité de l'aristocratie, elle s'en indigna davantage et sentit redoubler sa haine contre un parti qu'on pouvait abattre, mais qu'on ne pouvait humilier.

XV

C'est à cette époque que son mari et elle se lièrent avec quelques-uns des hommes les plus fervents parmi les apôtres des idées populaires. Ce n'étaient pas ceux qui brillaient davantage de la faveur du peuple et de l'éclat du talent, c'étaient ceux qui lui paraissaient aimer la Révolution pour la Révolution elle-même, et se dévouer avec un désintéressement sublime, non au succès de leur fortune, mais au progrès de l'humanité. Brissot vint un des premiers. M. et madame Roland étaient, depuis longtemps, en correspondance avec lui sur des sujets d'économie publique et sur les grands problèmes de la liberté. Leurs idées avaient fraternisé et grandi ensemble. Ils étaient unis d'avance par toutes les fibres des cœurs révolutionnaires; mais ils ne se connaissaient pas. Brissot, dont la vie aventureuse et la polémique infatigable avaient de l'analogie avec la jeunesse de Mirabeau, s'était fait déjà un nom dans le journalisme et dans les clubs. Madame Roland l'attendit avec respect; elle était curieuse de juger si les traits du visage répondaient en lui à la physionomie de l'âme. Elle croyait que la nature se révélait par toutes les formes, et que l'intelligence et la vertu modelaient les sens extérieurs de l'homme comme le statuaire imprime à l'argile les formes palpables de sa conception. Le premier aspect la détrompa sans la décourager de son culte pour Brissot. Il manquait de cette dignité d'attitude et de cette gravité de caractère qui semblent comme un reflet de la dignité de la vie et de la gravité des doctrines. Quelque chose dans l'homme politique rappelait le pamphlétaire. Sa légèreté la choquait, sa gaieté même lui semblait une profanation des idées austères dont il était l'organe. La Révolution qui passionnait son style n'allait pas jusqu'à passionner son visage. Elle ne lui trouvait pas assez de haine contre les ennemis du peuple. L'âme mobile de Brissot ne paraissait pas avoir assez de consistance pour un sentiment de dévouement. Son activité, répandue sur tous les sujets, lui donnait l'apparence d'un artiste en idées plutôt que d'un apôtre. On l'appelait un intrigant.

Brissot amena Pétion, son condisciple et son ami, déjà membre de l'Assemblée constituante, et dont la parole, dans deux ou trois circonstances, avait été remarquée. Brissot passait pour l'inspirateur de ses discours. Buzot et Robespierre, tous deux membres de la même Assemblée, y furent introduits. Buzot, dont la beauté pensive, l'intrépidité et l'éloquence, devaient plus tard agiter le cœur et attendrir l'admiration de madame Roland ; Robespierre, que l'inquiétude de son âme et le fanatisme de ses haines jetaient dès lors comme un ferment d'agitation dans tous les conciliabules où l'on conspirait au nom du peuple. Quelques autres encore, dont les noms viendront à leur heure dans les fastes de ce parti naissant. Brissot, Pétion, Buzot, Robespierre, convinrent de se réunir quatre fois par semaine, le soir, dans le salon de cette femme.

XVI

L'objet de ces réunions était de conférer secrètement sur les faiblesses de l'Assemblée constituante, sur les piéges que l'aristocratie tendait à la Révolution entravée, et sur la marche à imprimer aux opinions attiédies pour achever de consolider le triomphe. Ils choisirent la maison de madame Roland, parce que cette maison était située dans un quartier également rapproché du logement de tous les membres qui devaient s'y rencontrer. Comme dans la conspiration d'Harmodius, c'était une femme qui tenait le flambeau pour éclairer les conspirateurs.

Madame Roland se trouvait ainsi jetée, dès les premiers jours, au centre des mouvements. Sa main invisible touchait les premiers fils de la trame encore confuse qui devait dérouler les plus grands événements. Ce rôle, le seul que lui permît son sexe, flattait à la fois son orgueil de femme et sa passion politique. Elle le ménagea avec cette modestie qui eût été en elle le chef-d'œuvre de l'habileté, si elle n'eût été le don de sa nature. Placée hors du cercle, près d'une table à ouvrage, elle travaillait des mains, ou écrivait ses lettres, tout en écoutant avec une apparente indifférence les discussions de ses amis. Souvent tentée d'y prendre part, elle se mordait les lèvres pour réprimer sa pensée. Ame d'énergie et d'action, la longueur et la diffusion verbeuse de ces conseils sans résultat lui inspiraient.

un secret dédain. L'action s'évaporait en paroles, et l'heure passait emportant avec elle l'occasion, qui ne revient plus.

Bientôt les victoires de l'Assemblée constituante énervèrent les vainqueurs. Les chefs de cette assemblée reculèrent devant leur propre ouvrage, et pactisèrent avec l'aristocratie et avec le trône pour accorder au roi la révision de la constitution dans un esprit plus monarchique. Les députés qui se réunissaient chez madame Roland se dispersèrent et se découragèrent. Il ne resta plus sur la fin que ce petit nombre d'hommes inébranlables qui se dévouent aux principes indépendamment de leur succès, et qui s'attachent aux causes désespérées avec d'autant plus de force que la fortune semble les trahir davantage. Buzot, Pétion et Robespierre furent de ce nombre.

XVII

Il y a pour l'histoire une curiosité sinistre à voir la première impression que fit sur madame Roland l'homme qui, réchauffé dans son sein et conspirant alors avec elle, devait un jour renverser la puissance de ses amis, les immoler en masse, et l'envoyer elle-même à l'échafaud. Nul sentiment répulsif ne paraît à cette époque avertir cette femme qu'elle conspire sa propre mort en conspirant la fortune de Robespierre. Si elle a quelque crainte vague, cette crainte est aussitôt couverte par une pitié qui ressemble presque au dédain. Robespierre lui parut un honnête homme. En faveur de ses principes, elle lui pardonna son mauvais langage et son fastidieux débit. Robespierre, comme tout homme d'une seule pensée, respirait l'ennui. Cependant elle avait remarqué qu'il était toujours concentré dans ces comités, qu'il ne se livrait pas, qu'il écoutait tous les avis avant d'émettre le sien, et qu'il ne se donnait pas la peine de le motiver. Comme les hommes impérieux, sa conviction lui paraissait une raison suffisante. Le lendemain, il montait à la tribune, et, profitant pour sa renommée des discussions intimes qu'il avait entendues la veille, il devançait l'heure de l'action concertée avec ses amis, et éventait ainsi le plan de conduite. On l'en blâmait chez madame Roland ; il s'en excusait avec légèreté. On attribuait ces torts à la jeunesse et à l'impatience de son amour-propre. Madame Roland, persuadée que ce jeune homme aimait passionnément la liberté, prenait sa réserve pour de la timidité, et ses trahisons pour de l'indépendance. La cause commune couvrait tout. La partialité transforme les plus sinistres indices en faveur ou en indulgence. « Il défend les principes avec chaleur et opiniâtreté, dit-elle ; il y a du courage à les défendre seul au temps où le nombre des défenseurs du peuple est prodigieusement réduit. La cour le hait, nous devons donc l'aimer. J'estime Robespierre sous ce rapport, je le lui témoigne ; et lors même qu'il est peu assidu au petit comité du soir, il vient de temps en temps me demander à dîner. J'avais été frappée de la terreur dont il parut pénétré le jour de la fuite du roi à Varennes. Il dit le soir, chez Pétion, que la famille royale n'avait pas pris ce parti sans avoir préparé dans Paris une Saint-Barthélemy de patriotes, et qu'il s'attendait à mourir avant vingt-quatre heures. Pétion, Buzot, Roland, disaient, au contraire, que cette fuite du roi était son abdication, qu'il fallait en profiter pour préparer les esprits à la république. Robespierre, ricanant et se rongeant les ongles, comme à l'ordinaire, demandait ce que c'était qu'une république. »

Ce fut ce jour-là que le projet du journal intitulé *le Républicain* fut conçu entre Brissot, Condorcet, Dumont de Genève et Duchâtelet. On voit que l'idée de la république naquit dans le berceau des Girondins avant de naître dans l'âme de Robespierre, et que le 10 août ne fut pas un accident, mais un complot.

A la même époque, madame Roland s'était livrée, pour sauver les jours de Robespierre, à un de ces premiers mouvements qui révèlent une amitié courageuse, et qui laissent des traces dans la mémoire même des ingrats. Après la journée du Champ de Mars, Robespierre, accusé d'avoir conspiré avec les rédacteurs de la pétition de déchéance, et menacé comme factieux de la vengeance de la garde nationale, fut obligé de se cacher. Madame Roland, accompagnée de son mari, se fit conduire, à onze heures du soir, dans sa retraite au fond du Marais, pour lui offrir un asile plus sûr dans leur propre maison. Il avait déjà fui son domicile. Madame Roland se rendit de là chez Buzot, leur ami commun, et le conjura d'aller aux Feuillants, où il était influent alors, et de se hâter de disculper Robespierre avant que le décret d'accusation fût lancé contre lui.

Buzot hésita un moment, puis : « Je ferai tout, dit-il, pour sauver ce malheureux jeune homme, quoique je sois loin de partager l'opinion de certaines personnes sur son compte. Il songe trop à lui pour aimer la liberté ; mais il la sert, et cela me suffit. Je serai là pour le défendre. » Ainsi, trois victimes futures de Robespierre conspiraient, la nuit et à son insu, le salut de l'homme par qui elles devaient mourir. La destinée est un mystère d'où sortent les plus étranges coïncidences, et qui ne tend pas moins de piéges aux hommes par leurs vertus que par leurs crimes. La mort est partout; mais quel que soit le sort, la vertu seule ne se repent pas. Dans les cachots de la Conciergerie, madame Roland se souvint avec complaisance de cette nuit. Si Robespierre s'en souvint dans sa puissance, ce souvenir dut être plus froid sur son cœur que la hache du bourreau.

LIVRE NEUVIÈME

Remaniement des hommes et des affaires. — Robespierre se crée une tribune aux Jacobins.—Roland poussé au pouvoir par ses amis. — M. de Narbonne ministre de la guerre. — Le roi flotte entre les partis. — Élan général vers la guerre. — Robespierre seul résiste à cet entraînement et le combat.

I

Après la dispersion de l'Assemblée constituante, M. et madame Roland, leur mission terminée, quittèrent Paris. Cette femme, qui sortait toute brûlante du foyer des factions et des affaires, revint prendre à la Platière les soins de son ménage rustique; mais elle avait goûté l'enivrement de la Révolution. Le mouvement auquel elle avait participé un moment l'entraînait encore à distance : elle était restée en commerce de lettres avec Robespierre et Buzot ; correspondance politique et sèche avec Robespierre, pathétique et tendre avec Buzot. Son esprit, son âme, son cœur, tout la rappelait. Il y eut entre elle et son mari une délibération en apparence impartiale pour décider s'ils s'enseveliraient à la campagne ou s'ils retourneraient à Paris. Mais l'ambition de l'un et l'âme de l'autre avaient prononcé à leur insu et avant eux. Le plus futile prétexte suffit à leur impatience. Au mois de décembre, ils étaient de nouveau installés à Paris.

C'était l'heure de l'avénement de leurs amis. Pétion venait d'être nommé à la mairie et se créait une république dans la commune; Robespierre, exclu de l'Assemblée législative par la loi qui interdisait la réélection des membres de l'Assemblée constituante, s'élevait une tribune aux Jacobins; Brissot entrait à la place de Buzot dans la nouvelle Assemblée, et sa renommée de publiciste et d'homme d'État ralliait autour de ses doctrines les jeunes Girondins. Ceux-ci arrivaient de leur département avec l'ardeur de leur âge et l'impulsion d'un second flot révolutionnaire. Ils se jetèrent, en arrivant, dans les cadres que Robespierre, Buzot, Laclos, Danton et Brissot avaient préparés.

Roland, ami de tous ces hommes, mais sur le second plan et caché dans leur ombre, avait une de ces réputations sourdes, d'autant plus puissante sur l'opinion qu'elle éclatait moins au dehors; on en parlait comme d'une vertu antique, enveloppée dans la simplicité d'un homme des champs. Sous son silence on présumait la pensée; dans le mystère on pressentait l'oracle. L'éclat et le génie de sa femme attiraient les yeux sur lui; sa médiocrité même, seule puissance qui ait la vertu de neutraliser l'envie, le servait. Comme personne ne le craignait, tout le monde le mettait en avant : Pétion, pour se couvrir; Robespierre, pour le miner; Brissot, pour placer sa mauvaise renommée à l'abri d'une probité proverbiale; Buzot, Vergniaud, Louvet, Gensonné et les Girondins, par respect pour sa science et par entraînement vers madame Roland; la cour même, par confiance dans son honnêteté et par mépris pour son influence. Cet homme marchait au pouvoir sans se donner de mouvement, porté par la faveur d'un parti, par le prestige de l'inconnu sur l'opinion, par le dédain de ses ennemis et par le génie de sa femme.

II

Le roi avait espéré quelque temps que la colère de la Révolution s'adoucirait par son triomphe. Ces actes violents, ces oscillations orageuses entre l'insolence et le repentir, qui avaient signalé l'avénement de cette assemblée, l'avaient douloureusement détrompé. Son ministère étonné tremblait déjà devant tant d'audace et confessait dans le conseil son insuffisance. Le roi tenait à conserver des hommes qui lui avaient donné tous des preuves de dévouement à sa personne. Quelques-uns même, confidents et complices, servaient le roi et la reine, soit par leurs rapports avec l'émigration, soit par des intrigues à l'intérieur.

M. de Montmorin, homme capable, mais inégal aux difficultés du temps, s'était retiré. Les deux hommes principaux du ministère étaient M. de Lessart, aux affaires étrangères; M. Bertrand de Molleville, à la marine. M. de Lessart, placé par sa position entre l'Assemblée impatiente, l'émigration armée, l'Europe menaçante, le roi indécis, ne pouvait manquer de succomber sous ses bonnes intentions. Son plan était d'éviter la guerre à son pays par des temporisations et des négociations; de suspendre les démonstrations hostiles des puissances; de montrer à l'Assemblée intimidée le roi comme le seul arbitre et le seul négociateur de la paix entre son peuple et l'étranger; il espérait ajourner ainsi les derniers chocs entre l'Assemblée et le trône, et rétablir l'autorité régulière du roi en maintenant la paix. Les dispositions personnelles de l'empereur Léopold l'aidaient dans cette pensée; il n'avait contre lui que la fatalité qui pousse les choses et les hommes au dénoûment. Les Girondins, Brissot surtout, l'assiégeaient de leurs accusations; c'était l'homme qui pouvait le plus retarder leur triomphe. En le sacrifiant, ils sacrifiaient tout un système; leur presse et leurs discours le désignaient à la fureur du peuple; les partisans de la guerre l'avaient marqué pour victime. Il ne trahissait point; mais pour eux négocier c'était trahir. Le roi, qui le savait irréprochable et qui s'associait à ses plans, refusait de le sacrifier à ses ennemis, et amassait ainsi plus de ressentiments contre le ministre.

Quant à M. de Molleville, c'était un ennemi secret de la constitution. Il conseillait au roi l'hypocrisie, s'enveloppant de la lettre pour tuer l'esprit de la loi, marchant par des souterrains à une catastrophe violente, de laquelle la cause monarchique devait, selon lui, sortir victorieuse; croyant à la puissance de l'intrigue plus qu'à la puissance de l'opinion, cherchant partout des traîtres à la cause populaire, soldant des espions, marchandant toutes les consciences, ne croyant à l'incorruptibilité de personne, entretenant des intelligences secrètes avec les démagogues les plus forcenés, faisant faire à prix d'argent les motions les plus incendiaires, afin de dépopulariser la Révolution par ses excès, et remplissant les tribunes de l'Assemblée de ses agents pour couvrir de leurs huées ou de leurs applaudissements les discours des orateurs, et simuler dans les tribunes un faux peuple et une fausse opinion : homme de petits moyens dans les grandes choses, comptant qu'on peut tromper une nation comme on trompe un individu. Le roi, à qui il était dévoué, l'aimait comme le dépositaire de ses peines, le confident de ses rapports avec l'étranger, et l'intermédiaire habile de ses négociations avec les partis. M. de Molleville se soutenait ainsi en équilibre sur la faveur intime du roi et sur ses intrigues avec les révolutionnaires. Il parlait bien la langue de la constitution; il avait le secret de beaucoup de consciences vendues.

C'est entre ces deux hommes que le roi, pour complaire à l'opinion, appela M. de Narbonne au ministère de la guerre. Madame de Staël et le parti constitutionnel se rapprochèrent des Girondins, pour l'y soutenir. Condorcet fut l'intermédiaire entre ces deux partis. Madame de Condorcet, femme d'une éclatante beauté, se joignit à madame de Staël dans sa faveur enthousiaste pour le jeune ministre. L'une lui prêta l'éclat de son génie, l'autre l'influence de ses charmes. Ces deux femmes semblèrent confondre leurs sentiments dans un dévouement commun à l'homme de leurs préférences. Leur rivalité s'immola à son ambition.

III

Le point de contact du parti girondin avec le parti constitutionnel, dans ce rapprochement dont l'élévation de M. de Narbonne fut le gage, était la passion de ces deux partis pour la guerre. Le parti constitutionnel la voulait pour faire diversion à l'anarchie intérieure et jeter au dehors les ferments d'agitation qui menaçaient le trône. Le parti girondin la voulait pour précipiter les esprits aux extrémités. Il espérait que les dangers de la patrie lui donneraient la force de secouer le trône et d'enfanter le régime républicain.

Ce fut sous ces auspices que M. de Narbonne entra aux affaires. Lui aussi il voulait la guerre, non pour renverser le trône à l'ombre duquel il était né, mais pour remuer et éblouir la nation, pour tenter la fortune par un coup désespéré, et pour remettre à la tête du peuple sous les armes la haute aristocratie militaire du pays : La Fayette, Biron, Rochambeau, les Lameth, Dillon, Custine et lui-même. Si la victoire passait sous les drapeaux de la France, l'armée victorieuse, sous des chefs constitutionnels, dominerait les Jacobins, raffermirait la monarchie réformée et soutiendrait l'établissement des deux chambres. Si la France était destinée à des revers, le trône et l'aristocratie succomberaient sans doute, mais autant valait périr noblement dans une lutte nationale de la France contre ses ennemis que de trembler toujours et de périr enfin dans une émeute sous les piques des Jacobins. C'était de la politique chevaleresque et aventureuse, qui plaisait aux jeunes gens par l'héroïsme et aux femmes par le prestige. On y sentait la séve du courage français. M. de Narbonne la personnifiait dans le conseil. Ses collègues, M. de Lessart et M. Bertrand de Molleville, voyaient en lui le renversement de tous leurs plans. Le roi, comme toujours, flottait indécis : un pas en avant, un pas en arrière; surpris dans l'hésitation par l'événement, situation la plus faible pour résister à un choc ou pour imprimer soi-même une impulsion.

Outre ces conseillers officiels, les constituants hors de fonctions, les Lameth, Duport, Barnave surtout, étaient consultés par le roi. Barnave était resté à Paris quelques mois après la dissolution de l'Assemblée constituante. Il rachetait par un dévouement sincère à la monarchie les coups qu'il lui avait portés. Son esprit avait mesuré la pente rapide où l'amour de la faveur publique l'avait entraîné. Comme Mirabeau, il avait voulu s'arrêter trop tard. Resté désormais sur le bord des événements, il était assiégé de terreurs et de remords. Si son cœur intrépide ne tremblait pas pour lui-même, l'attendrissement qu'il éprouvait pour la reine et pour la famille royale le portait à donner au roi des conseils qui n'ont qu'un tort : celui de ne pouvoir plus être suivis.

Ces conciliabules, qui se tenaient chez Adrien Duport, l'ami de Barnave et l'oracle de ce parti, ne servaient qu'à embarrasser l'esprit du roi d'un élément d'hésitation de plus. La Fayette et ses amis y joignaient alors leurs avis. Maître de l'opinion publique la veille, La Fayette ne pouvait se persuader qu'il était dépassé. La garde nationale, qui lui restait attachée, croyait encore à sa toute-puissance. Tous ces partis et tous ces hommes prêtaient à M. de Narbonne un appui secret. Courtisan aux yeux de la cour, aristocrate aux yeux de la noblesse, militaire aux yeux de l'armée, populaire aux yeux du peuple, séduisant aux yeux des femmes, c'était le ministre de l'espérance publique. Les Girondins seuls avaient une arrière-pensée dans leur apparente faveur pour lui. Ils le grandissaient à condition de le précipiter. M. de Narbonne n'était pour eux que la main qui préparait leur avénement.

IV

A peine entré au conseil, ce jeune ministre porta dans la discussion des affaires et dans les rapports du ministère avec l'Assemblée l'activité, la franchise et la grâce de son caractère. Il tenta hardiment le système de la confiance envers l'Assemblée. Il la surprit par son abandon. Ces hommes soupçonneux et austères, qui n'avaient vu jusque-là que des piéges dans les paroles d'un ministre, s'abandonnèrent à l'entraînement de ses discours. Il leur parla, non plus le langage officiel et froid du diplomate, mais le langage ouvert et cordial du patriote. Il apporta le portefeuille sur la tribune, il affronta généreusement la responsabilité, il professa les dogmes les plus chers au peuple avec une sincérité qui confondit le soupçon. Il se livra tout entier. L'élan de son âme se communiqua aux hommes les moins séductibles.

La nation jouissait de voir son costume, ses principes et ses passions si bien portés par un aristocrate. L'ardeur de son patriotisme ne laissa pas ralentir ce mouvement qui confondait en lui le roi et le peuple. Il fit des prodiges d'activité dans sa courte administration. Il parcourut et arma les places fortes, créa des armées, harangua les troupes, suspendit l'émigration de la noblesse au nom du péril commun, nomma les généraux, appela La Fayette, Rochambeau, Luckner. Un élan de patriotisme dont il était l'âme saisit la France. En faisant du trône le centre national de cette défense du territoire, il fit aimer un moment le roi lui-même. Les partis se réconcilièrent dans l'enthousiasme de la patrie. Son éloquence sentait le camp. Elle était rapide, brillante, sonore comme le mouvement des armes. L'effusion du cœur en était le caractère. Il ouvrait son âme aux regards de ses adversaires. Cette confiance touchait.

Le premier jour de son avénement au ministère, au lieu d'annoncer, comme les autres ministres, sa nomination par une lettre au président, il alla lui-même à l'Assemblée, demanda la parole. « Je viens vous offrir, dit-il, un profond respect pour le pouvoir populaire dont vous êtes revêtus, un ferme attachement pour la constitution que je jure, un amour courageux pour la liberté et l'égalité; oui, pour l'égalité, qui ne trouve plus d'adversaire, mais qui ne doit pas avoir, pour cela, des défenseurs moins dévoués. » Deux jours après, il conquit l'Assemblée en parlant sur la responsabilité des ministres. « J'accepte, s'écria-t-il, la définition qu'on vient de faire de la situation des ministres en disant que la responsabilité c'est la mort. Ne nous épargnez aucune menace et aucun péril. Surchargez-nous d'entraves personnelles; mais donnez-nous les moyens de faire marcher la constitution. Quant à moi, je saisis cette occasion de conjurer les membres de cette assemblée de m'informer de tout ce qu'ils croiront utile au bien public dans mon administration. Nos intérêts, nos ennemis sont les mêmes. Ce n'est pas seulement la lettre de la constitution qu'on doit exécuter, c'est son esprit. Ce n'est pas s'acquitter qu'il faut, c'est réussir!... Vous verrez que le ministre est convaincu qu'il n'y a point de salut pour la liberté si le bien ne s'opère avec vous et par vous. Cessez donc un moment de vous défier de nous. Vous nous condamnerez après si nous l'avons mérité; mais avant, vous nous donnerez avec confiance les moyens de vous servir. »

De telles paroles allaient au cœur des hommes les plus prévenus. On en votait l'impression et l'envoi aux départements. Pour cimenter cette réconciliation du roi et de la nation, M. de Narbonne se rendit dans les comités de l'Assemblée, y communiqua ses plans, y discuta ses mesures, y rallia d'avance les esprits à ses résolutions. C'était l'esprit de la constitution que ce gouvernement en commun. Les autres ministres y voyaient une humiliation du pouvoir exécutif et une abdication de la royauté. M. de Narbonne y voyait le seul moyen de reconquérir l'esprit de la nation au roi. L'opinion avait détrôné la royauté; c'était à l'opinion seule qu'il fallait demander de la raffermir. Il se faisait le ministre de l'opinion.

Au moment où l'empereur fit communiquer au roi un message menaçant pour la sécurité des frontières, et où le roi en personne communiqua à l'Assemblée ses dispositions énergiques, M. de Narbonne, rentrant, après la sortie du roi, dans l'Assemblée, monta à la tribune : « Je vais partir, disait-il, pour visiter nos frontières, non que je croie fondées les défiances du soldat contre les officiers, mais j'espère les dissiper en parlant aux uns et aux autres de la patrie et du roi. Je dirai aux officiers que d'anciens préjugés, qu'un amour trop peu raisonné pour le roi ont pu quelque temps excuser leur conduite, mais que le mot de trahison n'est d'aucune langue chez les nations qui connaissent l'honneur ! Je dirai aux soldats : Vos officiers, qui restent à la tête de l'armée, sont liés à la Révolution par le serment et par l'honneur. Le salut de l'État dépend de la discipline de son armée. Je remettrai mon portefeuille entre les mains du ministre des affaires étrangères; et telle est ma confiance, telle doit être celle de la nation dans son patriotisme, que je me rends responsable de tous les ordres qu'il donnera en mon nom. » M. de Narbonne se montra dans ces paroles aussi habile que magnanime. Il se sentait assez de crédit dans la nation pour en couvrir l'impopularité de son collègue, M. de Lessart, déjà dénoncé par les Girondins, et il se mettait ainsi entre ceux-ci et leur victime. L'Assemblée était entraînée. Il obtint vingt millions pour préparatifs, et le grade de maréchal de France pour le vieux Luckner. La presse et les clubs eux-mêmes applaudirent. L'élan général vers la guerre emportait tout, même les ressentiments.

Un seul homme aux Jacobins résistait à cet entraînement : cet homme, c'était Robespierre. Jusque-là, Robespierre n'avait été qu'un discuteur d'idées, un agitateur subalterne, infatigable et intrépide, mais éclipsé par les grands noms. De ce jour, il devint un homme d'État. Il sentit sa force intérieure; il appuya cette force sur un principe; il osa combattre seul pour la paix. Il se dévoua sans regarder au nombre de ses adversaires, et il doubla sa force en l'exerçant.

La question de la paix ou de la guerre s'agitait dans les cabinets des princes menacés par la Révolution, dans les conseils de Louis XVI, dans les conciliabules des partis, dans l'Assemblée, dans les Jacobins et dans les journaux. Le moment était décisif. Il était évident que les négociations entre l'empereur Léopold et la France au sujet des rassemblements d'émigrés dans les États dépendants de l'Empire touchaient à leur crise, et qu'avant peu de jours, ou l'empereur donnerait satisfaction à la France en dissipant ces rassemblements, ou la France lui déclarerait la guerre, et, par cette déclaration, amasserait sur elle les hostilités de tous ses ennemis à la fois. C'était le défi jeté par la France.

Nous avons vu qu'il y avait accord pour la guerre entre les hommes d'État et les révolutionnaires, les constitutionnels et les Girondins, les aristocrates et les Jacobins. La guerre était pour tous un appel au destin : la France, impatiente, voulait qu'il se prononçât par la victoire ou par la défaite. La victoire lui semblait la seule issue à ses difficultés intérieures : la défaite même ne l'effrayait pas. Elle croyait en elle, et elle bravait la mort. Robespierre pensa autrement.

Il comprit deux choses : la première, c'est que la guerre était un crime gratuit contre le peuple ; la seconde, c'est que la guerre même heureuse perdrait la démocratie. Robespierre considérait la Révolution comme l'application rigoureuse des principes de la philosophie politique aux sociétés. Élève convaincu et passionné de Jean-Jacques Rousseau, le *Contrat social* était son Évangile ; la guerre faite avec le sang des peuples était aux yeux de cette philosophie ce qu'elle sera toujours aux yeux des sages, le meurtre en masse pour l'ambition de quelques-uns, glorieuse seulement quand elle est défensive. Robespierre ne croyait pas la France placée dans des conditions de nécessité et de salut suprême qui l'autorisassent à ouvrir cette veine de l'humanité d'où couleraient des fleuves de sang. Convaincu de la toute-puissance des idées nouvelles dont il nourrissait la foi et le fanatisme dans son âme fermée à l'intrigue, il ne craignait pas que quelques princes fugitifs et quelques milliers d'aristocrates émigrés vinssent imposer des lois à une nation dont le premier soupir de liberté avait soulevé le poids du trône, de la noblesse et du clergé. Il ne pensait pas non plus que les puissances de l'Europe désunies et hésitantes, aussi longtemps que nous ne les attaquerions pas, osassent déclarer la guerre à une nation qui proclamait la paix. Dans le cas où les cabinets européens eussent été assez pervers et assez insensés pour tenter cette croisade contre la raison humaine, Robespierre croyait fermement à leur défaite; car il croyait qu'il y avait une force invincible dans la justice d'une cause, que le droit doublait l'énergie d'un peuple, que le désespoir même valait des armées, et que Dieu et les hommes étaient pour le peuple.

Il pensait de plus que, s'il était du devoir de la France de propager chez les autres peuples les lumières et les bienfaits de la raison et de la liberté, le rayonnement naturel et pacifique de la Révolution française sur le monde serait un moyen de propagation plus infaillible que nos armées; que la Révolution devait être une doctrine, et non une monarchie universelle réalisée par l'épée; qu'il ne fallait pas coaliser le patriotisme des nations contre ses dogmes. Leur empire était dans les âmes. La force des idées révolutionnaires, à ses yeux, c'était leur lumière.

Mais il comprit plus : il comprit que la guerre offensive

perdrait inévitablement la Révolution et anéantirait cette république prématurée dont lui parlaient les Girondins, mais que lui-même il ne se définissait pas encore. Si la guerre est malheureuse, pensait-il, l'Europe étouffera sans peine, sous les pas de ses armées, les premiers germes de ce gouvernement nouveau, qui aura bien quelques martyrs pour le confesser, mais qui n'aura pas de sol pour renaître. Si elle est heureuse, l'esprit militaire, toujours complice de l'esprit d'aristocratie ; l'honneur, cette religion qui attache le soldat au trône ; la discipline, ce despotisme de la gloire, prendront la place des mâles vertus auxquelles l'exercice de la constitution aurait accoutumé le peuple ; ce peuple pardonnera tout, même la servitude, à ceux qui l'auront sauvé. La reconnaissance d'une nation pour les chefs qui ont conduit ses enfants à la victoire est un piége où les peuples se prendront toujours. Ils iront eux-mêmes au-devant du joug. Les vertus civiles pâliront devant l'éclat des exploits militaires. Ou l'armée reviendra entourer l'ancienne royauté de sa force, et la France aura un Monk ; ou l'armée couronnera le plus heureux des généraux, et la liberté aura un Cromwell. Dans les deux hypothèses, la Révolution échappe au peuple et tombe à la merci d'un soldat. La sauver de la guerre, c'est donc la sauver d'un piége. Ces réflexions le décidèrent. Il n'y avait pas encore de violence dans ses pensées. Il voyait loin, et il voyait juste.

Ce fut là l'origine de sa rupture avec les Girondins. Leur justice, à eux, c'était la politique. La guerre leur paraissait politique. Juste ou non, ils la voulaient comme un instrument de ruine pour le trône, de grandeur pour eux. On voit si dans cette grande querelle les premiers torts furent du côté du démocrate ou du côté des ambitieux. Ce combat acharné, qui devait finir par la mort des deux partis, s'ouvrit le 12 décembre à une séance du soir des Jacobins.

V

« J'ai médité six mois et même depuis le premier jour de la Révolution, dit Brissot (l'âme de la Gironde), le parti que je vais soutenir. C'est par la force du raisonnement et des faits que je suis arrivé à cette conviction qu'un peuple qui a conquis la liberté après dix siècles d'esclavage a besoin de la guerre. Il faut la guerre pour consolider la liberté et pour purger la constitution des restes du despotisme; il faut la guerre pour faire disparaître d'au milieu de nous les hommes qui pourraient la corrompre. Vous avez la force de châtier les rebelles, d'intimider le monde; prenez-en l'audace. Les émigrés persistent dans leur rébellion, les souverains étrangers persistent à les soutenir. Peut-on balancer à les attaquer? Notre honneur, notre crédit public, la nécessité de moraliser et d'affermir notre révolution, tout nous en fait une loi. La France serait déshonorée si elle souffrait l'insolente révolte de quelques factieux et des outrages qu'un despote ne souffrirait pas impunément quinze jours. Que voulez-vous qu'on pense de nous? Non, il faut nous venger ou nous résoudre à être l'opprobre des nations! Il faut nous venger en détruisant ces hordes de brigands ou consentir à voir perpétuer les factions, les conjurations, les incendies, et devenir plus audacieuse que jamais l'insolence de nos aristocrates ! Ils croient à l'armée de Coblentz. C'est de là que vient leur confiance. Voulez-vous détruire d'un seul coup l'aristocratie, détruisez Coblentz. Le chef de la nation sera obligé de régner par la constitution avec nous et par nous ! »

Ces paroles prononcées par l'homme d'État de la Gironde répondaient à toutes les fibres et retentissaient du fond du club des Jacobins jusqu'aux extrémités du pays. Les applaudissements frénétiques des tribunes n'étaient que le contre-coup de l'impatience universelle du dénoûment dans tous les partis. Il fallait une âme de bronze à Robespierre pour affronter ses amis, ses ennemis et le sentiment national. Cette lutte d'une idée contre toutes les passions dura des semaines entières sans le lasser. Les grandes convictions sont infatigables. Robespierre balança seul pendant un mois toute la France. Ses ennemis mêmes parlaient avec respect de sa résistance. Si on n'avait pas le courage de le suivre, on aurait eu honte de ne pas l'estimer. Son éloquence, d'abord sèche, verbeuse et dialecticienne, s'éleva et s'éclaircit. Les journaux reproduisaient ses discours.

«Toi, peuple, qui n'as pas les moyens de te procurer les discours de Robespierre, je te les promets tout entiers, disait l'*Orateur du peuple*, journal des Jacobins. Garde bien précieusement les feuilles qui vont suivre. Elles contiendront ces discours. Ce sont des chefs-d'œuvre d'éloquence qui doivent rester dans toutes les familles, pour apprendre à ceux qui naîtront après nous que Robespierre a existé pour la félicité publique et pour le salut de la liberté. »

Après avoir épuisé tous les arguments que la philosophie, la politique et le patriotisme pouvaient fournir contre une guerre offensive commencée sous l'inspiration des Girondins, fomentée sourdement par les ministres et conduite par des généraux de l'aristocratie suspecte au peuple, il monta une dernière fois à la tribune contre Brissot, la nuit du 13 janvier, et résuma dans une péroraison aussi habile que pathétique sa conviction désespérée.

VI

« Eh bien! je suis vaincu; je passe à vous, s'écria-t-il d'une voix brisée, et moi aussi je demande la guerre : que dis-je! je la demande plus terrible et plus irréconciliable que vous; je ne la demande ni comme un acte de sagesse, ni comme un acte de raison, ni comme un acte politique, mais comme la ressource du désespoir. Je la demande à une condition, qui sans doute est convenue entre nous, car je ne pense pas que les avocats de la guerre aient voulu nous tromper, je la demande à mort, je la demande héroïque, je la demande telle enfin que le génie de la liberté la déclarerait lui-même à tous les despotismes, telle que le peuple de la Révolution la ferait lui-même, sous ses propres chefs, et non telle que de lâches intrigants la désirent peut-être, et telle que des ministres et des généraux ambitieux et suspects, quoique patriotes, nous la conduiraient.

» Eh bien, Français! hommes du 14 juillet, qui sûtes conquérir la liberté sans guide et sans maître, venez donc! formons cette armée qui doit, selon vous, conquérir l'univers. Mais où est le général qui, imperturbable défenseur des droits du peuple, ennemi-né des tyrans, ne respire jamais l'air empoisonné des cours et dont la vertu est attestée par la haine et par la disgrâce de la cour, ce général dont les mains pures de notre sang sont dignes de porter devant nous le drapeau de la liberté? Où est-il? ce nouveau Caton, ce troisième Brutus, ce héros encore inconnu! Qu'il ose se reconnaître à ces traits et qu'il vienne! nous allons le mettre à notre tête... Mais où est-il? Où sont-ils, ces soldats du 14 juillet qui déposèrent devant le peuple les armes que leur avait confiées le despotisme? Soldats de Châteauvieux, où êtes-vous? Venez guider nos efforts. Mais on arracherait plutôt sa proie à la mort que ses victimes au despotisme. Citoyens qui avez pris la Bastille, venez! la liberté vous appelle et vous doit l'honneur du premier rang... Mais ils ne répondent plus. La misère, l'ingratitude et la haine des aristocrates les ont dispersés! Et vous, citoyens immolés au Champ de Mars dans l'acte même d'une fédération patriotique, vous ne serez pas non plus avec nous! Ah! qu'avaient fait ces femmes, ces enfants massacrés? Dieu! que de victimes! et toujours dans le peuple! toujours parmi les patriotes! quand les conspirateurs puissants respirent et triomphent! Venez au moins, vous, gardes nationales, qui vous êtes plus spécialement dévouées à la défense de nos frontières, dans cette guerre dont une cour perfide nous menace! Venez! Mais quoi! vous n'êtes pas encore armées? Quoi! depuis deux ans vous demandez des armes, et vous n'en avez pas? que dis-je! on vous a refusé des habits et condamnées à errer de département en département, objet des mépris des ministres et de la risée des patriciens qui vous passent en revue pour jouir de votre détresse! N'importe! Venez, nous combattrons tout nus comme les Américains.

» Mais attendrons-nous pour renverser les trônes les ordres du bureau de la guerre? Attendrons-nous le signal de la cour? Serons-nous commandés par ces mêmes patriciens, ces éternels favoris du despotisme, dans cette guerre contre les aristocrates et les rois? Non. Marchons tout seuls. Guidons-nous nous-mêmes. Mais quoi! voilà les orateurs de la guerre qui m'arrêtent; voilà M. Brissot qui me dit qu'il faut que M. le comte de Narbonne conduise toute cette affaire, qu'il faut marcher sous les ordres de M. le marquis de La Fayette; que c'est au pouvoir exécutif seul qu'il appartient de mener la nation à la victoire et à la liberté! Ah! citoyens, ce mot a rompu tout le charme! Adieu la victoire et l'indépendance des peuples! Si les sceptres de l'Europe sont jamais brisés, ce ne sera point par de telles mains! L'Espagne restera quelque temps encore l'esclave abrutie de la superstition et du royalisme, Léopold continuera d'être le tyran de l'Allemagne et de l'Italie, et nous ne verrons pas de sitôt les Caton et les Cicéron remplacer au conclave le pape et les cardinaux. Je le dis avec franchise, la guerre telle que je la comprends, la guerre telle que je viens de vous la proposer est impraticable. Et si c'est la guerre de la cour, des ministres, des patriciens soi-disant patriotes et des intrigants qu'il faut accepter, ah! loin de croire à l'affranchissement du monde, je ne crois plus même à votre propre liberté! Tout ce que nous avons à faire de plus sage, c'est de la défendre contre la perfidie des ennemis intérieurs qui vous bercent de ces héroïques illusions.

» Je me résume donc froidement et tristement. J'ai prouvé que la liberté n'avait pas de plus mortelle ennemie que la guerre ; j'ai prouvé que la guerre, conseillée par des hommes suspects, n'était, entre les mains du pouvoir exécutif, qu'un moyen d'anéantir la constitution, que le dénoûment d'une trame ourdie contre la Révolution. Favoriser ces plans de guerre sous quelque prétexte que ce soit, c'est donc s'associer aux trahisons contre la Révolution. Tout le patriotisme du monde, tous les lieux communs prétendus politiques ne changent rien à la nature des choses. Prêcher comme M. Brissot et ses amis la confiance dans le pouvoir exécutif, appeler la faveur publique sur les généraux, c'est donc désarmer la Révolution de sa dernière sûreté, la vigilance et l'énergie de la nation. Dans l'horrible situation où nous ont conduits le despotisme, la légèreté, l'intrigue, la trahison, l'aveuglement général, je ne prends conseil que de mon cœur et de ma conscience ; je n'ai d'égard que pour la vérité, de condescendance que pour ma patrie. Je sais que des patriotes blâment la franchise avec laquelle je présente le tableau décourageant de notre situation. Je ne me dissimule pas ma faute. La vérité n'est-elle pas déjà assez coupable d'être la vérité ? Ah ! pourvu que le sommeil soit doux, qu'importe qu'on se réveille au bruit des chaînes de son pays et dans le calme de la servitude ? Ne troublons donc plus la quiétude de ces heureux patriotes. Non, mais qu'ils sachent que sans vertige et sans peur nous pouvons mesurer toute la profondeur de l'abîme. Arborons la devise du palatin de Posnanie : *Je préfère les orages de la liberté à la sécurité de l'esclavage.* Si le moment de l'émancipation n'était pas encore arrivé, nous aurions la patience de l'attendre. Si cette génération n'était destinée qu'à s'agiter dans la fange des vices où le despotisme l'a plongée ; si le théâtre de notre révolution ne devait présenter aux yeux de l'univers que la lutte de la perfidie avec la faiblesse, de l'égoïsme avec l'ambition, la génération naissante commencera à purifier cette terre souillée de vices. Elle apportera, non la paix du despotisme ni les stériles agitations de l'intrigue, mais le feu et le glaive pour incendier les trônes et exterminer les oppresseurs. Postérité plus heureuse, tu ne nous es pas étrangère! C'est pour toi que nous affrontons ces orages et les piéges de la tyrannie! Découragés souvent par les obstacles qui nous environnent, nous sentons le besoin de nous élancer vers toi! C'est toi qui achèveras notre ouvrage; garde seulement dans ta mémoire les noms des martyrs de la liberté! » On sentait dans ces accents le retentissement de l'âme de Rousseau.

VII

Louvet, un des amis de Brissot, en comprit la puissance et monta à la tribune pour supplier l'homme qui arrêtait seul la Gironde : « Robespierre, lui dit-il en l'apostrophant directement, Robespierre, vous tenez seul l'opinion publique en suspens. Cet excès de gloire vous était réservé sans doute. Vos discours appartiennent à la postérité. La postérité viendra entre vous et moi. Mais enfin vous attirez sur vous la plus grande responsabilité en persistant dans votre opinion. Vous êtes comptable à vos contemporains et même aux générations futures. Oui, la postérité viendra se mettre entre vous et moi, quelque indigne que j'en sois.

Elle dira : Un homme a paru dans l'Assemblée constituante inaccessible à toutes les passions, un des plus fidèles défenseurs du peuple. Il fallait estimer et chérir ses vertus, admirer son courage ; il était adoré du peuple, qu'il avait constamment servi, et, ce qui est mieux encore, il en était digne. Un précipice s'ouvrit. Distrait par trop de soins, cet homme crut voir le péril où il n'était pas et ne le vit pas où il était. Un homme obscur était là uniquement occupé du moment présent ; éclairé par d'autres citoyens, il découvrit le danger, ne put se résoudre à garder le silence, il alla à Robespierre, il voulut le lui faire toucher du doigt. Robespierre détourna les yeux et retira sa main ; l'inconnu persiste et sauve son pays... »

Robespierre sourit à ces paroles avec le dédain de l'incrédulité. Les gestes suppliants de Louvet et les adjurations des tribunes le laissèrent impassible à la séance du lendemain. Brissot reprit la question de la guerre. « Je supplie monsieur Robespierre, dit-il en finissant, de terminer une lutte si scandaleuse, qui ne donne l'avantage qu'aux ennemis du bien public. — Ma surprise a été extrême, s'écrie Robespierre, de voir ce matin, dans le journal rédigé par monsieur Brissot, une lettre dans laquelle se trouve l'éloge le plus pompeux de Monsieur de La Fayette. — Je déclare, répondit Brissot, que je n'ai eu aucune connaissance de la lettre insérée dans le *Patriote français*. — Tant mieux, reprit Robespierre, je suis charmé de voir que monsieur Brissot ne soit pas complice de semblables apologies. » Les paroles s'envenimaient comme les cœurs. La haine grondait sous les paroles. Le vieux Dusaulx s'élança entre les adversaires. Il fit un appel touchant à la concorde des patriotes et les conjura de s'embrasser. Ils s'embrassèrent. « Je viens de remplir un devoir de fraternité et de satisfaire mon cœur, s'écria alors Robespierre. Il me reste encore une dette plus sacrée à payer à la patrie. Toute affection personnelle doit céder ici à l'intérêt sacré de la liberté et de l'humanité. Je pourrai facilement les concilier ici avec les égards que j'ai promis à tous ceux qui les servent. J'ai embrassé monsieur Brissot, mais je persiste à le combattre; que notre paix ne repose que sur la base du patriotisme et de la vertu. » Robespierre, par son isolement même, prouvait sa force et en conquérait davantage sur les esprits indécis. Les journaux commençaient à s'ébranler en sa faveur. Marat flétrissait Brissot de ses invectives. Camille Desmoulins, dans des affiches improvisées, dévoila la honteuse association de Brissot à Londres avec Morande, ce libelliste déshonoré. Danton lui-même, cet adorateur du succès, craignant de se tromper de fortune, hésitait entre les Girondins et Robespierre. Il se tut longtemps; à la fin il prononça un discours plein de mots sonores, mais où l'on sentait sous l'emphase des paroles le balbutiement des convictions et l'embarras de l'esprit.

LIVRE DIXIÈME

La mort de Léopold et l'impatience des Girondins hâtent la marche des événements. — Projet d'adresse présenté par Vergniaud. — Le roi refuse sa sanction aux décrets contre les prêtres et les émigrés. — La guerre civile couve dans la Vendée. — Elle éclate dans le Midi. — Meurtre de Lescuyer à Avignon. — Jourdan arrive dans le Comtat. — Massacres à Avignon. — L'Assemblée ordonne la punition des assassins. — Les Jacobins les font amnistier. — Saint-Domingue. — Réaction des noirs contre les blancs. — Les mulâtres font cause commune avec les noirs. — Insurrection. — Le mulâtre Ogé, chef de l'insurrection, condamné et mis à mort. — Soulèvement général. — Les blancs sont égorgés. — En France les désordres intérieurs se multiplient. — Symptômes d'une guerre religieuse. — Troubles de Caen. — L'abbé Fauchet. — Son portrait. — Sa vie. — Réaction royaliste à Mende. — Assassinat de Lajaille à Brest. — Désordres dans les garnisons. — Insubordinations militaires impunies. — Les Suisses de Châteauvieux.

I

Pendant que ces choses se passaient aux Jacobins, et que les journaux, ces échos des clubs, semaient partout dans le peuple les mêmes anxiétés et la même hésitation, la diplomatie sourde du cabinet des Tuileries et de l'empereur Léopold, qui cherchait en vain à ajourner le dénoûment, allait se voir déjouer par l'impatience des Girondins et par la mort de Léopold. Ce prince philosophe allait emporter avec lui tous les désirs de conciliation et toutes les espérances de paix. Lui seul contenait l'Allemagne. M. de Narbonne déjouait, par des démonstrations publiques, les négociations secrètes de son collègue, M. de Lessart, pour temporiser et pour faire aboutir les différends de la France et de l'Europe à un congrès.

Le comité diplomatique de l'Assemblée, poussé par Narbonne et peuplé de Girondins, proposait des résolutions décisives. Ce comité, établi par l'Assemblée constituante et influencé par la haute pensée de Mirabeau, interpellait les ministres sur toutes les relations extérieures. La diplomatie était ainsi dévoilée, les négociations brisées, les transactions et les combinaisons impossibles; les cabinets de l'Europe étaient sans cesse cités à la tribune de Paris. Les Girondins, meneurs actuels de ce comité, n'avaient ni les lumières ni la réserve nécessaires pour manier, sans les rompre, les fils d'une diplomatie compliquée. Un discours leur comptait plus qu'une négociation. Peu leur importait le retentissement de leur parole dans les cabinets étrangers, pourvu qu'elle retentît bien dans la salle et dans les tribunes. D'ailleurs ils voulaient la guerre; ils se trouvaient hommes d'État en brisant d'un seul coup la paix de l'Europe. Étrangers à la politique, ils se disaient habiles parce qu'ils se sentaient sans scrupules. En affectant l'indifférence de Machiavel, ils se croyaient sa profondeur.

L'empereur Léopold, par un *office* du 21 décembre, donna prétexte à une explosion de l'Assemblée : « Les souverains réunis en concert, disait l'empereur, pour le maintien de la tranquillité publique et pour l'honneur et la sûreté des couronnes... » Ces mots agitent les esprits, on en cherche le sens ; on se demande comment l'empereur, beau-frère et allié de Louis XVI, lui parle pour la première fois de ce concert formé entre les souverains. Et contre qui, si ce n'est contre la Révolution? Et comment les ministres et les ambassadeurs de la Révolution l'avaient-ils ignoré, s'il existait? Et comment l'avaient-ils caché à la nation, s'ils l'avaient su? Il y avait donc une double diplomatie, dont l'une ourdissait ses trames contre l'autre? Le comité autrichien n'était donc point un rêve des factieux? Il y avait donc dans la diplomatie officielle impéritie ou trahison, ou peut-être l'une et l'autre à la fois? On parlait du congrès projeté ; on se demandait s'il pouvait avoir un autre objet que d'imposer des modifications à la constitution de la France. On s'indignait à la seule pensée de céder une lettre de la constitution aux exigences de l'Europe monarchique.

II

C'est dans cette émotion des esprits que le comité diplomatique, par l'organe du Girondin Gensonné, présenta son rapport sur l'état de nos relations avec l'empereur. Gensonné, avocat de Bordeaux, nommé à l'Assemblée législative le même jour que Guadet et Vergniaud, ses compatriotes et ses amis, composait avec ces députés ce triumvirat de talent, d'opinion et d'éloquence, qu'on appela depuis la Gironde. La dialectique obstinée, l'ironie âpre et mordante, étaient les deux caractères du talent de Gensonné. Il n'entraînait pas, il contraignait : ses passions révolutionnaires étaient fortes, mais raisonnées.

Avant d'entrer à l'Assemblée législative, il avait été envoyé comme commissaire avec Dumouriez, depuis si célèbre, pour étudier l'esprit des populations dans les départements de l'Ouest, et proposer les mesures utiles à la pacification de ces contrées agitées par les querelles religieuses. Son rapport lumineux et calme avait conclu à la tolérance et à la liberté, ces deux topiques des consciences. Il était, comme tous les Girondins alors, décidé à pousser la Révolution jusqu'à sa forme extrême et définitive : la république, — sans impatience cependant de renverser le trône constitutionnel, pourvu que la constitution fût dans les mains de son parti.

Lié avec le ministre Narbonne, ses calomniateurs l'accusaient de lui être vendu. Rien ne légitime ce soupçon. Si l'âme des Girondins n'était pas pure d'ambitions et d'intrigues, leurs mains restaient pures de toute corruption. Gensonné, dans son rapport au nom du comité diplomatique, se posait deux questions : d'abord, quelle était notre situation politique à l'égard de l'empereur? secondement, son dernier office devait-il être regardé comme une hostilité; et dans ce cas, fallait-il accélérer en l'attaquant l'instant d'une rupture inévitable?

« Notre situation avec l'empereur, se répondait-il, c'est l'intérêt français sacrifié à la maison d'Autriche, nos finances et nos armées prodiguées pour elle, nos alliances perdues; et quelle marque de réciprocité en recevons-nous?

La Révolution insultée, notre cocarde profanée, les rassemblements d'émigrés protégés dans les États qui dépendent d'elle, et enfin l'aveu d'un concert des puissances auquel elle déclare s'associer contre nous. Quand du sein du Luxembourg nos princes nous menacent d'une invasion imminente et se vantent d'être appuyés par les puissances, l'Autriche se tait et sanctionne par son silence les menaces de nos ennemis. Elle affecte, il est vrai, de temps en temps de condamner les manifestations hostiles à la France ; mais ces blâmes convenus ne sont qu'une hypocrisie de paix. La cocarde blanche et l'uniforme contre-révolutionnaire sont impunément portés dans ses États ; nos couleurs nationales y sont proscrites. Quand le roi a menacé l'électeur de Trèves d'aller disperser chez lui les rassemblements qui nous menaçaient, l'empereur a ordonné au général Bender de marcher au secours de l'électeur de Trèves. C'est peu : dans le rapport concerté à Pilnitz, l'empereur déclare conjointement avec le roi de Prusse que les deux puissances s'entendront sur les affaires de France avec les autres cours de l'Europe, et qu'en cas de guerre elles se prêteront secours et assistance réciproques. Ainsi il est démontré que l'empereur a violé le traité de 1756 en contractant des alliances à l'insu de la France ; il est démontré qu'il s'est fait lui-même le centre et le moteur d'un système antifrançais. Quel peut être son but, si ce n'est de nous intimider et de nous dominer pour nous amener insensiblement à accepter un congrès et à subir des modifications honteuses à nos nouvelles institutions ?

» Peut-être, ajoutait Gensonné, cette idée est-elle éclose au sein de la France ; peut-être des intelligences secrètes font-elles espérer à l'empereur le maintien de la paix à de telles conditions. Il se trompe : ce n'est pas au moment où le feu de la liberté embrase les âmes de vingt-quatre millions d'hommes, que les Français consentiraient à une capitulation à laquelle ils préféreraient la mort. Telle est notre situation, que la guerre, qui dans des temps ordinaires serait un fléau pour l'humanité, doit paraître aujourd'hui utile au bien public. Cette crise salutaire élèvera le peuple à la hauteur de ses destinées, elle lui rendra sa première énergie; elle rétablira nos finances et étouffera tous les germes de dissensions intestines. Dans une situation analogue, le grand Frédéric ne brisa la ligue que la cour de Vienne avait formée contre lui qu'en la prévenant. Votre comité vous propose de faire accélérer les préparatifs de guerre : un congrès serait une honte; la guerre est nécessaire, l'opinion publique la provoque, le salut public la commande. »

Le rapporteur concluait à demander à l'empereur des explications nettes, et, dans le cas où ces explications ne seraient pas données avant le 10 février, à considérer le refus de répondre comme un acte d'hostilité.

III

A peine la lecture de ce rapport est-elle terminée, que Guadet, qui présidait ce jour-là l'Assemblée, quitte la présidence, monte à la tribune et prend la parole pour commenter le rapport de son collègue et de son ami. Guadet, né à Saint-Émilion, dans les environs de Bordeaux, avocat célèbre avant l'âge où les hommes ont eu le temps de se faire une renommée, impatiemment attendu par la tribune politique, arrivé enfin à l'Assemblée législative, disciple de Brissot, moins profond, aussi courageux, plus éloquent que lui, intimement uni avec Gensonné et Vergniaud, que le même âge, les mêmes passions, la même patrie rapprochaient, doué d'une âme forte et d'une parole entraînante, également propre à résister au mouvement d'une assemblée populaire ou à la précipiter vers le dénoûment, relevait tous ces dons de l'intelligence par une de ces physionomies méridionales où la passion s'allume du même feu que le discours.

« On vient de parler d'un congrès, dit-il ; quel est donc ce complot formé contre nous, et jusqu'à quand souffrirons-nous qu'on nous fatigue par ces manœuvres et qu'on nous outrage par ces espérances? Y ont-ils bien pensé, ceux qui le trament? La seule idée de la possibilité d'une capitulation de la liberté pourrait porter au crime les mécontents qui en auraient l'espérance, et ce sont les crimes qu'il faut prévenir. Apprenons donc à tous ces princes que la nation est résolue de maintenir sa constitution tout entière ou de périr tout entière avec elle! En un mot, marquons d'avance une place aux traîtres, et que cette place soit l'échafaud ! Je propose à l'instant même de décréter que la nation regarde comme infâmes, traîtres à la patrie, coupables de crime de lèse-nation, tout agent du pouvoir exécutif, tout Français (plusieurs voix : tout *législateur*) qui prendraient part, soit directement, soit indirectement, à un congrès dont l'objet serait d'obtenir une modification à la constitution, ou une médiation entre la France et les rebelles. »

A ces mots l'Assemblée se lève comme soulevée par une seule impulsion. Tous les bras se tendent, toutes les mains s'ouvrent dans l'attitude d'un homme prêt à prêter serment. Les tribunes confondent leurs applaudissements à ceux qui retentissent dans la salle. Le décret est voté.

M. de Lessart, que le geste et les réticences de Guadet semblaient avoir déjà désigné pour victime aux soupçons du peuple, ne veut pas rester sous le poids de ces allusions terribles. « On a parlé, dit-il, des agents politiques du pouvoir exécutif; je dois déclarer que je ne connais rien qui doive autoriser à suspecter leur fidélité. Quant à moi, je répéterai le mot de mes collègues au ministère, et je le prends pour moi : La constitution ou la mort! »

Pendant que Gensonné et Guadet soulevaient l'Assemblée dans cette scène concertée, Vergniaud soulevait la foule par le projet d'adresse au peuple français répandu depuis quelques jours dans les masses. Les Girondins calquaient Mirabeau. Ils se souvenaient de l'effet produit deux ans plus tôt par le projet d'adresse au roi pour le renvoi des troupes.

« Français! dit Vergniaud, l'appareil de la guerre se déploie sur vos frontières; on parle de complots contre la liberté. Vos armées se rassemblent, de grands mouvements agitent l'empire. Des prêtres séditieux préparent dans le secret des consciences et jusque dans les chaires le soulèvement contre la constitution. Des lois martiales étaient nécessaires. Dès lors, elles nous ont paru justes... Mais nous n'avions réussi qu'à faire briller un moment la foudre aux yeux de la rébellion. La sanction du roi a été refusée à nos décrets. Les princes de l'Allemagne font de leur territoire un repaire de conspirateurs contre vous. Ils protégent les complots des émigrés. Ils leur fournissent asile, or, armes, chevaux, munitions. Une patience suicide devait-elle tout tolérer? Ah! sans doute, vous avez renoncé aux conquêtes; mais vous n'avez point promis d'endurer d'insolentes provocations. Vous avez secoué le joug de vos tyrans; ce n'est pas pour fléchir le genou devant des despotes étrangers. Prenez garde cependant, vous êtes environnés de piéges; on cherche à vous amener par dégoût ou par lassitude à un état de langueur qui énerve votre courage. Bientôt, peut-être, on tâchera de l'égarer. On cherche à vous séparer de nous; on suit un plan de calomnie contre l'Assemblée nationale; on incrimine à vos yeux votre révolution. Oh! gardez-vous de ces terreurs paniques! Repoussez avec indignation ces imposteurs qui, en affectant un zèle hypocrite pour la constitution, ne cessent de vous parler de *monarchie*. La *monarchie*, pour eux, c'est la contre-révolution! La *monarchie*, c'est la *noblesse*! La contre-révolution, c'est-à-dire la dîme, la féodalité, la Bastille, des fers, des bourreaux, pour punir les sublimes élans de la liberté! des satellites étrangers dans l'intérieur de l'État; la banqueroute engloutissant avec vos assignats vos fortunes privées et la richesse nationale; les fureurs du fanatisme, celles de la vengeance, les assassinats, le pillage, l'incendie, enfin le despotisme et la mort se disputant dans des ruisseaux de sang et sur des monceaux de cadavres l'empire de votre malheureuse patrie! La noblesse, c'est-à-dire deux classes d'hommes : l'une pour la grandeur, l'autre pour la bassesse! l'une pour la tyrannie, l'autre pour la servitude! La noblesse, ah! ce mot seul est une injure pour l'espèce humaine!

» Et cependant c'est pour assurer le succès de ces conspirations qu'on met l'Europe en mouvement contre vous!

Eh bien, il faut détruire ces espérances coupables par une solennelle déclaration. Oui, les représentants de la France, libres, inébranlablement attachés à la constitution, seront ensevelis sous ses ruines avant qu'on obtienne d'eux une capitulation indigne d'eux et de vous. Ralliez-vous! rassurez-vous. On tente de soulever des nations contre vous, on ne soulèvera que des princes. Le cœur des peuples est à vous. C'est leur cause que vous embrassez en défendant la vôtre. Abhorrez la guerre, elle est le plus grand crime des hommes et le plus terrible fléau de l'humanité; mais, enfin, puisqu'on vous y force, suivez le cours de vos destinées. Qui peut prévoir jusqu'où ira la punition des tyrans qui vous auront mis les armes à la main?» Ainsi ces trois voix conjurées s'unissaient pour lancer la nation dans la guerre.

IV

Les dernières paroles de Vergniaud ouvraient assez clairement au peuple la perspective de la république universelle. Les constitutionnels n'étaient pas moins ardents à diriger vers la guerre les idées de la nation. M. de Narbonne, au retour de son voyage rapide, fit à l'Assemblée un rapport rassurant sur l'état de l'armée et sur l'état des places fortes. Il se loua de tout le monde. Il présenta à la patrie le jeune Mathieu de Montmorency, le plus beau nom de la France, caractère plus noble que son nom, comme le symbole de l'aristocratie se dévouant à la liberté. Il attestait que l'armée ne séparait pas, dans son attachement à la patrie, l'Assemblée du roi. Il glorifiait d'avance les chefs des troupes. Il nomma Rochambeau à l'armée du Nord; Berthier, à Metz; Biron, à Lille; Luckner, La Fayette, sur le Rhin. Il parla de plans de campagne concertés par les ordres du roi entre ces généraux. Il énuméra les gardes nationales prêtes à servir de seconde ligne à l'armée active. Il sollicita leur prompt armement. Il dépeignit ces volontaires comme donnant à l'armée le plus imposant des caractères, celui de la force et de la volonté nationales. Il répondit des officiers qui avaient prêté serment à la constitution, il excusa ceux qui le refuseraient de ne pas vouloir être des traîtres. Il encouragea l'Assemblée à la défiance envers les douteux. « La défiance, dit-il, est dans ces temps d'orages le plus naturel, mais le plus dangereux des sentiments. La confiance engage. Il importe au peuple de montrer qu'il ne peut avoir que des amis. » Il annonça un effectif de cent dix mille hommes d'infanterie et de vingt mille hommes de cavalerie prêts à entrer en campagne.

Ce rapport, loué par Brissot dans ses feuilles et applaudi par les Girondins dans l'Assemblée, ne laissa plus de prétexte à ceux qui voulaient ajourner la lutte. La France sentait ses forces à la hauteur de sa colère. Rien ne pouvait plus la contenir. L'impopularité croissante du roi ajoutait à l'irritation des esprits. Deux fois déjà il avait arrêté, en y opposant son *veto*, l'effet des mesures énergiques décrétées par l'Assemblée : le décret contre les émigrés et le décret contre les prêtres non assermentés. Ces deux *veto*, dont l'un lui était commandé par son honneur, l'autre par sa conscience, étaient deux armes terribles que la constitution avait mises dans sa main, et dont il ne pouvait faire usage sans se blesser lui-même. Les Girondins se vengeaient de sa résistance en lui imposant la guerre contre les princes qui étaient ses frères, et contre l'empereur qu'ils supposaient son complice.

Les pamphlétaires et les journalistes jacobins agitaient sans cesse devant le peuple ces deux *veto* comme des actes de trahison. Les troubles de la Vendée étaient imputés à cette complicité secrète du roi avec un clergé rebelle. En vain le département de Paris, composé d'hommes respectueux pour les consciences, tels que M. de Talleyrand, M. de La Rochefoucauld et M. de Beaumetz, présentait-il au roi une pétition où les vrais principes de la liberté protestaient contre l'arbitraire de l'inquisition révolutionnaire ; des contre-pétitions arrivaient en foule des départements.

Depuis plusieurs mois, l'état du royaume répondait à l'état de Paris. Tout était bruit, trouble, dénonciation, émeute dans les départements. Chaque courrier apportait ses scandales, ses pétitions séditieuses, ses émeutes, ses assassinats. Les clubs établissaient autant de foyers de résistance à la constitution qu'il y avait de communes dans l'empire. La guerre civile, couvant dans la Vendée, éclatait par des massacres à Avignon.

V

Cette ville et le Comtat, réunis à la France par le dernier décret de l'Assemblée constituante, étaient restés depuis cette époque dans cet état intermédiaire entre deux dominations si favorables à l'anarchie. Les partisans du gouvernement papal et les partisans de la réunion à la France y luttaient dans une alternative d'espérance et de crainte qui prolongeait et envenimait leur haine. Le roi, par un scrupule religieux, avait trop longtemps suspendu l'exécution du décret de réunion. Tremblant d'usurper sur le domaine de l'Église, il se décidait tard, et ses délais impolitiques donnaient du temps aux crimes.

La France était représentée dans Avignon par des médiateurs. L'autorité provisoire de ces médiateurs était appuyée par un détachement de troupes de ligne. Le pouvoir, tout municipal, reposait dans la dictature de la municipalité. La population, agitée et passionnée, se divisait en parti français ou révolutionnaire, et en parti opposé à la réunion à la France et à la Révolution. Le fanatisme de la religion chez les uns, le fanatisme de la liberté chez les autres, poussaient les deux partis aux mêmes crimes. L'ardeur du sang, la soif de vengeances privées, le feu du climat, s'ajoutaient aux passions civiles. Les violences des républiques italiennes devaient se retrouver dans les mœurs de cette colonie de l'Italie et de cette succursale de Rome sur les bords du Rhône. Plus les États sont petits, plus les guerres civiles y sont atroces. Les opinions opposées y deviennent des haines personnelles; les batailles n'y sont que des assassinats. Avignon préludait à ces assassinats en masse par des meurtres particuliers.

Le 16 octobre, une agitation sourde se trahit par des attroupements populaires, composés surtout d'hommes du peuple ennemis de la Révolution. Les murs des églises furent couverts d'affiches appelant la population à la révolte contre l'autorité provisoire de la municipalité. On semait le bruit de ridicules miracles qui demandaient, au nom du ciel, vengeance des attentats commis contre la religion. Une statue de la Vierge, vénérée du peuple dans l'église des Cordeliers, avait, disait-on, rougi des profanations de son temple. On l'avait vue verser des larmes d'indignation et de douleur. Le peuple, nourri, sous le gouvernement papal, de ces crédulités superstitieuses, s'était porté en foule aux Cordeliers pour venger la cause de sa protectrice. Animé par des exhortations fanatiques, confiant dans cette intervention divine, l'attroupement, sorti des Cordeliers et grossi par la foule, se porta aux remparts, ferma les portes, retourna les canons sur la ville et se répandit dans les rues, demandant à grands cris le renversement du gouvernement. L'infortuné Lescuyer, notaire d'Avignon, secrétaire-greffier de la municipalité, plus spécialement désigné à la fureur de la horde, fut arraché violemment de sa demeure, traîné sur les pavés jusqu'à l'autel des Cordeliers, immolé à coups de sabre et à coups de bâton, foulé aux pieds, outragé jusque dans son cadavre, victime expiatoire étendue aux pieds de la statue offensée. La garde nationale et un détachement sorti du fort avec deux pièces de canon refoulèrent le peuple ameuté, et ramassèrent sur le pavé de l'église le corps nu et inanimé de Lescuyer. Mais les prisons de la ville avaient été forcées, et les scélérats qu'elles renfermaient allaient offrir leurs bras à d'autres assassinats. D'horribles représailles étaient à craindre, et cependant les médiateurs, absents de la ville, s'endormaient sur le danger ou fermaient les yeux. Des intelligences sourdes se nouaient entre les meneurs des clubs de Paris et les révolutionnaires d'Avignon.

VI

Un de ces hommes sinistres qui semblent flairer le sang et présager le crime arrivait de Versailles à Avignon. Cet homme se nommait Jourdan. Il ne faut pas le confondre avec un autre révolutionnaire du même nom né à Avignon. Né dans ces montagnes du Midi arides et calcinées, où les brutes mêmes sont plus féroces, successivement boucher, maréchal ferrant, contrebandier dans les gorges qui séparent la Savoie de la France, soldat, déserteur, palefrenier, puis enfin marchand de vin dans un faubourg de Paris, il avait écumé dans toutes ces professions les vices de la populace. Les premiers meurtres commis par le peuple dans les rues de Paris avaient révélé sa véritable passion. Ce n'était pas celle du combat, c'était celle du meurtre. Il paraissait après le carnage pour dépecer les victimes et pour déshonorer davantage l'assassinat. Il s'était fait boucher d'hommes. Il s'en vantait. C'était lui qui avait plongé ses mains dans la poitrine ouverte et arraché le cœur de MM. Foulon et Berthier. C'était lui qui avait coupé la tête aux deux gardes du corps MM. de Varicourt et des Huttes, le 6 octobre, à Versailles; c'était lui qui, rentré dans Paris et portant ces deux têtes décollées au bout d'une pique, reprochait au peuple de se contenter de si peu et de l'avoir fait venir pour ne couper que deux têtes ! Il espérait mieux d'Avignon. Il s'y rendit.

Il y avait à Avignon un corps de volontaires appelé l'armée de Vaucluse, formé de la lie de ces contrées et commandé par un nommé Patrix. Ce Patrix ayant été assassiné par sa troupe, dont il voulait modérer les excès, Jourdan fut porté au commandement par droit de sédition et de scélératesse. Les soldats, à qui on reprochait leurs brigandages et leurs meurtres, semblables aux *gueux* de Belgique et aux *sans-culottes* de Paris, affichèrent l'insulte comme une gloire, et s'intitulèrent eux-mêmes les braves brigands d'Avignon. Jourdan, à la tête de cette bande, ravagea, incendia le Comtat, assiégea Carpentras, fut repoussé, perdit cinq cents hommes, et se replia sur Avignon tout frémissant encore du meurtre de Lescuyer. Il vint prêter son bras et sa troupe à la vengeance du parti français. Dans la journée du 30 août, Jourdan et ses sicaires fermèrent les portes de la ville, se répandirent dans les rues, cernèrent les maisons signalées comme contenant des ennemis de la Révolution, en arrachèrent les habitants, hommes, femmes, vieillards, enfants, sans distinction d'âge, de sexe ou d'innocence. Ils les enfermèrent dans le palais. La nuit venue, les assassins enfoncent les portes et immolent à coups de barre de fer ces victimes désarmées et suppliantes. Leurs cris appellent en vain les secours de la garde nationale. La ville entend ce massacre sans oser donner signe d'humanité. Le bruit du crime glace et paralyse tous les citoyens. Les assassins préludent à la mort des femmes par des dérisions et des souillures qui ajoûtent la honte à l'horreur, et le supplice de la pudeur au supplice de l'assassinat. Le rire et les larmes, le vin et le sang, la luxure et la mort se mêlent. Quand il n'y a plus personne à tuer, on mutile encore les cadavres. On balaye le sang dans l'égout du palais. On traîne les restes mutilés dans la Glacière ; on la mure, on y scelle la vengeance du peuple. Jourdan et ses satellites offrent l'hommage de cette nuit aux médiateurs français et à l'Assemblée nationale. Les scélérats de Paris admirent ; l'Assemblée frémit d'indignation et reçoit ce crime comme un outrage ; le président s'évanouit en lisant le récit de la nuit d'Avignon. On ordonne l'arrestation de Jourdan et de ses complices. Jourdan s'enfuit d'Avignon. Poursuivi par les Français, il lance son cheval dans la rivière de la Sorgue. Atteint au milieu du fleuve par un soldat, il fait feu sur lui et le manque. Il est arrêté et garrotté. Le supplice l'attend. Mais les Jacobins imposent aux Girondins l'amnistie pour les crimes d'Avignon. Jourdan, sûr de l'impunité et fier de son crime, y reparaît pour immoler ses dénonciateurs.

L'Assemblée frémit un moment à la vue de ce sang, puis elle se hâta d'en détourner les yeux. Dans son impatience de régner seule, elle n'avait pas le temps d'avoir de la pitié. Il y avait d'ailleurs entre les Girondins et les Jacobins une émulation d'emportement et une rivalité à tenir la tête de la Révolution, qui faisait craindre à chacun de ces deux partis de laisser prendre le pas à l'autre. Les cadavres mêmes n'arrêtaient pas : des larmes trop prolongées auraient pu passer pour faiblesse.

VII

Les victimes cependant se multipliaient tous les jours, et les désastres n'attendaient pas les désastres. L'empire entier semblait s'écrouler sur ses fondateurs. Saint-Domingue, la plus riche des colonies françaises, nageait dans le sang. La France était punie de son égoïsme. L'Assemblée constituante avait proclamé en principe la liberté des noirs; mais, de fait, l'esclavage subsistait encore. Plus de trois cent mille esclaves servaient de bétail humain à quelques milliers de colons. On les achetait, on les vendait, on les mutilait comme une chose inanimée. On les tenait par spéculation hors la loi civile et hors la loi religieuse. La propriété, la famille, le mariage, leur étaient interdits. On avait soin de les dégrader au-dessous de l'homme, pour conserver le droit de les traiter en brutes. Si quelques unions furtives ou favorisées par la cupidité se formaient entre eux, la femme, les enfants, appartenaient au maître. On les vendait séparément, sans aucun égard aux liens de la nature. On déchirait sans pitié tous les attachements dont Dieu a formé la chaîne des sympathies de l'humanité.

Ce crime en masse, cet abrutissement systématique avait ses théoriciens et ses apologistes. On niait dans les noirs les facultés humaines. On en faisait une race intermédiaire entre la chair et l'esprit. On appelait tutelle nécessaire l'infâme abus de la force qu'on exerçait sur cette race inerte et servile. Les sophistes n'ont jamais manqué aux tyrans. D'un autre côté, les hommes pieux envers leurs semblables, qui avaient, comme Grégoire, Raynal, Barnave, Brissot, Condorcet, La Fayette, embrassé la cause de l'humanité et formé la *Société des amis des noirs,* lançaient leurs principes sur les colonies comme une vengeance plutôt que comme une justice. Ces principes éclataient sans préparation et sans prévoyance dans cette société coloniale, où la vérité n'avait d'autre organe que l'insurrection. La philosophie proclame les principes, la politique les administre; les amis des noirs s'étaient contentés de les proclamer. La France n'avait pas le courage de déposséder et d'indemniser ses colons; elle avait conquis la liberté pour elle seule; elle ajournait, comme elle ajourne encore au moment où j'écris ces lignes, la réparation du crime de l'esclavage dans ses colonies : pouvait-elle s'étonner que l'esclavage cherchât à se venger lui-même, et qu'une liberté vainement proclamée à Paris devînt une insurrection à Saint-Domingue? Toute iniquité qu'une société libre laisse subsister au profit des oppresseurs est un glaive dont elle arme elle-même les opprimés. Le droit est la plus dangereuse de toutes les armes. Malheur à qui la laisse à ses ennemis!

VIII

Saint-Domingue l'attestait : cinquante mille esclaves noirs s'étaient soulevés dans une nuit, à l'instigation et sous le commandement des mulâtres ou hommes de couleur. Les hommes de couleur, race intermédiaire issue du commerce des colons blancs avec les esclaves noires, n'étaient point esclaves, mais ils n'étaient pas citoyens. C'était une sorte d'affranchis ayant les défauts et les vertus des deux races : l'orgueil des blancs, la dégradation des noirs ; race flottante qui, en se portant tour à tour du côté des esclaves ou du côté des maîtres, devait produire ces oscillations terribles qui amènent inévitablement le renversement d'une société.

Les mulâtres qui possédaient eux-mêmes des esclaves avaient commencé par faire cause commune avec les colons, et par s'opposer avec plus d'inflexibilité que les blancs à l'émancipation des noirs. Plus ils étaient près de l'esclavage, plus ils défendaient avec passion leur part de tyrannie. L'homme est ainsi fait : nul n'est plus porté à abuser de son droit que celui qui vient à peine de le conquérir ; il n'y a pas de pires tyrans que les esclaves, ni d'hommes plus superbes que les parvenus.

Les hommes de couleur avaient tous ces vices de parvenus à la liberté. Mais quand ils s'aperçurent que les blancs les méprisaient comme une race mêlée, que la Révolution n'avait point effacé les nuances de la peau et les préjugés injurieux qui s'attachaient à leur couleur ; quand ils réclamèrent en vain pour eux l'exercice des droits civiques que les colons leur contestaient, ils passèrent avec la légèreté et la fougue de leur caractère d'une passion à une autre, d'un parti à l'autre, et ils firent cause commune avec la race opprimée. Leur habitude du commandement, leur fortune, leurs lumières, leur énergie, leur audace, les appelaient naturellement à devenir les chefs des noirs. Ils fraternisèrent avec eux, ils se popularisèrent auprès des noirs par cette même couleur dont ils avaient honte naguère auprès des blancs. Ils fomentèrent secrètement les germes de l'insurrection dans les conciliabules nocturnes des esclaves. Ils entretinrent des correspondances clandestines avec les amis des noirs à Paris. Ils répandirent avec profusion dans les cases les discours et les écrits qui enseignaient de Paris leurs devoirs aux colons, leurs droits imprescriptibles aux esclaves. Les droits de l'homme commentés par la vengeance devinrent le catéchisme des habitations.

Les blancs tremblèrent. La terreur les porta à la violence. Le sang du mulâtre Ogé et de ses complices, versé par M. de Blanchelande, gouverneur de Saint-Domingue, et par le conseil colonial, sema partout le désespoir et la conspiration.

IX

Ogé, député à Paris par les hommes de couleur pour faire valoir leurs droits auprès de l'Assemblée constituante, s'était lié avec Brissot, Raynal, Grégoire, et s'était affilié par eux à la Société des amis des noirs. Passé de là en Angleterre, il y connut le pieux philanthrope Clarkson. Clarkson et son ami plaidaient alors la cause de l'émancipation des noirs; ils étaient les premiers apôtres de cette religion de l'humanité, qui ne croit pas pouvoir élever des mains pures vers Dieu, tant qu'il reste dans ces mains un bout de la chaîne qui tient une race humaine dans la dégradation et dans la servitude. La fréquentation de ces hommes de bien élargit encore l'âme d'Ogé. Il était venu en Europe pour défendre seulement l'intérêt des mulâtres; il y embrassa la cause plus libérale et plus sainte de tous les noirs. Il se dévoua à la liberté de tous ses frères. Il revint en France, il fréquenta Barnave; il supplia le comité de l'Assemblée constituante d'appliquer les principes de la liberté aux colonies et de ne pas faire une exception à la loi divine en laissant les esclaves à leurs maîtres. Inquiet et indigné des hésitations du comité, qui retirait d'une main ce qu'il avait donné de l'autre, il déclara que, si la justice ne suffisait pas à leur cause, il ferait appel à la force. Barnave avait dit : *Périssent les colonies plutôt qu'un principe.* Les hommes du 14 juillet n'avaient pas le droit de condamner dans le cœur d'Ogé l'insurrection qui était leur propre titre à l'indépendance. On peut croire que les vœux secrets des amis des noirs suivirent Ogé, qui repartit pour Saint-Domingue. Il y trouva les droits des hommes de couleur et les principes de la liberté des noirs plus niés et plus profanés que jamais. Il leva l'étendard de l'insurrection, mais avec les formes et les droits de la légalité. A la tête d'un rassemblement de deux cents hommes de couleur, il réclama la promulgation dans les colonies des décrets de l'Assemblée nationale, arbitrairement ajournée jusque-là. Il écrivit au commandant militaire du Cap : « Nous exigeons la proclamation de la loi qui nous fait libres citoyens. Si vous vous y opposez, nous nous rendrons à Léogane, nous nommerons des électeurs, nous repousserons la force par la force. L'orgueil des colons se trouve humilié de siéger à côté de nous. A-t-on consulté l'orgueil des nobles et du clergé pour proclamer l'égalité des citoyens en France? » Le gouvernement répondit à cette éloquente sommation de liberté par l'envoi d'un corps de troupes pour dissiper le rassemblement. Ogé le repoussa.

X

Des forces plus nombreuses parvinrent, après une résistance héroïque, à disperser les mulâtres. Ogé s'échappa et se réfugia dans la partie espagnole de l'île. Sa tête était mise à prix. M. de Blanchelande, dans des proclamations, lui faisait un crime de revendiquer les droits de la nature au nom de l'Assemblée qui venait de proclamer les droits du citoyen. On sollicitait du gouvernement espagnol l'extradition de ce Spartacus également dangereux à la sécurité des blancs dans les deux pays. Ogé fut livré aux Français par les Espagnols. Il fut mis en jugement au Cap. On prolongea pendant deux mois son procès, pour couper à la fois tous les fils de la trame de l'indépendance et pour effrayer ses complices. Les blancs, ameutés, s'impatientaient de ces lenteurs et demandaient sa tête à grands cris. Les juges le condamnèrent à la mort pour ce crime qui faisait dans la mère patrie la gloire de La Fayette et de Mirabeau.

Il subit la torture du cachot. Les droits de sa race, résumés et persécutés en lui, élevaient son âme au-dessus de ses bourreaux. « Renoncez, leur dit-il avec une impassible fierté, renoncez à l'espoir de m'arracher un seul nom de mes complices. Mes complices, ils sont partout où un cœur d'homme se soulève contre les oppresseurs de l'homme. » De ce moment, il ne prononça plus que deux mots qui résonnaient comme un remords à l'oreille de ses persécuteurs : *Liberté, égalité.* Il marcha serein au lieu de son supplice. Il entendit avec indignation la sentence qui le condamnait à la mort lente et infâme des plus vils scélérats. « Eh quoi, s'écria-t-il, vous me confondez avec les criminels, parce que j'ai voulu restituer à mes semblables ces droits et ce titre d'homme que je sens en moi ! Eh bien ! voilà mon sang ! mais il en sortira un vengeur ! » Il périt sur la roue, et son corps mutilé fut laissé sur les bords d'un chemin. Cette mort héroïque retentit jusque dans l'Assemblée nationale et souleva des sentiments divers. « Elle est méritée, dit Malouet; Ogé est un criminel et un assassin. — Si Ogé est coupable, lui répondit Grégoire, nous le sommes tous; si celui qui a réclamé la liberté pour ses frères périt justement sur l'échafaud, il faut y faire monter tous les Français qui nous ressemblent. »

XI

Le sang d'Ogé bouillonnait sourdement dans le cœur de tous les mulâtres. Ils jurèrent de le venger. Les noirs étaient une armée toute prête pour le massacre. Le signal leur fut donné par les hommes de couleur. En une seule nuit, soixante mille esclaves, armés de torches et des outils de leur travail, incendièrent toutes les habitations de leurs maîtres dans un rayon de six lieues autour du Cap. Les blancs sont égorgés. Femmes, enfants, vieillards, rien n'échappe à la fureur longtemps comprimée des noirs. C'est l'anéantissement d'une race par une autre. Les têtes sanglantes des blancs, portées au bout de roseaux de canne à sucre, sont le drapeau qui mène ces hordes non au combat, mais au carnage. Les outrages de tant de siècles commis par les blancs sur les noirs sont vengés en une nuit. Une émulation de cruauté semble faire rivaliser les deux couleurs. Les nègres imitent les supplices si longtemps exercés contre eux; ils en inventent de nouveaux. Si quelques esclaves généreux et fidèles se placent entre leurs anciens maîtres et la mort, on les immole ensemble. La reconnaissance et la pitié sont des vertus que la guerre civile ne reconnaît plus. La couleur est un arrêt de mort sans acception de personnes. La guerre est entre les races et non plus entre les hommes. Il faut que l'une périsse pour que l'autre vive! Puisque la justice n'a pu se faire entendre entre elles, il n'y a que la mort pour les accorder. Toute grâce de la vie faite à un blanc est une trahison qui coûtera la vie à un noir. Les nègres n'ont plus de cœur. Ce ne sont plus des hommes, ce n'est plus un peuple, c'est un élément destructeur qui passe sur la terre en effaçant tout.

En quelques heures huit cents habitations, sucreries, caféieries, représentant un capital immense, sont anéanties. Les moulins, les magasins, les ustensiles, la plante même qui leur rappelle leur servitude et leur travail forcé, sont jetés aux flammes. La plaine entière n'est plus couverte, aussi loin que le regard peut s'étendre, que de la fumée et de la cendre de l'incendie. Les cadavres des blancs, groupés en hideux trophées de troncs, de têtes, de membres d'hommes, de femmes et d'enfants assassinés, marquent seuls la place des riches demeures où ils régnaient la veille. C'était la revanche de l'esclavage. Toute tyrannie a d'horribles revers.

Les blancs avertis à temps de l'insurrection par la généreuse indiscrétion des noirs, ou protégés dans leur fuite par les forêts et par la nuit, s'étaient réfugiés dans la ville du Cap. D'autres, enfouis avec leurs femmes et leurs enfants dans des cavernes, y furent nourris au péril de leur vie par leurs esclaves fidèles. L'armée des noirs grossit sous les murs du Cap. Ils s'y disciplinèrent à l'abri d'un camp fortifié. Des fusils et des canons leur arrivèrent par les soins d'auxiliaires invisibles. Les uns accusaient les Anglais, d'autres les Espagnols, d'autres enfin les amis des noirs, de cette complicité avec l'insurrection. Mais les Espagnols étaient en paix avec la France. La révolte des noirs ne les menaçait pas moins que nous. Les Anglais possédaient eux-mêmes trois fois plus d'esclaves que la France. Le principe de l'insurrection, exalté par le triomphe et se propageant chez eux, aurait ruiné leurs établissements et compromis la vie même de leurs colons. Ces soupçons étaient absurdes. Il n'y avait de coupable que la liberté même, qu'on n'opprime pas impunément dans une partie de l'espèce humaine. Elle avait des complices dans le cœur même des Français.

La mollesse des résolutions de l'Assemblée à la réception de ces nouvelles le prouva. M. Bertrand de Molleville, ministre de la marine, ordonna à l'instant le départ de six mille hommes de renfort pour Saint-Domingue.

Brissot attaqua ces mesures répressives dans un discours où il ne craignit pas de rejeter l'odieux du crime sur les victimes et d'accuser le gouvernement de complicité avec l'aristocratie des colons. « Par quelle fatalité ces nouvelles coïncident-elles avec un moment où les émigrations redoublent, où les rebelles rassemblés sur nos frontières nous annoncent une prochaine explosion, où enfin les colonies nous menacent par une députation illégale de se soustraire à la domination de la métropole? Ne serait-ce ici qu'une ramification d'un grand plan combiné par la trahison? » La répugnance des amis des noirs, nombreux dans l'Assemblée, à prendre des mesures énergiques en faveur des colons, l'indifférence du parti révolutionnaire pour les colonies, l'éloignement du lieu de la scène qui affaiblit la pitié, et enfin le mouvement intérieur qui emportait les esprits et les choses, effacèrent bien vite ces impressions et laissèrent se former et grandir à Saint-Domingue le génie de l'indépendance des noirs, qui se montrait de loin dans la personne d'un pauvre et vieil esclave : Toussaint Louverture.

XII

Les désordres intérieurs se multipliaient sur tous les points de l'empire. La liberté religieuse, qui était le vœu de l'Assemblée constituante et la grande conquête de la Révolution, ne pouvait s'établir sans cette lutte en face d'un culte dépossédé et d'un schisme naissant qui se disputaient les populations. Le parti contre-révolutionnaire s'alliait partout avec le clergé. Ils avaient les mêmes ennemis, ils conspiraient contre la même cause. Depuis que les prêtres non assermentés étaient dépossédés, l'intérêt d'une partie du peuple, surtout dans les campagnes, s'attachait à eux. La persécution est si odieuse à l'esprit public, que son apparence même séduit les cœurs généreux. L'esprit humain a un penchant à croire que la justice est du côté des proscrits. Les prêtres n'étaient pas encore persécutés, mais ils étaient humiliés. L'irritation sourde entretenue par le clergé a été plus funeste à la Révolution que les conspirations de l'aristocratie émigrée. La conscience est le point le plus sensible de l'homme. Une croyance atteinte ou une religion inquiétée dans l'esprit d'un peuple est la plus implacable des conspirations. C'est avec la main de Dieu, visible dans la main du prêtre, que l'aristocratie souleva la Vendée. De fréquents et sanglants symptômes trahissaient déjà dans l'Ouest et dans la Normandie ce foyer couvert de la guerre religieuse.

Le plus terrible de ces symptômes éclata à Caen. L'abbé Fauchet était évêque constitutionnel du Calvados. La célébrité même de son nom, le patriotisme exalté de ses opinions, l'éclat de sa renommée révolutionnaire, sa parole enfin et ses écrits, semés avec profusion dans son diocèse, étaient une cause d'agitation plus intense dans le Calvados qu'ailleurs.

Fauchet, que la conformité d'opinions, l'honnêteté de ses passions rénovatrices et les illusions mêmes de son imagination devaient plus tard associer aux actes et à l'échafaud des Girondins, était né à Dornes, dans l'ancienne province du Nivernais. Il embrassa l'état ecclésiastique, entra dans la communauté libre des prêtres de Saint-Roch à Paris, et fut quelque temps précepteur des enfants du marquis de Choiseul, ce dernier des ministres de l'école de Richelieu et de Mazarin. Un talent remarquable pour la parole le fit paraître avec éclat dans la chaire sacrée. Il fut nommé prédicateur du roi, abbé de Montfort, grand vicaire de Bourges. Il marchait rapidement aux premières dignités de l'Église. Mais son âme avait respiré son siècle. Ce n'était point un destructeur, c'était un réformateur de l'Église dans le sein de laquelle il était né. Son livre intitulé *De l'Église nationale* atteste en lui autant de respect pour le fond de la foi chrétienne que d'audace pour en transformer la discipline. Cette foi philosophique, assez semblable à ce platonisme chrétien qui régnait en Italie sous les Médicis et jusque dans le palais des papes sous Léon X, transpirait dans ses discours sacrés. Le clergé s'alarma de ces éclairs du siècle brillant dans le sanctuaire. L'abbé Fauchet fut interdit et rayé de la liste des prédicateurs du roi.

Mais déjà la Révolution allait lui ouvrir d'autres tribunes. Elle éclatait. Il s'y précipita comme l'imagination se précipite dans l'espérance. Il combattit pour elle dès le premier jour, avec toutes les armes. Il remua le peuple dans les assemblées primaires et dans les sections ; il poussa de la voix et du geste les masses insurgées sous le canon de la Bastille. On le vit, le sabre à la main, guider et devancer les assaillants. Il marcha trois fois, sous le feu du canon, à la tête de la députation qui venait sommer le gouverneur d'épargner le sang des citoyens et de rendre les armes. Il ne souilla son zèle révolutionnaire d'aucun sang ni d'aucun crime. Il enflammait l'âme du peuple pour la liberté ; mais la liberté, pour lui, c'était la vertu. La nature l'avait doué pour ce double rôle. Il y avait dans ses traits du grand prêtre et du héros. Son extérieur prévenait et ravissait la foule. Sa taille était élevée et souple, son buste superbe, sa figure ovale, ses yeux noirs ; ses cheveux d'un brun foncé relevaient la pâleur de son front. Son attitude imposante quoique modeste attirait, dès le premier regard, la faveur et le respect. Sa voix claire, émue et sonore, son geste majestueux, ses expressions un peu mystiques, commandaient le recueillement autant que l'admiration de son auditoire. Également propre à la tribune populaire ou à la chaire sacrée, les assemblées électorales ou les cathédrales étaient trop étroites pour le peuple qui affluait pour l'entendre. On se figurait, en le voyant, un saint Bernard révolutionnaire prêchant la charité politique ou la croisade de la raison.

Ses mœurs n'étaient ni sévères ni hypocrites. Il avouait lui-même qu'il aimait une femme d'une affection légitime et pure, madame Caron, qui le suivait partout, même dans les églises et dans les clubs. « On m'a calomnié pour cette femme, dit-il ailleurs ; je m'y suis attaché davantage, et j'ai été pur. Vous avez vu cette femme plus belle encore que sa physionomie, et qui, depuis dix ans que je la connais, me semble toujours plus digne d'être aimée. Elle donnerait sa vie pour moi, je donnerais ma vie pour elle ; mais je ne lui sacrifierais pas mon devoir. Malgré les libelles atroces des aristocrates, j'irai, tous les jours, aux heures de repas, goûter les charmes de la plus pure amitié auprès d'elle. Elle vient m'entendre prêcher ! Oui, sans doute, personne ne sait mieux qu'elle avec quelle foi sincère je crois aux vérités de la religion que je professe. Elle vient aux assemblées de l'hôtel de ville ! Oui, sans doute ; c'est qu'elle est convaincue que le patriotisme est une seconde religion, qu'aucune hypocrisie n'approche de mon âme, et que ma vie est véritablement tout entière à Dieu, à la patrie, à l'amitié !... — Et vous osez vous prétendre chaste ! lui répondaient, par l'organe de l'abbé de Valmeron, les prêtres fidèles et indignés. Quelle dérision ! Chaste au moment où vous avouez les penchants les plus déréglés, où vous arrachez une femme au lit de son époux, à ses devoirs de mère, quand vous traînez cette insensée enchaînée à vos pas pour la montrer avec ostentation ! Quel est votre cortége, monsieur ? Une troupe de bandits et de femmes perdues. Digne pasteur de cette vile populace, elle célèbre votre visite pastorale par les seules fêtes capables de vous réjouir ; votre passage est marqué par tous les excès du brigandage et de la débauche. » Ces objurgations sanglantes retentirent dans les départements et enflammèrent les esprits. Les prêtres assermentés et les prêtres non assermentés se disputaient les autels. Une lettre du ministère de l'intérieur venait d'autoriser les prêtres non assermentés à célébrer le saint sacrifice dans les églises qu'ils avaient autrefois desservies. Obéissant à la loi, les prêtres constitutionnels leur ouvraient les chapelles et leur fournissaient les ornements nécessaires au culte ; mais la foule, fidèle aux anciens pasteurs, injuriait et menaçait les nouveaux. Des rixes sanglantes avaient lieu entre les deux cultes sur le seuil de la maison de Dieu. Le vendredi 4 novembre, l'ancien curé de la paroisse de Saint-Jean, à Caen, se présenta pour y dire la messe. L'église était pleine de catholiques. Ce concours irrita les constitutionnels ; il exalta les autres. Le *Te Deum* en actions de grâce fut demandé et chanté.

par les partisans de l'ancien curé. Celui-ci, encouragé par ce succès, annonça aux fidèles qu'il reviendrait le lendemain, à la même heure, célébrer le sacrifice. « Patience, ajouta-t-il, soyons prudents, et tout ira bien ! »

La municipalité, instruite de ces circonstances, fit prier le curé de s'abstenir d'aller le lendemain célébrer la messe qu'il avait annoncée. Il se conforma à cette invitation. Mais la foule, ignorant ce changement, remplissait déjà l'église. On demandait à grands cris le prêtre et le *Te Deum* promis. Les gentilshommes des environs, l'aristocratie de Caen, les clients et les domestiques nombreux de ces familles puissantes dans le pays, avaient des armes sous leurs habits. Ils insultèrent des grenadiers. Un officier de la garde nationale voulut les réprimander. « Vous venez chercher ce que vous trouverez, lui répondirent les aristocrates ; nous sommes les plus forts, et nous vous chasserons de l'église. » A ces mots, des jeunes gens s'élancent sur la garde nationale pour la désarmer. Le combat s'engage, les baïonnettes brillent, les coups de pistolet retentissent sous la voûte de la cathédrale, on se charge à coups de sabre. Des compagnies de chasseurs et de grenadiers entrent dans l'église, la font évacuer, et poursuivent pas à pas les rassemblements, qui tirent encore des coups de feu dans la rue. Quelques morts et quelques blessés sont le triste résultat de cette journée. Le calme paraît rétabli. On arrête quatre-vingt-deux personnes. On trouve sur l'une d'entre elles un prétendu plan de contre-révolution dont le signal devait éclater le lundi suivant. On envoie ces pièces à Paris. On interdit aux prêtres non constitutionnels la célébration de leurs saints mystères dans les églises de Caen, jusqu'à la décision de l'Assemblée nationale. L'Assemblée nationale entend avec indignation le récit de ces troubles suscités par les ennemis de la constitution et par les fauteurs du *fanatisme* et de l'aristocratie. « Le seul parti que nous ayons à prendre, dit Cambon, c'est de convoquer la haute cour nationale et d'y envoyer les coupables. » On remet à se prononcer sur cette proposition au moment où on aura reçu toutes les pièces relatives aux troubles de Caen.

Gensonné dénonce des troubles de même nature dans la Vendée ; les montagnes du Midi, la Lozère, l'Hérault, l'Ardèche, mal comprimés par la dispersion récente du camp de Jalès, ce premier acte de la contre-révolution armée, s'agitaient sous la double impulsion du clergé et des gentilshommes. Les plaines, sillonnées de fleuves, de routes, de villes, et facilement soumises à la force centrale, subissaient sans résistance les contre-coups de Paris. Les montagnes conservent plus longtemps leurs mœurs, et résistent à la conquête des idées nouvelles comme à la conquête des armes étrangères ; il semble que l'aspect de ces remparts naturels donne à leurs habitants une confiance dans leur force et une image matérielle de l'immobilité des choses, qui les empêchent de se laisser emporter si facilement aux courants mobiles des changements.

Les montagnards de ces contrées avaient pour leurs nobles ce dévouement volontaire et traditionnel que les Arabes ont pour leurs cheiks, que les Écossais ont pour leurs chefs de clans. Ce respect et cet attachement faisaient partie de l'honneur national dans ces pays agrestes. La religion, plus fervente dans le Midi, était, aux yeux de ces populations, une liberté sacrée, à laquelle la Révolution attentait au nom d'une liberté politique. Ils préféraient la liberté de leur conscience à la liberté du citoyen. A tous ces titres, les nouvelles institutions étaient odieuses : les prêtres fidèles nourrissaient cette haine et la sanctifiaient dans le cœur des paysans ; les nobles y entretenaient un royalisme que la pitié pour les malheurs du roi et de la famille royale attendrissait au récit quotidien de nouveaux outrages.

Mende, petite ville cachée au fond de vallées profondes, à égale distance des plaines du Midi et des plaines du Lyonnais, était le foyer de l'esprit contre-révolutionnaire. La bourgeoisie et la noblesse, confondues en une seule caste par la modicité des fortunes, par la familiarité des mœurs et par des unions fréquentes entre les familles, n'y nourrissaient pas l'une contre l'autre ces envies et ces haines intestines qui favorisaient ailleurs la Révolution. Il n'y avait ni orgueil dans les uns, ni jalousie dans les autres ; c'était, comme en Espagne, un seul peuple où la noblesse n'est, pour ainsi dire, qu'un droit d'aînesse dans le même sang. Ces populations avaient, il est vrai, déposé les armes après l'insurrection de l'année précédente au camp de Jalès. Mais les cœurs étaient loin d'être désarmés. Ces provinces épiaient d'un œil attentif l'heure favorable pour se lever en masse contre Paris : les insultes faites à la dignité du roi et les violences faites à la religion par l'Assemblée législative portaient ces dispositions jusqu'au fanatisme. Elles éclatèrent une seconde fois, comme involontairement, à l'occasion d'un mouvement de troupes qui traversaient leurs vallées. La cocarde tricolore, signe d'infidélité au roi et à Dieu, avait entièrement disparu depuis quelques mois dans la ville de Mende ; on y arborait avec affectation la cocarde blanche, comme un souvenir et une espérance de l'ordre de choses auquel on était secrètement dévoué.

Le directoire du département, composé d'hommes étrangers au pays, voulut faire respecter le signe de la constitution et demanda des troupes de ligne. La municipalité s'opposa par un arrêté à cette demande du directoire; elle fit un appel insurrectionnel aux municipalités voisines, et une sorte de fédération avec elles pour résister ensemble à tout envoi de troupes dans ces contrées. Cependant les troupes envoyées de Lyon à la requête du directoire s'approchaient. A leur approche, la municipalité dissout l'ancienne garde nationale, composée de quelques partisans en petit nombre de la liberté, et elle forme une nouvelle garde nationale, dont les officiers sont choisis par elle parmi les gentilshommes et les royalistes exaltés des environs. Armée de cette force, la municipalité se fait délivrer par le directoire du département les armes et les munitions.

Telles étaient les dispositions de la ville de Mende quand les troupes entrèrent dans la ville. La garde nationale sous les armes répondit au cri de : « Vive la nation ! » que poussaient les troupes, par le cri de : « Vive le roi ! » Elle se porta à la suite des soldats sur la principale place de la ville, et là elle prêta, en face des défenseurs de la constitution, le serment de n'obéir qu'au roi et de ne reconnaître que lui seul. A la suite de cet acte courageux, des gardes nationaux détachés par groupes parcourent la ville, bravant, insultant les soldats; les sabres sont tirés, le sang coule. Les troupes poursuivies se rassemblent et prennent les armes. La municipalité, maîtresse du directoire, qu'elle tient en otage, l'oblige à envoyer aux troupes l'ordre de rentrer dans leurs quartiers. Le commandant de la troupe de ligne obéit. Cette victoire enhardit la garde nationale : dans la nuit elle force le directoire à donner l'ordre aux troupes de sortir de la ville et d'évacuer le département. La garde nationale, rangée en bataille sur la place de Mende, voit d'heure en heure ses rangs se grossir des détachements des municipalités voisines, qui descendent des montagnes armés de fusils de chasse, de faux, de socs de charrue. Les troupes vont être massacrées, si elles ne profitent des ombres de la nuit pour se retirer. Elles sortent de la ville aux cris de victoire des royalistes. La journée suivante ne fut qu'une suite de fêtes par lesquelles les royalistes de la ville et ceux des campagnes célébrèrent le triomphe commun et fraternisèrent ensemble. On insulta à tous les signes de la Révolution, on bafoua la constitution, on saccagea la salle des Jacobins, on brûla les maisons des principaux membres de ce club odieux, on en emprisonna quelques-uns; mais la vengeance se borna à l'outrage. Le peuple, modéré par ses gentilshommes et par ses curés, épargna le sang de ses ennemis.

XIII

Pendant que la liberté humiliée était menacée dans le Midi, elle assassinait dans l'Ouest. Un des foyers les plus bouillonnants du jacobinisme, c'était Brest. Le voisinage de la Vendée, qui faisait craindre à cette ville la contre-révolution toujours menaçante, la présence de la flotte commandée encore par des officiers qu'on soupçonnait d'aristocratie, une population flottante d'étrangers, d'aventuriers, de matelots, accessible par sa masse et par ses vices à toutes les corruptions et à tous les crimes, rendaient cette ville plus agitée et plus inquiète qu'aucun autre port du royaume. Les clubs ne cessaient pas d'y provoquer les marins à l'insurrection contre leurs officiers. Les révolutionnaires se défiaient de la marine, corps plus indépendant que l'armée des mouvements du peuple. La cour pouvait la déplacer à son gré et tourner ses canons contre la constitution. L'esprit de discipline, l'esprit aristocratique et l'esprit colonial étaient tous également contraires aux principes nouveaux. C'était donc vers la désorganisation de la flotte que se tournaient depuis quelque temps tous les efforts des Jacobins. La nomination de M. de Lajaille au commandement d'un des vaisseaux destinés à porter des secours à Saint-Domingue fit éclater ces soupçons semés dans le peuple de Brest contre la fidélité des officiers de marine. M. de Lajaille fut désigné par la voix des clubs comme un traître à la nation, qui allait porter la contre-révolution aux colonies. Assailli au moment où il allait s'embarquer par un attroupement de trois mille personnes, il fut couvert de blessures, traîné sanglant sur le pavé des rues, et ne dut la vie qu'au dévouement héroïque d'un homme du peuple, qui le couvrit de son corps, l'arracha à ses assassins et para de sa poitrine et de ses bras les coups qu'on portait à cet officier, jusqu'au moment où un détachement de la garde civique vint les délivrer l'un et l'autre. M. de Lajaille fut traîné en prison pour satisfaire à la fureur du peuple. En vain le roi donna ordre à la municipalité de Brest de délivrer cet officier innocent et nécessaire à son poste; en vain le ministre de la justice demanda la punition de cet assassinat commis en plein jour, à la face d'une ville entière; en vain décerna-t-on un sabre et une médaille d'or au généreux citoyen, nommé Lanvergent, sauveur de Lajaille : la crainte d'une insurrection plus terrible assurait l'impunité aux coupables et retenait l'innocent en prison. A, la veille d'une guerre imminente, les officiers de la marine, assaillis par l'insurrection à bord des vaisseaux et par l'assassinat dans les ports, avaient autant à redouter leurs équipages que l'ennemi.

XIV

Les mêmes discordes étaient fomentées dans toutes les garnisons entre les soldats et les officiers. L'insubordination des soldats était, aux yeux des clubs, la vertu de l'armée. Le peuple se rangeait partout du côté de la troupe indisciplinée. Les officiers étaient sans cesse menacés par les conspirations dans les régiments. Les villes de guerre étaient le théâtre continuel d'émeutes militaires, qui finissaient par l'impunité du soldat et par l'emprisonnement ou par l'émigration forcée des officiers. L'Assemblée, juge suprême et partial, donnait toujours raison à l'indiscipline. Ne pouvant refréner le peuple, elle le flattait dans ses excès. Perpignan en fut un nouvel exemple.

Dans la nuit du 6 décembre, les officiers du régiment de Cambrésis, en garnison dans cette ville, allèrent en corps chez M. de Chollet, général commandant la division, et le pressèrent de se retirer dans la citadelle, informés, lui dirent-ils, d'une conspiration dans les régiments, qui mettait sa vie et la leur en danger. M. de Chollet, vaincu par eux, se rendit à la citadelle. Les officiers se portent aux casernes et somment leurs troupes de se rendre à la citadelle avec eux. Les soldats répondent qu'ils n'obéiront qu'à la voix de M. Desbordes, lieutenant-colonel, dont le patriotisme leur inspire confiance. M. Desbordes arrive, lit aux soldats l'ordre du général. Mais le son de sa voix, l'expression de sa physionomie, son regard, protestent contre l'ordre que la loi de la discipline l'oblige à communiquer. Les soldats comprennent ce langage muet. Ils s'écrient qu'ils ne quitteront pas leur quartier, parce qu'ils y sont consignés par la municipalité. La garde nationale se mêle à eux et parcourt la ville en patrouille. Les officiers s'enferment dans la citadelle. Des coups de fusil partent des remparts. Le lieutenant-colonel Desbordes, la garde nationale, la gendarmerie, les régiments, montent à la citadelle et s'en emparent. Les officiers du régiment de Cambrésis sont emprisonnés par leurs soldats. L'un d'eux s'échappe, et se tue de désespoir en touchant à la frontière d'Espagne. L'infortuné général Chollet, victime d'une double violence, celle des officiers et celle des soldats, est décrété d'accusation avec cinquante officiers ou habitants de Perpignan. Ce sont cinquante victimes traduites à la haute cour nationale d'Orléans et prédestinées au massacre de Versailles.

XV

Le sang coulait partout. Les clubs embauchaient les régiments. Les motions patriotiques, les dénonciations contre les généraux, les insinuations perfides contre la fidélité des officiers, étaient les ordres du jour que le peuple des villes donnait à l'armée. La terreur était dans l'âme de l'officier, la défiance dans le cœur du soldat. Le plan prémédité des Girondins et des Jacobins réunis était de désorganiser cette force dévouée au roi, en substituant les plébéiens aux nobles dans le commandement des troupes, et de donner ainsi l'armée à la nation. En attendant, ils la donnaient à la sédition et à l'anarchie. Mais ces deux partis, ne trouvant pas encore la désorganisation assez rapide, voulurent résumer en un seul acte la corruption systématique de l'armée, la ruine de toute discipline et le triomphe légal de l'insurrection.

On a vu quelle part le régiment suisse de Châteauvieux avait eue à la fameuse insurrection de Nancy dans les derniers jours de l'Assemblée constituante. Une armée commandée par M. de Bouillé avait été nécessaire pour réprimer la révolte armée de plusieurs régiments, qui menaçait la France d'une tyrannie de la soldatesque. M. de Bouillé, à la tête d'un corps de troupes sorti de Metz et des bataillons de la garde nationale, avait cerné Nancy, et, après un combat acharné aux portes et dans les rues de cette ville, il avait fait mettre bas les armes aux séditieux. Ce rétablissement vigoureux de l'ordre, applaudi alors de tous les partis, avait couvert de gloire le général, et les soldats de honte. La Suisse, par ses capitulations avec la France, conservait sa justice fédérale sur les régiments de sa nation. Ce pays essentiellement militaire avait fait juger militairement le régiment de Châteauvieux. Vingt-quatre des soldats les plus coupables avaient été condamnés à mort et exécutés en expiation du sang versé par eux et de la fidélité violée. Les autres avaient été décimés. Quarante et un d'entre eux subissaient leur peine aux galères de Brest. L'amnistie, promulguée par le roi pour les crimes commis pendant les troubles civils au moment de l'acceptation de la constitution, ne pouvait être appliquée de droit à ces soldats étrangers. Le droit de grâce n'appartient qu'à celui qui a le droit de punir. Punis en vertu d'un jugement rendu par la juridiction helvétique, ni le roi ni l'Assemblée ne pouvaient infirmer ce jugement et en annuler les effets. Le roi, à la prière de l'Assemblée constituante, avait en vain négocié auprès de la confédération suisse pour obtenir la grâce de ses soldats.

Ces négociations infructueuses servirent de texte d'accusation aux Jacobins et à l'Assemblée nationale contre M. de Montmorin. En vain il se justifia en alléguant l'impossibilité d'obtenir une telle amnistie de la Suisse au moment où ce pays, agité lui-même par contre-coup, s'occupait à rétablir la subordination par des lois draconiennes. « Nous serons donc les geôliers obligés de ce peuple féroce! s'écriaient Guadet et Collot-d'Herbois. La France s'avilira donc jusqu'à punir dans ses propres ports les héros mêmes qui ont fait triompher le peuple de l'aristocratie des officiers, et donné leur sang au peuple au lieu de le rendre au despotisme! »

Pastoret, membre important du parti modéré et qui passait pour concerter ses actes avec le roi, appuya Guadet, pour populariser le prince par un acte agréable au peuple, et la délivrance des soldats de Châteauvieux fut votée par l'Assemblée. Le roi ayant fait attendre quelque temps sa sanction pour ne point blesser les Cantons par cette usurpation violente de leurs droits sur leurs nationaux, les Jacobins retentirent de nouvelles imprécations contre la cour et contre les ministres. « Le moment est venu où il faut qu'un homme périsse pour le salut de tous, s'écria Manuel, et cet homme doit être un ministre! Ils me paraissent tous si coupables, que je crois fermement que l'Assemblée nationale serait innocente en les faisant tirer au sort pour envoyer l'un d'eux à l'échafaud. — Tous, tous! » vociférèrent les tribunes.

Mais à ce moment même Collot-d'Herbois monta à la tribune et annonça, au bruit des acclamations, que la sanction au décret de leur délivrance avait été signée la veille, et qu'avant peu de jours il présenterait à ses frères ces victimes de la discipline.

En effet, les soldats de Châteauvieux sortis des galères de Brest s'avançaient vers Paris. Leur marche était un triomphe. Paris, par les soins des Jacobins, leur en préparait un plus éclatant. En vain les Feuillants et les constitutionnels protestaient-ils avec énergie, par la bouche d'André Chénier, le Tyrtée de la modération et du bon sens, de Dupont de Nemours et du poëte Roucher, contre l'insolente ovation des assassins du généreux Désilles; Collot-d'Herbois, Robespierre, les Jacobins, les Cordeliers, la commune même de Paris, poursuivaient l'idée de ce triomphe, qui devait retomber, selon eux, en opprobre sur la cour et sur La Fayette. La molle interposition de Pétion, qui paraissait vouloir modérer le scandale, ne faisait que l'encourager. C'était l'homme le plus propre à entraîner le peuple aux derniers excès. Sa vertu de parade servait de manteau à toutes les violences et décorait d'une apparence de légalité hypocrite les attentats qu'il n'osait punir. Si on avait voulu personnifier l'anarchie pour la placer à la commune de Paris, on n'aurait pu mieux rencontrer que Pétion. Ses réprimandes paternelles au peuple étaient des promesses d'impunité. La force arrivait toujours trop tard pour punir. L'excuse était toujours prête pour la sédition, l'amnistie pour le crime. Le peuple sentait dans son magistrat son complice et son esclave. Il l'aimait à force de le mépriser.

XVI

« On attribue à un enthousiasme général, écrivait Chénier, la fête qu'on prépare à ces soldats. D'abord, j'avoue que je n'aperçois pas cet enthousiasme. Je vois un petit nombre d'hommes s'agiter. Tout le reste est consterné ou indifférent. On dit que l'honneur national est intéressé à cette réparation, j'ai peine à le comprendre ; car, enfin, ou les gardes nationaux de Metz, qui ont apaisé la sédition de Nancy, sont des ennemis publics, ou les soldats de Châteauvieux sont des assassins. Pas de milieu. Or, en quoi l'honneur de Paris est-il intéressé à fêter les meurtriers de nos frères? D'autres profonds politiques disent : « Cette fête » humiliera ceux qui ont voulu donner des fers à la nation. » Quoi! pour humilier selon eux un mauvais gouvernement, il faut inventer des extravagances capables de détruire toute espèce de gouvernement! récompenser la rébellion contre les lois! couronner des satellites étrangers pour avoir fusillé dans une émeute des citoyens français! On dit que, dans toutes les places où passera cette pompe, les statues seront voilées! Ah! on fera bien, si cette odieuse orgie a lieu, de voiler la ville; mais ce ne sera pas les images des despotes qu'il faudra couvrir d'un crêpe funèbre, ce sera le visage des hommes de bien! C'est à toute la jeunesse du royaume, à toutes les gardes nationales du royaume de prendre le deuil le jour où l'assassinat de leurs frères devient parmi nous un titre de gloire pour des soldats séditieux et étrangers! C'est à l'armée qu'il faut voiler les yeux pour qu'ils ne voient pas quel prix obtiennent l'indiscipline et la révolte! C'est à l'Assemblée nationale, c'est au roi, c'est à tous les administrateurs, c'est à la patrie entière de s'envelopper la tête pour n'être pas de complaisants ou de silencieux témoins d'un outrage fait à toutes les autorités et à la patrie tout entière! C'est le livre de la loi qu'il faut couvrir, lorsque ceux qui en ont déchiré et ensanglanté les pages à coups de fusil reçoivent les honneurs civiques! Citoyens de Paris, hommes honnêtes mais faibles, il n'est pas un de vous qui, interrogeant son âme et son bon sens, ne sente combien la patrie, combien lui-même, son fils, son frère, sont insultés par ces outrages faits aux lois, à ceux qui les exécutent et à ceux qui meurent pour elles.

Comment donc ne rougissez-vous pas qu'une poignée d'hommes turbulents, qui semblent nombreux parce qu'ils sont unis et qu'ils crient, vous fassent faire leur volonté en vous disant que c'est la vôtre, et en amusant votre puérile curiosité par d'indignes spectacles! Dans une ville qui se respecterait, une pareille fête ne trouverait partout devant elle que silence et que solitude. Partout les rues et les places publiques abandonnées, les maisons fermées, les fenêtres désertes, le mépris et la fuite des passants, feraient du moins connaître à l'histoire quelle part les hommes de bien auraient prise à cette scandaleuse bacchanale. »

XVII

Collot-d'Herbois insulta dans sa réponse André Chénier et Roucher. Roucher répondit par une lettre pleine de sarcasme dans laquelle il rappelait à Collot-d'Herbois ses chutes sur la scène et ses mésaventures d'histrion. « Ce personnage de Roman comique, disait-il, qui des tréteaux de Polichinelle a sauté sur la tribune des Jacobins, s'est élancé vers moi comme pour me frapper de la rame que les Suisses lui ont apportée des galères! »

Les affiches pour ou contre la fête couvraient les murs du Palais-Royal et étaient tour à tour déchirées par des groupes de jeunes gens ou de Jacobins.

Dupont de Nemours, l'ami et le maître de Mirabeau, sortit de son calme philosophique pour adresser, sur le même sujet, à Pétion, une lettre où la conscience de l'honnête homme bravait héroïquement la popularité du tribun. « Quand le péril est grand, c'est le devoir des honnêtes gens de le signaler aux magistrats, surtout quand ce sont les magistrats eux-mêmes qui le suscitent. Vous avez manqué à la vérité en disant que ces soldats avaient été utiles à la Révolution au 14 juillet, et qu'ils avaient refusé de combattre le peuple de Paris. Il est faux que ces Suisses aient refusé de combattre le peuple de Paris. Il est vrai qu'ils ont assassiné les gardes nationales de Nancy. Vous avez l'audace d'appeler patriotes des hommes qui ont l'insolence de commander au Corps législatif d'envoyer une députation à la fête inventée pour ces rebelles ; ce sont ces hommes que vous prenez pour amis, c'est avec eux que vous allez dîner secrètement à la Râpée, tellement que le général de la garde nationale est obligé de galoper deux heures dans Paris, pour prendre vos ordres, sans pouvoir vous découvrir. Vous cachez en vain votre embarras sous vos phrases traînantes. Vous masquez en vain cette fête à des assassins sous les apparences d'une fête à la liberté. Ces subterfuges ne sont plus de saison. Le moment presse : vous ne tromperez ni les sections, ni l'armée, ni les quatre-vingt-trois départements. Ceux qui vous mènent comme un enfant entendent livrer Paris à *dix mille piques*, auxquelles on doit ouvrir la barre de l'Assemblée nationale le jour même où la garde nationale sera désarmée. Les hommes qui doivent les porter arrivent tous les jours. Douze ou quinze cents bandits entrent par vingt-quatre heures dans Paris. Ils mendient en attendant le pillage. Ce sont les corbeaux que le carnage attire. Je n'ai pas tout dit : à cette hideuse armée les généraux sont préparés. Les amis de

Jourdan, impatients de voir que l'amnistie ne le délivrait pas assez vite, ont forcé sa prison à Avignon. Déjà on l'a reçu en triomphe dans quelques villes du Midi, comme les Suisses de Châteauvieux. Il arrive à Paris demain. Il sera dimanche à la fête avec ses compagnons, avec les deux Mainvieille, avec Pegtavin, avec tous ces scélérats de sang-froid qui ont tué dans une nuit soixante-huit personnes sans défense et violé les femmes avant de les égorger ! Catilina ! Céthégus ! marchez ! Les soldats de Sylla sont dans la ville, et le consul lui-même entreprend de désarmer les Romains ! La mesure est comble, elle verse ! »

Pétion se justifia misérablement dans une lettre ; sa faiblesse et sa connivence s'y révèlent sous la multiplicité des excuses. Dans le même moment, Robespierre, montant à la tribune des Jacobins, s'écria : « Vous ne remontez pas à la cause des obstacles qu'on élève à l'expansion des sentiments du peuple. Contre qui croyez-vous avoir à lutter ? Contre l'aristocratie ? Non. Contre la cour ? Non. C'est contre un général destiné depuis longtemps par la cour à de grands desseins contre le peuple. Ce n'est pas la garde nationale qui voit avec inquiétude ces préparatifs, c'est le génie de La Fayette qui conspire dans l'état-major ; c'est le génie de La Fayette qui conspire dans le directoire du département ; c'est le génie de La Fayette qui égare dans la capitale tant de bons citoyens qui seraient avec nous sans lui ! La Fayette est le plus dangereux des ennemis de la liberté, parce qu'il est masqué de patriotisme ; c'est lui qui, après avoir fait tout le mal dont il était capable dans l'Assemblée constituante, a feint de se retirer dans ses terres, puis est venu briguer la place de maire de Paris, non pour l'obtenir, mais pour la refuser, afin d'affecter le désintéressement. C'est lui qui a été élevé au commandement des armées françaises pour les retourner contre la Révolution. Les gardes nationales de Metz étaient innocentes comme celles de Paris; elles ne peuvent être que patriotes : c'est La Fayette qui, par l'intermédiaire de Bouillé, son parent et son complice, les a trompées. Et comment pourrions-nous inscrire sur les drapeaux de cette fête : *Bouillé seul est coupable?* Qui donc voulut étouffer l'attentat de Nancy et le couvrir d'un voile impénétrable? Qui demande des couronnes pour les assassins des soldats de Châteauvieux? La Fayette. Qui m'a empêché moi-même de parler? La Fayette. Qui sont ceux qui me lancent des regards foudroyants? La Fayette et ses complices. » (Applaudissements universels.)

XVIII

A l'Assemblée nationale, les préparatifs de cette fête donnèrent lieu à un drame plus saisissant. A l'ouverture de la séance, on demande que les quarante soldats de Châteauvieux soient admis à présenter leurs hommages au Corps législatif. M. de Jaucourt s'y oppose. « Si ces soldats, dit-il, ne se présentent que pour exprimer leur reconnaissance, je consens qu'ils soient introduits à la barre ; mais je demande qu'après avoir été entendus, ils ne soient point admis à la séance. » Des murmures universels interrompent l'orateur. Des cris : *A bas! à bas!* partent des tribunes. « Une amnistie n'est ni un triomphe, ni une couronne civique, poursuit-il.

Vous ne pouvez pas déshonorer les mânes de Désilles, ni de ces généreux citoyens qui sont morts en défendant les lois contre eux! Vous ne pouvez pas déchirer par ce triomphe le cœur de ceux qui, parmi vous, ont pris part à l'expédition de Nancy. Permettez à un militaire qui fut, avec son régiment, commandé pour cette expédition, de vous représenter l'effet que votre décision ferait sur l'armée. (Les murmures redoublent.) L'armée ne verra dans votre conduite que l'encouragement à l'insurrection. Ces honneurs feront croire aux soldats que vous regardez ces amnistiés non comme des hommes trop punis, mais comme des victimes innocentes. » Le tumulte force M. de Jaucourt à descendre.

Mais un des membres, dans un état visible d'émotion et de douleur, le remplace à la tribune. C'est M. de Gouvion, jeune officier d'un nom célèbre et déjà gravé dans les premières pages de nos guerres. Le deuil de ses habits et le deuil plus profond de ses traits inspirent un intérêt involontaire aux tribunes et changent le tumulte en attention. Sa voix hésite et se voile; on y sent l'indignation grondant sous l'attendrissement :

« Messieurs, dit-il, j'avais un frère, bon patriote, qui, par l'estime de ses concitoyens, avait été successivement commandant de la garde nationale et membre du département. Toujours prêt à se sacrifier pour la Révolution et pour la loi, c'est au nom de la Révolution et de la loi qu'il a été requis de marcher à Nancy avec les braves gardes nationales. Là, il est tombé percé de cinq coups de baïonnette sous la main de ceux que... Je demande si je suis condamné à voir tranquillement ici les assassins de mon frère? — Eh bien! sortez! » crie une voix implacable. Les tribunes applaudissent à ce mot plus cruel et plus froid que le poignard. On crie : *A bas ! à bas !* L'indignation soutient M. de Gouvion contre son mépris intérieur. « Quel est le lâche qui se cache pour outrager la douleur d'un frère? dit-il en cherchant des yeux l'interrupteur. — Je me nomme: c'est moi, » lui répond, en se levant, le député Choudieu. Les tribunes couvrent de battements de mains l'insulte de Choudieu. On dirait que cette foule n'a plus de cœur, et que la passion triomphe en elle, même de la nature. Mais M. de Gouvion était appuyé sur un sentiment plus fort que la fureur d'un peuple, un généreux désespoir. Il continua : « J'ai applaudi comme homme à la clémence de l'Assemblée nationale quand elle a rompu les fers de ces malheureux soldats, qui étaient peut-être égarés. » On l'interrompt encore. Il reprend avec une énergie contenue : « Les décrets de l'Assemblée constituante, les ordres du roi, la voix de leurs chefs, les cris de la patrie, ont été impuissants sur eux. Sans provocation de la part de la garde nationale des deux départements, ils ont fait feu sur les Français. Mon frère est tombé, tombé victime volontaire de son obéissance à vos décrets ! Non, ce ne sera jamais tranquillement que je verrai flétrir la mémoire de ces gardes nationaux par des honneurs accordés aux hommes qui les ont immolés. » Couthon, jeune Jacobin, assis non loin de Robespierre, dans les yeux de qui il semble puiser ses stoïques inspirations, se lève et combat Gouvion sans l'insulter. » Quel est l'esclave des préjugés qui oserait déshonorer des hommes que la loi a innocentés? Qui ne ferait taire sa douleur personnelle devant les intérêts et le triomphe de la liberté ? » Mais la voix de Gouvion a remué au fond des cœurs une corde de justice et d'émotion naturelle qui palpite encore sous l'insensibilité des opinions. Deux fois l'Assemblée, sommée par le président de voter pour ou contre l'admission aux honneurs de la séance, se lève en nombre égal pour ou contre cette proposition. Les secrétaires, juges de ces décisions, hésitent à prononcer. Ils prononcent enfin, après deux épreuves, que la majorité est pour l'admission des Suisses ; mais la minorité proteste : l'arrêt est cassé. On demande l'appel nominal. L'appel nominal prononce encore, à une faible majorité, que les soldats vont être admis aux honneurs de la séance. Ils entrent par une porte aux applaudissements de délire des tribunes. L'infortuné Gouvion sort au même instant par la porte opposée, la rougeur sur le front, la mort dans ses pensées. Il jure qu'il ne rentrera jamais dans une assemblée où l'on force un frère à voir et à féliciter les assassins de son frère. Il va de ce pas demander au ministre de la guerre son envoi à l'armée du Nord pour y mourir, et il y meurt.

XIX

Cependant on introduit les soldats. Collot-d'Herbois les présente à l'admiration des tribunes. Les gardes nationaux de Versailles, qui leur ont fait cortége jusqu'à l'Assemblée, défilent dans la salle au bruit des tambours et aux cris de « Vive la nation ! » Des groupes de citoyens et de femmes de Paris, faisant flotter sur leurs têtes des drapeaux tricolores et brandissant des piques, les suivent ; puis, les membres des sociétés populaires de Paris présentent au président les drapeaux d'honneur donnés aux Suisses par les départements que ces *triomphateurs* viennent de traverser. Les hommes du 14 juillet, par l'organe de Gonchon, agitateur du faubourg Saint-Antoine, annoncent que ce faubourg fait fabriquer *dix mille piques* pour défendre la liberté et la patrie. Cette ovation légale offerte par les Girondins et par les Jacobins à des soldats indisciplinés autorisait le peuple de Paris à leur décerner le triomphe du scandale.

Ce n'était plus le peuple de la liberté, c'était le peuple de l'anarchie; la journée du 15 avril en rassemblait tous les symboles. La révolte armée contre les lois pour exemple; des soldats mutinés pour triomphateurs; une galère colossale, instrument de supplice et de honte, couronnée de fleurs pour emblème; des femmes perdues et des filles recrutées dans les lieux de débauche, portant et baisant les débris des chaînes de ces galériens; quarante trophées étalant les quarante noms de ces Suisses; des couronnes civiques sur les noms de ces meurtriers des citoyens; les bustes de Voltaire, de Rousseau, de Franklin, de Sidney, des plus grands philosophes et des plus vertueux patriotes, mêlés avec les bustes ignobles de ces séditieux, et profanés par ce contact; ces soldats eux-mêmes, étonnés sinon honteux de leur gloire, marchant au milieu d'un groupe de gardes-françaises révoltés, autre glorification de l'abandon des drapeaux et de l'indiscipline; la marche fermée par un char imitant encore par sa forme la proue d'une galère; sur ce char la statue de la Liberté, armée d'avance de la massue de septembre et coiffée du bonnet rouge, symbole emprunté à la Phrygie par les uns, aux bagnes par les autres; le livre de la constitution porté processionnellement dans cette fête, comme pour y assister aux hommages décernés à ceux qui s'étaient armés contre les lois; des bandes de citoyens et de citoyennes, les piques des faubourgs, l'absence des baïonnettes civiques; des vociférations menaçantes, la musique des théâtres, des hymnes démagogiques, des stations dérisoires à la Bastille, à l'hôtel de ville, au Champ de Mars, à l'autel de la patrie; des rondes immenses et désordonnées, dansées, à plusieurs reprises, par ces chaînes d'hommes et de femmes autour de la galère triomphale et aux refrains cyniques de l'air de la *Carmagnole;* des embrassements plus obscènes que patriotiques entre ces femmes et ces soldats se précipitant dans les bras les uns des autres, et, pour comble d'avilissement des lois, Pétion, le maire de Paris, les magistrats du peuple, assistant en corps à cette fête et sanctionnant cette insulte triomphale aux lois par leur faiblesse ou par leur complicité : telle fut cette fête, humiliante copie du 14 juillet, parodie honteuse d'une insurrection qui avait préludé à une révolution! La France rougit, les bons citoyens furent consternés, la garde nationale commença à craindre les piques, la ville à craindre les faubourgs, et l'armée y reçut le signal de la plus complète désorganisation.

L'indignation des constitutionnels éclata en strophes ironiques dans un hymne d'André Chénier, où ce jeune poëte vengeait les lois et se marquait lui-même pour l'échafaud :

> Salut, divin triomphe! entre dans nos murailles!
> Rends-nous ces soldats illustrés
> Par le sang de Désille et par les funérailles
> De nos citoyens massacrés!

FIN DU PREMIER VOLUME DES GIRONDINS.

TABLE DES SOMMAIRES

LIVRE PREMIER.

Préambule. — Mort de Mirabeau. — Son portrait. — Situation de l'Assemblée nationale en 1791. — Avénement de l'idée démocratique. — La Révolution à son point de départ. — Les partis. — Principaux chefs.—Portraits de Louis XVI et de Marie-Antoinette. — Malouet, Clermont-Tonnerre, l'abbé Maury, Cazalès, Barnave, les deux Lameth, Robespierre, Duport, Pétion. — Sociétés populaires. — Portrait de La Fayette. — Appréciations........Page 5

LIVRE DEUXIÈME.

L'Assemblée nationale pense à se dissoudre. — Les journaux se multiplient. — Négociations des frères du roi au dehors. — Projets d'évasion du roi et de sa famille. — Départ du roi. — Il est reconnu à Châlons et à Sainte-Menehould. — Il est arrêté à Varennes. — Il est ramené à Paris. — Il est prisonnier aux Tuileries.. 65

LIVRE TROISIÈME.

Attitude de l'Assemblée nationale. — Barnave se range au parti de la monarchie, avec Duport et les Lameth. — Le côté droit prend la résolution de s'abstenir dans l'Assemblée. — L'Assemblée discute la fuite à Varennes. — L'inviolabilité du roi reconnue. — Les clubs et la presse accélèrent la marche de la Révolution.— Hommes influents du journalisme : Loustalot, Camille Desmoulins, Marat, Brissot. — Le peuple commence à demander la déchéance du roi et la république. — Pétition signée au Champ de Mars. — La Fayette et Bailly repoussent les factieux par la force armée. — Faiblesse de l'Assemblée. — Portraits de Condorcet, de Danton, de Brissot... 149

LIVRE QUATRIÈME.

Députation de la Gironde. — Agitation dans les clubs. — Orateurs en plein air. — Translation au Panthéon des restes mortels de Voltaire. — Appréciation de ses écrits et de son caractère. — Révision par l'Assemblée nationale de la constitution. — Le roi accepte la constitution.. 211

LIVRE CINQUIÈME.

État de l'Europe. — Les puissances commencent à s'émouvoir. — L'armée des princes français à Coblentz. — Conférences de Pilnitz. — Premiers bruits de guerre accueillis avec faveur par les constitutionnels, par les Girondins et par les Jacobins, à l'exception de Robespierre. — Madame de Staël. — Son portrait. — Son influence dans le parti des constitutionnels. — Le comte Louis de Narbonne. — Les constitutionnels veulent engager le duc de Brunswick dans leur parti. — Il s'en défend........................... 251

LIVRE SIXIÈME.

Aspect de l'Assemblée législative à ses premières séances. — Le cérémonial de la royauté y est mis en question. — Le roi se présente à l'Assemblée. — Il y est reçu avec applaudissements. — — Difficultés de l'Assemblée. — Le clergé, l'émigration, la guerre. — Une partie du clergé se déclare contre le serment civil. — Discours de Fauchet, prêtre assermenté. — Réponse de Torné, évêque constitutionnel de Bourges. — Ducos demande l'impression de ce discours. — Gensonné conseille la tolérance. — Isnard la combat, aux applaudissements des Girondins. — Décret contre les prêtres non assermentés. — Discours de Brissot contre les puissances et contre les émigrés. — Discours de Condorcet dans le même sens. — Vergniaud monte à la tribune. — Son portrait. — Discours de Vergniaud. — Discours d'Isnard. — Décret contre les émigrés. — Ces deux décrets consternent le roi et son conseil. — Lettre d'André Chénier sur la liberté des cultes. — Lutte des journaux girondins et jacobins contre les Feuillants. — La Fayette résigne le commandement de la garde nationale. — Bailly, maire de Paris, se retire à la même époque. — Pétion est nommé à sa place. — Danton, comme substitut du procureur de la commune, commence sa fortune populaire... 307

LIVRE SEPTIÈME.

Coup d'œil sur l'Assemblée constituante. — Sa composition. — Appréciation de la déclaration des droits de l'homme. — Concours de l'Assemblée constituante à une œuvre universelle. — Examen raisonné de cette œuvre. — Situation qu'elle faisait à la royauté. — Impuissance de la royauté en temps de crise. — Nécessité d'une république transitoire. — Considérations générales.. 373

LIVRE HUITIÈME.

Le roi cherche à se raffermir. — Moyens qu'il emploie. — Premières réunions des patriotes républicains. — Madame Roland centre de ces réunions. — Portrait de madame Roland. — Sa vie. — Son mariage. — La Platière. — Description. — Monsieur et madame Roland à Paris. — Leurs liaisons avec les hommes du parti populaire... 397

LIVRE NEUVIÈME.

Remaniement des hommes et des affaires. — Robespierre se crée une tribune aux Jacobins. — Roland poussé au pouvoir par ses amis. — M. de Narbonne ministre de la guerre. — Le roi flotte entre les partis. — Élan général vers la guerre. — Robespierre seul résiste à cet entraînement et le combat. 431

LIVRE DIXIÈME.

La mort de Léopold et l'impatience des Girondins hâtent la marche des événements. — Projet d'adresse présenté par Vergniaud. — Le roi refuse sa sanction aux décrets contre les prêtres et les émigrés. — La guerre civile couve dans la Vendée. — Elle éclate dans le Midi. — Meurtre de Lescuyer à Avignon. — Jourdan arrive dans le Comtat. — Massacres à Avignon. — L'Assemblée ordonne la punition des assassins. — Les Jacobins les font amnistier. — Saint-Domingue. — Réaction des noirs contre les blancs. — Les mulâtres font cause commune avec les noirs. — Insurrection. — Le mulâtre Ogé, chef de l'insurrection, condamné et mis à mort. — Soulèvement général. — Les blancs sont égorgés. — En France les désordres intérieurs se multiplient. — Symptômes d'une guerre religieuse. — Troubles de Caen. — L'abbé Fauchet. — Son portrait. — Sa vie. — Réaction royaliste à Mende. — Assassinat de Lajaille à Brest. — Désordres dans les garnisons. — Insubordinations militaires impunies. — Les Suisses de Châteauvieux. 455

FIN DU NEUVIÈME VOLUME

www.ingramcontent.com/pod-product-compliance
Lightning Source LLC
Chambersburg PA
CBHW071713230426
43670CB00008B/992